John Daido Loori

Hat ein Hund Buddha-Natur?

Die Kōan-Praxis im Zen

Aus dem Amerikanischen von
Dietrich Roloff

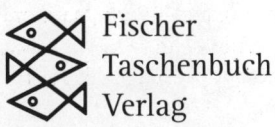

Fischer
Taschenbuch
Verlag

Spirit
Herausgegeben von Micheline Rampe
und Stephan Schuhmacher

Deutsche Erstausgabe
Veröffentlicht im Fischer Taschenbuch Verlag GmbH,
Frankfurt am Main, Mai 1996

Die amerikanische Originalausgabe erschien 1994
unter dem Titel ›Two Arrows Meeting in Mid-Air. The Zen Kōan‹
im Verlag Charles E. Tuttle Co., Inc., Boston, Rutland, Vermont, Tokio
© 1994 The Mountains and Rivers Order
Für die deutsche Ausgabe:
© 1996 Fischer Taschenbuch Verlag GmbH, Frankfurt am Main
Satz: Fotosatz Otto Gutfreund GmbH, Darmstadt
Druck und Bindung: Clausen & Bosse, Leck
Printed in Germany
ISBN 3-596-13019-0

Gedruckt auf chlor- und säurefreiem Papier

Dieses Buch sei all denen gewidmet,
die durch ihre persönliche Zen-Praxis
die Übertragung des Dharma von Ost nach West
Wirklichkeit werden lassen.

Inhalt

Zur deutschen Übersetzung

Das Zen (jap., chin.: Chan) entstand im 6./7. Jahrhundert in China und wurde nach seiner Ausbreitung nach Korea und Japan schließlich im 20. Jahrhundert von japanischen Meistern und amerikanischen und europäischen Schülern japanischer Zen-Meister in den Westen getragen. Aus diesem Grund ist die dem Zen eigene Terminologie im Westen vor allem in ihrer japanischen Form bekannt. Diese Termini, wie zum Beispiel Kōan, Teishō usw. (die im Text erläutert werden), sind hier deshalb in ihrer japanischen Form aufgenommen. Zwar wurden auch die Namen der chinesischen Zen-Meister in der japanischen Tradition »japanisiert«, da es jedoch im allgemeinen nicht üblich ist, Namen zu »übersetzen«, werden in diesem Buch den chinesischen Meistern ihre chinesischen Namen zurückgegeben. In der deutschen Ausgabe werden sie in der heute international gültigen Standardumschrift des Chinesischen, der sogenannten Pinyin-Umschrift, angeführt. Mit Rücksicht auf Leser, denen die alten chinesischen Meister des Zen vielleicht unter ihrem japanischen, nicht aber ihrem ursprünglichen chinesischen Namen geläufig sind, wird die japanisierte Form in der ebenfalls international gebräuchlichen Hepburn-Umschrift des Japanischen beim ersten Auftauchen in den einzelnen Kapiteln in Klammern hinzugefügt. Das gleiche gilt für die Titel im Original chinesischer Werke.

Vorwort

Diese Zusammenstellung von Dharma-Darlegungen (Teishō) über Zen-Kōan erscheint gerade zur rechten Zeit und erweist sich als ihrem Gegenstand derart angemessen, daß sie nachgerade zu einem Nachschlagewerk werden könnte, zu einer Art »Zen-Arbeitsbuch«, zumal die einzelnen Darlegungen aufs engste mit der lebendigen Geschichte des Zen und seinen großen Lehrern verwoben sind. Dieses Buch ist ein Bilderteppich aus eindrucksvollen Zen-Geschichten, die John Daidō Loori Sensei, Abt des Zen Mountain Monastery, überdies mit liebenswürdigen und verständnisvollen Erläuterungen versehen hat.

Auch wenn unsere Wege den einen hierhin und den anderen dorthin geführt haben, so sind doch Daidō Sensei und ich derselben Fährte durch die US-amerikanische Zen-Landschaft gefolgt. Beide haben wir unsere Schulung bei dem Rinzai-Meister Nakagawa Sōen und seinem Schüler Shimano Eido begonnen. In späteren Jahren haben wir uns der Sōtō-Zen-Praxis zugewandt, und zwar unter Maezumi Taizan Rōshi, der die Dharma-Übertragung sowohl in der Rinzai- wie in der Sōtō-Linie empfangen hat, sowie unter Tetsugen Sensei, dem jetzigen Dharma-Bruder Daidō Senseis. Damit, daß wir uns auf diese Weise von Meistern beider Richtungen haben schulen lassen, haben wir eine bedeutsame Tradition fortgesetzt. Hatte doch Sōen Rōshi, zu jener Zeit bereits ein Rinzai-Abt, für Aufregung und Entrüstung innerhalb der Rinzai-Hierarchie gesorgt, als er eines Tages zur Nordküste Japans aufbrach, um sich dort weiter unter dem großen Sōtō-Meister Harada Sōgaku zu schulen (der sich zu früherer Zeit selbst unter bedeutenden Rinzai-Meistern geschult hatte und alles Hierarchische sowie sektiererische Streitereien zutiefst verabscheute). Dort im Norden Japans ging Sōen eine lebenslange Freundschaft und enge Verbindung mit Harada Rōshis Schüler Yasutani Hakuun ein, der sich später an seinen Pionier-Besuchen in den USA beteiligte (und dessen Dharma-Darlegungen in Philip Kapleaus Buch *Die Drei Pfeiler des Zen* so großen Einfluß auf die Entwicklung des Zen im Westen ausüben sollten).

So waren alle unsere Meister und auch schon deren Meister in beiden großen Zen-Traditionen fest verwurzelt, die sich heutzutage in den USA dauerhaft etabliert haben, mit der karmischen Konsequenz, daß in unserer Linie das amerikanische Sōtō-Zen dank seiner starken Betonung der Kōan-Schulung ein wichtiges Element der Rinzai-Praxis in sich aufgenommen hat, während es gleichzeitig die traditionelle Fokussierung des Sōtō-Zen auf Shikantaza, das »Nur-Sitzen«, durchaus beibehält.

Da es japanische Meister gewesen sind, die das Zen in den Westen gebracht haben, sind die großen Gestalten der Zen-Geschichte den meisten westlichen Zen-Schülern und -Schülerinnen nur in der japanischen Version ihrer ursprünglich chinesischen Namen vertraut. Daidō Loori jedoch, der darin dem Beispiel von Robert Aitken Rōshi, Thomas Cleary und anderer Autoren aus jüngster Zeit folgt, gibt den großen Patriarchen und Meistern aus der Zeit der Tang-Dynastie ihre wirklichen Namen zurück. Ich persönlich werde zwar die Meister Rinzai, Ummon und Jōshū vermissen, doch die weitaus angemessenere Verwendung ihrer chinesischen Namen ist auf Dauer unumgänglich und eigentlich längst überfällig. Und was »jenen schrecklichen Hund« betrifft, wie Sōen Rōshi den Vierbeiner zu bezeichnen pflegte, auf dessen Buddha-Natur das Ur-Kōan sein Licht fallen läßt, so macht es ihm wenig aus, ob es der Meister Jōshū oder der Meister Zhao-zhou ist, der dem so ernsthaften Mönch so kraftvoll Bescheid gibt, weil die Antwort von universeller Gültigkeit ist, ob sie nun wie im Original »WU!« oder in der japanischen Übersetzung »MU!« lautet.

Jeder, der ernsthaft Zazen übt, wird dieser herrlichen Sammlung erstaunlichster Beobachtungen und eindrucksvoller Zwiegespräche viel von der besonderen Atmosphäre des Zen sowie einen erheblichen Zuwachs an Einsicht entnehmen können. Sie wird den Boden bewässern, aus dem die unverstellte Wahrnehmung der Wirklichkeit erwachsen und erblühen kann.

Peter Muryō Matthiessen

Zur Einführung

Kōan: Unmittelbarer Einblick in die Essenz des Zen

Über Kōan zu reden und zu schreiben gehört nicht zu den üblichen Tätigkeiten eines Zen-Meisters*. Zen-Schüler und Universitäts-Professoren mögen zwar den »Inhalt« eines Kōan zum Gegenstand ihrer Diskussionen oder Vorlesungen erheben, doch Zen-Meister pflegen nicht routinemäßig Kōan im Hinblick auf ihre Psychologie und Philosophie oder ihre Struktur und Dynamik zu analysieren. Wir Zen-Lehrer *praktizieren* Kōan; wir reden nicht über sie. Einem »Reden über« Kōan kommen wir noch am nächsten, wenn wir uns im Kontext einer Dharma-Darlegung bewegen. Das ist jedoch kein »Vortrag«, der sich an das logisch-begriffliche Verständnis der Zuhörenden wendet, sondern eher ein unmittelbares Hinweisen auf das Herz der Wahrheit des Buddha-Dharma, ein Hinweisen, das aus der Kōan-Erfahrung des Lehrers selbst, aus seinem eigenen Durchbruch durch die Schranke gerade dieses Kōan erwächst. Die 16 Kapitel, die den Hauptteil dieses Buches ausmachen, sind eben solche Dharma-Darlegungen (jap. Teishō).

Kōan können nicht erklärt werden. Denn wie auch immer die Erklärung aussehen mag, die du den Leuten anbietest, stets besteht die Gefahr, daß deine Adressaten sie mißverstehen, daß du sie bei ihrer Su-

---

* Der Tradition entsprechend, daß erst altgediente Zen-»Lehrer« mit dem Ehrentitel *Rōshi*, »Alter Meister«, belegt werden, wird John Daidō Loori von Freunden und Schülern respektvoll *Sensei* genannt. *Sensei*, im Westen oft mit »Lehrer« übersetzt, heißt eigentlich nur »Frühergeborener« oder »Älterer«, womit in Japan jemand angeredet wird, der dem Sprechenden im jeweiligen sozialen Kontext »übergeordnet« ist, sei er nun Universitätsprofessor, Lehrer oder Handwerksmeister. Der Autor benutzt in diesem Buch die Begriffe »Zen-Lehrer« und »Zen-Meister« als Synonyme. Um jedoch dem besonders im Westen verbreiteten fatalen Mißverständnis vorzubeugen, Zen ließe sich »lehren« und »lernen«, wie man z. B. Mathematik, Physik oder auch Theologie lehren und lernen kann, wurde in der deutschen Übersetzung der Bezeichnung »Meister« der Vorzug gegeben, wo diese angebracht ist. [A. d. R.]

che nach der Wahrheit in die Irre führst. So hat bereits kurze Zeit nach der Herausgabe des *Bi-yan-lu* (*Hekigan-roku*) durch Yuan-wu (Engō) im China des 12. Jahrhunderts der Meister Da-hui (Daie), unmittelbarer Nachfolger des Yuan-wu und begeisterter Verfechter einer echten Kōan-Schulung, sämtliche erreichbaren Exemplare dieser Kōan-Sammlung eingezogen und verbrannt, einschließlich der hölzernen Druckstöcke. Denn er hatte feststellen müssen, daß sich seine Schüler lieber an den Wortlaut der Kōan-Texte einschließlich der von Yuan-wu beigefügten Erläuterungen klammerten, statt im Vertrauen auf die eigene Kraft sich der unmittelbaren Erfahrung der in den einzelnen Kōan aufscheinenden Wahrheit zu stellen. Mit seiner Vernichtungsaktion hat Da-hui lediglich getan, was zu jener Zeit und an jenem Ort zur Verhinderung weiterer Verirrungen angemessen erschien.

Im 20. Jahrhundert sind die Schüler und Schülerinnen, die den Weg zum Zen-Buddhismus finden, von vornherein bereits bestens informiert. Bei dem Ausbildungsstand und den Informationsmöglichkeiten, wie sie heutzutage gegeben sind, beginnt der durchschnittliche Zen-Anfänger seine spirituelle Laufbahn mit einem Reichtum an Kenntnissen, wie sie kein Mönch der Vergangenheit je besessen hat. Einer der Faktoren nämlich, die gerade heute in der Mehrzahl der Fälle einen Menschen motivieren, Unterweisung im Zen zu suchen, ist der Intellekt, das Wissen-Wollen. Und deshalb mag es, zumal in diesen Tagen, durchaus nützlich sein, wenn wir denn »Zen-Fischfang« betreiben und unsere Schüler zu ernsthaftem Üben hinführen wollen (und das zu tun haben wir als Zen-Lehrer ja bei der Übernahme unserer Würde unter anderem gelobt), unseren Angelhaken mit Ködern zu bestücken, die auch auf den Intellekt unserer Schüler einen appetitanregenden Eindruck machen.

Doch desungeachtet ist alles, was Sie in diesem Buch lesen werden, nichts als Worte und Begriffe, die die Wirklichkeit *beschreiben*, aber nicht die Wirklichkeit *sind*. Deshalb gilt für den Zen-Übenden: Nachdem du dir alles angeeignet hast, was sich über Kōan aneignen und wissen läßt, wirf es weg und geh weiter. Wenn du dieses Ziel erreicht und dich selbst ganz und gar entleert hast, wirf auch das wieder weg und geh noch weiter. Und schließlich wirst du den Ort der Erleuchtung erreichen. Wenn du dort angekommen bist, wirf auch das noch weg und geh abermals weiter. Der Dharma ist grenzenlos. Es gibt keinen

Rand, der ihn einfaßt, und in dem Augenblick, da wir versuchen, den Dharma zu umfassen, und uns einbilden: »Jetzt habe ich ihn!«, ist all seine Lebendigkeit, seine Dynamik und seine verwandelnde Kraft dahin.

Die Antworten auf all die Fragen, die jeder von uns mit sich herumträgt und auch in Zukunft noch mit sich herumtragen wird, liegen in jedem von uns selbst. Die Zen-Schulung ist dadurch gekennzeichnet, daß keinerlei Anstrengung unternommen wird, irgend etwas von außen in dich hineinzubringen. Und in der Tat gibt es im Zen den berühmten Ausspruch: »Es gibt in der ganzen Welt keine Zen-Lehrer, noch gibt es da etwas, das zu lehren wäre.« Der Grund für eine solche Feststellung ist bereits an der Wiege des Buddhismus gegeben, und zwar mit der Erleuchtungs-Erfahrung des Buddha Shākyamuni selbst.

Als Shākyamuni mit seiner spirituellen Suche begann, mit seiner Suche nach Antworten auf die Fragen nach dem Sinn des Lebens, des Todes und des menschlichen Leidens, da hat er zunächst einen Weg eingeschlagen, der zu jener Zeit in solchem Fall der übliche war. Es war der Weg der Entsagung, der Askese. Shākyamuni verließ Haus und Familie und machte sich von allen seinen Besitztümern frei, rasierte sich die Haare ab, kleidete sich in das Gewand eines Bettelmönchs und ging in den Wald, um sich der Übung der Askese zu unterziehen, die im Indien jener Tage bis zum höchsten Grade vervollkommnet war. Sieben Jahre lang praktizierte er lange Perioden der Meditation, des Fastens und der Schlaflosigkeit. Schließlich geriet er in einen solchen Zustand der Auszehrung und Schwäche, daß er der Ohnmacht anheimfiel. Als er wieder zu sich kam, überdachte er sein Tun und mußte einsehen, daß er durch seine Selbst-Verleugnung der Klarheit des Geistes in keiner Weise nähergekommen war.

Fest entschlossen, seine Antworten ohne diesen Umweg in unmittelbarem Zugriff zu erlangen, nahm Shākyamuni wieder Nahrung zu sich und sorgte dafür, daß sich sein Körper erholte, sehr zur Bestürzung seiner Gefährten auf dem Weg der Askese, die ihm kurzerhand davonliefen. Ein Kommentator hat einmal mit Blick auf dieses Stadium seines Lebens gesagt, daß der Buddha in eben diesem Augenblick wahrscheinlich der einsamste Mensch auf der ganzen Erde war. Besaß er doch nichts, woran er sich hätte halten können. Er hatte niemanden, der ihn hätte anleiten können. Es gab noch keinen Buddhismus, zu dem er Zuflucht hätte nehmen können, und er selbst war noch kein Buddhist. Statt dessen war er völlig auf sich selbst angewiesen. Wenn wir uns heutzutage vollständig in unsere Übung vertiefen, dann erschaffen wir für uns selbst die gleiche Befindlichkeit, den gleichen Zustand, ausschließlich uns selbst vertrauen zu müssen.

Nachdem er wieder zu Kräften gekommen war, saß der Buddha da in einsamem Zazen, und als er eines Morgens in der Dämmerung den Morgenstern erblickte, erreichte er *Anuttara-Samyaksambodhi*, was wir als »Höchste Erleuchtung« übersetzen. Und das Erste, was er nach dieser vollkommenen Einsicht äußerte, war der Ausspruch: »Ist das nicht wunderbar!? Ist das nicht wunderbar!? Ich selbst und alle Lebewesen auf Erden erlangen im selben Augenblick Erleuchtung!« Er sagt damit, daß er in seiner Erleuchtung erkannt hat, daß, in eben diesem Augenblick, alle fühlenden Wesen vollkommen, ganz und vollständig sind, daß ihnen rein gar nichts fehlt. Und daß er das, wonach er selbst gesucht hatte, immer schon gewesen war.

Genau diese Vollkommenheit ist auch die Grundbeschaffenheit aller Lebewesen. Und unter dieser Voraussetzung wird das »Lehren« zu einer sehr schwierigen, wenn nicht gar unmöglichen Aufgabe. Folgerichtig hat der Buddha sich auch lange dagegen gesträubt, damit überhaupt anzufangen. Es bedurfte langwieriger Überredung durch seine alten Freunde, die sich wieder um ihn versammelt hatten, bis er endlich mit der ersten Drehung des Dharma-Rades begann. Diese und alle späteren Unterweisungen nahmen dabei die Form zahlloser *Upāya* an, »kunstvoller, geschickter Mittel«, die sämtlich nur auf diesen einen Punkt abzielen: uns zu der Einsicht in das zu bringen, was immer schon in uns gegenwärtig ist.

Der Prozeß einer spirituellen Schulung im Rahmen des Buddhismus schließt als den wesentlichen Kernpunkt ein, daß wir tief in das eigene Selbst hineinschauen und dabei die uns innewohnende Vollkommenheit erfassen. Diese Erfahrung erhebt uns über die Einschränkungen, die unsere Prägung uns auferlegt, die Prägung durch unsere Eltern, unsere Erziehung, unsere Kultur und unsere Zeitgenossen. Sie versetzt uns hinein in den Grund des Seins, der unterhalb aller Prägung liegt.

Eben diese Einsicht ist es, die viele Jahre später auf dem Gridhrakuta-Berg von Shākyamuni auf seinen ersten Dharma-Nachfolger Mahākāshyapa übergegangen ist. Zweitausend Schüler hatten sich damals auf dem Geierberg versammelt, um einer Darlegung des Buddha beizuwohnen. Als der Buddha endlich erschien, hielt er eine Blume in die Höhe und drehte sie, ohne ein Wort zu sagen, zwischen seinen Fingern. Unter all den Zuhörern lächelte nur Mahākāshyapa und zwinkerte dem Buddha mit den Augen zu. Da erklärte der Buddha: »Ich besitze den alles durchdringenden wahren Dharma, das unvergleichliche Nirvāna, die ausgezeichnete Lehre von der formlosen Form. Sie beruht nicht auf Buchstaben und wird außerhalb der kanonischen Schriften überliefert. Ich gebe sie jetzt weiter an Mahākāshyapa.« Das war die erste Dharma-Übertragung. Der Buddha muß irgendwie verstanden haben, daß Mahākāshyapa erkannt hatte, was er selbst erkannt hatte. Mahākāshyapa hat das mit seinem Lächeln und Augenzwinkern dem Buddha mitgeteilt, und der Buddha hat seine Mitteilung als gültig akzeptiert. Diese Episode bildet eines der Kōan im *Wu-men-guan* (*Mumonkan*), der »Schranke ohne Tor« (Kōan 6).

Ein ganz ähnlicher Vorgang wiederholte sich eine Generation später. Ānanda, der Aufwärter des Buddha, war in der Versammlung auf dem Geierberg zugegen gewesen, als Mahākāshyapa die Dharma-Übertragung erhalten hatte. Ānanda war nicht nur der persönliche Aufwärter des Buddha gewesen, er war ihm überdies als sein Vetter verwandtschaftlich verbunden. Ānanda besaß ein unglaubliches Gedächtnis und konnte sich buchstabengetreu an sämtiche Lehrreden erinnern, die der Buddha je gehalten hatte. Er behielt alles, bis auf die kleinsten Details. Und so sollen denn sämtliche Sūtras dem Gedächtnis Ānandas entstammen; sie wurden nach seinem Diktat niedergeschrieben, indem er jeden einzelnen Lehrvortrag des Buddha korrekt rezitierte. Zwanzig Jahre lang hatte Ānanda an der Seite des Buddha gelebt, hatte jedes Wort gehört und in seinem Gedächtnis bewahrt, und doch war es Mahākāshyapa gewesen, der in der großen Versammlung auf dem Berg Gridhrakuta die Übertragung erhalten hatte. Eine solche Übertragung hat nämlich nichts mit Wissen, mit bloßen Kenntnissen zu tun, von denen Ānanda jede Menge besaß.

Nach dem Tode des Buddha wurde Ānanda Schüler und Aufwärter des Mahākāshyapa, der jetzt das Amt des Meisters innehatte. Eines Tages, als er gerade wieder einmal über die Ereignisse auf dem Geierberg nachgedacht hatte, da sagte Ānanda zu Mahākāshyapa: »Damals auf dem Geierberg, als der Buddha dir die Robe und die Schale gab, was hat er dir da sonst noch gegeben? Was hast du außerdem noch erhalten? Was ist es, das du besitzt, ich aber nicht besitze?« Er war voller Zweifel. Mahākāshyapa antwortete mit nur einem Wort: »Ānanda!« Und Ānanda erwiderte unverzüglich: »Ja, Meister!« Worauf Mahākāshyapa sagte: »Hol die Fahnenstange nieder!« Und in diesem Augenblick erlebte Ānanda die große Erleuchtung. »Hol die Fahnenstange nieder!«, das war nur ein anderer Ausdruck dafür, daß die Unterweisung zu Ende war. In jenen Tagen flatterte, wann immer ein Lehrer einen Lehrvortrag hielt, eine Fahne im Wind. Die Fahnenstange einzuholen bedeutete, daß der Lehrer seine Belehrung abgeschlossen hatte. »Ānanda!«, »Ja, Meister!«. Und Ānanda war erleuchtet. Die Unterweisung war vorüber, und Ānanda war erleuchtet. Das war das Ereignis der Dharma-Übertragung von Geist zu Geist, diesmal von der zweiten auf die dritte Generation.

Eben diese Übertragung von Geist zu Geist hat sich auch im folgenden von einer Generation zur nächsten fortgesetzt; und so hat sich ein ununterbrochener Faden ergeben, der die gesamte Zeitspanne von 2500 Jahren seit der Erleuchtung Buddhas durchzieht. Nicht Vorlesungen, nicht die Sūtras, keine philosophischen Abhandlungen und keine Glaubenslehren haben das bewirkt, sondern die Übertragung von Geist zu Geist. Der unmittelbare Einblick in die Wahrheit der Lehre wurde so zunächst in Indien 28 Generationen lang weitergereicht. Dann hat ihn Bodhidharma nach China gebracht. Dort hat er in der Zeit der Tang-Dynastie seine Blütezeit erlebt und sich abermals über 28 Generationen hin fortgepflanzt. Dann haben die beiden Meister Eisai und Dōgen die Übertragungslinie von China nach Japan gebracht, von wo sie Ende des 20. Jahrhunderts in den Westen weitergetragen wurde. Und stets wurde die Lehre auf dieselbe Weise übertragen: unmittelbar, von Geist zu Geist, im Eins-Sein von Meister und Schüler.

Bodhidharma ist es, der gesagt haben soll, daß Zen »eine besondere Überlieferung außerhalb der Schriften« sei, »unabhängig von Worten und Schriftzeichen: unmittelbar auf den Herz-Geist des Menschen zeigend«, auf daß wir »die eigene Natur schauen und so die Buddhaschaft erlangen«. Genau das ist durch alle Jahrhunderte hindurch bis zum gegenwärtigen Tag die Definition des Zen geblieben. Worauf Bodhidharma damit hingewiesen und was sich seither in steter Wiederholung neu bestätigt hat, ist die Tatsache, daß die Übertragung buddhistischer Einsicht und Erleuchtung nicht von irgendwelchen religiösen Schriftwerken abhängt. Gewöhnlich stellt in den großen Religionen der Welt das Studium der kanonischen Schriften oder zentralen Texte einen, wenn nicht gar *den* entscheidenden Bestandteil der religiösen Übung und Ausbildung dar. Und der Buddhismus besitzt vermutlich mehr kanonische Schriften als jede andere Weltreligion, einfach weil der Buddha 47 Jahre lang Zeit gehabt hat zu lehren, eine außerordentlich große Zeitspanne für einen spirituellen Führer, zu wirken und sich dabei immer weiter zu entfalten. Und folglich übersteigt die Literatur des Buddhismus schon von der Menge her jedes Maß. Mehrere Klöster könnten vom Keller bis zum Dachboden mit den Büchern des buddhistischen Kanons angefüllt werden.

Doch diese Sūtras samt ihren Kommentaren liefern nur die Beschreibung der Wirklichkeit, doch sie sind nicht die Wirklichkeit selbst. Sie sind Beschreibungen der Wahrheit, nicht die Wahrheit selbst. Und was ist die Wahrheit? Die Wahrheit, die im Zen vom Meister auf den Schüler übertragen wird, hat nichts mit intellektuellem Verstehen und Glaubensvorstellungen zu tun. Die Wahrheit ist unmittelbar. Und das, so ließe sich argumentieren, macht Zen zu etwas Einzigartigem unter den Religionen der Welt.

Die meisten sonstigen Richtungen des Buddhismus lehren den Buddha-Dharma auf eine Weise, die der der anderen Religionen ähnelt. Da gibt es Schulen des Buddhismus, die sich ganz auf die Sūtras stützen. Sie versichern dir, daß du durch ausgiebiges Studium der Sūtras und deren gründliches Verständnis schließlich zur Erleuchtung gelangen kannst. Und es gibt andere Schulen des Buddhismus, die sich vor allem auf die moralisch-ethischen Vorschriften, den *Vinaya*, konzentrieren. Wenn du nun diesen moralisch-ethischen Vorschriften in deiner täglichen Lebensführung folgst, so heißt es bei diesen Richtungen, dann führst du das Leben eines Buddha und erreichst auf diese Weise die Buddhaschaft.

Im Zen dagegen liegt das Schwergewicht auf der Introspektion, dem »Schauen des Selbst-Wesens«: du versenkst dich in dich selbst, um zum Grund deines Lebens vorzudringen. So erkennst du dich selbst, indem du dich selbst erforschst. Dōgen Zenji hat einmal gesagt: »Den Buddhismus studieren heißt sich selbst erforschen. Sich selbst erforschen heißt sich selbst vergessen. Sich selbst vergessen heißt von den zahllosen Dingen erleuchtet werden.« Sobald nämlich die Illusion vom eigenen Selbst aus dem Wege geräumt ist, bleiben nur noch die zahllosen Dinge übrig. Und »in den zahllosen Dingen sich selbst erkennen heißt Körper und Geist, ›Ich‹ und ›andere‹ fallenlassen. So bleibt keine Spur von Erleuchtung zurück, und diese spurlose Erleuchtung dauert endlos an.« Dieser kurze Abschnitt aus dem Shōbōgenzō birgt gewissermaßen die Gesamtheit des Buddha-Dharma in sich.

Was also bleibt, wenn das Ich erst einmal vergessen ist? Was ist noch übrig, wenn es kein Selbst mehr gibt? Alles! Das gesamte Universum bleibt übrig, doch jetzt, ohne daß da noch länger die Vorstellung von einem Selbst besteht, die uns vom Universum abtrennt. Ich sage die »Vorstellung von einem Selbst«, weil aus buddhistischer Sicht unser Selbst eben nur eine Vorstellung ist. Es existiert gar nicht wirklich. Es ist ausschließlich etwas, das wir von Augenblick zu Augenblick selbst erschaffen. Frage dich selbst einmal, was das Selbst ist, und sieh dir an, welche Antworten dir einfallen. Die meisten Menschen präsentieren dir eine Liste von Bestandteilen: »Mein Selbst, das ist mein Körper, das sind meine Gedanken und Gefühle, meine Vorstellungen, meine Erinnerungen und Zukunftspläne.« Doch eine derartige Liste ist überhaupt keine Antwort auf die Ausgangsfrage: »Was ist das Selbst?« Genausowenig liefert die Aufzählung von Wänden, Decke, Fußboden, Fenstern und Türen eine Antwort auf die Frage: »Was ist ein Zimmer?« Das sind doch nur Bestandteile. Sie bilden nicht das »Zimmer-Sein« selbst; sie sind keineswegs das, was ein Zimmer zum Zimmer macht. Vom Standpunkt der westlichen Philosophie aus gesehen ist das, was übrig bleibt, wenn du die Bestandteile wegnimmst, das Wesen einer Sache. Und das Wesen des Selbst ist die »Seele«. Der Glaube an eine solche »Seele« als das Entscheidende am Selbst ist für viele Religionen in Ost und West der zentrale Punkt überhaupt.

Anders im Buddhismus. Dort laufen die unzweifelhaften Erfahrungen Tausender von Männern und Frauen, von Buddha Shākyamuni angefangen durch alle Jahrhunderte hindurch, auf ein und dasselbe hinaus: Wenn du bei deiner Suche nach dem Selbst nur tief genug in dein Selbst hinabtauchst; wenn du dabei über alle Bestandteile, die du auffinden magst, hinausgehst, und ebenso über all deine Prägungen, dann bleibt zum Schluß nur eins übrig, nämlich – nichts! Das Selbst ist nur ein Konstrukt deines Geistes. Und es ist eben dieses geistige Konstrukt, das uns vom Rest des Weltalls trennt und ebenso voneinander. Diese grundlegende, aber illusionäre Annahme eines Selbst erzeugt darüber hinaus, so die Lehre des Buddha, Gier, Wut und Verblendung, und damit Schmerz und Leiden. Wenn du nun aber dein Ich oder Selbst vergessen hast, ist die Barriere beseitigt, die bisher zwischen dir und den zahllosen Dingen, der gesamten Welt der Phänomene, bestanden hat. Dann erfährst du die Intimität mit den zahllosen Dingen als deinen eigenen Körper und Geist. Und wenn das wiederum erreicht ist, dann eröffnet sich uns eine ganz und gar andere Art und Weise, uns selbst und das gesamte Universum wahrzunehmen und zu erfahren, eine Art und Weise, die durch Weisheit und Mitgefühl geprägt ist.

Die Kōan sollen uns zu dieser Einsicht und Erfahrung hinführen. Sie sind speziell dazu entworfen, die Schichten unserer Prägungen zu durchschneiden, die sich seit unserer Geburt wie Sedimente in uns abgelagert haben, all die Programme, nach denen wir wie geistesabwesend unser Leben ausrichten. Diese Konditionierung beginnt im Augenblick unserer Geburt und hält unser ganzes Leben hindurch an. Sie geht immer weiter, Tag für Tag, beständig verstärkt durch die sozialen Normen der Gesellschaft, durch unsere Beziehungen zu anderen Menschen, durch unsere tagtägliche Interaktion mit ihnen sowie durch die Medien und die Werbung. Die Kōan nun zielen auf eben diese Schichten unserer Prägung, nehmen sie unter die Lupe und tragen sie eine nach der anderen wieder ab. Kōan führen uns tief hinein in die Struktur dessen, was wir unser Ich nennen, und eröffnen uns dabei letztlich den Grund allen Seins. Denn unter den vielen Schichten unserer Prägung verbirgt sich ein vollkommenes und vollständig erleuchtetes Wesen, ein Buddha. Kōan bringen uns nicht nur dazu, diese uns innewohnende Buddha-Natur zu erkennen, sondern lehren uns darüber hinaus zugleich, unser Leben aus dem heraus zu leben, was wir in der Erleuchtungs-Erfahrung erkannt haben. Nicht etwa aus dem heraus, was man uns eingetrichtert hat aus der ererbten Liste sittlicher Gebote und Verbote heraus, sondern aus dem heraus, was wir durch unsere eigene und unmittelbare Erfahrung selbst erfaßt und erkannt haben. Kōan dienen dazu, das zunächst nur innerlich Erfahrene zu manifestieren und es in allem, was wir tun, zu verwirklichen.

Man kann durchaus sagen, daß die Kōan bis auf die Anfänge des Zen zurückreichen, ja sogar bis auf den Anfang des Buddhismus überhaupt. Das vermutlich älteste Kōan, dem man in der Geschichte des Buddhismus begegnet, ist die legendäre Erzählung von der Geburt des Buddha Shākyamuni. Wie die Legende wissen will, hat Shākyamuni unmittelbar nach seiner Geburt drei Schritte vorwärts getan, dann mit der einen Hand zum Himmel hinaufgezeigt und mit der anderen nach unten zur Erde und gesagt: »Zwischen Himmel und Erde bin ich der allein Verehrungswürdige!« Wesentlich bekannter in einer breiteren Öffentlichkeit ist da schon der »Ton der einen Hand«: »Du kennst den Ton zweier klatschender Hände. Was ist der Ton einer klatschenden Hand? Sag es mir nicht – zeige es mir!« Der »Ton der einen Hand« ist innerhalb des Systems, das Hakuin für die Kōan-Schulung entwickelt hat, ein typisches Einstiegs-Kōan. Ein anderes Anfänger-Kōan ist das »Ursprüngliche Antlitz«: »Was ist dein ursprüngliches Antlitz, das Antlitz, das du hattest, bevor Deine Eltern geboren wurden?« Und wieder heißt es: Sag es mir nicht, zeig es mir!

Um die lebendige Dynamik der Kōan-Schulung richtig würdigen zu können, muß man wissen, daß die Frage: »Was ist der Ton des Klatschens einer Hand?« weder ein Rätsel noch ein bloßes Paradoxon ist. Vielmehr handelt es sich dabei um eine Frage, die mit der allergrundlegendsten Wahrheit zu tun hat. Sie ist nichts anderes als die Fragen: »Was ist die Wirklichkeit? Was ist das Leben? Was der Tod? Was ist Gott? Wer bin ich?«

Kōan sind zentrale Fragen, die schon durch ihre Formulierung unsere übliche Art, mit Fragen umzugehen, zum Scheitern verurteilen. Ein Kōan kann nämlich nicht durch lineares, diskursives Denken »gelöst« werden. In der Tat, Kōan sind genau zu dem Zweck entworfen, den Prozeß intellektuellen Verstehens kurzzuschließen. Um eine auch nur einigermaßen tiefe Einsicht in den Gehalt eines Kōan zu gewinnen, muß ein ganz anderer Bereich unseres Bewußtseins genutzt werden. Kōan öffnen uns für die intuitive Seite unseres Bewußtsein, das »direkte Wissen«.

Oberflächlich betrachtet erscheinen Kōan paradox, doch tatsächlich sind sie keine Paradoxa. Ein Paradoxon existiert nur in der Sphäre von

Worten und Begriffen, die die Wirklichkeit beschreiben. In der Wirklichkeit selbst gibt es keine Paradoxa. Die Verwendung von Kōan bedeutet den Versuch, über Worte und Begriffe, die die Wirklichkeit beschreiben, hinauszugelangen und die Wirklichkeit selbst unmittelbar und intim zu erfahren. Die Antwort auf ein Kōan ist weder eine bestimmte Menge an Informationen noch eine bestimmte neue Sicht irgendeines Gegenstandes. Sie ist vielmehr deine eigene intime und unmittelbare Erfahrung des gesamten Universums und seiner zahllosen Facetten. Sie ist ein Bewußtseinszustand.

Die Antwort auf ein Kōan steht in keinem Skript, in keinem Nachschlagewerk. Sie ist keine Formel aus bestimmten Wörtern, obwohl sie durchaus in Worte gefaßt sein kann. Sie kann alles mögliche sein: ein Schrei, ein Nicken, ein Augenzwinkern oder auch das Emporheben einer Blume. Und natürlich kann sie auch aus Worten bestehen. Doch es gibt lebendige und tote Worte. Tote Worte sind zum Beispiel: »Das Universum und ich selbst sind eins.« Das ist eine Erklärung. Jedes beliebige Buch über die Weltsicht des Buddhismus wird dir erzählen, daß »das Universum und ich selbst eins sind«. Wie ließe sich dieser Sachverhalt auf eine nicht so abgestandene Weise ausdrücken? Du könntest etwa sagen: »Wenn wir hier auf dem Mount Tremper [im Staat New York] die Fidel spielen, dann tanzen sie in Großbritannien.« Das wäre eine Möglichkeit, die Einheit aller Dinge zu »zeigen«. Oder: »Wenn es mich juckt, dann kratzt sich mein Meister«. Es gibt also durchaus Möglichkeiten, die unmittelbare Erfahrung der Einheit in Worten auszudrücken, nur müssen das halt lebendige Worte sein. Es müssen vor allem deine eigenen Worte sein. Die Worte, in die du deine Antwort kleidest, müssen weit und umfassend genug sein, um nicht den Geist dessen zu töten, was du ausdrücken willst, und sie müssen, was das Allerwichtigste ist, genau die Wahrheit vorzeigen, um die es in dem betreffenden Kōan geht.

Kōan-Schulung ist nicht etwas, das sich im luftleeren Raum abspielt, und doch mußt du ganz allein mit deinem Kōan fertig werden. Letztlich muß die Lösung eines Kōan vom Schüler selbst kommen. Du tauchst ganz tief in die Zustände deines Bewußtseins hinab, durch alle Schichten deiner Prägung hindurch, um schließlich im Grund des Seins anzukommen. Dieser gesamte Prozeß läßt sich durch verschiedenartige »geschickte Mittel« (Upāya) wirksam unterstützen. Das wichtigste davon und zugleich das entscheidende ist das Zazen. Zazen ist der Herzschlag und der Kern des Zen und auch der Kōan-Praxis. In den ersten Stadien deiner Übung verschafft es deinem Geist die Möglichkeit, zur Ruhe zu kommen und sich zu sammeln, indem es die Aufmerksamkeit ganz auf den jeweiligen Augenblick ausrichtet. Die meisten von uns sind ganz und gar von ihren jeweiligen Absichten eingenommen. Wir beschäftigen uns fast ausschließlich mit der Vergangenheit oder der Zukunft. Und während wir so von der Vergangenheit und Zukunft eingenommen sind, versäumen wir, unseres Lebens von Augenblick zu Augenblick gewahr zu sein. So entgleitet uns das Leben, und wir bemerken kaum, wie es verfliegt. Wenn du den Augenblick versäumst, versäumst du dein Leben, weil das Leben immer nur in diesem Augenblick stattfindet.

Durch Zazen lernen wir nach und nach, unseren inneren Dialog zur Ruhe zu bringen, jene unaufhörliche Unterhaltung, die wir mit uns selbst führen. Schrittweise sind wir mehr und mehr imstande, unsere Aufmerksamkeit auf unseren Atem zu richten. Der Atem ist nur eines von vielen Zentren der Aufmerksamkeit, die in der Meditation Verwendung finden. Doch Zazen ist mehr als nur Meditation. Es ist mehr, als nur den Geist stillzustellen. Zazen ist eine Weise, unser Leben zu manifestieren. Alles, was wir in einer bestimmten Weise tun, nämlich ganz gegenwärtig, hellwach und des Augenblicks gewahr, ist Zazen. Indem wir mit unseren Gedanken arbeiten – sie zur Kenntnis nehmen, sie loslassen und wieder zu unserem Atem zurückkehren –, fangen wir an zu entwickeln, was im Japanischen *Jōriki* heißt: Geisteskraft. Jōriki ist das direkte Ergebnis dessen, daß wir von unseren Gedanken ablassen und unsere Aufmerksamkeit immer wieder zu unserem Atem zurücklenken. Mit jedem Mal, da du das tust, stärkst du deine Fähigkeit zur Sammlung. So werden im Zazen unser ganzer Körper und unser ganzer Geist an Jōriki beteiligt und von Jōriki erfüllt.

Jōriki ist für die Vorbereitung auf die Kōan-Praxis von entscheidender Bedeutung. Denn es befähigt dich, deinen Geist dorthin zu lenken, wo du ihn haben willst, und zwar genau dann, wenn du ihn dort haben willst, und solange du ihn dort haben willst. Und so verwandelt sich Jōriki schließlich in das, was wir *Samādhi* nennen, die »Einspitzigkeit« oder »Einsgerichtetheit« des Geistes. Diese Einspitzigkeit des Geistes muß erst einmal entwickelt sein, bevor irgendeine Art fruchtbarer Kōan-Praxis einsetzen kann. Zazen stärkt also kontinuierlich unser Samādhi und verschafft uns damit die entscheidende Voraussetzung dafür, daß wir es mit einem Kōan aufnehmen können. Wenn also ein hinreichendes Maß an Samādhi-Fähigkeit gegeben ist, beginnt die Übung des Schülers mit seinem ersten Kōan.

Indem sie den Verstand scheitern lassen, berauben Kōan uns unserer vertrauten Problemlösungs-Verfahren und eröffnen uns völlig neue Dimensionen des menschlichen Bewußtseins. Unsere üblichen Verfahren, zu einer Frage eine zufriedenstellende Antwort zu finden, hängen ganz und gar davon ab, was sich in der Vergangenheit als erfolgreich erwiesen hat. Unser ganzes Leben hindurch und vor allem während unserer gesamten Erziehung und Ausbildung sind wir dazu angehalten worden, auf unseren Verstand zu bauen, und zwar ihn auf lineare, schlußfolgernde Weise zu gebrauchen. Das ist die Weise, die bei der Messung des I. Q. beurteilt wird. Das ist das Verfahren, wie wir Examina bestehen, Probleme und Rätsel lösen und uns zum Erfolg durchkämpfen. Wenn du einen tüchtigen Verstand besitzt und hinreichend viel analytisches Talent, dann stehen die Chancen gut, daß du dich eines Tages hochgearbeitet hast, auf welchem Gebiet auch immer du tätig bist. Wenn es jedoch um Kreativität geht oder um spirituelle Fragen, dann ist eine ganz andere Art von Bewußtsein gefragt. Dieses Bewußtsein funktioniert nicht linear und diskursiv. Jeder von uns besitzt es. Doch irgendwie hat unsere Erziehung und Ausbildung unseren Zugang dazu auf ein Minimum reduziert oder es gänzlich ausgeblendet, und das bedeutet eine ganz erhebliche Einschränkung unserer Lebensmöglichkeiten.

Der Prozeß des Zazen ist nie endende, unaufhörliche Selbsterforschung. Bisweilen wird es als der »Schritt rückwärts« bezeichnet, und das hat mit der Wendung nach innen zu tun. Worauf es bei dieser Selbsterforschung besonders ankommt, das ist, an nichts festzuhalten. Falls es da in dir unaufgearbeitete Anteile deiner selbst gibt, ungelöste Probleme und Spannungen, dann müssen die erst einmal an die Oberfläche kommen, bevor du die Einsicht in das, was du wirklich bist und was dein Leben ist, verkraften kannst. Du kannst solche unaufgelösten Problembereiche nicht einfach beiseite schieben, und die Zen-Übung macht solche Verdrängungen unmöglich.

Für Schüler und Schülerinnen, die, um sich zu schulen, im Zen

Mountain Monastery leben, gibt es keine Möglichkeit, sich irgendwo und irgendwie zu verstecken. Jeden Morgen, jeden Abend – und während des *Ango*, einer dreimonatigen Periode besonders intensiver Übungen, auch noch jeden Nachmittag – wird von dir verlangt, daß du mit dir allein auf dem Kissen sitzt. Alle Ablenkungen und Verpflichtungen sind aus dem Wege geräumt. Schweigend sitzt du da, nur mit deinem Atem beschäftigt. Und schon steigen Gedanken auf. Die meisten davon sind »weißes Rauschen«, und du brauchst sie nur zur Kenntnis zu nehmen, sie wieder entschwinden zu lassen und zu deinem Atem zurückzukehren. Zazen-Anfänger haben zum ersten Mal in ihrem Leben die Gelegenheit, sich selbst wirklich zuzuhören. Im Vollzug des Alltagslebens bemerken wir gar nicht, daß wir in einer fortwährenden Unterhaltung mit uns selbst begriffen sind. Wir reden die ganze Zeit mit uns selbst. Ich erinnere mich noch, daß während meiner Kindheit die ganze Familie im stillen über meine Großmutter lachte, die, wenn sie im Haus herumging, die ganze Zeit vor sich hin murmelte. Etwa zwanzig Jahre später mußte ich dann feststellen, daß ich das ganz genauso mache. Der einzige Unterschied: Ich sprach meine Gedanken nur nicht aus. Wir sind ständig damit beschäftigt, zu kommentieren, zu analysieren, zu beurteilen, zu reflektieren, zu bewerten, zu systematisieren, einzuordnen und zu benennen. All das läuft ununterbrochen ab und läßt uns gar keinen Raum, das Jetzt zu erfahren, den Augenblick zu erleben. Zazen nun öffnet uns den Zugang zu unserem »Inneren Monolog« und gibt uns zugleich das Mittel an die Hand, ihn zu durchschauen. Wenn die Leute damit beginnen, Zazen zu üben, äußern sie sich in der Regel im *Dokusan* [formelle Begegnung mit dem Zen-Meister unter vier Augen], fassungslos darüber, wie pausenlos ihr Geist mit irgend etwas beschäftigt ist, und sind meist davon überzeugt, daß sie die einzigen auf der Welt sind, die dieses befremdliche Phänomen an sich selbst erfahren. Doch es geht uns allen so, ohne Ausnahme. Wir alle lenken uns ständig ab.

Beim Zazen beginnt der innere Monolog sich zu verlangsamen. Und zwar eben dadurch, daß du die Gedanken, die da fortwährend in dir aufsteigen, mit gleicher Ausdauer auf die bereits erwähnte Weise »zähmst«: du nimmst sie zur Kenntnis, läßt sie wieder gehen und kehrst mit deiner Aufmerksamkeit zu deinem Atem zurück. Wieder und wieder. Ab und zu taucht etwas ganz Wichtiges auf, und du kannst gar nicht umhin, ihm deine volle Aufmerksamkeit zu schenken. Irgend etwas ist los mit deinem Leben. Was da hochkommt, ist nicht nur »weißes Rauschen«, sind nicht nur zufällig auftauchende Gedanken. Im Gegenteil, es ist etwas äußerst Wichtiges. Es hat mit einer Beziehung zu tun, mit Kummer, mit Entscheidungen, die getroffen werden müssen. Wenn du es gehen läßt, kehrt es sofort zurück. Diese Hartnäckigkeit ist ein Zeichen dafür, daß du es gründlich und erschöpfend durcharbeiten mußt, daß du es nicht einfach beiseite schieben und ignorieren darfst. Seine Hartnäckigkeit fordert dich vielmehr auf, ihm seinen Lauf zu lassen; und wenn du das tust, wirst du alsbald von all den Emotionen überschwemmt, die mit diesen Gedanken verbunden sind. Das tut weh, und so ist Zazen oftmals mit einer gehörigen Portion Schmerz verknüpft: Da sitzen sie alle auf ihren Kissen und sehen aus wie die perfekten Buddhas, im Lotos-Sitz, jenes berühmte leise Lächeln auf dem Gesicht, aber dieser äußere Anschein spiegelt keineswegs immer den inneren Kampf wider, der sich in jedem einzelnen abspielen mag.

Wenn du dir selbst offen und rückhaltlos zuhörst, dann erlebst du irgendwann genau die Gefühle, vor denen du Angst hattest, dann denkst du irgendwann genau den Gedanken, vor dem du bisher zurückgeschreckt bist. So ist es nun einmal: Es gibt keine echte Ruhe, keinen wirklichen Frieden, solange du nicht mit dem Durcheinander aufgeräumt hast, das du tief drinnen mit dir herumträgst. Je weiter du dich aufs Zazen einläßt, desto größer wird dein Vertrauen in die Fähigkeit loszulassen. Jedesmal, wenn du einen Gedanken sich wieder auflösen läßt, schenkst du dir selbst ein Stück mehr von der Kraft, Gedanken loszulassen, ja überhaupt loszulassen. Und in genau dem Maße, wie dein Vertrauen ins Loslassen-Können wächst, wächst auch deine Fähigkeit, unterdrückte Konflikte erfolgreich zu bearbeiten. Ganz allmählich werden alle Ecken und Kanten abgeschliffen. Dieser ganze Prozeß wird zu einer Art gigantischer, kosmischer Reinigung, die uns von dem angesammelten Ballast eines ganzen Lebens befreit. Und schließlich beruhigt sich der Geist und fängt an, Stille und Gelassenheit auszustrahlen.

Bevor der Meister einem Schüler, einer Schülerin das erste Kōan gibt, müssen sie eben diese Stille ausgebildet und ihr einige Tiefe und Festigkeit verliehen haben. Das ist deshalb so wichtig, weil das erste Kōan in der Regel in unserem Innern auf sämtliche Knöpfe drückt und so etwas wie eine unterirdische Explosion auslöst, die allen seelischen

Schutt hochwirbelt. Zuvor war alles in uns zur Ruhe gekommen, wir hatten uns gelassen und innerlich geweitet gefühlt. Der Meister hatte uns im Dokusan viel Hilfe und Ermunterung zukommen lassen und uns wie eine fürsorgliche Mutter »aufgebaut«. Doch plötzlich vollzieht er, kaum daß wir an unserem ersten Kōan kauen, eine Kehrtwendung ins Gegenteil, verwandelt er sich aus einem Freund in einen Gegner. Denn nunmehr will er von dir eine klare Antwort auf das Kōan haben: »Was ist es? Geh tiefer! Nicht gut genug! Streng dich noch mehr an!« Und da sitzt du dann wieder auf deinem Kissen, ganz für dich allein. »Was ist es? Was ist es? Was ist es?« Diese Frage hallt überall in dir wider. Antworten fallen dir ein, steigen wie Blasen auf und werden doch sämtlich vom Meister wieder verworfen: »Was ist MU?« – »MU ist dies.« – »Nicht gut genug!« – »MU ist das.« – »Geh tiefer« – »MU ist alles.« – »Reicht noch nicht!« – »MU ist nichts.« – »Reicht nicht hin!« – »MU ist beides, sowohl alles wie nichts.« – »Total daneben!«

Für eine wirksame Kōan-Praxis ist sorgfältiges Bemühen unerläßlich. Doch was ist »sorgfältiges Bemühen«? Wie bringst du es zustande? Sorgfältiges Bemühen heißt: mit voller Aufmerksamkeit für jedes Detail und zugleich mit einem ganzheitlichen Gewahrsein an seinem Kōan kauen. Sorgfältiges Bemühen muß nicht notwendig mit Ächzen und Stöhnen einhergehen. Wie es konkret aussieht, hängt eher von der Persönlichkeit des einzelnen Schülers ab. Du weißt, daß es eine Antwort gibt. Du vertraust darauf, daß es diese Antwort gibt. Du kennst Hunderte von anderen Leuten, die die Antwort gefunden, den Kern des Kōan geschaut haben. Und folglich hältst du durch. Du versuchst es weiter und wirst weiter zurückgewiesen. Du siehst dich weiterhin auf dich selbst zurückgeworfen. Der Zweifel wird immer größer. Er fängt an, deine innere Festigkeit zu erschüttern, die du aufgebaut zu haben glaubst. Schließlich gerätst du mit deinem verzweifelten Gesuche an eine äußerste Grenze, brechen alle Anstrengungen deines Verstandes zusammen. Dann passiert es: du erlebst einen »Quantensprung«! Und plötzlich, wie aus heiterem Himmel, überfällt dich die Einsicht! Du hast es!

Diese erste Einsicht ist gewöhnlich nur ein flüchtiger Blick auf die Wahrheit. Und doch hat sie weitreichende Konsequenzen. Die meisten Schüler, die »Es« gesehen haben, haben keine Ahnung davon, was sie da gesehen haben. Denn in eben dem Augenblick, da sie es zu erhaschen versuchen, ist es auch schon wieder verschwunden. »Es« ist wie ein glitschiger Aal. Sobald du versuchst, es mit Hilfe deines Verstandes dingfest zu machen, entzieht es sich dir. Alles Bemühen deines Verstandes endet damit, daß du nur noch ein Begriffs-Skelett umklammert hältst, das mit der lebendigen Sache nichts mehr zu tun hat.

Was auf das erste Kōan und deinen Anfangsdurchbruch folgt, ist eine Reihe weiterer Kōan, deren Aufgabe darin besteht, dir bei der Klärung deiner anfänglichen Einsicht behilflich zu sein. In der Traditionslinie, der unser Zen Mountain Monastery angehört, gibt es zu diesem Zweck eine Sammlung von »100 vermischten Kōan«, die der Schüler sich eins nach dem anderen vornehmen muß, bevor er zu den klassischen Kōan-Sammlungen fortschreitet. Die anfängliche Einsicht betrifft den absoluten Grund der Wirklichkeit, den Dharmakāya. Und das Begreifen dieses Dharmakāya weiter zu klären und zu vertiefen, läuft auf einen Prozeß hinaus, der sich durch die gesamte Kōan-Schulung des betreffenden Schülers hindurchzieht, mag das nun zehn oder auch zwanzig Jahre dauern.

In dem Maße, wie sich Schüler durch das System sämtlicher Kōan vorarbeiten, entwickeln sie eine immer größere Klarheit. Dieser Fortschritt vollzieht sich im allgemeinen nicht als stetiger oder gar steiler Aufstieg. Phasen eines sanften Dahingleitens werden unterbrochen von Einbrüchen erheblicher Zweifel. Jemand mag ein Kōan nach dem anderen passieren, und doch stößt er oder sie irgendwann und völlig überraschend gegen eine undurchdringliche Wand: ein Kōan, tödlich wie ein scharfes Schwert. Der Meister setzt solche Kōan ein, um das Ego seines Schülers zu »töten«. Denn das gehört ja zu den Gelübden, die er einst, zu Beginn seiner Lehrtätigkeit, abgelegt hat. Während der Zeitspanne, da der Schüler die »100 vermischten Kōan« zu bewältigen hat, bieten sich dem Meister etliche Möglichkeiten, dieses tötende Schwert zu schwingen. Bis zu dem Augenblick, da er das zum ersten Mal tut, hast du dein Vertrauen in dich selbst gefestigt, hast du die

Zuversicht erworben, imstande zu sein, jedes Kōan zu »durchschauen«. Du hast dich recht flott vorwärtsbewegt, und das Ganze fängt so sachte an, Sinn zu machen. Und gerade wenn es am meisten Sinn zu machen scheint, wird dir plötzlich der Teppich unter den Füßen weggezogen. Nichts macht mehr irgendwelchen Sinn. Der Schüler, männlich oder weiblich, ist wieder abgestürzt, zurück in ein völliges Durcheinander.

Dieses Muster wiederholt sich wieder und wieder während der gesamten Schulung. So sehr sich der Schüler betrogen, hereingelegt fühlen mag, ist eben dies, von der anderen Seite her gesehen, der Beginn und die Grundlage der sich entwickelnden Meister-Schüler-Beziehung. Der Meister hat gelobt, jedwede Anhaftung zunichte zu machen, die der Schüler an den Tag legt. Immer wenn der Schüler beginnt, sich sicher und behaglich zu fühlen, zieht ihm der Meister den Teppich weg, und der Schüler stürzt hin. Der Meister eilt hinzu und hilft dem Schüler, wieder auf die Beine zu kommen. Sobald der Schüler sich den Staub abgeklopft hat und wieder auf festen Füßen steht, zieht der Meister den Teppich abermals weg. Und wieder geht der Schüler zu Boden. Das wiederholt sich immer und immer wieder, bis schließlich der Meister den Teppich wegziehen kann, ohne daß der Schüler weiterhin hinfällt. Die beiden verbeugen sich voreinander und die Schulung ist zu Ende. Shākyamunis Blume ist übergegangen zur nächsten Generation.

Das System der Kōan-Schulung sowie die Zazen-Übung als sichere Grundlage sind wirksame Werkzeuge, die es dem Schüler erlauben, sich die erforderlichen Voraussetzungen für die Selbst-Erkennntnis, das Kenshō, zu verschaffen. Aber die eigentlich treibende Kraft seiner spirituellen Suche liegt in dem, was der Schüler selbst in die Kōan-Praxis einbringt. Dieses in der eigenen Person gegebene Fundament der Suche nach dem Selbst ist mit der Metapher der »drei Pfeiler des Zen« bezeichnet worden. Es setzt sich aus dem »Großen Vertrauen« (oder »Großen Glauben«), dem »Großen Zweifel« und der »Großen Entschlossenheit« zusammen. Das Große Vertrauen besteht in der ernsthaften und rückhaltlosen Hingabe an den Prozeß: an das, was nicht nur der Buddhismus überhaupt und das Zen insbesondere, sondern vor allem, was die Kōan-Arbeit selbst mit dir macht. Ausgangspunkt und Grundvoraussetzung für diese Hingabe an den Prozeß ist das Vertrauen in dich selbst, in deine eigene Fähigkeit zum Durchbruch, ganz gleich, was für ein Kōan, was für eine Schranke du vor dir hast. Wenn du nämlich nicht daran glaubst, daß du die Sperre durchbrechen kannst, dann wirst du es auch nicht können. Es geht nicht. Um den Durchbruch zu schaffen, mußt du folglich ein unerschütterliches Vertrauen in dich selbst und deine Fähigkeit besitzen, daß du ihn schaffst. Ein solcher Durchbruch ist ja nichts, was sich so beiläufig ereignet, als etwas, das dir von außen zuteil wird, sondern eher etwas, das du mit deinem eigenen Körper und deinem eigenen Geist leisten mußt. Du hast die Fähigkeit, es zu tun, und du wirst es tun. Das ist das Große Vertrauen.

Der Große Zweifel ist die Frage von Leben und Tod: Wer bin ich? Was ist die Wahrheit? Was sind Leben und Tod? Was ist Schmerz, Wirklichkeit, Gott? Das sind genau die Fragen, die einst Shākyamuni aus seinem komfortablen Palast hinaus in den Wald getrieben haben und die Dōgen veranlaßt haben, nach China zu reisen. All diese Fragen nach dem tiefsten Wesen der Wirklichkeit lassen sich reduzieren auf das Kōan, mit dem der Schüler gerade ringt. So wird das Kōan zu der Essenz, die sich aus all diesen Fragen herausdestillieren läßt, zum Herzstück aller dieser Fragen. Der Große Zweifel und das Große Vertrauen befinden sich in einem dynamischen Gleichgewicht. Sie erzeugen gemeinsam die spirituelle Spannung, die uns immer weiter treibt. Der Große Zweifel wird von dem chinesischen Zen-Meister Wu-men (Mumon) als eine rotglühende Eisenkugel beschrieben, die dir im Halse steckt: Du kannst sie weder ausspucken noch hinunterschlucken. Dieser Zweifel brennt in dir, ohne daß du ihn loswerden könntest.

Der Größe des Vertrauens und des Zweifels entspricht die der Entschlossenheit. Die Standfestigkeit und Kraft, die diese »drei Pfeiler« gebündelt verleihen, läßt sich kaum überschätzen. Große Entschlossenheit ist diejenige Art von Entschlossenheit, die Bodhidharma mit seinem Ausspruch gemeint hat: »Siebenmal zu Boden geschlagen, und siebenmal wieder aufgestanden!« Es gibt nichts, heißt das, was dich aufhalten könnte: Was du dir vorgenommen hast – es mag Zeit brauchen, es mag endlose Anstrengungen kosten, es mag den Rest deines Lebens in Anspruch nehmen, doch du wirst es schaffen.

Diese unbeugsame Entschlossenheit ist in der Kōan-Schulung von ganz entscheidender Bedeutung, vor allem was die Entwicklung und den Wandel in der Meister-Schüler-Beziehung betrifft: In unserer familiären Erziehung wie im öffentlichen Erziehungs- und Ausbildungssystem hat Bestätigung ein ungeheures Gewicht. Jeder von uns sucht nach Bestätigung. Das beginnt bei »Mama und Papa«. Wenn wir dann zur Schule gehen, werden wir für Erfolg mit Lächeln und Lobesworten, mit guten Noten, Versetzungen und Preisen belohnt. Bestätigung begleitet uns durchs ganze Leben. Im Beruf streben wir nach Anerkennung durch den Chef. Nicht anders in unseren Beziehungen, wo wir Bestätigung von unserem Partner, unserer Partnerin erwarten. Fast sieht es so aus, als sei Bestätigung diejenige Kraft, die die Erde sich drehen macht. Doch das ständige Verlangen nach Bestätigung verwandelt sich allmählich in Abhängigkeit. Das Bedürfnis nach Bestätigung führt zu einem Mangel an Vertrauen in uns selbst, in unsere Fähigkeit, uns auch selbst genug sein zu können. Die Zen-Schulung aber rottet beides zugleich aus, sowohl unser Verlangen nach Bestätigung wie unsere Abhängigkeit. Das ist auch einer der Gründe, weshalb Zen in dem Ruf steht, eine finstere Angelegenheit zu sein: Zen-Meister belohnen nicht mit Bestätigung. Und sie sagen ihren Schülern nicht, was sie tun sollen.

Solches Verhalten macht Schülern vor allem in der Zeit zu schaffen, da sie mit ihrem ersten Kōan üben, in der Regel dem Kōan MU. Manchmal dauert es Jahre, bis jemand diesem Kōan auf den Grund gekommen ist. Jahrein, jahraus geht der Schüler wohl Hunderte Male zu seinem Meister, präsentiert ihm sein jeweiliges Verständnis, und der Meister antwortet jedesmal: »Geh tiefer«, greift zur Glocke, läutet und schickt den Schüler so auf seinen Platz im Zendō zurück. Diese Zurückweisung wiederholt sich stets aufs neue. Mag der Schüler auch zuvor eine gehörige Portion an Wertschätzung seiner selbst erworben haben, auch an innerer Festigkeit beim Zazen, so sieht er sich gleichwohl plötzlich in eine ausweglose und kaum erträgliche Lage versetzt, weil der Meister seine bisherige Unterstützung radikal eingestellt hat. Der einzige Ort, wo du jetzt noch nach Bestätigung suchen kannst, ist ganz, ganz tief in dir selbst.

Die Meister-Schüler-Beziehung macht im Laufe ihres Bestehens fortwährend Veränderungen durch, von der ersten Begegnung bis hin zu ihrem formellen Abschluß. Es gibt im wesentlichen fünf verschiedene Arten, wie Meister und Schüler in Interaktion treten können. Die erste und allerwichtigste, die Unterweisung von Angesicht zu Angesicht, findet beim Dokusan statt, und zwar während der ausgedehnten Zazen-Perioden, in denen es zur direktesten Konfrontation mit dem Kōan kommt. Was der Meister beim Dokusan an Unterweisung oder Hinweisen anbietet, entspringt seiner eigenen Einsicht in das betreffende Kōan, der Weite und Tiefe seines eigenen Durchbruchs. Manchmal könnte das Zwiegespräch zwischen Meister und Schüler den Anschein des Vernunftwidrigen, ja des gänzlich Unsinnigen erwecken. Für einen Dritten sind sie zumeist nicht nachvollziehbar. Solange du ein Kōan auf logisch-diskursive Weise angehst, muß es dir als Absurdität vorkommen. Erst wenn du es aus der Perspektive des Absoluten betrachtest, fängt es an, überhaupt Sinn zu machen. Kōan sind in der Regel für den Verstand ein undurchdringliches Dunkel, doch für das Herz wie strahlendes Licht.

Das persönliche Gespräch unter vier Augen ist meistens ganz kurz, weil ganz auf den Punkt ausgerichtet. Es dauert nicht länger als ein oder zwei Minuten. Wenn du an einem Kōan arbeitest und dann zum Dokusan gehst, dann hast du »es« entweder oder du hast »es« nicht. Vom Meister her gesehen ist es leichter, mit Schülern zu arbeiten, die ein Kōan haben, weil es da keine ausufernden Diskussionen gibt. Wenn ein Schüler das Kōan nicht erfaßt hat, dann ertönt halt die Glocke, und der Schüler geht ins Zendō zurück und übt weiter. Wenn er oder sie das Kōan jedoch durchschaut hat, geht der Meister zum nächsten Kōan über. So einfach ist das.

Die zweite Art und Weise, wie Meister und Schüler zueinander in Beziehung treten, ist das Teishō, die Dharma-Darlegung. Dabei legt der Meister vor den versammelten Schülern seine Sicht eines Kōan oder eines besonderen Aspekts des Dharma dar. Wie beim Dokusan spricht er aus seiner eigenen spirituellen Erfahrung, seinem eigenen Begreifen des jeweiligen Kōan. Seine Darlegung des Kōan ist so gehalten, als wendete er sich an eine Zuhörerschaft aus lauter erleuchteten Wesen, lauter Buddhas: Um die Wahrheit, um die es dabei geht, überhaupt hören zu können, mußt du die übliche Weise des Hörens aufgeben und in einen anderen Bewußtseinszustand übergehen.

Eine weitere Art der Begegnung oder Unterweisung ist das Mondō, im wesentlichen eine Abfolge von Fragen des Schülers und Antworten des Meisters. Es ist weniger formell als Dokusan und Teishō und bewegt sich eher auf der Ebene des logischen Verstehens. Es zielt nicht unbedingt darauf ab, seinen Gegenstand vom Standpunkt des Absoluten aus zu erfassen. Statt dessen versucht es eher, dem Schüler auf der Ebene von Erklärungen weiterzuhelfen. Das Kapitel »Fragen und Antworten« im Anhang dieses Buches ist ein gutes Beispiel für das Mondō.

Dann ist da noch das Shōsan*, das Dharma-Gefecht, ein Zusammentreffen, das eher den Charakter einer Konfrontation besitzt und das weniger intellektuelle Züge aufweist; es ähnelt mehr dem Dokusan. Das Dharma-Gefecht ist gewissermaßen ein Dokusan vor Augen- und Ohrenzeugen. Der Meister setzt dabei dem Schüler insbesondere in den Bereichen zu, wo der Schüler Widerstand leistet oder sich zurückhält, sich nicht von der Stelle traut. Gute Meister benutzen jedes Hilfsmittel, das sich ihnen bietet, um den Schüler an die Schwelle zum Durchbruch, zur Einsicht zu treiben.

Und schließlich bieten zufällige Begegnungen im Ablauf des Alltags, etwa bei der Arbeit, weitere Gelegenheiten, Unterweisung zu erteilen. Manchmal laufen solche Begegnungen auf intellektueller Ebene ab, manchmal sind sie wie ein Dharma-Gefecht. Die Unterhaltung zwischen Nan-quan (Nansen) und seinem Schüler Lu-geng im 9. Kapitel (»Die Päonien des Nan-quan«) läßt deutlich werden, welche Möglichkeiten zur Unterweisung derartige informelle Begegnungen enthalten.

Zur Frühgeschichte des Kōan

Kōan hat es seit Beginn des Zen gegeben. Doch sind sie nicht unbedingt auch als Kōan benutzt worden. Es hat immer Fragen gegeben, die unter Schülern erörtert und/oder von Schülern an die Meister herangetragen wurden. Die Antworten, die die Meister gegeben haben, entsprachen jeweils dem Augenblick, unverzüglich und unmittelbar. Manchmal bestanden sie aus einer Geste oder einer Handlung, manchmal aus einer sprachlichen Reaktion. Irgendwann haben Schüler damit angefangen, solche situationsgebundenen Antworten ihrer Mei-

---

* Shōsan, eigentlich eine Art Gruppenunterweisung im Raum des Meisters, wird in der Tradition von John Daidō Loori offenbar als Ausdruck für das »Dharma-Gefecht« gebraucht. Der geläufigere japanische Terminus für Dharma-Gefecht ist Hossen. [A. d. R.]

ster aufzuschreiben und zu sammeln. Im Laufe der Jahrzehnte und Jahrhunderte sind dann einige Meister dazu übergegangen, die aufgezeichneten Dialoge und Begegnungen der Vergangenheit als Hilfsmittel zur Unterweisung ihrer eigenen Schüler zu benutzen.

Es gibt aber auch noch andere Ursprünge der Kōan. Die Zen-Meister haben großen Einfallsreichtum bewiesen bei der Nutzung dessen, was sich ihnen als Hilfsmittel anbot und für die Vermittlung des Dharma geeignet erschien. Ereignisse aus dem Leben Buddhas, Zusammenstellungen der Aussprüche anderer Meister und gewöhnliche philosophische Feststellungen haben ihnen als Ausgangsmaterial für Kōan gedient. Zumal die Sūtras sind eine Fundgrube für Kōan. Im *Bi-yan-lu* wird eine einzige Zeile aus einem Gedicht, das Seng-can (Sōsan), der dritte Patriarch, verfaßt hat, gleich dreimal herangezogen wie auch seine Behandlung durch Zhao-zhou (Jōshū): »Der Große WEG ist gar nicht schwer; nur abgeneigt wählerischer Wahl.«

Kōan wurden in China offenbar bereits im Goldenen Zeitalter des Zen, während der Tang-Dynastie, gezielt als Hilfsmittel der Unterweisung eingesetzt, wurden jedoch erst zur Zeit der Song-Dynastie zu Kōan-Sammlungen zusammengestellt. Verschiedene Meister nahmen in ihre Sammlungen jeweils diejenigen Kōan auf, die ihnen für die Mönche ihrer eigenen Klostergemeinde bedeutsam schienen. Einige solcher Sammlungen sind bis auf den heutigen Tag erhalten und in Gebrauch geblieben. Eine davon ist das *Bi-yan-lu*, dessen 100 Beispiele von Xue-dou (Setchō) zu Beginn des 11. Jahrhunderts aus dem reichen Vorrat an Kōan ausgewählt und jeweils mit einem Gedicht versehen und im Jahr 1128 von Yuan-wu (Engo), mit einleitenden Hinweisen, Zwischenbemerkungen und Erläuterungen versehen, als die »Niederschrift von der blaugrünen Felswand« herausgegeben worden sind. Die eigentliche Verbreitung für dieses Buch, das innerhalb der Rinzai-Schule noch heute besondere Wertschätzung genießt, begann erst mit dem Jahre 1317, als, nach der Vernichtung sämtlicher seinerzeit erreichbaren Exemplare durch Yuan-wus Nachfolger Da-hui, der Laie Zhang Ming-yuan auf der Grundlage einiger noch vorhandener Abschriften eine Neuausgabe veranstaltete. Eine andere Sammlung ist das *Congrong-lu* (*Shōyōroku*), zusammengestellt von Hong-zhi, einem Meister der Cao-dong-(Sōtō-)Schule, und von Wan-song im Jahre 1224 unter dem Titel »Buch der Gelassenheit« herausgegeben. Beide,

Hong-zhi wie Wan-song, haben sich dabei das *Bi-yan-lu* zum Vorbild genommen, der eine, indem er den von ihm ausgewählten Kōan gleichfalls Gedichte beigegeben, und der andere, indem er, genau wie Yuan-wu, das Vorgefundene mit einleitenden Hinweisen, Zwischenbemerkungen und Erläuterungen angereichert hat. Wie das *Bi-yan-lu* umfaßt auch das *Congrong-lu* 100 Beispiele.

Um 1229 wurde das *Wu-men-guan* zusammengestellt. Es gilt bei den meisten Gelehrten und Lehrern als die reifste aller Kōan-Sammlungen. Der Meister Wu-men ist es gewesen, der die 48 Beispiele dieser Sammlung zusammengestellt und jeweils mit einem relativ kurzen Kommentar und einem ebenso knappen Gedicht ausgestattet hat. Im Jahre 1303 hat dann in Japan der Meister Keizan aus der Schule Dōgen Zenjis das Denkō-roku, »Niederschrift von der Weitergabe des Lichts«, verfaßt, eine Sammlung von 53 Beispielen, in denen die Erleuchtungserfahrungen der Patriarchen, beginnend mit Buddha Shākyamuni und bis hin zu Keizans Meister Ejō, als Kōan verwendet werden.

Schon im voraufgegangenen Jahrhundert waren die chinesischen Kōan-Sammlungen der Song-Zeit nach Japan gelangt. Hatte Meister Eisai von seiner zweiten China-Reise bereits das Zen der Lin-ji-(Rinzai-)Schule mit nach Japan gebracht (1191), so war es einige Jahrzehnte später der Meister Shinchi Kakushin, der im Jahre 1254, nachdem er in China von Wu-men das Siegel der Dharma-Nachfolge erhalten hatte, das japanische Zen mit dem *Wu-men-guan* bekannt gemacht hat. Bald darauf haben auch das *Bi-yan-lu* und das *Shoyōroku* in Japan Eingang gefunden. Darüber hinaus sind während dieser Zeit, der Kamakura-Periode der japanischen Geschichte, viele chinesische Meister nach Japan gekommen und haben dort unter anderem auch die systematische Kōan-Schulung eingeführt. Gleichwohl hielt die strenge Kōan-Schulung nicht lange an. Schon im Laufe des nächsten Jahrhunderts war sie entweder zu lebloser Theatralik verkümmert oder überhaupt ausgestorben. Möglicherweise lag der Grund für diesen Wandel der Dinge darin, daß das Kōan-System in übermäßiger Formalisierung erstarrt war und damit seine Lebendigkeit eingebüßt hatte. Ursprünglich hatte sich ja in den Kōan der lebendige Austausch von Meistern und Schülern niedergeschlagen. Und so handelten sie von Ereignissen, die von echtem spirituellem Leben erfüllt waren. Als die Kōan jedoch in ein System gepreßt wurden, verwandelten sie sich in Gegenstände endloser Diskussionen und wurden durch analytische Haarspaltereien regelrecht erdrosselt. Es war, als hätten Menschen versucht, die sanfte Frühlingsbrise auf Flaschen zu ziehen. Die Kōan hatten ihre ganze Frische und Vitalität verloren.

Hakuin und die Neubelebung des Kōan

An diesem Zustand änderte sich nichts bis zu dem großen Hakuin Ekaku im Japan des 18. Jahrhunderts. Anders als Eisai, der erste Überbringer des Zen der Lin-ji-Schule nach Japan, der der Huang-long- oder Ōryō-Linie angehört hatte, entstammte Hakuin der Yang-qi- oder Yōgi-Linie, der auch Yuan-wu, der Herausgeber des *Bi-yan-lu*, angehört hatte. Hakuin erweckte die Kōan-Schulung zu neuem Leben, brachte sie auf einen neuen, zeitgemäßen Stand und baute sie fest ein in die Schulung seiner Mönche. Er brachte auch sein eigenes Kōan ein, den »Ton des Klatschens einer Hand«, und machte es zum ersten Beispiel, mit dem sich seine Mönche auseinanderzusetzen hatten. Obwohl er die Kōan nach einer bestimmten Abfolge anordnete, bediente er sich ihrer nur nach dem Gedächtnis. Sie waren nirgendwo schriftlich festgehalten. Erst in den nachfolgenden Generationen wurden sie gesammelt und abermals zu einem festen Schema zusammengefaßt. Es waren die beiden Meister Inzan und Takuju, Enkel-Schüler Hakuins, die auf diese Weise dafür sorgten, daß das Kōan-System lebendig und wirksam blieb, und es in die moderne Ära des Zen überführten. Die Inzan- und Takuju-Linien des Rinzai-Zen überleben bis auf den heutigen Tag (so gehören Sōen Nakagawa, Hakuun Yasutani und Kōun Yamada der Takuju-Linie an) und sind über Taizan Maezumi Bestandteil der Schulung an unserem Zen Mountain Monastery geworden. Denn mein Meister Maezumi Rōshi ist nicht nur ein Meister in der Traditionslinie des Sōtō-Zen, er hat sich auch in beiden Rinzai-Linien geschult und hat seine Nachfolger auch in beide Rinzai-Linien eingeführt. So dauert die Schulung in allen drei Traditionslinien am Zen Mountain Monastery weiter an.

Bei der Gestaltung seines Kōan-Systems hat Hakuin die Kōan nach bestimmten Merkmalen zusammengefaßt und eingeordnet. Ein gutes Buch, das diese Zuordnung im Detail nachvollzieht, ist Isshu Miuras und Ruth Sasakis *The Zen Kōan*. Hakuin hat die Kōan in fünf Gruppen eingeteilt. Die erste Gruppe trägt den Namen Dharmakāya-(jap. Hosshin-)Kōan. Diese Kōan befassen sich mit der eigentlichen, der absoluten Natur der Wirklichkeit.

Wenn dann die Schüler mit ihrer spirituellen Erfahrung einigermaßen fest im Dharmakāya gegründet sind, geht Hakuins System dazu über, die sogenannten Unterscheidungs- oder Kikan-Kōan einzusetzen: Wenn du erst einmal den absoluten Grund der Wirklichkeit, den Dharmakāya, erfahren hast, dann mußt du ein unmittelbares Verständnis dafür entwickeln, wie dieser absolute Grund sich in der Welt manifestiert. Den Grund des Seins völlig erfahren und erfaßt zu haben bedeutet, das Eins-Sein aller Phänomene erfahren und erfaßt zu haben, den Bereich der Nicht-Trennung, der Nicht-Unterscheidung. Das hat Dōgen Zenji mit seiner Formel »sich selbst vergessen und von den zahllosen Dingen erleuchtet werden« gemeint: du und die zahllosen Dinge, ihr seid eine Wirklichkeit. Doch ein Mensch, der gerade diese Erfahrung macht – die Erfahrung des »kein Auge, kein Ohr, keine Nase, keine Zunge, kein Körper und kein Geist; keine Farbe, kein Klang, kein Geruch, kein Geschmack, keine Berührung, keine Phänomene; kein Bereich der Wahrnehmung und kein Bereich des Bewußtseins« –, ein solcher Mensch ist nicht besonders lebenstüchtig. Du könntest keine Straße überqueren, ohne von einem Auto angefahren und verletzt zu werden, wenn du nicht zwischen dir selbst und dem Auto zu unterscheiden vermagst und nicht weißt, wie du ihm aus dem Wege gehen kannst. Die absolute Einheit ist ja nur der eine Aspekt der Wirklichkeit. Der andere Aspekt besteht darin zu sehen, wie sich jenes Absolute in der Welt der Unterscheidungen manifestiert.

Die dritte Kōan-Gruppe, die Hakuin zusammengestellt hat, sind die sogenannten Gonsen-Kōan. Sie handeln von Worten und Redewendungen. Unsere Handhabung der Sprache stürzt uns in allerlei Verwirrungen und läßt uns an bestimmten Einstellungen und Begriffen festhalten. Die Kōan dieser Gruppe werden dazu genutzt, diese Einengung durch die Sprache zu erforschen, herauszufinden, wo wir uns auf etwas fixieren und in die Irre führen lassen, und solche Behinderung durch die Sprache wieder aufzulösen.

Die vierte Gruppe sind die bekannten Nantō-Kōan, Schranken, die nur sehr schwer zu passieren sind. Sie bereiten uns deshalb solche

Schwierigkeiten, weil der Punkt, auf den es bei diesen Kōan wirklich ankommt, von besonderer Subtilität ist. Er liegt nicht offen da, läßt sich nicht schon an der Oberfläche greifen. Schon die Frage, die uns ein solches Kōan stellt, ist uns nicht klar, solange wir nicht einige der Schichten des Kōan durchdrungen haben. Der Kern eines Nantō-Kōan ist leicht zu verfehlen. Ein Meister hat einmal gesagt: »Es ist wie ein Ochse, der durch ein vergittertes Fenster geht. Sein Kopf, seine vier Beine und der ganze Körper sind schon hindurch, nur der Schwanz geht nicht hindurch. Warum kann der Schwanz nicht hindurchgehen?«.

Die fünfte Gruppe von Kōan in Hakuins System sind die Goi-Kōan oder die »Kōan der Fünf Grade des Dong-shan (Tōzan)«. Bei diesen Fünf Graden handelt es sich um eine Serie von 50 Kōan, die sich mit dem Verhältnis zwischen dem Absoluten und dem Relativen beschäftigen, oder genauer gesagt, mit der Beziehung innerhalb aller Gegensatz-Paare – Gut und Böse, Himmel und Erde, Mann und Frau, Oben und Unten, Heilig und Profan. Alle diese scheinbaren Dualismen werden in einen dynamischen wechselseitigen Zusammenhang gebracht. Die Fünf Grade basieren auf der Hua-yan- oder Kegon-Philosophie, insbesondere auf der Lehre von der »Vierfachen Dharmadhātu«, dem Wahren Wesen in seinen vier unterschiedlichen Aspekten. In dieser Lehre geht es um die gegenseitige Durchdringung aller Gegensätze, die wechselseitige Verursachung und gemeinsame Entstehung aller Phänomene.

Bei der Klärung der Fünf Grade betrachten wir die verschiedenen Dualismen sowie die Art und Weise, wie ihre antithetischen Momente voneinander abhängen und miteinander entstehen. Das letzte Kōan, mit dem wir uns beim Durchgang durch die Fünf Grade befassen, ist das Kōan MU. Um MU geht es allerdings auch sonst überall, in allen fünf Stadien der Kōan-Schulung; es taucht gewissermaßen das gesamte Kōan-System hindurch immer wieder auf. Man könnte sogar sagen, das ganze Kōan-System enthalte nichts anderes als 700 verschiedene Arten, von MU zu sprechen. Bekanntlich gilt ja: Wenn du MU ganz und gar durchdrungen hast, dann hast du zugleich sämtliche Kōan ganz und gar durchdrungen.

Und doch ist mit den Fünf Graden des Dong-shan die Kōan-Schulung noch nicht abgeschlossen. Im Anschluß daran nehmen wir uns die Shīla als Kōan vor, die moralisch-ethischen Gebote des Buddha. Der Schüler, die Schülerin akzeptiert diese insgesamt sechzehn Gebote zu Beginn der Zen-Schulung auf Treu und Glauben hin, auf den Glauben, daß durch sie die Lebensführung eines Buddha definiert ist, daß du, wenn du diese Gebote in deinem eigenen Leben praktizierst, selbst das Leben eines Buddha führst. In den Anfangsstadien seiner Schulung kann ein Schüler das noch gar nicht wirklich verstehen, denn seine eigene Erfahrung hat ihm die Wahrheit dessen noch gar nicht enthüllt. Der Schüler glaubt einfach an die Gebote. Doch um seine Schulung zu einem wirklichen Abschluß zu bringen, muß der Schüler die Gebote zu einer Manifestation seines eigenen Lebens machen. Und zu diesem Zweck müssen die 120 Kōan zu den Geboten gänzlich durchdrungen werden und uns in Fleisch und Blut übergehen.

An die Kōan der Gebote haben wir am Zen Mountain Monastery noch eine weitere Etappe angefügt, das, was wir die 108 Kōan des »Way of Reality« (WEGES der Wirklichkeit) nennen. Das sind Kōan, die wir aus modernen und alten Quellen entnommen haben und die sich besonders mit den Problemen beschäftigen, denen sich ein Übender in unserer heutigen Zeit gegenübersieht. So haben sie es mit Fragen der Umwelt, der Beziehungen, mit Krieg und Frieden, mit den Geschlechtsrollen und der Familie zu tun.

Am Zen Mountain Monastery ist die Kōan-Praxis in eine Schulungs-Matrix eingebettet, die sämtliche Bereiche unseres Lebens in sich schließt und ebenso alle Facetten unserer Persönlichkeit berücksichtigt. Wir bezeichnen diese Matrix als die »Acht Tore«. Das sind: Zazen, die Schulung durch den Meister, die Rezitation der Sūtras, künstlerische Betätigung, körperliche Übungen, wissenschaftliche Beschäftigung mit dem Buddhismus und die Übung in der Arbeit. Für einen Schüler, eine Schülerin, die sich auf die Praxis dieser »Acht Tore« einlassen, ergeben sich zu jeder Zeit in jedem der acht Bereiche Kōan. Ein Beispiel: Bei der täglichen Rezitation singst du wieder und wieder: »Form ist Leere, Leere ist Form. Form ist nicht verschieden von Leere, Leere ist nicht verschieden von Form.« Da mag sich die Frage aufdrängen: »Was heißt dieser Satz eigentlich? Ist da nicht von zwei Dingen die Rede, die sich gegenseitig ausschließen? Wie kann denn Form Leere sein und wie Leere Form?« Oder, ebenfalls bei der täglichen Rezitation, die Feststellung: »Kein Auge, kein Ohr, keine Nase, keine

Zunge, kein Körper und kein Geist!« – »Aber wir haben doch Augen, Ohren, eine Nase, eine Zunge, einen Körper und unseren Geist! Wovon redet das Sūtra also?« Und anläßlich der Gebote hören wir, daß die Tugend des Buddha sich manchmal in der Unendlichkeit des Raumes zeigt und manchmal in der Winzigkeit eines Staubkorns. »Was soll das heißen?« Und bei den künstlerischen Übungen, zum Beispiel bei der Kalligraphie, sagen wir oftmals: »Laß doch den Pinsel sich selbst führen!« Genau das ist der Weg, wie Kalligraphie zustande kommt. Dōgen Zenji hat einmal gesagt, sein Lehrer Tian-tong Ju-zhing (Tendō Nyojō) sei selbst ein spitzer Pinsel gewesen; und das ist genau die Art und Weise, wie er den Frühling gemalt hat: »Wenn du den Frühling malen willst, dann darfst du nicht einfach Pflaumen-Blüten und Blumen malen. Den Frühling kannst du nur mit einem spitzen Pinsel malen.« Und was die körperliche Ertüchtigung angeht, so hat der große Meister Yun-men (Ummon) gesagt: »Medizin und Krankheit heilen sich gegenseitig. Die ganze Welt ist die Medizin. Wo findest du da dich selbst?«. Das ist eine der ganz fundamentalen Unterweisungen, die das Zentrum dessen trifft, was wir körperliche Übung nennen. Körperliche Übung bedeutet nämlich nicht nur Eisengewichte stemmen, laufen oder Tennis spielen. Körperliche Übung zielt vielmehr auf die Harmonie von Körper und Geist.

Innerhalb der Schulungs-Matrix, wie wir sie hier am Zen Mountain Monastery entworfen haben, kann dir in jeder deiner täglichen Begegnungen, in jedem deiner täglichen Gespräche ein Kōan entgegentreten. Es kann sich aus den Sūtras ergeben. Es kann sich an deinem Arbeitsplatz ergeben. Es kann aus den Darlegungen emportauchen, es kann aus dem Dokusan hervorgehen.

Alle Fragen, auf die wir solchermaßen stoßen, weisen gleichermaßen auf ein und denselben Ort, auf das Leben jedes einzelnen von uns. Und alle Fragen müssen ihre Lösung an ein und demselben Ort finden, im Leben jedes einzelnen von uns. Doch erst wenn eine dieser Fragen wirklich *deine* Frage ist, kann auch die Antwort wirklich deine Antwort sein. Das setzt voraus, daß die Frage für dich entscheidende, unbestreitbare Bedeutung erlangt haben muß. Sie muß zu einer Frage geworden sein, die den Boden bereitet, aus dem das Große Vertrauen, der Große Zweifel und die Große Entschlossenheit erwachsen können. Andernfalls ist deine Übung nur ein Nachäffen oder nur eine andere

Art, mit irgend etwas deine Zeit auszufüllen. Du mußt deine Fragen mit ganzem Körper und ganzem Geist angehen. Die Geschichte der Kōan-Schulung zeigt uns, daß diejenigen, die den Durchbruch schaffen, sich stets der äußerst anstrengenden und äußerst gründlichen Arbeit einer sorgfältigen Introspektion unterzogen haben.

Alles in allem gibt es in unserer Traditionslinie etwa 700 Kōan. Andere Schulen zählen anders und gestalten auch die Kōan-Schulung auf andere Weise. Das traditionelle System des Hakuin umfaßt etwa 350 Kōan. Die meisten Rinzai-Linien bedienen sich des Hakuin-Systems. Die koreanischen Schulen des Zen beschäftigen sich grundsätzlich mit nur einem Kōan, dem Kōan MU; aber sie behandeln es auf 150 verschiedene Arten. Von einer kleinen Minorität derer abgesehen, die eine formelle Kōan-Schulung hinter sich gebracht haben, betreiben die Mitglieder der Sōtō-Schule ein eher wissenschaftlich ausgerichtetes Kōan-Studium im Rahmen ihrer Universitätsausbildung. Die meisten Mönche, die ihre Ausbildung an den japanischen Klöstern Eihei-ji und Sōji-ji beenden, besitzen zumindest ein Magister-Examen in Buddhistischen Studien. Das schließt eine logische Analyse der größeren Kōan-Sammlungen ein. Das Verfahren, Kōan beim Dokusan in der Begegnung unter vier Augen zu erarbeiten und aufgefordert zu sein, den Gehalt eines Kōan bei einem Durchbruch unmittelbar zu erfassen, wird nur noch innerhalb der Rinzai-Schule praktiziert. Nur Lehrer, die selbst eine vollständige Kōan-Schulung absolviert und von einem Meister, der seinerseits die Kōan-Schulung abgeschlossen hat, Bestätigung erhalten haben, sollten mit ihren eigenen Schülern Kōan-Arbeit betreiben. Kōan-Lehrer, die nicht selbst eine Kōan-Schulung durchlaufen haben, müssen das Kōan-System mißverstehen und geben dann dieses Mißverständnis an ihre Schüler weiter. Das ist sehr bedauerlich.

Es mag viele Gründe geben, sich mit Kōan zu beschäftigen, unabhängig von der Kōan-Schulung. So bilden Kōan einen großartigen historischen Kontext für das Verständnis des Buddhismus. Sie eröffnen eine einzigartige Möglichkeit, die Entwicklung des Dharma durch die Jahrhunderte zu verfolgen, von Indien über China nach Japan und neuerdings bis in die USA und nach Europa. Kōan bezeugen die Kreativität, die sich im Vorgang der Schulung verbirgt. Dieser Art der Schulung entspricht im Westen das Meister-Schüler- beziehungsweise Meister-Lehrlings-Verhältnis in künstlerischen und handwerklichen

Berufen. Kōan erschließen eine zusätzliche und einzigartige Dimension unseres Umgangs mit Sprache. Doch die entscheidende Funktion der Kōan-Praxis ist und bleibt die Selbsterkenntnis, die Erfahrung des eigenen, des wahren Selbst.

Das Kōan ist wie das Skalpell eines Chirurgen. Du wendest es gegen dich selbst. Du richtest es auf diesen deinen »Sack aus Haut«, richtest es auf die Vorstellung von einem Ich, die uns von den zahllosen Dingen abtrennt. Kōan schneiden – in einem fortlaufenden und stetigen Prozeß – sämtliche Hinzufügungen an dir weg, entfernen, eine nach der anderen, sämtliche Schichten deiner Prägung, bis du zum Grund des Seins gelangst. Sie sind das zweischneidige Schwert des Mañjushrī. Die eine Schneide seiner Klinge tötet das Ich, die andere schenkt dir Leben, das richtige, das unendliche Leben. Die eine Schneide heißt Weisheit, die andere Mitgefühl oder Erbarmen. Jedes Kōan, wenn du es nur mit ganzem Körper und ganzem Geist durchdringst, ist wie eine Initiation in eine neue Art zu leben. Jedes Kōan schenkt uns die Möglichkeit, wahre Freiheit zu erfahren, eine Freiheit, die unser Geburtsrecht ist.

1. Ursprung und Quell

The Way of Reality, Kōan 104

Hinweis

Von Anbeginn ist die Wahrheit klar und frei von Staub. Im Tal des nie endenden Frühlings sitzt du in schweigender Betrachtung der Gestalten des Entstehens und Vergehens. Die unbeständigen und trügerischen Bilder der Welt können dich nicht länger täuschen. Verblendet inmitten der Erleuchtung, erleuchtet inmitten der Verblendung. Alle Dinge sind in ihrer Soheit vollkommen und vollständig. Der blaue Strom fließt in das große Weltenmeer, der grüne Berg erfüllt den Himmelsraum.

Das Beispiel

Ein alter Mönch namens Su-lao aus der Präfektur Hong fragte einmal Ma-zu: »Was ist der Sinn von Bodhidharmas Kommen aus dem Westen?« Ma-zu versetzte ihm einen solchen Stoß, daß er zu Boden stürzte. Im selben Augenblick erlangte Su-lao plötzlich Erleuchtung. Er lachte laut auf, klatschte in die Hände und rief, indem er sich erhob: »Wie wunderbar das ist, wie wunderbar! Der Ursprung und Quell von Hunderten und Tausenden von Samādhis, der grenzenlose, wunderbare Sinn! Du kannst ihn urplötzlich erfassen – auf der Spitze eines einzigen Haares!«. Dann warf er sich vor Ma-zu nieder und ging davon.

Lobgesang

Heimgekehrt zum Ursprung, zurückgekehrt zum Quell.
Alle Anstrengung vorbei.
Das innerste Selbst ist blind und taub.
Weilst du unbekümmert an deinem wahren Ort,
dann strömen die Flüsse, leuchten die Blumen rot.

Die »Rückkehr zum Urquell« ist eine der zehn Stufen der spirituellen Übung, wie wir sie am Zen Mountain Monastery definiert haben. Einen organischen Prozeß wie den der spirituellen Entwicklung in zehn oder fünfzehn oder fünf Abschnitte aufzuteilen, hat etwas Willkürliches an sich. Tatsache ist, daß unser spiritueller Fortschritt sich über eine Reihe von Entwicklungsstufen vollzieht; doch diese Stufen sind nicht scharf umgrenzt und lassen sich nicht säuberlich voneinander trennen. In unterschiedlichem Maße sind in jeder der zehn Stufen die übrigen neun mit enthalten.

Der Hinweis macht darauf aufmerksam, was es mit dem Urquell auf sich hat. *Von Anfang an ist die Wahrheit klar und frei von Staub.* Es hat niemals einen anderen Weg gegeben. Das Problem ist nur, daß wir ihn gewöhnlich nicht sehen. Wenn sich jemand auf die Suche macht, dann ist alles, was er je auf der zehnten Stufe erlangen kann, schon hier gegenwärtig, unmittelbar zu Beginn. Aber irgendwie ist es verdunkelt, verdunkelt durch die Prägung, die wir seitens unserer Eltern und Lehrer, unserer Kultur, unseres Volkes, unserer Erziehung und Altersgenossen erfahren haben. Diese Prägung beginnt mit dem Augenblick der Geburt und dauert unser ganzes Leben hindurch an. Nach und nach, Schicht für Schicht, wird unsere ursprüngliche Vollkommenheit immer mehr verschüttet und vergessen. Sie geht nicht verloren, aber wir sind ihrer nicht mehr gewahr. Wir funktionieren aufgrund erworbener Programme und Gewohnheiten, statt daß wir aus der uns innewohnenden Natur und Klarheit leben, mit der wir geboren sind. In gewisser Weise ist eine spirituelle Reise ein verrückter Prozeß, nämlich insofern uns der ganze Kampf lediglich dorthin zurückbringt, von wo aus wir aufgebrochen sind.

Statt von einem ursprünglichen Mangel oder einer Erbsünde, aus der wir uns herausarbeiten müssen, gehen wir im Buddhismus von der Annahme einer uns innewohnenden Vollkommenheit aus. Unsere ganze Übung dient nur dazu, zu der ursprünglichen Vollkommenheit zurückzukehren, die von Anfang an vorhanden ist. Da ist nichts, über das wir hinausgehen, hinauswachsen müßten. Da ist lediglich eine Menge Ballast, von dem wir uns befreien müssen. *Von Anfang an ist die Wahrheit klar und frei von Staub. Im Tal des nie endenden Frühlings sitzt du in schweigender Betrachtung der Gestalten des Entstehens und Vergehens.* Das »Tal des nie endenden Frühlings« ist eine Anspielung auf jenen Bewußtseinszustand, den wir Erleuchtung nennen. Der nie endende Frühling ist der nie endende Frühling der Erleuchtung, wo alles frisch, neu, vollkommen und ganz ist, Augenblick für Augenblick. So ist es, ob wir uns dessen bewußt sind oder nicht.

Du sitzt in schweigender Betrachtung der Gestalten des Entstehens und Vergehens. Dieser Satz bezieht sich auf die neunte Stufe der Schulung beziehungsweise den Bewußtseinszustand, der dem »Abstieg aus den Bergen und der Rückkehr in die Welt« vorausgeht, jener Fähigkeit und Bereitschaft, das, was mit der Verwirklichung oder Erleuchtung erreicht ist, im alltäglichen Leben zu verwirklichen. Die achte, neunte und zehnte Stufe des spirituellen Weges sind in Wirklichkeit eine Zusammenfassung der gesamten Übung. Auf den ersten sieben Stufen der Entwicklung erfahren wir, in unterschiedlichem Maße, vorweg schon ein wenig von jeder der drei letzten Stufen. Diese drei letzten Stufen verstehen wir als die drei Kāya, die drei Körper Buddhas, die drei Leiber aller fühlenden Wesen.

Die achte Stufe ist der Dharmakāya, die Erfahrung, daß »Leib und Seele abgefallen sind« (Dōgen). Es ist die Erfahrung, daß es kein Auge, kein Ohr, keine Nase, keine Zunge, keinen Körper oder Geist gibt, keine Farbe, keinen Klang, Geruch, Geschmack, keine Berührung, keine Erscheinungen, kurz, die Negation aller Dinge, die absolute Grundlage der Wirklichkeit. Aus dieser absoluten Negation geht der Sambhogakāya hervor, der Glückseligkeitskörper oder Körper des Entzückens. Und eben diesen Körper des Entzückens meinen wir, wenn wir von der »Rückkehr zur Quelle« sprechen, der neunten Stufe. Von dieser Quelle aus wagen wir uns auf den Marktplatz, indem wir aus dem Gebirge herabsteigen – zurück in die Welt. Das ist die zehnte Stufe, der Nirmānakāya, der physische Buddhakörper, wie er sich hier in der Welt manifestiert.

Der Sambhogakāya ist seinem Wesen nach der Zustand, in dem wir uns an der Wahrheit erfreuen, die wir selbst verkörpern. Diese Wahrheit hat sich aber noch nicht vollständig in Handlungen geäußert. Das ist der Grund, weshalb wir an diesem Punkt der Übung gründlich die Shīla, die Gebote, einüben. Die Shīla dienen als Anreiz, auf der zehnten Stufe Mitgefühl zu bezeigen. Der Glückseligkeitskörper ist auch an sich schon ein Anreiz, insofern wir nämlich wünschen, daß alle übrigen fühlenden Wesen jene Klarheit gleichfalls erfahren. Für diese neunte Stufe gilt ebenso, daß uns Entstehen und Vergehen deutlich gegenwärtig sind. Die Unbeständigkeit und wechselseitige Abhängigkeit aller Dinge drängen sich uns fortwährend auf. Wir sehen beides sowohl in der Natur als auch unter den Menschen gegeben. Und es gibt

Zeiten, wo wir in der Lage sind, einzugreifen und etwas zu unternehmen, und andere, wo uns das unmöglich ist.

Es kann sehr schmerzlich sein mitanzusehen, wie andere sich durch den Prozeß der Selbst-Entdeckung hindurchkämpfen, ebenso schmerzlich wie es ist, den Reifungsprozeß der eigenen Kinder zu beobachten, der sich ja auch nur durch deren eigene Erfahrungen vollzieht. Und während wir diesem Reifungsprozeß zuschauen, wissen wir sehr wohl, daß es da nur wenig gibt, womit wir ihnen eine wirkliche Hilfe bieten können. Wir können sie ein bißchen anleiten, ihnen ein wenig Führung angedeihen lassen, aber letztlich müssen sie sich allein durchkämpfen. Manchmal liegt es auf der Hand, daß wir ihnen helfen können, und dann tun wir es; und ein andermal sind sie an unserer Hilfe gar nicht interessiert, und wir können lediglich zusehen, was sich entwickelt.

Der gleiche Prozeß spielt sich mit ab mit Menschen, die sich intensiv im Zen üben, die gleiche Notwendigkeit, die entscheidenden Erfahrungen selbst machen zu müssen. Wenn die harten Schalen unserer jeweiligen Egos sich aneinander reiben und aufeinanderschlagen, dann erzeugen wir unnötigen Schmerz und unnötiges Unglück aller Art. Obwohl wir uns, hier an diesem Ort und zu dieser Zeit, alle auf demselben Weg befinden und sämtlich versuchen, dasselbe Ziel zu erreichen, treten dennoch Ärger, Neid und Gier störend zwischen uns. Unsere Prägungen treten zu Tage. Ein Sesshin [wörtl.: »Sammeln des Herz-Geistes«, intensive Zen-Klausur] bietet ihnen vielerlei Gelegenheit, zum Vorschein zu kommen. Genau das zu leisten, nämlich unsere Prägungen hervorzulocken, ist eine ganz wichtige Aufgabe des Zazen.

Wenn du hier Tag für Tag auf deinem Kissen sitzt, stellen sich Schmerzen und Beschwernisse in Hülle und Fülle ein. Dein Körper tut weh, und du bist am Ende deiner Kraft. Auf solche Kümmernisse reagieren wir in ganz unterschiedlicher Weise. Bei manchen Menschen lockt der körperliche Schmerz unaufgearbeitete Gefühle hervor. Erinnerungen tauchen auf und Spannungen werden bewußt, und wir erhalten eine großartige Gelegenheit, uns mit ihnen auseinanderzusetzen. Der Schmerz lockt Reaktionen hervor, die einzuschleifen wir unser ganzes bisheriges Leben zugebracht haben. Wenn es schwierig wird und anstrengend, und du dich in die Enge getrieben fühlst, dann kannst du dich üblicherweise zurückziehen und verkriechen. In einem Sesshin ist das so gut wie ausgeschlossen. Du nimmst den Drang, dich zurückzuziehen, auf der Stelle wahr; und wenn du selbst ihn nicht bemerkst, dann bemerkt ihn der Meister oder ein Aufseher in der Zen-Halle (Zendō). Gewöhnlich ist Hilfe irgendeiner Art schnell zur Stelle, bereitgestellt von der stützenden Umgebung eines Sesshin.

Manche Menschen werden aggressiv in ihrem Schmerz und verwandeln ihn in Wut. Wenn du Schmerzen hast, willst du auch anderen wehtun. Sitzt du über lange Zeitspannen hinweg auf deinem Kissen, so fangen deine Beine an zu schmerzen. Das und nichts anderes ist die Ursache deiner Qual. Aber irgendwie übersiehst du diesen ganz simplen Grund, wenn du nach irgend etwas anderem Ausschau hältst, auf das du deinen Ärger richten kannst. Und der Ablauf eines Sesshin bietet da ganz zweckmäßig die unterschiedlichsten Ziele, auf die wir unsere Wut konzentrieren können. Du kannst wütend werden auf die »Aufseher« (Godō oder Jikijitsu), die zuviel reden, auf den Aufwärter des Meisters oder den Meister selbst. Bald ist die Raumtemperatur im Zendō zu hoch, bald zu niedrig. Die Sitzperioden sind zu lang, das Zendō ist zu groß, die persönlichen Begegnungen mit dem Meister (Dokusan) zu selten. Diese Liste möglicher Rechtfertigungsgründe für deine Wut ließe sich beliebig fortsetzen. Doch sogar solcher Ärger hält nicht lange an. Denn wenn er sich schließlich zu einem Wutausbruch verdichtet oder einer Konfrontation mit irgendwem, kann er gewöhnlich in angemessener Weise bearbeitet werden. Die Verantwortung fällt dabei auf den Übenden zurück. Auf diese Weise kannst du den Ärger als den deinen anerkennen, ihn dir anschauen, kannst von ihm lernen und an ihm wachsen. Der ganze Vorgang läuft ganz einfach darauf hinaus, uns die Prägungsmuster, die wir tagein, tagaus aufs neue einüben, klar und deutlich vor Augen zu führen.

»In schweigender Betrachtung der Gestalten des Entstehens und Vergehens dazusitzen« ist ein großartiger, ein wunderbarer Lehrer der Geduld. Du beginnst zu lernen, wann es angemessen ist, dich zu bewegen, und wann, in Stille zu verharren. Der Hinweis fährt fort: *Die unbeständigen und trügerischen Bilder der Welt können dich nicht länger täuschen. Verblendet inmitten der Erleuchtung, erleuchtet inmitten der Verblendung. Alle Dinge sind in ihrer Soheit vollkommen und vollständig.* Die »Rückkehr zur Quelle« ist eine Rückkehr zum

Anfang. Du endest dort, von wo du ausgegangen bist. *Der blaue Strom fließt in das große Weltenmeer, der grüne Berg erfüllt den Himmelsraum.* Es gibt ein altes Zen-Wort, daß zu Beginn der Schulung die Berge Berge sind und die Flüsse Flüsse. Doch nach vielen Jahren des Übens und der Schulung unter Anleitung eines Meisters erkennst du, daß die Berge keine Berge und die Flüsse keine Flüsse sind. Doch die Übung geht weiter, und schließlich erfährst du, daß die Berge Berge und die Flüsse Flüsse sind. Doch auf irgendeine Weise sind die erste und die zweite Wahrnehmung von »Berge sind Berge und Flüsse sind Flüsse« grundsätzlich verschieden. Es ist die abgründige Tiefe dieser Verschiedenheit, die den Riesenunterschied in der Art und Weise, wie wir unser Leben leben, wie wir uns selbst und das Universum erfahren, ausmacht. Offensichtlich hat sich an der Welt nicht das Mindeste geändert, und doch…

Ein Mensch vor der Erleuchtung sieht ganz genauso aus wie ein Mensch nach der Erleuchtung. Es gibt da bezüglich der Erleuchtung eine gehörige Portion hartnäckiger Irrtümer. Angeblich können Erleuchtete sogar übers Wasser gehen. Doch wenn da irgend etwas Außergewöhnliches an der Art ist, wie sie sich aufführen, dann sind sie von der Erleuchtung noch meilenweit entfernt. Wenn es irgend etwas Besonderes mit ihnen auf sich hat, dann gibt es da noch undichte Stellen. Der Weise, der aus dem Gebirge herabsteigt, ist ein ganz gewöhnlicher Mensch, bedeckt mit dem Staub der Welt. Er ist nicht zu unterscheiden von jedem x-beliebigen anderen um ihn herum. Wenn er sich von seiner Umgebung abhebt, ist seine förmliche Schulung noch nicht abgeschlossen.

Das Beispiel: *Ein alter Mönch namens Su-lao fragte einmal Ma-zu:* Die Bezeichnung »alter Mönch« ist ein Hinweis darauf, daß Su-lao eher ein Übender mit langjähriger Erfahrung war und kein bloßer Anfänger. Und Ma-zu (Baso) war einer der größten Meister in der Geschichte des Zen. Zu seinem Kloster gehörten mehr als tausend Mönche. Mindestens 84 von ihnen wurden als seine Dharma-Nachfolger bestätigt, und zahllose andere haben unter seiner Anleitung Erleuchtung erlangt, ohne jedoch mit der Dharma-Übertragung ausgezeichnet zu werden. Ma-zu war selbst der Dharma-Erbe des Nan-yue (Nangaku), und dessen Meister wiederum war Hui-neng (Enō), der Sechste Patri-

arch. Hui-neng hat den Dharma auch an Qing-yuan (Seigen) weitergegeben, der ihn seinerseits an Shi-tou (Sekitō) weitergereicht hat;
und diese beiden Übertragungslinien entwickelten sich zum Herzstück
des Goldenen Zen-Zeitalters im China der Tang-Dynastie.

Su-lao war einer der Dharma-Erben Ma-zus. Die Erfahrung, die in
diesem Kōan beschrieben wird, war wahrscheinlich das Schlüsselerlebnis auf seinem Weg zur endgültigen Erleuchtung. Er kam zu Ma-zu
und fragte: *»Was ist der Sinn von Bodhidharmas Kommen aus dem
Westen?«* Seine Frage lautete gewissermaßen: »Was ist das Wesen des
Zen? Was ist die Wahrheit des Dao, des WEGES? Was ist die Grundlage unserer Lehre?« Das ist genau die Frage, die in der Geschichte des
Zen wohl hunderttausendmal gestellt worden ist. Vermutlich könnte
man ein Dutzend Bücher über all die verschiedenen Antworten verfassen, die auf diese Frage gegeben worden sind. Gibt es doch so viele
Antworten, wie es Fragesteller gegeben hat, eine jede passend zu den
jeweiligen Umständen. Und doch unterscheiden sie sich in ihrer Wahrheit nicht einmal um ein I-Tüpfelchen voneinander. Während all der
Jahre seiner Tätigkeit als Meister ist Ma-zu eben diese Frage immer
wieder gestellt worden.

Einst kam ein Mönch zu Ma-zu und fragte: »Wenn man über die
vier Sätze und hundert Verneinungen hinausgeht, was ist dann der
Sinn von Bodhidharmas Kommen aus dem Westen?« Anders gesagt:
Wenn man jede mögliche Art der Aussage, der Erklärung, des Bewei-
ses überschreitet, was ist dann der tiefste Sinn der Wahrheit des Zen?
Ma-zu antwortete: »Ich bin der Abt dieses Klosters und habe viel zu
tun. Warum gehst du nicht Ji-zang (Chizō), den Vorsteher, fragen?«
Der Mönch ging zu Ji-zang und stellte ihm dieselbe Frage. Ji-zang
entgegnete: »Warum fragst du nicht den Abt?« – »Er hat mir doch gerade aufgetragen, zu dir zu gehen und dich zu fragen!« Der Vorsteher
erwiderte: »Ich habe gerade Kopfschmerzen; geh' nur zu Bruder Bai-
zhang (Hyakujō) und frag' den!« Der Mönch tat das, und Bai-zhang
sagte: »Obwohl ich so weit gekommen bin, weiß ich es trotzdem nicht!«
Und so ging der Mönch zu Ma-zu zurück, erzählte ihm, was passiert
war, und fügte hinzu: »Ich verstehe das nicht.« Ma-zu antwortete:
»Bai-zhangs Kopf ist schwarz, der des Vorstehers ist weiß.« Dieselbe
Frage, verschiedene Antworten, dieselbe Wahrheit.

Nach dem Vorbild der klassischen Kōan-Sammlungen habe ich zu den einzelnen Sätzen des Beispiels »Zwischenbemerkungen« gemacht, um den Lernenden zu helfen, den jeweiligen Kernpunkt zu erfassen. Die Zwischenbemerkungen zu diesem Kōan lauten: *Ein alter Mönch namens Su-lao aus der Präfektur Hong fragte einmal Ma-zu.* Zwischenbemerkung: »Er geht geradewegs drauflos. Er will es wissen. Die Rocky Mountains sind hoch, die Catskill Mountains flach. *»Was ist der Sinn von Bodhidharmas Kommen aus dem Westen?«* Zwischenbemerkung: »Das ist eine alte, abgedroschene Frage, überall bekannt. Trotzdem will er's ausprobieren.« *Ma-zu versetzte ihm einen solchen Stoß, daß er zu Boden stürzte.* Zwischenbemerkung: »Er schlägt auf der Stelle zu und setzt ihn außer Gefecht. Warum nur ist er so freundlich zu diesem alten Mönch?« Der Stoß war bei den Zen-Meistern der damaligen Zeit eine vielgeübte Geste der Güte, des Wohlwollens. Ma-zu benutzte ihn, weil er damit sehr erfolgreich war. Er hat eine ganze Reihe von Schülern zur Erleuchtung gebracht, indem er sie mit seinem Stock schlug. Er brachte Bai-zhang zur Erleuchtung, indem er ihm die Nase umdrehte [vgl. *Bi-yan-lu (Hekigan-roku)*, Kōan 53]*, und einen anderen Mönch durch einen lauten Schrei, der ihn für zwei Tage ertauben ließ. Viele der direkten, physischen Aktionen, die später zu einem Kennzeichen der Rinzai-Schule wurden, haben ihren Ursprung vermutlich bei Ma-zu. Im China jener Tage waren sie anerkannt und angemessen; daß sie sich im heutigen Westen als genauso wirksam erweisen würden, ist sehr unwahrscheinlich.

Solche direkten, physischen Aktionen und das Wohlwollen, das sich in ihnen manifestiert, entsprangen Ma-zus Mitgefühl und seinem Wunsch, anderen zu helfen, diesen phantastischen Dharma in sich selbst zu erfahren, statt sich nach draußen zu wenden und dort bei anderen Menschen nach Antworten auf die Frage nach der letzten Wahrheit zu suchen. Die direkte Aktion macht deutlich, daß die tiefste Wahrheit nichts anderes als der eigene Körper, der eigene Geist, das eigene Leben ist, seine Kämpfe, Freuden und Schmerzen – all das zusammen. *Im selben Augenblick erlangte Su-lao plötzlich Erleuchtung.* Die Zwischenbemerkung: »Berge sind Berge und Flüsse sind Flüsse.« Zen ist sehr schwer verständlich zu machen. Wenn du zu jemandem sagst: »Berge sind Berge und Flüsse sind Flüsse«, wird jedermann zustimmen.

* Quellenverweise in eckigen Klammern sind Hinweise der Redaktion.

Sogar ein Zweijähriger weiß das schon. Warum aber brauchte dann dieser alte Mönch so lange, um zu erkennnen, daß Berge Berge und Flüsse Flüsse sind? Damit muß es doch etwas auf sich haben. Die Frage ist nur: Was?

Er lachte laut auf, klatschte in die Hände und rief, indem er sich erhob: »Wie wunderbar das ist, wie wunderbar! Der Ursprung und Quell von Hunderten und Tausenden von Samādhis, der grenzenlose, wunderbare Sinn!« Die Zwischenbemerkung: »Keiner von beiden versteht es. Er macht ziemlich viel Wirbel darum. Lieber sollte er den Mund halten!« – *»Du kannst ihn urplötzlich erfassen – auf der Spitze eines einzigen Haares!«* Zwischenbemerkung: »Es verschlingt alle Dinge. Zwischen Himmel und Erde, was gibt es da mehr?« Ein einzelner Tropfen Tau, eine einzige Haarspitze: das ganze Universum, zehntausend Universen. *Dann warf er sich vor Ma-zu nieder und ging davon.* Zwischenbemerkung: »Unter den Toten ein Lebender! Er geht dahin auf dem Boden der Wirklichkeit. Wohin, glaubst du, ist er entschwunden?«

Von Anfang an ist der Ursprung makellos, frei von Staub, frei von Unvollkommenheit. In gewisser Hinsicht können wir sagen, daß vollständiges, kristallklares Erwachen wie Noch-nicht-Erwachtsein ist. Und doch ist da ein fundamentaler Unterschied. Meister Da-mei (Daibai) hat einmal geschrieben: »Liebe Schüler, dreht Euren Kopf herum und tretet in den Ursprung ein. Haltet nicht nach denen Ausschau, die aus ihm entsprungen sind.« Mit anderen Worten: Rennt nicht herum in der Erwartung, daß ihr es von irgend jemand anderem erlangen könnt, der es bereits erfahren hat. Es muß eure eigene Erfahrung sein! »Habt Ihr den Ursprung erlangt, so wird das, was aus ihm hervorgegangen ist, von selbst zu euch kommen. Wollt ihr den Ursprung erkennen, dann dringt ein in euer eigenes ursprüngliches Herz. Dieses Herz ist der Ursprung aller Wesen in der Welt und außerhalb von ihr. Wenn dieses Herz sich regt, entstehen die unterschiedlichen Wesen. Aber wenn das Herz selbst vollkommen leer wird, werden auch die unterschiedlichen Wesen leer.« »Herz« steht hier für *xin*, den »Herz-Geist«. Wenn sich der Geist bewegt, wenn die Gefühle sich regen, dann werden die zahllosen Dinge voneinander unterschieden, werden Himmel und Erde voneinander gesondert, werde man selbst und die anderen zu getrennten Wesen. Wird der Geist hingegen leer, dann sind auch die zahllosen Dinge unterschiedslos und leer. Ist dein Herz weder von Gut noch von Böse angetrieben, dann sind alle Dinge gerade so, wie sie sind.

Das wird manchmal das »Große Ja« genannt. Um diese große Soheit aller Dinge, die Große Ja-heit, zu erreichen, muß der Übende zwangsläufig den Bereich der absoluten Nicht-heit, der absoluten Negation, durchqueren. Das ist die Shūnyatā – kein Auge, kein Ohr, keine Nase, keine Zunge, kein Körper, kein Geist –, wo auch diese totale Nicht-heit selbst noch zunichte werden muß. Leerheit ist vollkommen leer. Und dann, genau an dem Punkt, wo diese große Zen-Erfahrung der absoluten Nicht-heit selbst zunichte wird, dort erhebt sich das Große Ja zu allen Dingen. Hier wird unterschiedslos jedes Ding absolut und gleichermaßen bejaht, und unser Zen wird zu einem Zen der Aktivität und des Handelns.

Die achte Stufe der spirituellen Entwicklung, der Dharmakāya, ist die Stufe der vollkommenen Negation und Nicht-Unterscheidung. »Ich« und »andere« verschwinden, »Leib und Seele fallen ab«. Auf der neunten Stufe, im Sambhogakāya, sind Unterschiede wieder vorhanden, und die Verneinung verwandelt sich in Bejahung. Und aus dieser Verwandlung heraus entwickelt sich das ungehinderte Leben des Weisen. Was der Weise erfährt, das ist, daß unser wahres Wesen von Anfang an rein, von Anfang an vollkommen ist, und daß es in allen Dingen gegenwärtig ist. Dieses wahre Wesen nimmt nicht zu und nimmt nicht ab. Es kann nicht erlangt, aber auch nicht verloren werden. Unsere reale Welt – die Berge und Flüsse – ist nichts anderes als dieses unser ursprüngliches Wesen, die Buddha-Natur.

Was wir dann auch gewahren ist, daß sich alle Dinge fortwährend ändern. Alles befindet sich in einem fortwährenden Zustand des Übergangs, des Werdens. Das eine Ding entsteht, ein anderes verschwindet. Leben und Tod. Und auf diese Formen des Entstehens und Vergehens schaut der Weise in jener Stille, die sich ihm mitten in allem Wandel auftut.

Meister Lin-ji (Rinzai) hat einmal gesagt: »Solch ein Mensch steht mitten im Gedränge einer belebten Straße und wendet sich trotzdem von seinem ursprünglichen Selbst niemals ab.« Ein solcher Mensch läßt zwischen sich selbst und seinem wahren Ort keinen Abstand mehr zu, auch dann nicht, wenn er oder sie gerade eifrig beschäftigt ist mit den Geschäften dieser Welt. Mitten im Getümmel, inmitten all seiner persönlichen Beziehungen, inmitten der Kompliziertheit des Lebens, inmitten all der Unterscheidungen, die tagtäglich fällig sind, lebt der Zen-Anhänger, der das Ziel erreicht hat, unerschütterlich in seiner wahren Natur der Nicht-Unterschiedenheit. Solch ein Mensch handelt und handelt zugleich auch nicht. Das nennt man »das Handeln des Nicht-Handelns«. Ein solcher Mensch erkennt in der »Katastrophe« des Daseins einen großen Tanz, den Tanz des Samsāra. Und jeder von uns tanzt diesen Tanz mit, zusammen mit dem gesamten Universum. Solange du aus Fleisch und Blut bist, kannst du gar nicht anders. Doch zugleich verlierst du nicht aus den Augen, was es mit all dem auf sich hat – nichts als die Gestalten des Entstehens und Vergehens. Wie es der Buddha in den Schlußversen des *Diamant-Sūtra* formuliert hat:

So denke du von dieser ganzen vergänglichen Welt:
ein Stern bei Tagesanbruch, eine Luftblase auf dem Strom,
ein Blitz aus einer sommerlichen Gewitterwolke,
das Flackern einer Lampe, ein Phantom, ein Traum.

Das ist keineswegs eine nihilistische Einstellung zum Wesen der Dinge. Viele Menschen mißverstehen nämlich die achte Stufe der Zen-Übung als unstreitig nihilistisch. Das ist der Grund, weshalb auf der neunten Stufe die Bejahung, die Rückkehr zum Anfang, zum Ausgangspunkt so lebenswichtig ist. Und die Rückkehr zur Alltäglichkeit. In dieser Rückkehr zur Alltäglichkeit ist alles Ausgefallene, ist alles Spirituelle ein für allemal verschwunden. Mein eigener Meister hat das einmal die »Naivität der Unschuld« genannt.

Macht man sich klar, welch unglaubliche Anforderungen die Zen-Übung an die Menschen stellt und welch gewaltige Entschlossenheit nötig ist, um allein schon Tag für Tag zu sitzen und »das Selbst zu erforschen«, dann begreift man, wie schwierig und verschlungen dieser Weg ist. Und du ahnst die Möglichkeit, daß solch spirituelles Draufgängertum zu einem ungehobelten und grobschlächtigen Verhalten führen kann, wenn wir es nicht in die richtigen Bahnen lenken.

Im weiteren Verlauf der Schulung werden alle Rauheiten und Kanten wegpoliert, bis zur Glätte einer vollkommen runden Perle. Die Naivität ist eine echte, ein-fältige Unschuld, genau jene Vertrauensseligkeit, die dem Meister De-shan (Tokusan) in seinen späten Jahren eigentümlich war. Zu Beginn seiner Laufbahn als Meister war er ein Tyrann. Er war derjenige, der die Schulungsmethode der »dreißig Stockschläge« erfunden und eingeführt hat. Ganz gleich, wie ihm jemand auf seine Fragen antwortete, er kam niemals ungeschoren, ungeschlagen davon. Dann, gegen Ende seines Lebens, wurde er einmal von Xue-feng (Seppō) herausgefordert: »Alter Mann, wohin willst du mit deinen Schalen, wo doch der Essensgong noch gar nicht erklungen ist?« Und De-shan sagte nur sanftmütig: »Ach so« und ging in sein Zimmer zurück. Und doch, wer Ohren hat zu hören, hört darin das Gebrüll eines Löwen, ein Gebrüll, das das ganze Universum erfüllt. Unglücklicherweise war Xue-feng zu jener Zeit noch taub und hat es deshalb überhört [vgl. *Wu-men-guan*, (*Mumonkan*), Kōan 13].

Die neunte Stufe zu erreichen setzt ein gewaltiges Maß an harter Übung und echtem Kampf voraus. Und dann läuft das alles auf nichts anderes hinaus als auf die Rückkehr zum Anfang, zum Ursprung. Das hat Lin-ji gemeint, als er bei dem alten Eremiten zur Erleuchtung gekommen war und sagte: »Da ist ja gar nichts Besonderes an der Wahrheit, die Huang-bo (Ōbaku) zu bieten hat!«

Weil es bei der Zen-Übung darum geht, zum Ursprung zurückzukehren, hat es seine Berechtigung zu sagen, daß »mir mein Meister nichts gegeben hat.« Und das wiederum ist der Grund, weswegen ich meinem Meister so besonders dankbar bin. Andernfalls liefe ich nämlich immer noch an seiner Leine. Es ist sehr schwer, über Jahre hinweg mit Zen-Schülern zu arbeiten, ihnen nichts zu geben und sie dazu zu bringen, ihre eigene angeborene Kraft zu erkennen und zu nutzen, ihre Fähigkeit, freundliche und doch starke mitfühlende Menschen zu sein. Lin-ji hat diesen Zustand das »Wegnehmen der Person und Nicht-Wegnehmen der Umgebung« genannt. Lin-ji führt uns vier Möglichkeiten vor: »Manchmal nehme ich die Person weg und lasse die Umgebung bestehen; dann wieder nehme ich die Umgebung weg und lasse die Person bestehen; manchmal nehme ich sowohl die Person als auch die Umgebung weg; dann wieder nehme ich weder die Person noch die Umgebung weg.«

Es ist keine Frage, daß wir den Ursprung, die Quelle trotz ihrer Alltäglichkeit niemals durch Wissen erreichen können, nicht einmal durch ein noch so hohes und klares. Das deshalb, weil sie mit Wissen nichts zu tun hat, nichts mit Information oder Verstehen. Sie hat auch nichts mit Glauben zu tun. Sie hat nur damit zu tun, daß wir sie täglich anwenden, ohne von ihr zu wissen. Und dieses Nicht-Wissen macht den wichtigsten, den tiefsten Aspekt unseres Unbewußten aus. In diesem Sinne gibt es da eine gehörige Portion Blindheit in uns, etwas, das wir transzendentale Blindheit nennen. Der Lobgesang spricht genau davon:

Heimgekehrt zum Ursprung, zurückgekehrt zum Quell.
Alle Anstrengung vorbei.
Das innerste Selbst ist blind und taub.
Weilst du unbekümmert an deinem wahren Ort,
dann strömen die Flüsse, leuchten die Blumen rot.

Diese transzendentale Blindheit erkennt die Unterschiedslosigkeit aller Dinge und findet sich doch in der Welt der Unterscheidungen zurecht, mitten unter den zahllosen Dingen. *Weilst du unbekümmert an deinem wahren Ort...* Das heißt, die Gestalten des Entstehens und Vergehens wahrzunehmen und fähig zu sein, sich entweder mit ihnen zu befassen oder sie bloß anzuschauen. Manchmal, wenn du mehr tust, als sie bloß zu betrachten, mischst du dich ein und nimmst ihnen ihre Kraft. Manchmal besteht »Gutes tun« in nichts anderem – es stiehlt Kraft. Und was aussehen mag wie gleichgültiges Verhalten, ist in Wahrheit ein Akt des Mitgefühls. Es ist leicht, ein Held zu sein und Gutes zu tun, herumzuhasten und den Menschen zu helfen. Es ist viel schwieriger, lediglich ihrem Kampf zuzusehen, sich zurückzuhalten und so die anderen ihre eigene Kraft erfahren zu lassen, sie in die Tiefe stürzen und dann auf ihren eigenen Füßen landen zu lassen. Tatsache ist, daß du für niemanden irgend etwas tun kannst. Ein jeder muß es selbst tun. Wir können zwar helfen, aber wir können es nicht für die anderen tun. Wenn das möglich wäre, liefe die Zen-Schulung auf eine ganz andere Art des Übens und Handelns hinaus.

Weilst du unbekümmert an deinem wahren Ort, dann strömen die Flüsse, leuchten die Blumen rot. Ein jedes Ding ist gerade so, wie es ist – die wahre Soheit der Dinge. In eben diesem Zustand erfahren wir die Unerschöpflichkeit dieses unglaublichen Dharma. Aus der Stille heraus entstehen die unzähligen Dinge. Sie sind nichts anderes als das alltägliche weltliche Selbst, das *ursprüngliche* alltägliche weltliche Selbst. Das wohnt zugleich hoch oben im Gebirge und unten in der Welt; es hat sich auf den Marktplatz begeben und doch das Gebirge nicht verlassen.

Die wunderbare Entdeckung, die uns die Erleuchtung schenkt, besteht darin zu erfahren, daß unsere Vollkommenheit uns bereits innewohnt. Sie ist immer schon dort gewesen. Das ist es, was ihr eine solche Durchschlagskraft verleiht. In Wahrheit erlangen wir nichts. Aber warum dann all dieser Kampf? Unsere Prägung reicht tief hinab. Wir können an einen Punkt kommen, wo wir uns der Schmerzen und des Leids bewußt werden, uns jedoch dazu entschließen, sie zu ignorieren. Es gibt viele Möglichkeiten, das zu tun, und Millionen von Menschen gehen den Weg von der Wiege bis zum Grab, ohne sich auch nur dunkel dessen bewußt zu werden, daß sie an ihrem Zustand etwas ändern könnten. Andere sind sich dieser Möglichkeit zwar bewußt, doch sie ziehen es vor, sich auf diesen Prozeß gar nicht erst einzulassen. Wieder andere vollziehen nur die einzelnen Schritte und erfüllen nur die äußeren Formen, die keine wirkliche Kraft verleihen. Und eine Handvoll Menschen lassen sich wirklich darauf ein. Und doch besitzen wir alle unzweifelhaft dasselbe Potential, dieselbe Ausstattung wie der Buddha, wie die Patriarchen. Jeder einzelne von uns. Diejenigen, die das Ziel erreichen, und diejenigen, die das nicht tun.

Warum die einen es tun und die anderen nicht, ist mir ein Rätsel. Doch eins ist immerhin klar: Wenn Menschen auf dieser anspruchsvollen Reise so weit gekommen sind, daß sie die Hindernisse überwunden, die Tore durchschritten haben und nun als Schüler des WEGES* in eigener Person auf dem Kissen sitzen – dann muß in ihnen das spirituelle Feuer brennen. Sie spüren seine Glut. Ich weiß nicht, warum; aber wenn ich mir vor Augen halte, daß du dich entschieden hast, dies alles auf dich zu nehmen, dann ist das ein überwältigendes Gefühl. Und ich bin dankbar dafür, mit dir zusammen üben zu können.

---

* Der Begriff WEG (chin.: *dao*, jap.: *dō*) steht im Zen oft für den »Weg des Zen« oder den »Buddha-Dharma«, wird aber auch als Synonym für das Absolute verwendet. [A. d. R.]

2. Gefahren, Perlen und der Weg

Shōbōgenzō Sambyakusoku, Kōan 185

Hinweis

Es schließt den Himmel ein und umfaßt die Erde. Es geht hinaus über das Heilige und das Profane. Offenbar an den Spitzen von hunderttausend Gräsern – der wunderbare Geist des Nirvāna, die kostbare Lehre der formlosen Form. Aus der Tiefe des Dornenwaldes entströmt das Licht der Mani-Perle. Das ist das Diamant-Auge des Verwirklichten.

Das Beispiel

Lu-zu sagte zu Nan-quan: »Niemand erkennt die Mani-Perle, und doch gibt es da eine im Schatzhaus des Thathāgata. Dieses Schatzhaus, was ist das?« Nan-quan antwortete: »Der Mönch Wang und du selbst, ihr Kommen und Gehen – es ist nichts anderes als das.« Lu-zu fragte: »Und wie steht es mit denen, die weder kommen noch gehen?«. Nan-quan erwiderte: »Auch sie sind das Schatzhaus.« Lu-zu fragte weiter: »Und was ist dann mit der Perle?« Nan-quan rief: »Meister Zu!« Lu-zu antwortete: »Ja!« Nan-quan sagte: »Scher dich weg. Du verstehst nicht, was ich sagen will.« In diesem Augenblick überkam Meister Lu-zu eine Einsicht.

Lobgesang

Es erleuchtet sich selbst,
das einsame Licht der einen strahlenden Perle.
Nein, es erleuchtet die zahllosen Dinge.
Sieh, nirgends ein Schatten!
Wenn einer schaut, wer sähe es nicht?
Sehen, nicht sehen – was soll's!
Wenn er heimreitet auf seinem Stier,
öffnet sich ihm der Blick auf endlose Bergketten.

Gefahren, Perlen und der Weg: Wir neigen dazu, diese drei für getrennte und verschiedene Dinge zu halten. Wir sind geneigt, den spirituellen Weg als etwas unbestreitbar Positives anzusehen, doch dieser Weg kann durchaus auch gefährlich sein. Die Vorstellung von einem »spirituellen Weg« erzeugt augenblicklich Grenzen und Einschränkungen. Gefahren andererseits können durchaus Perlen sein. Dieselben Dinge, die sich uns in unserer spirituellen Praxis als Hindernisse erweisen, lassen sich in Tore zur Verwirklichung verwandeln.

In diesem Kōan sagt Lu-zu: *»Niemand erkennt die Mani-Perle; und doch gibt es da eine im Schatzhaus des Tathāgata.«* Dieses Schatzhaus des Tathāgata ist der Ursprung aller Dinge. Tathāgata bedeutet »So gekommen« und wird manchmal als anderer Name für den Buddha benutzt und manchmal als Bezeichnung für die »Soheit«. Alle Dinge gehen aus dem Schatzhaus des Tathāgata hervor – gute und schlechte Dinge, große und kleine, reine und unreine. Die zahllosen Dinge entströmen diesem großen Schatzhaus der Soheit.

Das chinesische Schriftzeichen, das hier als »Mani-Perle« beziehungsweise »die eine strahlende Perle« übersetzt ist, hat ganz unterschiedliche Übersetzungen gefunden, etwa »kosmisches Juwel«, »Kristall« oder »Diamant«. Tatsächlich bedeutet es »Perle«, wie zum Beispiel die große Krönungsperle oben auf einer Mālā, einer Gebets-Perlenkette. Auf Japanisch heißt diese Gebetskette Juzu, und der Name der strahlenden Krönungs-Perle lautet Ikkamyōju. Das *ju* in beiden Wörtern weist auf etwas sehr Kostbares hin, und das *myō* bedeutet: glänzend, strahlend, klar, leuchtend – unzweifelhaft ein sehr kostbares Ding. Viele chinesische Drachendarstellungen zeigen diese mythischen Tiere, wie sie eine große, leuchtende Perle unter ihrem Kinn hüten. Du mußt dich diesem Drachen stellen, wenn du ihm die Perle entreißen willst. Aber was bedeutet der Drache? Und was die Perle? Das ist es, worum es in diesem Kōan geht. Das Kōan stammt aus einer von Dōgen Zenji zusammengestellten Sammlung, die uns erst in den letzten Jahren in englischer Sprache zugänglich geworden ist. Einer der großen Zen-Meister des dreizehnten Jahrhunderts, Dōgen, hat nach einem mehrjährigen Schulungsaufenthalt in China die Lehren des Sōtō-Zen nach Japan gebracht. Die Sōtō-Schule betont das Shikantaza, das »Nur-Sitzen«, als den eigentlichen Weg des Zen. Nach dem Selbstverständnis der Sōtō-Schule war Dōgen an Kōan, wie sie vor allem in der

Rinzai-Schule seit jeher zu Übungszwecken in Gebrauch sind, nicht interessiert. Seine Methode bestand darin, zu sitzen und sonst nichts.

Die Sōtō-Schule hat viele Jahrhunderte lang an dieser Einschätzung festgehalten, und das trotz der offenkundigen Tatsache, daß Dōgens Hauptwerk, das *Shōbōgenzō*, die »Schatzkammer des Auges des Wahren Dharma«, von Kōan aller Art geradezu strotzt. Anfang dieses Jahrhunderts kam dann eine handschriftliche Sammlung von dreihundert Kōan ans Tageslicht, abgefaßt in chinesischer Schrift. Diese Sammlung schien von keinem anderen als Dōgen zusammengestellt zu sein, wenn auch die Wissenschaft bis in jüngste Zeit keinen eindeutigen Beweis dafür vorlegen konnte. Heutzutage kann es als gesichert gelten, daß das Manuskript in der Handschrift Dōgens geschrieben ist, und es kann kaum noch Zweifel daran geben, daß er es war, der diese Kōan ausgewählt und zur Förderung seiner Mönche verwendet und andererseits auch als Rohmaterial für sein auf Japanisch geschriebenes *Shōbōgenzō* benutzt hat.

Im Zen Mountain Monastery haben wir bei der Entwicklung unserer Schulungsmethoden Verfahrensweisen sowohl der Rinzai- wie der Sōtō-Schule miteinander kombiniert. Wir verwenden die traditionelle Kōan-Praxis ebenso wie die Lehren Dōgen Zenjis. Die Entdeckung einer von ihm selbst zusammengestellten Kōan-Sammlung gibt uns die zusätzliche und großartige Möglichkeit, uns mit genau den Kōan zu beschäftigen, die er selbst als besonders wichtig empfunden hat – Kōan, von denen viele in keiner anderen Sammlung vorkommen. Manche dieser Kōan sind zum festen Bestandteil unseres Trainingsprogramms geworden.

In »Eine einzige strahlende Perle«, einem Kapitel des *Shōbōgenzō*, bezieht sich Dōgen auf eine Dharma-Darlegung des Meisters Xuan-sha (Gensha), der immer wieder zu sagen pflegte: »Das ganze Universum ist eine einzige strahlende Perle.« Eines Tages fragte ihn ein Mönch: »Wie soll ein Schüler wie ich das verstehen?« Xuan-sha antwortete: »Was nützt es, wenn du verstehst, daß das ganze Universum eine einzige strahlende Perle ist?« Am nächsten Tag fragte er den Mönch: »Wie steht es mit deinem Verständnis davon, daß das ganze Universum eine einzige strahlende Perle ist?« Der Mönch antwortete: »Was nützt es, wenn du verstehst, daß das ganze Universum eine einzige strahlende Perle ist?«, und wiederholte damit lediglich die Antwort, die Xuan-sha ihm bei ihrem Treffen am Vortage gegeben hatte. Xuan-sha sagte daraufhin: »Ich weiß, daß du mitten unter den Dämonen in der Höhle der Finsternis lebst.« In gewisser Weise sagt Xuan-sha damit, daß sogar noch in der Verblendung des Mönches, in der Finsternis seines Geistes, eben diese eine strahlende Perle vorhanden ist. Dōgen kommentiert: »So übersteigt die strahlende Perle, die einfach nur besteht und ohne Anfang ist, Veränderung und Zeit und Raum. Das Universum ist strahlendes Licht, ist ein einziger Geist. Wenn die strahlende Perle das Universum ist, kann nichts es behindern. Rund wie ein Perle, rollt es dahin, immer im Kreis. Tun sich die Verdienste der einen strahlenden Perle auf diese Weise kund, dann sind Avalokiteshvara und Maitreya gerade jetzt gegenwärtig, und die alten und die neuen Buddhas erscheinen jetzt in der Welt und verkünden den Dharma.«

Dōgen fährt fort: »Wenn sie gerade so ist, dann hängt sie freischwebend im Raum. Sie ist verborgen im Futter der Kleidung, wird gehalten unter dem Kinn eines Drachen, wird getragen im Haarknoten auf dem Kopf. All diese Perlen sind die eine strahlende Perle als das gesamte Universum. Es entspricht ihrem Wesen, innen am Futter der Kleidung befestigt zu werden; deshalb solltest du niemals sagen, sie sei an der Oberfläche festgemacht. Es entspricht ihrem Wesen, unter dem Kinn eines Drachen gehütet oder in einen Haarknoten eingebunden zu werden; deshalb solltest du nicht glauben, sie sei an der Oberfläche zu finden. Mag es auch an der Oberfläche so aussehen, als gebe es Veränderung und Nicht-Veränderung, Erleuchtung und Nicht-Erleuchtung, so ist das alles dennoch die eine strahlende Perle. Die Gewißheit, daß dem so ist, ist selbst die eine strahlende Perle. Die Formen und Klänge der strahlenden Perle zeigen sich so. Indem du dir selbst sagst, ›So ist es‹, zweifle nicht daran, daß du selbst die strahlende Perle bist, indem du denkst, du seist es nicht. Verwirrung, Zweifel, Bejahung und Verneinung, all das sind bloß die flüchtigen kleinen Reaktionen der gewöhnlichen Leute. Und doch sind sie immer noch die strahlende Perle, eben nur in der Erscheinungsform kleiner, flüchtiger Reaktionen.«

Im Zusammenhang der Zen-Übung sprechen wir oft von »loslassen« und »Vertrauen haben«. Manchmal freilich wird die wahre Bedeutung des Vertrauen-Habens nicht verstanden. Für viele Menschen bedeutet Vertrauen-Haben darauf zu hoffen, daß ihre Erwartungen irgendwie in Erfüllung gehen. »Vertraue dir selbst« scheint dann zu bedeuten: Tue etwas dafür, daß sich alles deinen Erwartungen entsprechend entwickelt. Doch das ist es nicht, worum es beim Vertrauen geht. »Loslassen« und »Vertrauen haben« haben an und für sich nichts mit Erwartungen zu tun. Wir sagen: »Gib dein Bestes.« Doch wenn du noch an Erwartungen festhältst, statt wirklich loszulassen, dann unterliegt dein Tun auch dann, wenn du dein Bestes gibst, immer noch irgendwelchen Grenzen. Es bleibt eingeschlossen in die Grenzen des »Das ist alles, was ich leisten kann; weiter kann ich nicht gehen!« Genau da ist dir ein Strick umgebunden. Wenn du wirklich losläßt, kennt dein »Mein-Bestes-Geben« keine Grenzen mehr, keine Erwartungen, keinen Erfolg, keinen Mißerfolg, nur noch fortdauerndes Handeln. Aber um das leisten zu können, müssen wir uns selbst Vollmacht erteilen, müssen wir uns selbst die Erlaubnis geben, so zu sein, wie wir sind, ohne uns an irgend etwas zu binden, an Vorstellungen, Begriffe, Leitsätze.

Wir sollten uns stets dessen bewußt sein, daß es in der gesamten Zen-Übung keinen einzigen Ausdruck, keinen Begriff, keinen Lehrsatz, keine Metapher gibt, die nicht dazu gemacht wären, sich selbst an einem gewissen Punkt aufzuheben. In dem Augenblick, da du dich an einem davon festhältst, hast du es schon verloren. Wenn du auf das Absolute zeigst, wird dein Meister auf das Relative zeigen. Wenn du auf das Relative zeigst, wird dein Meister auf das Absolute zeigen. Zeigst du weder auf das Relative noch auf das Absolute, dann offenbart sich dir der sechzehn Fuß große Goldleib des Buddha in einem Haufen Abfall und Kot. Und dieser sechzehn Fuß hohe Goldleib des Buddha ist nichts anderes als diese eine strahlende Perle, von der Dōgen spricht. Woran auch immer du dich festhältst, es verwandelt sich letztlich in Gift. Ob wir nun über die Shīlas reden oder über den Dharma, in dem Augenblick, da du dich daran klammerst, verwandelt sich das Heilmittel in die Krankheit. Gerät dir Goldstaub in die Augen, so tut das weh, gleichgültig, wie kostbar er ist. Triffst du den Buddha, dann *töte* den Buddha. Triffst du deinen Meister, dann *töte* deinen Meister. Das ist das Licht der einen großen Perle, die das ganze Universum füllt.

Wir streben nach Bestätigung. Eine Studentin, die an einem Schreibkurs in unserem Kloster teilnahm, erzählte mir, sie fühle sich ganz niedergeschlagen angesichts dessen, was sie beim Schreiben zustande bringe. Dann aber sagte ihr eine Lehrerin: »Sie haben wirklich Talent zum Schreiben!« Und ganz plötzlich erwachte die Studentin zu neuem Schwung: »Ich kann gut schreiben!« Mein Kommentar lautete: »Gott sei Dank hat sie nicht gesagt, ›Das ist ja schrecklich, wie Sie schreiben!‹.« Sofort erkannte diese Studentin, was ihre Reaktion bedeutete, und begriff, wie leicht sich Bestätigung in einen Nasenring verwandelt. Es macht keinen Unterschied, wer uns den Nasenring einsetzt oder worin dieser Nasenring besteht – wenn er erst einmal sitzt, ist es vorbei mit der Freiheit. In all den Jahren, da ich bei meinem Meister geübt habe, hat er mich nicht einmal bestätigt. Niemals hat er gesagt, ich hätte irgend etwas gut gemacht oder sei ein großartiger Schüler oder sei auf bestem Wege, ein großartiger Lehrer zu werden. Das Höchste, was ich ihm entlocken konnte, war ein Knurren oder ein »Geh noch tiefer« oder »Noch nicht gut genug«. Wir neigen nun einmal dazu, uns von der Meinung der Menschen, denen wir Autorität zugestehen, in Fesseln legen zu lassen. Wir hören einen Arzt sagen: »Sie haben noch drei Monate zu leben!«, und wir glauben ihm, erfüllen seine Prophezeiung und sterben. Unsere Zen-Übung hingegen läuft darauf hinaus, uns selbst zu ermächtigen. Niemand kann es für dich tun, und in dem Augenblick, da irgend jemand das versucht, ist ein Nasenring geschaffen, der dich weit davon wegführt, selbst die Verantwortung für dein Leben zu übernehmen.

Es schließt den Himmel ein und umfaßt die Erde. Es geht hinaus über das Heilige und das Profane. Offenbar an den Spitzen von hunderttausend Gräsern – der wunderbare Geist des Nirvāna, die kostbare Lehre der formlosen Form. Die hunderttausend Gräser bedeuten Samsāra oder das Reich der Verblendung – die Gier, den Haß und die Unwissenheit, die weithin unser Leben bestimmen. Und doch ist eben dies die große strahlende Perle, die das ganze Universum umfaßt. Genau hier ist der wunderbare Geist des Nirvāna, ist die kostbare Lehre der formlosen Form, die weitergegeben ist von einer Generation zur anderen. *Aus der Tiefe des Dornenwaldes entströmt das Licht der Mani-Perle.* Der Dornenwald ist eine Anspielung auf all die Einschränkungen und Enttäuschungen, die wir erfahren, auf die Verwirrung, die unseren Weg zu verdunkeln scheint. In diesem Kōan sind die Dornen nur eine Metapher, doch du weißt ganz genau, was sie bedeuten: »Ich kann nicht sitzen!«, »Ich versuche jeden Tag zu sitzen, aber ich schaffe es nicht!«, »Immer wenn ich sitze, gerate ich in Verwirrung durch all das Zeug, das da hochkommt, durch all die Wünsche, die mein Leben beherrschen.« – »Ich kann nicht schreiben!«, »Ich kann dies nicht, ich kann das nicht!« Das sind die Dornen. Und diese Dornen selbst, so dicht verzahnt und undurchdringlich, sind eine Kugel vollkommener, leuchtender Klarheit. Sie sind jene eine strahlende Perle, deren Licht das ganze Universum erfüllt. Das sehen heißt das eigene Dharma-Auge öffnen.

Das eigentliche Beispiel ist ein Wortwechsel zwischen Lu-zu und Nan-quan (Nansen), Angehörigen derselben Generation, vermutlich aus zwei verschiedenen Übertragungslinien. *Lu-zu sagte zu Nan-quan: »Niemand erkennt die Mani-Perle...«* Ich habe jedem Satz des Beispiels eine Zwischenbemerkung beigegeben, und zu diesem Satz lautet sie: »Wenn du sie anschaust, erblindest du.« Es gibt im Zen fünf Arten von Blindheit. Da ist die Blindheit der Verblendung – einfach nicht die Wirklichkeit kennen. Da ist die Blindheit des Eigendünkels, in der wir so auf unseren eigenen Standpunkt fixiert sind, daß es uns unmöglich ist, auch nur versuchsweise einen anderen Standpunkt einzunehmen. Da ist die Blindheit der Erleuchtung, die darin besteht, daß es »kein Auge, kein Ohr, keine Nase, keine Zunge, keinen Körper, keinen Geist, keine Farbe, keinen Klang, Geruch, Geschmack, keine Berührung, kurz, keine Phänomene, keinen Bereich der Wahrnehmung und keinen Bereich des Bewußtseins« gibt. Ach du Ärmster, wie willst du da heil über die Straße kommen? Wie willst du da etwas zu essen zu dir nehmen, wie auch nur einen Atemzug tun? Die vierte Blindheit besteht darin, an der Erleuchtung festzuhalten, was bei uns »sein Leben in der Geisterhöhle verbringen« heißt. Und dann ist da fünftens die transzendente Blindheit. Von welcher Blindheit nun spricht Lu-zu in unserem Kōan? *»Niemand erkennt die Mani-Perle...«* Wenn du sie anschaust, erblindest du. Um sie anzuschauen, mußt du außerhalb von ihr stehen. Das bedeutet, von ihr getrennt zu sein, und das wiederum bedeutet, blind zu sein.

Lu-zu fährt fort: *»...und doch gibt es da eine im Schatzhaus des Tathāgata.«* Mein Einwurf lautet: »Woher hat er wohl diese Neuigkeit?« Wie hat er das herausfinden können? Weiß er es aus eigener Erfahrung oder hat ihm jemand davon erzählt? Ist er einer, der anderen glaubt, oder ist er jemand, der selbst zur Wahrheit durchgedrungen ist? Dann fragt Lu-zu: *»Dieses Schatzhaus, was ist das?«* Mit dieser Frage verrät er sich – ohne Zweifel, er ist nur einer, der glaubt. Die Anmerkung heißt: »Wenn du nicht weißt, was es ist, wieso glaubst du dann, daß es eines gibt?«

Nan-quan antwortet: »Der Mönch Wang und du selbst...« Die Anmerkung dazu lautet: »Nicht zwei; und doch, wenn ein Fisch schwimmt, trübt sich das Wasser.« Nan-quan trägt auch den Namen Wang, und so verweist er hier auf sich selbst. Die Anmerkung geht weiter: »Nicht zwei; und doch, wenn ein Vogel fliegt, fallen Federn«, und verweist damit auf die Spuren, die wir beim Gehen hinterlassen. In dem Augenblick, da Nan-quan den Mund öffnet, erzeugt er Schlamm, hinterläßt er Spuren. Das ist unvermeidlich. Spuren hinterlassen wir, wenn wir mit Belehrungen auf die Wahrheit zeigen. Und deshalb ist es unerläßlich, daß wir die Wahrheit für uns selbst erfahren. Wenn wir uns nämlich an Worte und Vorstellungen klammern, die die Wirklichkeit nur beschreiben, verfehlen wir die Wirklichkeit selbst. Deshalb klammere dich nicht an.

Nan-quans Antwort geht weiter: *»Der Mönch Wang und du selbst, ihr Kommen und Gehen – es ist nichts anderes als das.«* Mein Einwurf lautet: »Großartige Neuigkeiten! Aber sag einmal, wozu soll das gut sein?« Der Mönch Wang und du selbst, ihr Kommen und Gehen – das ganze Universum ist nur dieses eine Ding. Seine Antwort ist wie der Eisenkopf eines Hammers ohne Öffnung für einen Stiel. Sie ist nutzlos. Was willst du mit ihr anfangen? Nan-quan stellt die absolute Grundlage der Wirklichkeit vor dich hin, die Leere.

Lu-zu fragte: »Und wie steht es mit denen, die weder kommen noch gehen?« Mit anderen Worten: Das ist in Ordnung, was uns beide betrifft, unser Kommen und Gehen. Aber wie steht es um die, die weder kommen noch gehen, die sich nicht auf solches Tun einlassen? Die Anmerkung sagt dazu: »Es sind nicht wenige, die da noch immer ihre Zweifel haben.« *Nanquan erwiderte: »Auch sie sind das Schatzhaus.«* Die Anmerkung dazu heißt: »Er hört nicht auf, Knochen aufzuhäufen auf ebenem Grund. Sprich besser nicht davon!« Der Ausdruck »Knochenhaufen auf ebenem Grund« ist eine andere, häufig benutzte Metapher für die Leere. Wir sagen dafür auch: »Berge auf gleicher Höhe mit ihrem Grund« oder »Gerede ohne Geschmack« oder einfach

»Knochen« oder »seinen Lebensunterhalt in einer Geisterhöhle verdienen«. – All diese Ausdrücke laufen darauf hinaus, von allen innewohnenden Eigenschaften befreit zu sein, auf den vollkommenen Kreis der Shūnyatā, der Leere, auf das Vergessen des Selbst, auf Dōgens »Leib und Seele abgefallen«. All das, so sagt Nan-quan, ist gleichfalls im Schatzhaus enthalten.

Lu-zu fragte weiter: »Und was ist dann mit der Perle?« Mein Einwurf lautet: »Gib ihm die Perle! Versetz ihm einen Hieb! Es wäre nicht gut, ihn einfach laufen zu lassen.« Immer noch sucht er nach dem Schatzhaus. Immer noch schaut er hierhin und dorthin, schaut er außerhalb seiner selbst nach dieser einen strahlenden Perle aus. Als er fragt: *«Und was ist dann mit der Perle?«*, ruft Nan-quan laut aus: *«Meister Zu!«* Die Anmerkung dazu lautet: »Das ganze Weltall ruft nach ihm!« *Lu-zu antwortet: »Ja!«* Die Anmerkung heißt: »Die zahllosen Dinge antworten.«

Solches Rufen und Antworten kommt in den klassischen Kōan-Sammlungen immer wieder vor. Qing-shui (Seizei) sagte einmal zu Meister Cao-shan (Sōzan): »Ich bin notleidend, absolut mittellos, ich besitze nichts. Bitte unterweist mich!« Gib mir etwas, mach mich reich! Cao-shan antwortete: »Qing-shui!« Qing-shui sagte »Ja!« Und Cao-shan antwortete: »Du hast gerade drei Schalen allerbesten Weines getrunken; und du willst immer noch behaupten, deine Lippen seien unbefeuchtet?« [Vgl. *Wu-men-guan* (*Mumonkan*), Kōan 10]. Was sind das für Schalen Wein, von denen Cao-shan hier spricht?

Der Landesmeister Nan-yang Hui-zhong (Nanyō Echū) rief nach seinem Aufwärter: »Ying-zhen (Ōshin)!« – »Ja, Meister!«, war dessen Antwort. Und der Meister sagte: »Ich habe immer gedacht, ich kehrte dir den Rücken zu; aber es bist ja du, der mir den Rücken zukehrt!« [Vgl. *Wu-men-guan*, Kōan 17].

Worin besteht die Magie dieses Rufens und Antwortens? Das ganze Universum ruft nach ihm; die zahllosen Dinge antworten. »Das ganze Universum« und »die zahllosen Dinge« sind nur zwei verschiedene Namen für dieselbe Sache. Sie sind wie zwei Spiegel, die sich gegenseitig widerspiegeln. Warum also hat Nan-quan gesagt: *»Scher dich weg, du verstehst nicht, was ich sagen will!«*? Die Anmerkung dazu lautet: »Erklär's ihm nicht. Laß ihn für den Rest seines Lebens in die Irre gehen!«

Die Wahrheit kann nicht erklärt werden. Das ist der Grund, weshalb wir zu all den Upāya, all diesen kunstvollen Hilfsmitteln der Unterweisung greifen. In dem Augenblick, da du sagst: »Das ist es!«, hast du es schon verfehlt. In dem Augenblick, wo du darauf zeigst, hast du dich schon von ihm getrennt. Wenn du es anschaust, erblindest du. Warum? Weil es nirgends anders gefunden werden kann als gerade dort, wo du sitzt: »Dieses Leben hier ist das Leben Buddhas. Dieser Leib hier ist der Leib Buddhas.« Nicht mein Leben, sondern deins. Was heißt: »Nicht mein Leben, sondern deins«? Wie kannst du das verstehen?

Und so sagt Nan-quan zu Lu-zu: *»Scher dich weg. Du verstehst nicht, was ich sagen will.« In diesem Augenblick überkam Meister Lu-zu eine Einsicht.* Die Anmerkung lautet: »Eingesperrt im Gefängnis nimmt er an Weisheit zu. Und dennoch, er wird es nie erlangen.« Kāshyapa Buddha saß zehn Kalpas (Weltzeitalter) lang auf dem Bodhi-Sitz; und doch hat er niemals Buddhaschaft erlangt. Warum? Zehn Kalpas, zehn Ewigkeiten der Zazen-Praxis, und doch hat er es nie erlangt! [Vgl. *Wu-menguan*, Kōan 9]. Und in der Tat, Lu-zu wurde später einer der großen Zen-Meister. Warum sage ich dann, er werde es nie erlangen?

Es erleuchtet sich selbst,
das einsame Licht der einen strahlenden Perle.
Nein, es erleuchtet die zahllosen Dinge.
Sieh, nirgends ein Schatten.

Denk darüber nach: Was braucht es, um einen Schatten zu werfen? Das ist ein weiterer in der Zen-Tradition häufig verwendeter Ausdruck: »Er zeigt seinen Schatten, aber er verbirgt sich selbst.« Oder: »Der Baum verliert seine Blätter und wirft keinen Schatten. Woher kommt denn das Licht?«

Wenn einer schaut, wer sähe es nicht?
Sehen, nicht sehen – was soll's?
Wenn er heimreitet auf seinem Stier,
öffnet sich ihm der Blick auf endlose Bergketten.

»Auf dem Stier heimreiten« ist eine im Zen gebräuchliche Metapher für Freiheit, für die Freiheit, sein Reittier überallhin zu lenken, auf jeden beliebigen Weg. Auf dem Stier in die fernen Berge heimzureiten bedeutet, sich selbst ungehindert zu manifestieren inmitten der zahllosen Dinge. Schließlich kommt es dort darauf an. Wir neigen dazu, spirituelles Leben so zu verstehen, als sei es auf den Bereich des Spirituellen beschränkt, wohingegen Dōgen sagt: »Zu glauben, das Profane sei ein Hindernis für das Heilige, bedeutet lediglich, daß du verstanden hast, daß es im Profanen nichts Heiliges gibt. Was du aber noch nicht verstanden hast, ist, daß es im Heiligen nichts Profanes gibt.« Das ist die eine strahlende Perle, die eine strahlende Perle des Nan-quan, die eine strahlende Perle des Dōgen, die eine strahlende Perle, die das Leben eines jeden von uns ausmacht. Deshalb hör auf zu hoffen; es gibt nichts, worauf du hoffen kannst. Hör auf, Ausschau zu halten; wonach du Ausschau hältst, ist nirgendwo als in dir selbst. Laß' alles los und vertraue dir selbst. Unsere Übung besteht gewissermaßen eben darin, diese Perle ans Licht, zur Welt zu bringen. Denn sie ist in jedem von uns bereits vorhanden. Und zwar immer schon. Aber du sollst, bitteschön, nicht mir Glauben schenken – sieh selbst nach, in eigener Person.

3. Das Zeitalter des Großen Friedens

Shōbōgenzō Sambyakusoku, Kōan 103

Hinweis

Klöster zu gründen und die Lehre zu verbreiten ist, als ob man auf Brokat noch Blumen häuft. Wenn du deine Scheuklappen ablegst und dich von deinem Gepäck befreist, dann bist du in das Zeitalter des Großen Friedens eingetreten. Wenn du imstande bist, die Aussage jenseits aller Aussagen zu erfassen, hältst du das Schwert des Mañjushrī in deiner Hand. Die Buddhas haben nichts, rein gar nichts übertragen, und die Patriarchen haben sämtlich nichts erlangt. Und doch stürzen sich die Zen-Schüler allerorten auf den äußeren Schein und quälen sich ab mit Überlegungen. Aber sag mir einmal: »Da es also nicht übertragen wird, wozu so viele Kōan?«

Das Beispiel

Als der Zen-Meister Gui-shan in Meditation saß, wartete Yang-shan ihm auf. Der Meister sagte: »Du bist jüngst ein Dharma-Nachfolger der Zen-Schule geworden. Wie steht es damit? Es gibt da jemanden, der daran so seine Zweifel hat.« Und dann fragte er Yang-shan: »Wie verstehst du es?« Yang-shan antwortete: »Wenn ich schläfrig bin, schließe ich die Augen und ruhe mich aus. Wenn ich mich wohlauf fühle, meditiere ich. Deshalb habe ich nie irgend etwas gesagt.« Der Meister erwiderte: »Einen solch hohen Stand des Begreifens zu erreichen, das ist keine leichte Sache.« Daraufhin sagte Yang-shan: »Nach meinem Verständnis ist es ein Fehler, sich selbst noch an diese Aussage zu klammern.« Der Meister sagte: »Für jemanden ist das gleichfalls ein Fehler.« Yang-shan entgegnete: »Seit alters waren die Weisen sämtlich gerade so.« Der Meister erwiderte: »Da ist einer, der lacht über deine Antworten.« Yang-shan sagte: »Diejenigen, die lachen, sind nur Kollegen von mir!« Der Meister fragte weiter: »Wie verstehst du die Nachfolge?« Yang-shan ging daraufhin einmal im Kreis um den Meister herum, der auf dem Hohen Sitz* saß. Der Meister sagte: »Diese Dharma-Übermitt-

---

* Erhöhter Sitz in der Zen-Halle (Zendō), auf dem der Meister Platz nimmt, wenn er Unterweisungen gibt. [A. d. R.]

lungslinie, die aus ferner Vergangenheit bis heute ununterbrochen fortgesetzt worden ist, hat soeben ihr Ende gefunden.«

Lobgesang
Die Buddhas sind niemals in der Welt erschienen,
noch ist da etwas an die Menschen zu übergeben.
Es gibt nur das Sehen in den eigenen Herz-Geist.
Das ist der nie endende Frühling.

Widmen sich Zen-Schüler der Kōan-Schulung, dann müssen sie lediglich ganz gegenwärtig sein. In dem Augenblick, da sie stehenbleiben, zurückblicken und versuchen, sich zurechtzulegen, was sie gelernt haben, um es in ihre verschiedenen Bezugsrahmen einzuordnen, fällt alles auseinander. Aber wenn die Übenden fortfahren, mit ihren Fragen innerlich ganz eins zu sein, und ihre Übung sowohl in die Tiefe wie in die Breite weiterentwickeln, dann fügen sich an einem bestimmten Punkt die Stücke, die bisher keinen Sinn zu machen schienen, plötzlich zu einem Bild zusammen.

Während der letzten dreizehn Jahre haben viele Menschen, die im Zen Mountain Monastery mit ihrer Zen-Übung begonnen haben, einen Durchbruch erfahren, ein Kenshō (»Selbstwesens-Schau«) erlebt. Einige sind weitergegangen und haben, in ganz unterschiedlichem Maße, ihre Erfahrung vertieft. Einen flüchtigen Blick in den Grund allen Seins zu werfen ist nicht allzu schwierig. Aber wenn jemand sich anschickt, die Verantwortung des Lehrens auf sich zu nehmen, dann muß er oder sie schon eine erschöpfende Schulung absolviert haben. Das verlangt nach einer besonderen Anstrengung und Ausdauer. Beides gehört bei uns zur Tradition. Es reicht nicht aus, nur mal eben einen Durchbruch erfahren zu haben. Du mußt völlige Klarheit erlangt haben, bevor du hoffen darfst, anderen Kraft vermitteln zu können. Genau darum geht es, wenn man eine Überlieferungslinie fortsetzen will. Und doch ist die ganze Anstrengung in Wahrheit nichts als ein riesiger kosmischer Witz, weil es strenggenommen nichts zu übermitteln und nichts zu empfangen gibt. Davon handelt dieses Kōan. Und darum geht es in der praktischen Übung. Wir hören diesen Grundsatz jeden Tag; dennoch machen wir irgendwie weiter, als gäbe es da etwas zu erlangen.

Klöster zu gründen und die Lehre zu verbreiten ist, als ob man auf Brokat noch Blumen häuft. Auf Brokat noch Blumen häufen heißt etwas Überflüssiges tun. Brokat ist bereits voller Schmuck, ist selbst schon schön. Brokat braucht nicht noch irgend etwas Zusätzliches. In gewisser Weise ist das Gründen von Klöstern und das Verbreiten der Lehre ebenso des Guten zuviel. Jüngst sah ich im Fernsehen einen Dokumentarbericht über Saddam Hussein, den irakischen Diktator. Es ging darum, wie dieser Mann es versteht, die Medien für sich einzuspannen, in Vergleich und Gegenüberstellung zu Adolf Hitler. Die Journalisten zeigten Hussein mit einem großen Portrait seiner selbst hinter dem Schreibtisch und einem weiteren Portrait auf dem Schreibtisch, mit dem Gesicht zur Kamera. Das ist wahrlich übertrieben. Ich habe oft gedacht, daß Stilleben, auf denen Eßbares dargestellt ist, in einem Eßzimmer ein überflüssiger Zusatz sind. Das ist, als wollte man ein Blumengemälde in den Garten hängen. Das wäre »auf Brokat noch Blumen häufen«, weil das, wonach wir suchen, bereits vorhanden ist.

Wenn du deine Scheuklappen ablegst und dich von deinem Gepäck befreist, dann bist du in das Zeitalter des Großen Friedens eingetreten. Das will darauf hinaus, daß wir all das Zeug loslassen, woran wir uns festhalten. Alte Menschen gehen gebeugt, weil die meisten von ihnen ihr ganzes Leben mit sich herumschleppen. Alles, was wir je getan haben, alles, was wir je erfahren haben, stopfen wir in unseren »Rucksack«. Alle zwanzig Jahre etwa bekommen wir einen größeren Rucksack, weil wir mehr Erfahrungen angesammelt haben, die wir da hineinstopfen können. Wenn wir dann sechzig oder siebzig Jahre alt sind, können wir unter diesem Gepäck nur noch gebeugt gehen. Befreie dich von diesem Gepäck. Setz es ab! Das ist leicht gesagt, ist anscheinend aber schwer auszuführen. Doch in Wirklichkeit ist es gar nicht so schwer.

Wenn du es ein- oder zweimal probiert hast, stellst du fest, wie leicht es ist, sich von Gestern und Morgen frei zu machen und nur in diesem gegenwärtigen Augenblick da zu sein. Der Augenblick birgt keinerlei Komplikationen. Er enthält nichts Überflüssiges. Es gibt keine Furcht im Augenblick, denn Furcht hat mit dem nächsten Augenblick zu tun. Es gibt keine Erwartungen im Augenblick, denn Erwartungen haben mit der Zukunft zu tun. Es gibt kein Bedauern, keine Reue, denn Bedauern und Reue haben mit der Vergangenheit zu tun. Der Augenblick ist vollkommen, vollständig und allumfassend. Er ist der Ort, wo sich dein Leben abspielt. Sich in diesem Augenblick aufzuhalten, ist das Zeitalter des Großen Friedens – schlicht und einfach gerade hier, gerade jetzt. Und doch scheint es so schwierig zu sein, dort und nur dort zu sein, wo wir sind.

Wenn du imstande bist, die Aussage jenseits aller Aussagen zu erfassen, hältst du das Schwert des Mañjushrī in der Hand. Die Aussage jenseits aller Aussagen, jenseits aller Muster zu erfassen bedeutet die Fähigkeit, frei und unabhängig zu handeln, sich nicht von Verhaltensmustern, vom Dharma, von »Spiritualität« gefangennehmen zu lassen – sich von Umständen keiner Art einengen zu lassen. Muster haben es so an sich, immer wiederzukehren und vorgefertigt zu sein. Das Schwert des Mañjushrī ist das Schwert der Weisheit und des Mitgefühls. Es kann entweder töten oder Leben schenken. Die eine Schneide ist die tödliche Schneide, diejenige, die wegnimmt und eliminiert. Die andere Schneide ist die lebenspendende, die nährt und heilt.

Die Buddhas haben nichts, rein gar nichts übertragen, und die Patriarchen haben sämtlich nichts erlangt. Das scheint eine unerhörte Aussage zu sein für eine Überlieferungslinie, die auf der Weitergabe des Herz-Geistes von einer Generation zur anderen beruht. In einer ununterbrochenen Überlieferung, übertragen von Geist zu Geist – was wird denn da tatsächlich übertragen? Hat Ānanda irgend etwas von Mahākāshyapa erhalten? Hat Mahākāshyapa irgend etwas von Buddha erhalten? Hat Ānanda oder Mahākāshyapa von Anfang an irgend etwas gefehlt? Ja, und hat dem Buddha irgend etwas gefehlt? Fehlt *dir* etwas?

Die Patriarchen haben sämtlich nichts erlangt. Ich bin meinem Meister zutiefst dankbar, daß er mir rein gar nichts gegeben hat. Ich meine es genau so. Er pflegte das immer wieder zu sagen. Wenn ich ihm ein Geburtstagsgeschenk überreichen wollte, sagte er regelmäßig: »Oh, danke schön! Zu meinem Bedauern habe ich jedoch nichts, was ich dir geben könnte!« Ich erwiderte dann immer: »Oh, Roshi, Sie haben mir so viel gegeben!« Und in dem Augenblick, wo ich das sagte, drehte er sich jedesmal um und ging davon. Ohne es zu merken, habe ich ihn immer wieder beschimpft, indem ich ihm sagte, er habe mir so viel gegeben. Das ist das Schlimmste, was ein Meister tun kann. Schließlich war und ist es nicht seine Aufgabe, geklonte Wesen, Kopien seiner selbst zu erzeugen. Seine Aufgabe war und ist es, uns zu der Einsicht zu bringen, daß jeder von uns genauso vollkommen und vollständig wie der Buddha ist. Und wenn sich von ihm herumspräche, er sei einer, der »gibt«, dann wäre er die Witzfigur unter den Zen-Meistern. Was denn könnte er geben, das nicht von vornherein da wäre?

Als der Buddha zu sich selbst erwachte, sagte er: »Alle fühlenden Wesen sind vollkommen und vollständig; es fehlt ihnen nichts.« Wozu dann all das Getue um die Übertragung? Ist das nur so ein Spitzbubenstreich des alten gelbgesichtigen Gautama? Warum hat er in jener Versammlung auf dem Geierberg von zweitausend Menschen nur einen herausgehoben und gesagt: »Ich besitze den allesdurchdringenden Dharma, das unvergleichliche Nirvāna, die vorzügliche Lehre der formlosen Form. Sie stützt sich nicht auf Buchstaben und wird übertragen außerhalb der Schriften. Jetzt übergebe ich sie an Mahākāshyapa« [vgl. *Wu-men-guan* (*Mumonkan*), Kōan 6]? Wenn du sagst, sie könne übertragen werden, warum ist sie dann nur an Mahākāshyapa übertragen worden? Und wenn du sagst, sie könne nicht übertragen werden, was soll dann das ganze Theater? *Die Buddhas haben nichts, rein gar nichts übertragen, und die Patriarchen haben sämtlich nichts erlangt. Und doch stürzen sich die Zen-Schüler allerorten auf den äußeren Schein und quälen sich ab mit Überlegungen.* Dieses gierige Greifen nach dem äußeren Schein ist nichts anderes als unsere Neigung, den Formen anzuhängen. Und sich mit Überlegungen abzuquälen heißt, außerhalb des Selbst zu suchen; heißt, einen zweiten Kopf oben auf den daraufzusetzen, den du bereits hast.

Aber sag mir einmal: Da es also nicht übertragen wird, wozu so viele Kōan? Warum so viele Teishō (»Dharma-Darlegungen«)? Warum so viele Dokusan? Warum acht Bereiche der Schulung, warum zehn Stufen der Übung? Warum all diese Komplikationen?

In diesem Beispiel geht es um die Dharma-Nachfolge von Yang-shan (Kyōzan). Yang-shan war ein äußerst brillanter chinesischer Meister, der während der Tang-Dynastie lebte, etwa von 800 bis 890 unserer Zeitrechnung. Man hatte ihm den Spitznamen »Kleiner Shākyamuni« gegeben. Viele Menschen in einflußreichen Positionen waren seine Schüler: Beamte, Inspektoren, Regierungsbeauftragte. Noch vor seinem zwanzigsten Lebensjahr hatte er bereits Nan-quan (Nansen), den Landesmeister Nan-yang (Nanyō), Ma-zu (Baso) und Bai-zhang (Hyakujō) besucht.* Schließlich hat er unter Gui-shan (Isan) tiefe Erleuchtung erfahren und blieb fünfzehn weitere Jahre bei ihm. Ein Kōan aus dem *Congrong-lu* (*Shōyō-roku*) handelt davon, wie Yang-shan die esoterische Lehre von den 97 Kreisfiguren empfangen hat, die später fester Bestandteil seiner Unterweisungsmethoden wurden. Es wird erzählt, Yang-shan habe das Buch, das die Symbole enthielt, verbrannt, kaum daß er es ein einziges Mal gelesen hatte. Meister Dan-yuan (Tangen Ōshin), der ihm das Buch gegeben hatte, brach in lautes Klagen aus, so daß Yang-shan aus dem Gedächtnis ein zweites Exemplar verfaßte und es Dan-yuan vorlegte. Yang-shan war ein vorzüglicher Meister und einer der großen Dharma-Nachfolger des Gui-shan. Er und Gui-shan waren einander sehr eng verbunden; beide zusammen sind sie verantwortlich für das Entstehen der Gui-yang-(jap.: Igyō-)Schule, eines der fünf Häuser des Zen. Yang-shan hat einmal gesagt, das Wesen dieser Schule seien »zwei Münder ohne eine einzige Zunge«. Dōgen Zenji war von beiden Männern offenbar sehr angetan; hat er doch in sein *Shōbōgenzō Sambyakusoku* viele Kōan aufgenommen, in denen gerade von diesen beiden Meistern die Rede ist. Sie gelten gemeinhin als bestes Beispiel für die Einswerdung von Meister und Schüler.

Als der Zen-Meister Gui-shan in Meditation saß, wartete Yang-shan ihm auf. Die Zwischenbemerkung, die ich dem ersten Satz beigefügt habe, lautet: »Ein einziger Mund, keine Zunge.« *Der Meister sagte: »Du bist jüngst ein Dharma-Nachfolger der Zen-Schule geworden. Wie steht es damit?«* Und die Zwischenbemerkung heißt: »In der Tat, wie steht es damit? Von welcher Nachfolge sprechen wir überhaupt?« Es ist niemals übertragen, noch ist es je empfangen worden. – »*Es gibt da jemanden, der daran so seine Zweifel hat.*« Wenn Gui-shan »jemand« sagt, so bezieht sich das offensichtlich auf ihn selbst.

---

* Diese Angaben in einigen traditionellen Quellen lassen sich nicht mit den überlieferten Lebensdaten der jeweiligen Meister (mit Ausnahme von Nan-quan) vereinbaren: Nan-yang 675–775; Ma-zu 709–788; Bai-zhang 720–814; Yang-shan ca. 807–883. Daß er, wie weiter unten berichtet, Meister Dan-yuan, den Dharma-Erben von Nan-yang, getroffen hat, könnte darauf hinweisen, daß er die *Wirkungsstätte* der genannten Meister besucht und sich unter deren Dharma-Nachfolgern geschult hat. [A. d. R.]

Mein Einwurf: »Alle Buddhas und Patriarchen seit unerdenklichen Zeiten bezweifeln das ebenfalls.« Das scheint eine ganz schön gewagte Behauptung: Da ist nichts zu übertragen und nichts zu empfangen. Wenn dem tatsächlich so ist, was tun wir dann hier? Das war die Hauptfrage, die Meister Dōgen in seine spirituelle Suche hineingetrieben hat, eine Frage, die sich ihm bereits aufgedrängt hat, als er erst fünfzehn Jahre alt war: Wenn wir alle immer schon erleuchtet sind, wie der Buddha sagt, warum müssen wir dann noch üben? Warum müssen wir dann überhaupt irgend etwas tun? Es ist nicht gerade eine großartige Enthüllung festzustellen, daß nichts je übertragen und nichts je empfangen worden ist. Das ist vielmehr der eigentliche Kern des Buddhismus, seit eh und je.

Nachdem er seinen Zweifel angemeldet hat, fragt Gui-shan Yang-shan weiter: *»Wie verstehst du es?«* Soll heißen: Wie verstehst du die Übertragung? Die Zwischenbemerkung besagt: »Dornensträucher aus Stahl mit Diamant-Stacheln. Kein gewöhnlicher Mönch kann sich durch einen Sprung da herausretten.« Man beachte, daß Yang-shan seine Erleuchtungserfahrung unter eben diesem Gui-shan bereits hinter sich hatte. Sicherlich gab es da im Laufe der Jahre mehrere solcher Erfahrungen, jedesmal eine weitere Klärung und Verfeinerung seines Begreifens – eine Kenshō-Abfolge, die es ihm erlaubte, sein Verständnis ausreifen zu lassen. Ein solcher Prozeß braucht Zeit; es gibt keine Möglichkeit, ihn abzukürzen. Schließlich ist ihm der Dharma übertragen worden, und doch hackt sein Lehrer hier immer noch auf ihm herum.

Ich erinnere mich an eine ähnliche Situation mit meinem eigenen Meister. Es war im Jahr 1983. Ich hielt mich für ungefähr einen Monat in Los Angeles auf, um die erste Phase der Dharma-Übertragung abzuschließen. Als das geschehen und ich schon dabei war, wieder zum Mount Tremper im Staate New York aufzubrechen, ging ich noch einmal zu ihm für ein letztes Dokusan vor meiner Abreise. Mein Meister sah mich an und sagte: »Also, Daido, was wirst du Deinen Schülern auf dem Mount Tremper mit zurückbringen?« Vorsicht! Eisernes Dornengesträuch mit Diamant-Stacheln schießt urplötzlich aus dem Boden! Was sollte ich sagen? »Nichts!«? oder: »Mein Verständnis!«? oder: »Die Augen stehen horizontal, die Nase vertikal!«, wie es bei Dōgen Zenji heißt? Im Laufe meiner Schulung hatten wir all diese und

Hunderte anderer Antworten schon hinter uns gebracht. Und du, wie würdest du auf eine solche Frage antworten?

Dasselbe machte mein Meister mit meinem Dharma-Bruder nach dessen Übertragung. Als der begann, Dokusan zu geben, setzte sich unser Meister in die Warteschlange und ging dann zu ihm hinein. Hinterher fragte ich meinen Dharma-Bruder: »Was hat er gesagt?« Er hatte gesagt: »Unterweise mich!« Das hört niemals auf. Solange dein Meister lebt, geht das so weiter. Und auch lange, nachdem dein Meister gestorben ist, geht das immer noch weiter. Endlose und fortwährende Übung – »wie verstehst *du* es?«

Yang-shan antwortete: »Wenn ich schläfrig bin, schließe ich die Augen und ruhe mich aus. Wenn ich mich wohlauf fühle, meditiere ich. Deshalb habe ich nie irgend etwas gesagt.« Die Zwischenbemerkung lautet: »Er hält den Himmel in die Höhe und stützt die Erde ab. Er hat seinen Weg mitten durch's Dornengesträuch gefunden. Und doch ist es immer noch schwer, keine Fährte zu hinterlassen.« Zweifelsohne bedeutet das nämlich, eine Fährte zu hinterlassen, Fußspuren im Sand. Du kannst nicht durch das Dornengestrüpp hindurchgehen, ohne daß man dir anmerkt, daß du hindurchgegangen bist. *Der Meister erwiderte: »Einen solch hohen Stand des Begreifens zu erreichen ist keine leichte Sache.«* Die Zwischenbemerkung heißt: »Weder schwer noch leicht. Die uralte Lehre an den Spitzen von tausend Grashalmen.« Die Lehre ist überall. Es gibt keinen Ort, wohin sie nicht reicht. *Daraufhin sagte Yang-shan: »Nach meinem Verständnis ist es ein Fehler, sich selbst noch an diese Aussage zu klammern.«* Der Einwurf lautet: »Ein guter Fährtenleser hinterläßt keine Fährte.« Es ist so gut wie unmöglich, ohne Spuren zu bleiben. Denn das hängt ganz davon ab, wie gut der Fährtenleser ist, der dem Fährtenleser folgt. *Der Meister sagte: »Für jemanden ist das gleichfalls ein Fehler.«* Das besagt: Auch für mich ist es ein Fehler, Spuren zu hinterlassen. Die Zwischenbemerkung lautet: »Wenn der Fisch schwimmt, trübt sich das Wasser. Wenn der Vogel fliegt, fällt eine Feder.«

Yang-shan entgegnete: »Seit alters waren die Weisen sämtlich gerade so.« Die Zwischenbemerkung ist: »Wie was? Ist da irgend etwas zu übermitteln oder nicht? Er hätte da herauskommen können, wenn er den Mund gehalten hätte. Aber er mußte ja weitermachen.« – *Der Meister erwiderte: »Da ist einer, der lacht über deine Antworten.«* Der

Einwurf lautet: »Es braucht einen Narren, um einen Narren zu erkennen. Wer würde denn lachen über diese Antworten?« Denn diese Antworten sind unbestreitbar eine tiefgründige Darlegung des Buddha-Dharma. Vom Standpunkt der Verblendung aus betrachtet, sieht das aus wie der Juwelenpalast. Aber mit dem Auge der Erleuchtung betrachtet, sieht das bisweilen mehr aus wie ein Scherz. Genau deshalb gibt es im Zen soviel Humor: Da versucht man, den unzerstörbaren Dharma zu bewahren, zu übertragen, was sich nicht übertragen läßt, zu empfangen, was nicht empfangen werden kann, zu vervollkommnen, was längst bis ins Letzte vollkommen ist, das ganz zu machen, dem überhaupt nichts fehlt. Solange du es noch nicht begriffen hast, ist das durchaus nicht komisch. Doch hast du es einmal erfaßt, ist das wahnwitzig komisch. Deshalb lachen auch die Menschen, wenn sie es erfassen. »Es braucht einen Narren, um einen Narren zu erkennen.« Diese beiden Meister sitzen im selben Boot. Beide stehen unter derselben Anklage.

Yang-shan sagte: »Diejenigen, die lachen, sind nur Kollegen von mir!« Die Zwischenbemerkung lautet: »Das ist alles Unrat aus demselben Nest. Was nützt all dies Gerede?« Es sollte statt »Kollegen« besser »gleichen Ranges« heißen: die anderen, die mit demselben Auge sehen. Gui-shan konnte gar nicht anders, als in Lachen auszubrechen. Das ist auch der Grund, weshalb im *Wu-men-guan* Meister Wu-men (Mumon) seine Meister als dumm und blind bezeichnet. In solchen Bemerkungen verrät sich der Standpunkt der Erleuchtung. In Wirklichkeit bewundert Wu-men seine Meister. Es bedarf schon einer tiefen Hingabe an die Sache, bereit zu sein, sich selbst derart lächerlich zu machen – und genau das ist es, was diese beiden wunderbaren Meister tun! Sie sind wie zwei Kinder, die in einer Pfütze sitzen und sich gegenseitig mit Schlamm bewerfen.

Der Meister aber insistiert weiter: *»Wie verstehst du die Nachfolge?«* Die Zwischenbemerkung lautet: »Noch einmal greift er direkt an. Er will, daß jedermann es weiß.« Genau das ereignet sich in der konkreten Situation der Nachfolge. Was du über die Nachfolge innerhalb einer Übertragungslinie bloß gelesen hast, kann irreführend sein und dich glauben machen, daß da tatsächlich etwas übertragen wird, daß da tatsächlich etwas ist, das sich empfangen ließe. Da ist aber nichts zu empfangen. Da ist allenfalls eine ganze Menge, was wir loswerden sollten: all unsere Prägungen, Vorstellungen, Begriffe. Wir müssen uns frei machen von Gebundensein und Nicht-Gebundensein, von Verblendung und Erleuchtung.

Yang-shan ging daraufhin einmal im Kreis um den Meister herum, der auf dem Hohen Sitz saß. Die Zwischenbemerkung heißt: »Taub, stumm und blind, verfährt er nach Befehl.« In der Zeremonie der Übertragung drückt das Umwandeln die gegenseitige Durchdringung von Lehrer und Schüler, von Absolutem und Relativem, von Erleuchtung und Verblendung aus – die gegenseitige Durchdringung all der Dualismen, die unser Denken beherrschen, unser Leben, unser Handeln. Was Yang-shan da getan hat, war eine Anspielung auf die 97 Kreisfiguren, die Dan-yuan ihm übergeben hatte. Warum also sage ich dazu »taub, stumm und blind«? In solche Wörter kann sich sowohl ein positives wie ein negatives Urteil kleiden. In gewisser Hinsicht sind alle Buddhas taub, stumm und blind, nämlich insofern sie der Fähigkeit zur Unterscheidung ermangeln. Sie handeln lediglich nach Befehl, einer Aufforderung entsprechend. Die Aufforderung ist in diesem Fall die Frage: *»Wie verstehst du die Nachfolge?«* Yang-shan hätte den Hohen Sitz umstürzen sollen, statt um ihn herumzugehen, und den alten Mann mit Stockschlägen hinaustreiben in die Wälder. *Der Meister sagte: »Diese Dharma-Übermittlungslinie, die aus ferner Vergangenheit bis heute ununterbrochen fortgesetzt worden ist, hat soeben ihr Ende gefunden.«* Die Zwischenbemerkung: »Das ist so, wie es sein sollte. Aber wie soll das alles jemals enden?«

Die Buddhas sind niemals in der Welt erschienen,
noch ist da etwas an die Menschen zu übergeben.
Es gibt nur das Sehen in den eigenen Herz-Geist.
Das ist der nie endende Frühling.

Dieses Gedicht ist leicht zu durchschauen. Da ist so gut wie nirgends ein verborgener Sinn. Das Schlüsselwort ist möglicherweise »erschienen«: Nie sind irgendwelche Erleuchteten in der Welt »erschienen«. Es gibt keine Wahrheit, die den Menschen erst ausgehändigt werden müßte. Die Menschen und Buddha sind nicht zwei verschiedene Dinge. Die Buddha-Natur ist die wahre Natur aller Lebewesen, und die wahre Natur aller Lebewesen ist die Buddha-Natur – ist deine, ist meine

Natur. Sie ist immer schon da. Sie mag unter den Schichten der Prägung verschwunden sein; und doch ist sie da. Und der ganze Zweck unseres Übens besteht darin, unsere Buddha-Natur vollständig wieder freizulegen. Ein »Durchbruch« ist eine ganz einfache Entdeckung: Erleuchtung ist nichts anderes, als diese unsere Buddha-Natur durch und durch zu erschauen und so zu erblicken, was immer schon dagewesen ist – auch schon, bevor du geboren worden bist, bevor selbst Buddha geboren worden ist. Wenn du sie siehst, dann siehst du den nie endenden Frühling. Dann lebst du den nie endenden Frühling, das Zeitalter des Großen Friedens. Erleuchtet sein bedeutet in Übereinstimmung sein mit deinem Leben, mit dem Leben des ganzen Universums. Es bedeutet nicht, daß es keine Schwierigkeiten mehr gibt, sondern nur so viel, daß es keinen Kampf mehr gibt. Es bedeutet nicht, daß es keinen Schmerz mehr gibt, sondern nur, daß du weißt, wie du mit ihm und zugleich von ihm unberührt weitermachen kannst. Es bedeutet nicht, daß es keine Dornensträucher, keine Hindernisse mehr gibt, sondern nur, daß du mit Leichtigkeit durch sie hindurch deinen Weg findest. Der nie endende Frühling ist das Geburtsrecht eines jeden von uns.

Du mußt dir selbst vertrauen und dich selbst ermächtigen. Denk daran, daß es nicht ausreicht, nur zu sitzen und darauf zu warten, daß die Erleuchtung eintritt, daß »es passiert«. Und zwar deshalb nicht, weil *nichts* passiert. Nichts widerfährt dir. Was du tust und was dir widerfährt, ist ein und dasselbe. Manchmal wünschte ich mir, ich könnte mehr für dich tun. Wäre das möglich, so hätte mein Meister es für mich getan, hätte sein Meister es für ihn getan, und das wäre dann die Übertragung gewesen. Aber so ist es nun einmal nicht. Er hat es für sich allein tun müssen. Ich muß es für mich allein tun. Und auch du mußt es für dich allein tun.

4. »Die Erklärung der wechselseitigen Abhängigkeit«

Bi-yan-lu, Kōan 54

Hinweis
Er geht hinaus über Leben und Tod, er verwirklicht den Zen-Geist; er durch-schneidet lässig Eisen und Nägel, erschüttert leichthin Himmel und Erde. Sag mir, wessen Tun kann das sein? Hör auf das Folgende!

Das Beispiel
Yun-men fragte einen Mönch: »Woher bist du jüngst gekommen?« Der Mönch antwortete: »Von Xi-chan.« Yun-men fragte weiter: »Welche Worte hat Xi-chan in letzter Zeit denn beigesteuert?« Der Mönch streckte zur Ant-wort die Hände aus. Yun-men schlug ihn. Der Mönch sagte:«Ich hatte Euch etwas mitzuteilen!« Da streckte Yun-men seinerseits die Hände zur Antwort aus. Der Mönch war sprachlos. Yun-men schlug ihn noch einmal.

Lobgesang
Kopf und Schwanz des Tigers hat er fest im Griff,
übt unbezwinglich seinen Einfluß aus
über all die vierhundert Provinzen.
Wie drohend steil er aufragt!
Der Meister sagt:
»Nur ein Wort noch, und ich laß es offen.«

Alljährlich am 4. Juli begehen wir in den USA den Tag der Unabhän-gigkeitserklärung und damit den Tag unserer Befreiung, unserer Frei-heit. Bei der Unterzeichnung der Unabhängigkeitserklärung gab Ben-jamin Franklin einen kurzen Kommentar ab: »Unsere heilige Ehre, unser Glück und unser Leben legen wir in diese Unterschrift.« So war es in der Tat. Jeder der Unterzeichner dieses historischen Dokuments hatte viel zu verlieren. Es waren sämtlich sehr reiche, mächtige Leute. Sie gehörten zur politischen Führungsschicht in ihren Gemeinden, be-saßen Eigentum an Grund und Boden und waren hoch angesehen. Es wäre ihnen auch dann weiterhin gutgegangen, wenn die religiöse und politische Unterdrückung durch die englische Krone angedauert hätte. Ihnen persönlich wäre es unter jeder Art von politischen Verhältnissen gutgegangen; doch darum ging es für diese Männer nicht. Indem gerade sie die Unabhängigkeitserklärung unterzeichnet haben, setzten sie alles aufs Spiel, einschließlich ihres Lebens. Wenn es schief gegangen wäre – wenn die Engländer gesiegt hätten –, dann hätten sie zweifellos ihr Eigentum verloren, wären ins Gefängnis geworfen und aller Wahrscheinlichkeit nach sogar hingerichtet worden. Und doch setzten sie, unter großem persönlichem Risiko bis hin zur Gefährdung ihres Lebens, ihre Namen unter das schicksalhafte Dokument.

Das Risiko, das diese Männer eingegangen sind, ist kein anderes als das, das jeder Entscheidung zur Unabhängigkeit anhaftet. Freiheit fällt niemandem in den Schoß. Sie fordert einen hohen Preis, insbesondere die spirituelle Freiheit. Doch was soll spirituelle Freiheit bedeuten? Sie zu erlangen bedeutet, daß wir all das Zeug aufgeben müssen, an das wir uns gewöhnlich anklammern; es bedeutet, uns loszusagen von all unseren Bindungen. Im Grunde besteht die Aufgabe eines Zen-Meisters eben darin: uns all das wegzunehmen, an dem wir uns festhalten, uns den Teppich unter den Füßen wegzuziehen, uns die Nägel herauszuschlagen und den ganzen Bau unserer inneren Verfestigungen zum Einsturz zu bringen. Solange wir nämlich an irgend etwas festhalten, behindern wir uns selbst.

Gewöhnlich wird das Sich-nicht-an-etwas-Binden, das An-nichts-gebunden-Sein als Gleichgültigkeit mißverstanden: »Zen-Buddhisten sind Nihilisten; die Dinge der Welt kümmern sie nicht.« Doch es kann kein echtes Sich-Kümmern geben, solange es nicht auf Loslassen beruht. Wenn du dich an irgend etwas bindest, endet es damit, daß du es kontrollieren und manipulieren willst und zugleich, was das Entscheidende ist, dich von ihm abtrennst. Du kannst nicht an etwas festhalten, wenn es nicht von dir verschieden ist. Gibt es keine Trennung zwischen dir und diesem »Anderen«, dann auch keine Bindung, kein Festhalten, und ebenso nichts, an dem du festhalten könntest, und niemanden, der sich festhält. In der Tat, es kann keine wirkliche Liebe geben, es sei denn, ihr geht ein Loslassen voraus. Nicht-gebunden-Sein bedeutet keineswegs, nicht zu lieben, bedeutet keineswegs, sich nicht zu kümmern. Es bedeutet lediglich, nicht gebunden zu sein.

Der Buddhismus ist heutzutage in Gesellschaften eingedrungen, in denen die Religionsfreiheit gesetzlich garantiert ist – nicht nur bei uns in den USA, sondern überall in der westlichen Welt. Im Osten ist der Buddhismus häufig von der Gnade eines Kaisers oder eines Shōgun abhängig gewesen, oder wer sonst zufällig zu jener Zeit das Land im Griff hatte. Jetzt hingegen lebt der Buddhismus in einem politischen Milieu, wo dauerhafte gesetzliche Garantien des freien Zugangs zur Religion und der freien Ausübung von Religion bestehen. Deswegen haben wir als amerikanische Buddhisten außerordentliche Möglichkeiten. Wir müssen uns nicht – wie die Buddhisten früherer Zeiten im Fernen Osten – Sorgen machen, ob wir bei Politikern Anstoß erregen oder das Herrschaftsgefüge herausfordern. Das ist ein großes Geschenk und eine große Herausforderung zugleich.

Aber was genau ist Freiheit? Manche Menschen glauben, die Freiheit sei ganz einfach Willkür: Alles ist erlaubt; tu, was immer dir gefällt. Doch das ist keine echte Freiheit. Das ist lediglich Egozentrik: das eigene Ich zum Zentrum der Welt, zum alleinigen Maßstab zu machen. »Ich tue, was immer ich will und wann immer ich es will; denn ich bin ja so frei.« Das ist eine ganz gefährliche Falle. Diese »Ich tue, was ich will«-Variante der Freiheit ist nur eine andere Form der Unterdrückung, und zwar eine, die auf der Hautsack-Illusion beruht: »Ich selbst bin nur dieser Sack aus Haut, und alles, was außerhalb davon ist, das ist der Rest des Universums« – soll heißen, gehört nicht zu mir. Diese grundlegende Trennung schafft alle unsere Illusionen und Schwierigkeiten.

Was ich mir statt dessen wünsche, ist eine »Erklärung der wechselseitigen Abhängigkeit«. Das Zustandekommen einer derartigen Erklärung scheint nicht von vornherein ausgeschlossen, denn das öffentliche Bewußtsein hat bezüglich der Art, wie wir mit unserer Umwelt umgehen und unsere Politik und unsere gesellschaftlichen Verhältnisse gestalten sollten, einige große Schritte nach vorn getan. Ich persönlich möchte also eine Erklärung des wechselseitigen Zusammenhangs anregen: das offizielle Eingeständnis der Koevolution, des Miteinander-Entstehens und -Bestehens, sowie der wechselseitigen Durchdringung aller Dinge – das Eingeständnis der wechselseitigen Abhängigkeit aller Völker, der gegenseitigen Durchdringung mit der Umwelt, der einzelnen untereinander, mit unseren Kindern, unseren Eltern. Solch eine Erklärung würde auch die wechselseitige Abhängigkeit des Heiligen und des Profanen anerkennen: »Im Schweigen des Gebirges…, auf dem Marktplatz, im Getriebe der Welt…«: eine einzige Wirklichkeit, das große, alles umfassende und alles durchdringende Diamantnetz des Gottes Indra.

Auf wechselseitige Abhängigkeit zielt auch die Verwirklichung des Zen-Geistes ab. In seinem Hinweis zu diesem Kōan sagt Meister Yuan-wu (Engo Kokugon): *Er durchschneidet lässig Eisen und Nägel, erschüttert leichthin Himmel und Erde.* Wer ist solch ein Mensch? Ich frage dich: Wer ist damit gemeint? In gewisser Hinsicht spricht Yuan-wu natürlich von Yun-men (Ummon). Deshalb könntest du antworten: »Yun-men.« Und wenn du das tätest, wäre das zweifellos richtig. Aber verkaufe dich selbst nicht unter Wert. Denn Yun-men besitzt nichts, was du nicht auch besäßest. Wir alle sind hinreichend ausgestattet und im Grunde unseres Wesens frei. Die Grenzen, die uns einengen, haben wir selbst gezogen, und den Käfig, in dem wir stecken, haben wir selbst gebaut. Du selbst hast dein Gefängnis errichtet, und du selbst bist der einzige, der dich daraus befreien kann. Letztlich liegt deine Freiheit in deiner eigenen Hand. Letztlich liegt auch das ganze Universum in deiner Hand, ob du dir dessen bewußt bist oder nicht.

Yun-men fragte einen Mönch: »Woher bist du jüngst gekommen?« Der Mönch antwortete: »Von Xi-chan«. Yun-men fragte weiter: »Welche Worte hat Xi-chan in letzter Zeit denn beigesteuert?« Der Mönch streckte zur Antwort die Hände aus. Yun-men schlug ihn. Der Mönch sagte: »Ich hatte Euch etwas mitzuteilen!« Da streckte Yun-men seinerseits die Hände zur Antwort aus. Der Mönch war sprachlos. Yun-men schlug ihn noch einmal. Was geht hier vor? Zuerst einmal: Yun-men handhabt hier, was wir die »Sondierungsstange« nennen. Er prüft die Ernsthaftigkeit des Schülers und die Tiefe seines Begreifens. Manch einer mag sich fragen, wie denn solche Eigenschaften geprüft und ans Tageslicht gebracht werden können. Meine Gegenfrage lautet: Wie könntest du sie verbergen? Wie kann irgend jemand verbergen, wo, auf welcher Stufe des Verständnisses, er oder sie sich befindet? Alles, was wir tun, alles, was wir sagen, verrät uns. Und deshalb wird in den klassischen Kōan immer wieder davon berichtet, daß der Meister den neu eingetroffenen Schüler auf die Probe stellt, die Tiefe seines Verständnisses und das Ausmaß seiner Klarheit prüft.

Wie anders könnte denn der Prozeß zwischen Meister und Schüler in Gang kommen? Wie anders könnte der Meister wissen, wo er mit der Unterweisung ansetzen muß? Es gibt ja nun einmal vielerlei Stufen der Klarheit. Der Meister muß wissen, wie weit fortgeschritten die Klarheit und Ernsthaftigkeit des Schülers ist. Es sind zwei ganz verschiedene Sachen, in ein Kloster zu kommen, und zum anderen, ein Schüler zu sein, einer, der sich wirklich schulen, sich wirklich auf die Suche einlassen will – einer, der den Weg tatsächlich betreten hat. Und immer nochmal gesagt: Es gibt zum einen die Worte und Begriffe, die die Wirklichkeit beschreiben, oder die Glaubenssyteme, die ihr nachhelfen sollen, und auf der anderen Seite die Wirklichkeit selbst.

Ohne alle Umschweife fragt Yun-men den Mönch: *»Woher bist du jüngst gekommen?«* Woher kommst du? Was ist dein Dharma-Verständnis? Yun-mens Frage zielt, wörtlich genommen, auch darauf, wo der Schüler sich zuletzt geschult hat. Der Mönch hätte auf beliebig viele Weisen antworten können. Er hätte sehr tiefgründig und doch ganz unscheinbar antworten können, indem er seiner Antwort den Anschein einer beiläufigen, ganz alltäglichen Bemerkung hätte geben können. Vieles, was sich in den Kōan-Geschichten ereignet, spielt sich unter der Oberfläche ab; es sind da ganz subtile Nuancen im Spiel. Das gilt ganz besonders für die Kōan, die ursprünglich in Chinesisch niedergeschrieben worden sind. Die Mehrdeutigkeit der chinesischen Schriftzeichen erlaubt es, den Kōan einen wunderbaren Reichtum an Bedeutungen einzuverleiben. Die englische Sprache hat demgegenüber die Tendenz, die Dinge festzunageln, sie genau auf den Punkt zu bringen.

Natürlich ist das Leben selbst keineswegs so eindeutig. Alles befindet sich in ständigem Wandel, wir selbst eingeschlossen. Dieser fortwährende Fluß der Dinge enttäuscht immer wieder unsere Erwartungen und macht jeden Versuch, an etwas oder jemandem festzuhalten, sehr problematisch. In dem Augenblick, wo du etwas festhältst und sagst: »Ich hab's!«, ändert es sich schon, einfach so. Es ändert sich, und du selbst änderst dich auch. Was könnten wir denn festhalten? Von einem Augenblick zum anderen ändert sich alles und entwickelt sich weiter. Daraus entsteht deshalb so viel Schmerz und Leiden, weil die »wunderbaren Dinge«, an die wir uns gebunden haben, nicht länger existieren. Die Prinzessin, die wir geheiratet haben, ist nicht länger eine Prinzessin, oder der Prinz entpuppt sich als Frosch. Wenn wir uns nicht mit dem allgemeinen Fluß der Dinge mitbewegen, erstarren wir und sind voller Angst. Das einzige, was überdauert, ist die Vorstellung, der Gedanke, an dem wir festhalten. So begrenzen wir uns selbst und bringen uns selbst ins Unglück.

»Woher bist du jüngst gekommen?« Meister Yuan-wu, der die Kōan des *Bi-yan-lu* (*Hekigan-roku*) mit Erläuterungen versehen hat, hat zwischen die einzelnen Sätze auch noch Zwischenbemerkungen eingestreut, um den Sinn des Kōan weiter zu verdeutlichen. Die Zwischenbemerkung zu diesem Satz lautet: »Sag bloß nicht Xi-chan! Eine Sondierungsstange! Sag nicht Osten, Westen, Norden oder Süden!« *Der Mönch antwortete: »Von Xi-chan.«* Die Zwischenbemerkung: »Aha, er nimmt es zu wörtlich. In diesem Augenblick hätte der Mönch ihm etwas von seinem eigenen Proviant geben sollen.« Der Mönch hätte Yun-men sein eigenes Begreifen der Wahrheit enthüllen sollen. *Yun-men fragte weiter: »Welche Worte hat Xi-chan in letzter Zeit denn beigesteuert?«* Die Zwischenbemerkung: »Ich möchte es schon zur Sprache bringen; aber ich fürchte, es könnte Euch erschrecken, Meister.« *Der Mönch streckte zur Antwort die Hände aus.* Genau diese Worte und Aussagen gibt's bei Xi-chan. Zwischenbemerkung: »Er ist geschlagen. Er hat einen Dieb aufgenommen, und nun ist ihm sein Haus geplündert worden. Das wird zwangsläufig jedermann zu Zweifeln Anlaß geben.« Der Dieb, den der Mönch bei sich aufgenommen hat, ist Yun-men. Was aber ist die Absicht des Diebes? All das zu stehlen, was für diesen Mönch wertvoll ist, ihm alles wegzunehmen, woran auch immer er festhält. Was diesem Mönch auch lieb und teuer ist, Yun-men wird es ihm rauben. Und der Mönch hat ihn selbst ins Haus gelassen mit der Antwort, die er ihm gab.

Yun-men schlug ihn. Die Zwischenbemerkung heißt: »Er handelt nach Befehl«. Der Mönch hatte es verdient, geschlagen zu werden. Warum hatte er es verdient? Was ist der Sinn dieses Schlagens? Während der Periode der Zen-Geschichte, in der dieses Kōan spielt, wurde viel geschlagen, und dieses Schlagen wurde zu ganz unterschiedlichen Zwecken eingesetzt. Es wurde als eine Art von Aussage benutzt; es wurde eingesetzt, um Mißbilligung auszudrücken; manchmal wurde es auch dazu benutzt, um Anerkennung zu zollen. Wie aber sollte ein Zen-Schüler das Schlagen verstehen, wenn es so vieles und so Unterschiedliches bedeuten konnte? Aus genau diesem Grund wußte so mancher nichts mit dem Verhalten von Meister De-shan (Tokusan Senkan) anzufangen: Kamst du ihm mit einer bejahenden Antwort, verabreichte er dir dreißig Stockhiebe. Kamst du mit einer verneinenden Antwort: Dreißig Stockhiebe! Wenn du weder mit Ja noch mit Nein geantwortet hast: Dreißig Stockschläge. Bedeuteten die dreißig Stockschläge jedesmal dasselbe? Welche Botschaft sollten sie vermitteln? Wie konntest du wissen, was der Sinn dieses Dreinschlagens war? Nachdem Yun-men ihn geschlagen hatte, sagte der Mönch: *»Ich hatte Euch etwas mitzuteilen!«* Ich rede noch, will er damit sagen, ich bin noch nicht fertig! Die Zwischenbemerkung: »Du willst also dein Plädoyer abändern?«

Dieses »Einen Augenblick bitte, ich wollte gerade etwas sagen« ist ein Versuch des Mönches, sich zu rechtfertigen. In gewisser Weise ist es praktisch das Eingeständnis seiner Niederlage in diesem Dharma-Gefecht. Yun-mens Antwort bestand darin, seinerseits die Hände auszustrecken. Als er das tat, war der Mönch völlig sprachlos. Die Zwischenbemerkung lautet: »Wie bedauerlich!« Der Mönch schwieg, und Yun-men schlug ihn noch einmal. Dieser zweite Schlag war einer der Strafe, ein Schlag der Mißbilligung. Bis zu diesem Augenblick war Yun-men mit dem Mönch mitgegangen, hatte er einfach ihm entsprechend geantwortet. Wir nennen das »den Wellen folgen«. Es ist wie bei einer Mutter mit Kind. Das Baby stapft auf unsicheren Beinen davon, und die Mutter folgt ihm auf Schritt und Tritt. Das Kind ahnt gar nicht, daß die Mutter hinter ihm hergeht, aber die Mutter ist in jedem Augenblick bereit, ihr Kind vor Schaden zu bewahren, während sie ihm gleichzeitig ein Gefühl von Freiheit vermittelt.

Wie es heißt, hat Yun-men mit jeder Antwort, die er einem Schüler gab, stets seinen eigenen »drei Sätzen« entsprochen, als da sind: »den Wellen folgen«, will sagen, den jeweiligen Umständen entsprechen; »die unzähligen Ströme abschneiden«, will sagen, sämtliche verstandesmäßigen Deutungen, an denen sich der Betreffende festhalten könnte, vereiteln; und »Himmel und Erde umfassen«, will sagen, die Gesamtheit der Dinge einzuschließen. All das ist in diesem Kōan realisiert – wie in jedem Kōan, das von Yun-men handelt.

Wenn wir davon sprechen, wie Zen-Lehrer vorgehen, benutzen wir oft die Metapher von der Löwin, die ihre Jungen einen steilen Abhang hinunterstößt und nur diejenigen großzieht, die imstande sind, den Hang wieder hinaufzuklimmen. Die Wildnis ist ein Ort ständiger Herausforderung, wo nur die Starken und Wendigen überleben. Sie sind es, auf die das Muttertier seine Bemühungen konzentriert. Ein solches Verhalten erscheint grausam; doch mehr kann irgendein Wesen für ein anderes nicht tun. Das ist der Grund, weshalb wir auch sagen, daß es da überhaupt keine Zen-Lehrer und überhaupt nichts zu lehren gibt. Da ist nichts, was irgend jemand dir wirklich geben könnte. Alles muß aus dir selbst kommen; alles, was du je erreichen kannst, muß deiner eigenen Übung entspringen.

Als ich einmal in den Catskill-Bergen zeltete, wurde ich eines Morgens Zeuge eines gewaltigen Sturms. Zwei kleine Vögel fielen aus einem Baum. Ich denke, sie gehörten zur Familie der Zaunkönige. Sie waren noch nicht imstande zu fliegen; das stellte die Mutter vor eine schwierige Aufgabe. Da hatte sie nun zwei lebende und höchst gefährdete Jungen auf dem Waldboden und mußte ihnen eine schnelle und wirksame Unterweisung erteilen. Der ganze Tag ging damit hin, daß diese Vogelmutter versuchte, ihre beiden Jungen zum Fliegen zu bewegen.

Selbstverständlich waren sie selbst sich der Gefahr nicht bewußt, wohl aber die Mutter; und deshalb war sie so damit beschäftigt, sich um die Jungen zu kümmern, daß sie mich völlig übersah. Ich näherte mich mit einer Videokamera einem der beiden Jungen auf etwa einen halben Meter, und die Mutter landete immer wieder direkt neben mir, hielt ihrem Jungen ein Insekt hin und trieb es an zu fliegen: Sie hüpfte mit dem Insekt ein Stück weg, und immer wenn das Junge versuchte, nach dem Insekt zu picken, gab sie es ihm, flatterte dann den Baum hinauf und rief das Junge zu sich: Tschiep-tschiep, tschiep-tschiep, tschiep-tchiep! So ging das hin und her. Das Vogeljunge auf dem Boden machte eine Zeitlang mit; dann war es, wie jedes Baby, erschöpft, steckte seinen Kopf unter seine Stummelflügel und schlief ein.

Die Mutter geriet ganz aus dem Häuschen. Jetzt war wahrlich nicht die Zeit zum Schlafen! Sie rief und rief, und als das nichts nützte, brachte sie dem Jungen ein anderes Insekt auf den Waldboden hinunter und lockte es so abermals hinter sich her. Nach einer Weile versuchte das Junge, der Mutter zu folgen und den Stamm des Baumes hinaufzufliegen. Es versuchte, sich festzukrallen, und flatterte hilflos, bis es wieder auf den Boden zurückfiel. Da fing die Mutter wieder von vorne an.

Hätte diese Vogelmutter für ihre Jungen fliegen können, sie hätte es getan. Doch es gab da nichts, was sie hätte tun könnnen, außer ihnen dabei behilflich zu sein zu erkennen, daß sie *selbst* über alle nötigen Voraussetzungen verfügten, um das zu tun, was in dieser Situation getan werden mußte. Aber zuerst mußten sie lernen, ihre Fähigkeiten einzusetzen. Genauso ist es mit uns. Die Buddha-Natur ist die wahre Natur aller Lebewesen. Vollkommen und ganz. Nichts mangelt ihr. Doch solange wir das nicht aus eigener Erfahrung wissen, solange wir nicht wissen, wie wir diese unsere wahre Natur nutzen sollen, kommt für dich nichts Gutes dabei heraus. So gehst du dem Grab entgegen, ohne die dir innewohnende Vollkommenheit je zu würdigen, ja ohne ihrer je gewahr zu werden.

Um eine ähnliche Geschichte geht es in dem Film *The Earthling* (»Erdenwurm«). Die Handlung besteht darin, daß ein älterer Mann, der nur noch wenige Wochen zu leben hat, sich entschließt, an seinen Geburtsort in Australien zurückzukehren und dort in der ärmlichen Hütte mitten in der Wildnis zu sterben, die das Heim seiner Kindheit war. Dorthin zu gelangen bedeutet einen Marsch von zwei, drei Wochen. Zur gleichen Zeit ist eine amerikanische Familie, Vater, Mutter und ein sehr verzogener Zehnjähriger, unterwegs, um das Hinterland in einem Aborigenes-Reservat für sich zu entdecken. Die Eltern kommen bei einem schrecklichen Unfall ums Leben, als ihr Auto von einer Klippe stürzt. Nur der Junge überlebt, völlig hilflos, genau wie jene Vogeljungen.

Der alte Mann findet den Jungen, und zuerst ist er verärgert darüber, daß er sich jetzt mit der Verantwortung für diesen Jungen beladen soll. Er kann ihm aber nicht einfach den Rücken zukehren. Er weiß, daß er zu schwach ist, um den Jungen aus der Wildnis herauszutragen. Der alte Mann weiß außerdem, daß er den Marsch nicht überleben wird. Er wird sterben, bevor sie beide in Sicherheit sind, und dann wird das Kind verhungern. Die Hütte, die das Ziel seines Marsches ist, liegt mitten im Nirgendwo. Innerhalb einer Woche wird er tot sein, und der Junge muß allein zurechtkommen – dieses verwöhnte Muttersöhnchen, das nichts von alledem weiß und kann, was man braucht, um in der Wildnis zu überleben. Also muß der alte Mann ihm das Nötigste beibringen, und das schnell. Aber wie?

Der Anfang seines Unterrichts scheint das Grausamste zu sein, was man sich denken kann: Er ignoriert den Jungen ganz einfach. Der Junge befindet sich noch im Schock; er bringt kein Wort heraus, und der alte Mann tut so, als gäbe es den Jungen gar nicht. Der Junge folgt ihm. Der Mann fängt einen Fisch und ißt ihn. Er läßt die Gräten zurück, die Reste, aber er gibt dem Jungen keinen Bissen ab. Als der Junge ihn anbettelt, jagt er ihn weg. Er geht weiter, und der Junge folgt ihm, wie gehabt. Der Junge bettelt ihn wieder um etwas zu essen an, und wieder gibt der alte Mann ihm nichts ab. Also ißt der Junge die Reste von den Gräten, die der alte Mann immer wieder liegen läßt. Als der Tag zur Neige geht, sagt der alte Mann zu dem Jungen: »Paß auf, was ich jetzt tue. Du mußt lernen, ein Feuer zu machen. Ich werde dir aber nicht zeigen, wie du es machen mußt. Sieh zu, wie du ganz allein ein Feuer zustande bringst!«

Einerseits ist das, was der alte Mann da macht, etwas ganz Schreckliches; andererseits fängst du als Zuschauer an, in dem Verhalten des alten Mannes ein unglaublich tiefes Mitgefühl zu entdecken. *Wirkliches* Mitgefühl, nicht die Einstellung: »Ich muß unbedingt etwas Gutes für ihn tun«. Diese Mentalität, unbedingt etwas Gutes tun zu müssen, wäre auf den Versuch hinausgelaufen, auf den Jungen aufzupassen, ihn zu beschützen. Damit hätte der alte Mann schließlich scheitern müssen, und der Junge wäre auf Gedeih und Verderb der Wildnis ausgeliefert. Was der alte Mann tatsächlich tut, ist Ausdruck eines umfassenden, selbstlosen Mitgefühls. Und das ist eine ganz andere Mentalität, eine ganz andere Haltung. Der alte Mann hat sich völlig in den Jungen hineinversetzt; er weiß, was zu tun ist, und er weiß, daß er es nicht für den Jungen tun kann. Der Junge muß es selbst tun. Und er hat eine Woche Zeit, es zu lernen. Während sie sich so der Hütte nähern, lernt der Junge, wie man in der Wildnis die Richtung findet, wie man ein Schutzdach baut, wie man ein Feuer macht und wie man Fische fängt – kurz, wie man überleben und der Wildnis entkommen kann. Der alte Mann stirbt, der Junge begräbt ihn und marschiert allein weiter. Er hat seine Lektion gelernt.

Genau die gleiche Lektion mußten die jungen Zaunkönige in den Catskill-Bergen absolvieren. Die Vogelmutter konnte es nicht für sie und an ihrer Stelle tun. In der Zen-Übung ist es nicht anders. Der Meister kann es nicht für seinen Schüler tun. Auch Buddha kann es nicht für den Schüler tun. Der einzige, der es tun kann, das bist du selbst. Und der Grund dafür, daß nur du es tun kannst, liegt darin, daß du selbst die Hindernisse geschaffen hast, die dir den Weg versperren. Das Gefängnis, in dem wir stecken, die Einschränkungen, die uns behindern, all das erschaffen wir selbst, jeder für sich. Nur wir allein haben daher die Macht, dem endlosen Kampf, in den wir verstrickt sind, ein Ende zu bereiten. Der Meister kann zwar alle möglichen Arten kunstvoller Ermutigung einsetzen, gerade wie die Vogelmutter die Insekten und das Tschiepen und Umherflattern eingesetzt hat. Der Buschläufer in der australischen Wildnis hat mit dem Jungen genau dasselbe getan. Aber mehr ist nicht möglich. Letztlich liegt alles auf deinen eigenen Schultern. Wenn du nicht dir selbst die Macht erteilst, gerätst du in Abhängigkeit von der Quelle deiner Kraft, was auch immer das sein mag. Die einzig mögliche Art von Ermächtigung ist die Selbst-Ermächtigung. Die einzig mögliche Art von Befreiung ist die Selbst-Befreiung.

Warum hat Yun-men den Mönch geschlagen? Und was bedeutet das Ausstrecken seiner Hände? Worauf will er damit hinaus? Als der Mönch sagte: »Ich hatte Euch etwas mitzuteilen!«, warum streckt Yun-men da die Hände aus? Zen ist keine bloße Farce. Man kann es nicht dadurch verwirklichen, daß man die Schweren Jungs nachahmt. Man kann sie auch nicht dadurch realisieren, daß man die Sūtras auswendig lernt oder ein Kōan nach dem anderen löst. Letztlich muß der Lotos im Feuer erblühen – in der Küche, im Kinderzimmer, auf dem Marktplatz und im Büro genauso wie in der Buddha-Halle.

Wir sollten dankbar sein dafür, daß wir die Gelegenheit haben, den WEG zu gehen und seinen Wundern zu begegnen, dankbar für die Möglichkeit, uns zu üben und das gemeinsam mit anderen zu tun. Wir sollten uns selbst und einander so ernst und wichtig nehmen, wie beide es verdienen. Wir sollten »es« wirken, sich zeigen lassen. Gib »ihm« bloß eine Chance, und du wirst verstehen, was Yuan-wu mit dem Satz gemeint hat: *Er durchschneidet lässig Eisen und Nägel, er erschüttert leichthin Himmel und Erde!* Du wirst imstande sein, Leib und Leben zu Asche werden zu lassen, und zwar mit derselben Leichtigkeit, mit der du dir die Haare wachsen läßt oder einen Atemzug tust.

Eine solche Freiheit ist nichts, das du »erlangst«. Sie kann nicht erworben werden. Das ist der springende Punkt. Freiheit ist etwas, was du immer schon hast und für immer besitzt. Dabei macht es keinen

Unterschied, ob du dich in einem Gefängnis befindest, in einem Konzentrationslager oder in einem freien Land. Diese uns innewohnende Freiheit kann uns weder gegeben noch genommen werden. Sie gehört zu dir. Du bist sie. Doch wenn du ihrer nicht gewahr bist, kannst du sie nicht nutzen. Daher solltest du dich ihrer unbedingt vergewissern. Dieses unser Leben ist zu schade, um es zu vergeuden.

5. Zhao-zhous »WU«

Wu-men-guan, Kōan 1

Das Beispiel

Ein Mönch fragte einst Zhao-zhou: »Hat ein Hund Buddha-Natur oder nicht?« Zhao-zhou antwortete: »WU! (jap.: MU!).«

Wu-mens Kommentar

Wenn du dich der Zen-Schulung widmest, mußt du die Sperren passieren, die die alten Meister errichtet haben. Um das unvergleichliche Satori zu erlangen, mußt du deinen unterscheidenden Geist auslöschen. Diejenigen, die die Sperre nicht passiert und ihren unterscheidenden Geist nicht ausgelöscht haben, sind nur Gespenster, die in Bäumen und Gräsern spuken.

Jetzt sage mir: »Was ist denn die Sperre der alten Meister?« – Eben dieses WU, das ist die Sperre des Zen. Diejenigen, die diese Sperre passiert haben, werden nicht nur Zhao-zhou ganz deutlich erblicken, sondern sie werden mit allen großen Meistern der Vergangenheit Hand in Hand gehen und sie sehen von Angesicht zu Angesicht. Du wirst mit denselben Augen sehen, mit denen sie sehen, und mit denselben Ohren hören wie sie. Wäre das nicht wunderbar? Möchtest du nicht die Sperre passieren? Dann sammle dich ganz auf dieses WU – mit all deinen 360 Knochen und 84000 Poren, indem du deinen ganzen Leib in ein einziges großes Suchen verwandelst. Tag und Nacht arbeite daran mit aller Kraft. Vermeide nihilistische oder dualistische Ausdeutungen. Es ist, als hättest du eine rotglühende Eisenkugel hinuntergeschlungen. Du versuchst, sie herauszuwürgen, aber es geht nicht. Lösche dein trügerisches unterscheidendes Wissen und Bewußtsein aus, das du bisher angesammelt hast, und übe noch härter weiter. Nach einer Weile, wenn deine Anstrengungen Früchte tragen, werden alle Gegensätze wie Innen und Außen ganz von selbst in eins zusammenfallen. Dir wird es dann ergehen wie einem Stummen, der einen wunderbaren Traum gehabt hat: Er allein kennt ihn in sich selbst. Plötzlich durchbrichst du die Sperre, und du setzt den Himmel in Erstaunen und erschütterst die Erde.

Es ist, als hättest du das große Schwert des Generals Guan ergriffen. Du tötest den Buddha, wenn du ihm begegnest; du tötest die alten Meister, wenn du sie triffst. Am Rande von Leben und Tod bist du gänzlich frei, und in den Sechs Bereichen und den Vier Geburten führst du ein Leben in großer Freude, ein echtes Leben in völliger Freiheit.

Wie also mußt du darum kämpfen? Mit aller Macht arbeite an diesem WU und sei WU! Wenn du nicht aufhörst oder nachläßt in deinem Kampf, dann sieh, wie sich die Dunkelheit auf einen Schlag in helles Licht verwandelt, wenn die Dharma-Kerze entzündet wird.

Wu-mens Lobgesang
Hund! Buddha-Natur!
Die Wahrheit ist ganz offenbar.
Ein Augenblick von Ja und Nein:
Schon hast du Leib und Leben verloren.

Über das »Kōan MU«* ein Teishō zu halten, scheint fast so wie Eulen nach Athen tragen. Gibt es doch bereits von den verschiedensten Meistern eine ganze Reihe hervorragender Darlegungen zu eben diesem Kōan. Und doch erscheint es mir angemessen, gerade dieses Beispiel einer ausführlichen Prüfung zu unterziehen, weil sich immer wieder so viele Zen-Schüler mit diesem Kōan auseinandersetzen müssen. Außerdem taugen die allgemeinen Anweisungen für die Arbeit mit MU genauso auch für alle übrigen Kōan, nicht nur diejenigen der alten Kōan-Sammlungen, auf denen die formale Kōan-Schulung beruht, sondern ebenso auch für die Kōan unseres alltäglichen Lebens, für die Sperren, denen wir uns im tagtäglichen Lebensvollzug gegenübersehen. Was hier folgt, sind einige ungefähre Leitlinien; ungefähr deshalb, weil ja jeder Schüler notwendigerweise sein eigenes Vorgehen bei der Kōan-Übung entwickeln muß. Zazen üben, vor dem Dokusan-Raum warten, zur Unterweisung unter vier Augen vor den Meister treten – das läuft auf einen Prozeß von Versuch und Irrtum hinaus, in dem jeder einzelne Schritt für Schritt Zugang zu dem intuitiven Potential seines Bewußtseins findet, und das ist jedesmal ein einmaliger und unvergleichlicher Vorgang.

* Da dieses berühmte Kōan im Westen vor allem in seiner japanischen Form bekannt ist, ist im folgenden nicht von WU, sondern von MU die Rede (A.d.R.)

Das Kōan MU ist gewöhnlich das erste Kōan, das bei uns am Zen Mountain Monastery einem Schüler aufgegeben wird. In der Regel stellt es somit die erste Gelegenheit dar, sich persönlich auf ein Kōan einzulassen. Wir führen es ein, nachdem ein Schüler etwa ein Jahr lang mit seinem Atem gearbeitet und seine Sitzhaltung gefunden hat. Es markiert den Eintritt in das zweite Stadium der spirituellen Schulung.

In der ersten Phase erhalten die Schüler eine grobe Orientierung, lernen zu sitzen, die Barriere der Schmerzen zu durchbrechen, und beginnen, Jōriki zu entwickeln, die Kraft der Sammlung.

Durch die einleitende Übung mit dem Atem ist eine der Grundvoraussetzungen für die Auseinandersetzung mit dem Kōan MU bereits geschaffen. Die vollständige Erfahrung des eigenen Atems und das Verharren in voller Sammlung auf ihn bedeutet eine sichere und zugleich unverzichtbare Grundlage für alles weitere. Diese Bündelung der Aufmerksamkeit erzeugt die Kraft des Jōriki und vermittelt zugleich den Zugang zum Samādhi, zur wahren, einsgerichteten Sammlung. Jōriki erschließt uns unsere physischen, geistigen und emotionalen Reserven und setzt unsere spirituellen Fähigkeiten frei. Wir besitzen eine geradezu unglaubliche physische Kraft, von der wir so gut wie niemals Gebrauch machen. Wie groß diese Reserven tatsächlich sind, zeigt sich erst in Grenzsituationen. Wenn ein zehnjähriger Junge, der selbst knapp 40 Kilo wiegt, einen Pkw von der Brust seines Vater hebt, der sich selbst nicht mehr befreien kann, woher kommt dann dieser plötzliche Ausbruch von Kraft? Oder wenn eine Mutter die Hinterräder eines Lastwagens anhebt, um ihr Kind zu befreien, das darunter eingequetscht liegt?

Physiologisch gesehen, stammt diese Kraft vom Adrenalin. In Notsituationen, in Augenblicken von höchstem Streß, wird unser Körper mit Adrenalin vollgepumpt. Das steigert unsere Muskelkraft, die Schärfe unserer Wahrnehmung und die Genauigkeit unserer Reflexe. Die Kapillaren ziehen sich von der Oberfläche der Haut zurück, so daß wir im Falle einer Verletzung nicht so viel Blut verlieren. Es ist das ein Zustand äußerster Anspannung und Steigerung. Wenn er vorbei ist, wirkt das im Körper verbliebene Adrenalin noch nach und versetzt ihn in ein anhaltendes Zittern, das nur langsam abklingt.

Diese außerordentliche Kraft steht uns eigentlich jederzeit zur Verfügung. Wir wissen nur nicht, wie wir sie mobilisieren sollen, abgesehen von den automatischen Streß-Reaktionen, die sich unserer Kontrolle entziehen. Bei unserer heutigen Lebensweise führt solche Unfähigkeit zu einer schleichenden Schwächung unserer Gesundheit. Der Streß, den wir bei einem Streit mit unserem Chef oder unserem Partner beziehungsweise unserer Partnerin erleben, verleiht uns eine Kraft, die groß genug wäre, um es sogar mit einem Säbelzahntiger aufzunehmen. Doch gewöhnlich können wir mit dieser Kraft nichts anfangen, außer daß wir dasitzen mit unserer inneren Anspannung, unfähig, sie sinnvoll umzusetzen. So läuft Streß heutzutage in der Regel auf nichts als Selbstschädigung hinaus.

Dieselbe Steigerung unserer Kraft können wir willentlich herbeiführen und einsetzen, obendrein in einer positiven, förderlichen Weise, wenn wir Jōriki entwickeln. Es gibt da bei uns am Zen Mountain Monastery eine Karate-Schülerin, eine junge Frau, die vermutlich nicht mehr als 50 Kilo wiegt. Sie hat nichts besonders Auffälliges an sich. Ihre Arme sind genauso dünn wie bei dem Rest von uns, und sie ist alles andere als muskulös. Und doch vermag sie mit ihrem Ellbogen zwei Ziegelsteine zu zerschlagen. Wenn man sich ihren Ellbogen ansieht, ist es ein ganz gewöhnlicher, altmodischer Ellbogen. Keine Schwielen, keine Schwellungen. Sie springt aus dem Stand gute zwei Meter in die Höhe und zertritt dabei mit dem Fuß drei Holzbretter, die ihr ein anderer Karate-Schüler hinhält, der auf den Schultern eines dritten steht. Diese junge Frau ist nicht größer als einen Meter fünfzig. Woher kommt solche Fähigkeit, solche Bündelung der Kraft? Wie kann man so etwas erreichen?

Genauso steht es mit der Kraft unseres Geistes. Jōriki verleiht dir geistige Klarheit, erweitert das Spektrum deiner Wahrnehmung und befähigt dich, komplexe Sachverhalte leichter und tiefer zu durchdringen. Ebenso verhilft uns Jōriki dazu, emotionale Ausgeglichenheit und Festigkeit zu entwickeln, sowie eine genauere Wahrnehmung anderer Wesen, insbesondere der Gefühle anderer Menschen – sowohl dessen, was sie auf uns projizieren, als auch dessen, was sie uns nonverbal mitteilen. Das Wichtigste aber ist, daß uns aus Jōriki auch spirituelle Kraft erwächst. Jōriki befreit uns von unseren Blockaden und eröffnet uns den Zugang zum intuitiven Potential unseres Bewußtseins, zu den Leistungen der rechten Hemisphäre unseres Gehirns.

Der Mensch ist ein schlechterdings großartiges Wesen, wenn er nur seine Fähigkeiten voll ausgebildet hat und ebenso rückhaltlos einsetzt. Die meisten von uns, einschließlich der Genies und besonderen Begabungen, nutzen auf ihrem Lebensweg nur einen verschwindend kleinen Teil unseres gemeinsamen menschlichen Potentials. Wissenschaftlichen Untersuchungen zufolge nutzen wir im Durchschnitt ungefähr fünf Prozent der Kapazitäten unseres Gehirns. Sogar ein Mann wie Einstein hat lediglich von einem Bruchteil seiner Fähigkeiten als eines menschlichen Wesens Gebrauch gemacht.

Es läßt sich schwer auch nur annähernd abschätzen, über welch unglaubliche Ressourcen wir verfügen könnten, würden wir sie nur vollständig ausbilden und einsetzen. Wenn wir dieses Potential tatsächlich nutzten und in Weisheit und Mitgefühl umwandelten, was für ein wunderbares Geschöpf könnte der Mensch dann sein! Wir alle haben die Möglichkeit dazu; doch daß dergleichen wirklich einmal vorkommt, ist ein höchst seltenes Ereignis. Es liegt durchaus in der Reichweite eines jeden von uns, unsere Buddha-Natur zu verwirklichen, und das sogar restlos. Doch auch wenn wir nur einen Bruchteil unseres Potentials verwirklichen, haben wir bereits ungeheuer viel erreicht.

Allerdings sind die Errungenschaften des Menschen bisher ziemlich einseitig ausgefallen. Wir wissen Bescheid einerseits über die fernsten Planeten und die Weiten des Weltraumes und andererseits über die kleinsten Bausteine der Materie, über Leptonen und Quarks. Wir verfügen über Computer und Kommunikation in Lichtgeschwindigkeit. Wir haben uns Zugang zur Kernenergie verschafft und können sie unseren Zwecken nutzbar machen. Wir haben die kompliziertesten Probleme der Mathematik bewältigt und die Wissenschaft und Technik der Medizin revolutioniert. Doch über die wichtigsten, die im eigentlichen Sinne lebenswichtigen Fragen – »Was ist unsere eigene wahre Natur?«, »Wer sind wir?«, »Was macht unser Leben aus, und wie sollten wir es führen?« – darüber wissen wir so gut wie nichts. Um genau diese Fragen jedoch geht es, zuerst und zuletzt, bei unserer Übung in Zen. Den Weg des Buddha zu beschreiten heißt, sich selbst zu erforschen, heißt herauszufinden, wer wir sind.

Erst wenn der Schüler hinreichend Samādhi entwickelt und wenigstens ansatzweise Dōgens »Leib und Seele abgefallen« an sich selbst erfahren hat, wird ihm das Kōan MU aufgegeben. Du übst mit einem

Kōan genauso, wie du zuvor mit dem Atem geübt hast: Deine Aufmerksamkeit ist im Hara versammelt, in den Eingeweiden deines Unterleibs, und das ist auch der Ort, wo du MU ansiedelst, wo du später auch jedes andere Kōan ansiedeln wirst. Der Hara ist sowohl das physische als auch das spirituelle Zentrum deines Körpers. Jedesmal wenn du einatmest, dehnt sich das Zwerchfell nach unten hin aus, und der Bauch wölbt sich vor. Deine Lungen füllen sich mit Luft, und du selbst füllst dich mit MU. Beim Ausatmen konzentriert sich deine ganze Aufmerksamkeit auf MU selbst, so daß du statt Luft gleichsam MU ausatmest. Atme MU ein, atme MU aus. Wenn du die machtvollen Energien, die du dank Jōriki angesammelt hast, bündelst und auf dein jeweiliges Kōan richtest, verfügst du über alle notwendigen Voraussetzungen für einen Durchbruch, für ein durchdringendes Begreifen deines Kōan.

Während der Anfangsphasen unserer Übung verfallen wir alsbald und unwillkürlich auf die vertrauten Methoden unseres tief verwurzelten Problemlösungsverhaltens. Und wie pflegen wir Probleme anzugehen? Unsere gesamte Ausbildung und der größte Teil unserer eigenen Erfahrungen hat uns gelehrt, uns der linken Hemisphäre des Gehirns zu bedienen, desjenigen Bereichs, der für das linear-kontinuierliche, diskursive Denken zuständig ist. Wir versuchen, den Dingen gleichsam durch Rechenschritte auf den Grund zu kommen. Wenn wir jedoch mit einem Kōan arbeiten, stoßen wir irgendwann an die Grenzen, die den gewohnten Verfahren unseres Verstandes nun einmal gesetzt sind. Kōan sind nämlich eigens dafür entworfen, die Erwartungen unseres Verstandes zu enttäuschen und ihn sozusagen durch Kurzschluß abstürzen zu lassen. Du kannst einem Kōan nun einmal nicht auf dem Weg des diskursiven Denkens beikommen. Dazu bedarf es vielmehr eines intuitiven Sprungs, bedarf es der Aktivierung eines besonderen Potentials unseres Bewußtseins, eines Potentials, das wir nur ganz selten nutzen, und das infolgedessen unterentwickelt und wie im Tiefschlaf versunken ist. Unser Ausbildungssystem ist zweifellos eines der besten der Welt, und wir haben die Nutzung der linken Gehirnhälfte sehr gut entwickelt. Doch unser Leben weist noch eine andere Seite auf, die der Unmittelbarkeit und Intuition, eine Seite, die noch weit wichtiger und bedeutsamer ist als alles das, was dem linear-kontinuierlichen, Schritt für Schritt vorgehenden Denken zugänglich ist.

Nun ist aber die Fähigkeit des Bewußtseins zu unmittelbarem und intuitivem Verständnis nicht nur im Bereich der Spiritualität unverzichtbar. Eine ebenso große Rolle spielt sie in Kunst und Wissenschaft. Sämtliche großen wissenschaftlichen Entdeckungen verdanken sich einem intuitiven Sprung. Als Newton die Infinitesimalrechnung erfand, geschah das eher beiläufig und unbeabsichtigt. Als er einem Freund seine Theorie über einen bis dahin unbekannten Planeten mitteilte, dessen Existenz er intuitiv erfaßt hatte, fragte ihn der Freund: »Kannst du das auch beweisen?« Newton erklärte: »Ich glaube schon.« Aber da die Mathematik jener Zeit ein solches Problem nicht bewältigen konnte, erfand Newton kurzerhand die Infinitesimalrechnung. Und Einstein ritt mit seinem brillanten Geist auf einem Lichtstrahl durch den Weltenraum, um seine Relativitätstheorie zu entwickeln. Die Beweise kamen später.

Doch von solchen intuitiven Sprüngen liest man im allgemeinen nichts. Denn sie lassen sich in wissenschaftlichen Fachzeitschriften mittels Fachterminologie nur schwer, wenn überhaupt, beschreiben. In einer wissenschaftlichen Zeitschrift aber mußt du dich auch wissenschaftlich ausdrücken. Und wenn du deine Entdeckung gemacht hast, dann mußt du sie anderen, speziell deinen Fachkollegen mitteilen. Und deshalb gießt du sie in eine logische Form. Du läßt sozusagen die ursprüngliche Weite deiner gasförmig sich ausbreitenden Ahnungen sich in den Tropfen einer linearen Schritt-für-Schritt-Erklärung niederschlagen. Dann kommen die Studenten und glauben, wie sollte es auch anders sein, diese logische Folgerichtigkeit sei die Art und Weise, wie Wissenschaft betrieben werde. Doch nur in ganz geringem Umfang vollzieht sich Wissenschaft auf dem Wege linear-kontinuierlichen, diskursiven Denkens. Vielmehr werden gerade die hartnäckigsten Hindernisse durch einen einzigen, unvermuteten Sprung überwunden, verbunden mit einer tiefgreifenden Verschiebung unserer Denkweisen.

Wenn Zen-Schüler beginnen, mit dem Kōan MU zu üben, probieren sie es zunächst mit den unterschiedlichsten verstandesmäßigen Lösungen. Es ist wichtig, diese ganz auszuschöpfen, so daß man sie dann getrost in den Ruhestand schicken und aus dem Weg räumen kann. Was gewöhnlich als nächstes passiert, zumindest wenn die Betreffenden bereits einige Zen-Literatur gelesen haben, ist dies: Sie greifen zu allerlei Verrücktheiten, zu verrücktem Gerede, zu verrückten Gesten und Handlungen. Auch das erschöpft sich irgendwann. Es mag eine ganze Weile dauern, aber schließlich ist der Schüler, ist die Schülerin bereit, zur Sache zu kommen. Erst dann beginnen wir mit der eigentlichen Kōan-Arbeit. Und zu guter Letzt ereignet sich der Quantensprung. Aus der Atomphysik ist das Phänomen bekannt, daß ein Elektron, dem Energie zugeführt wird, seine »Umlaufbahn« so lange beibehält, bis seine Energie eine bestimmte Schwellengröße erreicht hat, die ausreicht, um das Partikel auf das nächsthöhere Energieniveau zu katapultieren. Das geschieht in Form eines Quantensprungs, nicht allmählich oder schrittweise. Ein ähnlicher Quantensprung ereignet sich bei einem Durchbruch in der Kōan-Schulung. Bis es dazu kommt, muß eine gehörige Menge an spiritueller Energie erzeugt worden sein. Wasser, um noch ein Beispiel aus der Physik aufzugreifen, Wasser braucht nur einen Augenblick, um vom Zustand des Nicht-Kochens in den des Kochens überzugehen. Dieser Übergang entspricht nur dem Bruchteil eines Grades auf der Temperaturskala. Doch zuvor hast du dem Wasser viele Kilokalorien pro Molekül zuführen müssen, um es an jene Schwelle zu bringen, wo sich das Kochen einstellt. Ganz genauso sind die Entwicklung von Jōriki und die ersten Samādhi-Erfahrungen, die der Schüler während des ersten Stadiums seiner Übung zuwege gebracht hat, eine wesentliche Voraussetzung, um erfolgreich mit einem Kōan arbeiten zu können. Das gilt für jedes Kōan, ganz besonders aber für das Kōan MU.

Historisch gesehen, geht MU auf den großen Meister Zhao-zhou (Jōshū) zurück. Zhao-zhou war ein außergewöhnlicher Meister zur Zeit der Tang-Dynastie, während des Goldenen Zeitalters des chinesischen Chan. Er war ein Schüler des Meisters Nan-quan (Nansen). Seinem späteren Meister war er zum ersten Mal schon im Kindesalter begegnet. Er hatte, wie es damals so üblich war, schon in ganz jungen Jahren die Mönchsweihen erhalten und studierte seither die heiligen Schriften des Buddhismus. Dann, als er etwa 18 Jahre alt war, besuchte er Nan-quan ein zweites Mal. Das war ungefähr in den neunziger Jahren des 8. Jahrhunderts. Als Zhao-zhou sich Nan-quan vorstellen sollte, fühlte sich der Meister gerade nicht wohl und lag zu Bett.

Als Zhao-zhou zu ihm trat, begann Nan-quan, wie es in solchen Fällen stets geschah, ihn einer ersten Prüfung zu unterziehen. »Wo bist du jüngst gewesen?«, fragte er Zhao-zhou – und tat damit den üblichen Eröffnungszug. Zhao-zhou erwiderte: »Bei Rui-xiang (Zuiso).« »Rui-xiang« bedeutet wörtlich soviel wie »glückverheißendes Bild«, und so fragte Nan-quan weiter: »Hast du denn das glückverheißende Bild gesehen?« Zhao-zhou antwortete: »Nein, das habe ich nicht; aber ich habe einen liegenden Tathāgata gesehen!« Nan-quan setzte sich in seinem Bett auf, sah sich seinen Besucher genauer an und fragte dann: »Hast du für deine Schulung bereits einen Meister oder nicht?« – »Habe ich«, antwortete Zhao-zhou. »Wer ist es«? fragte Nan-quan. Daraufhin trat Zhao-zhou ganz nahe an das Bett heran, verbeugte sich vor Nan-quan und sagte: »Ich freue mich, Euch so wohlauf zu sehen, trotz dieser strengen Kälte.« Nan-quan erkannte den außergewöhnlichen Charakter des jungen Mannes und nahm ihn als Schüler an. Auf der Stelle hatte Nan-quan begriffen, daß er es mit jemand ganz Besonderem zu tun hatte. Zhao-zhou schulte sich nunmehr unter der Anleitung von Nan-quan und erfuhr schon nach kurzer Zeit tiefe Erleuchtung. Auch danach setzte er seine Schulung bei Nan-quan fort; und viele der Kōan, in denen Zhao-zhou auftritt, haben sich im Kloster des Nan-quan abgespielt. Bis zu seinem 57. Lebensjahr lebte Zhao-zhou so mit seinem Meister zusammen; dann aber starb Nan-quan. Es war die Zeit, da gerade die große Buddhistenverfolgung in China begonnen hatte.

So blieb Zhao-zhou auch nach dem Tode Nan-quans noch für einige Jahre im Kloster »Zur südlichen Quelle« (das nämlich bedeutet der Name »Nan-quan«); und dann erst, in seinem 60. Lebensjahr, ging er auf Wanderschaft, die ihn kreuz und quer durch China zu den verschiedensten Tempeln und Klöstern führte. Als er zu seiner Pilgerfahrt aufbrach, sagte Zhao-zhou: »Ich werde zu jedermann hingehen, um von ihm zu lernen, wie jung er auch sein mag, wenn er nur etwas hat, was er mir beibringen kann; und ich werde zu jedermann hingehen, um ihn zu unterweisen, wie alt er auch sein mag, wenn ich ihm nur etwas anzubieten habe.« 20 Jahre hat diese Wanderschaft gedauert. Schließlich, als er bereits achtzig Jahre alt war, ließ er sich in der Stadt Zhao-zhou (nach der er seinen Namen erhielt) nieder und begann zu lehren. Diese Lehrtätigkeit hat er bis zu seinem Tod im 120. Lebensjahr fortgeführt.

Ich erinnere mich, wie ich bei meiner ersten Lektüre der Kōan um Zhao-zhou und dem Hinweis auf seine 120 Lebensjahre gedacht habe, daß diese alten Chinesen damals halt keine zuverlässigen Register geführt haben. Mir schien, daß Menschen nun einmal keine 120 Jahre alt werden. Das muß eine Übertreibung sein, dachte ich mir, weil Zhao-zhou ein so bedeutender Meister gewesen ist. Doch tatsächlich gibt es Menschen, die so alt werden. Fernsehen und Radio stellen uns jeden Morgen in ihren Glückwunschsendungen Menschen vor, die älter als 100 Jahre sind; und neulich erst habe ich von einem Mann gehört, der sogar 121 Jahre alt ist, quicklebendig und wohlauf.

Das Bemerkenswerteste an Zhao-zhou war seine Lernbereitschaft, seine Neugierhaltung und Wißbegier. Nach all den Jahren der Schulung unter Nan-quan, nachdem er die ganze Zeit – sogar als sein persönlicher Aufwärter – eng mit seinem Meister zusammengelebt hatte, war Zhao-zhou immer noch bereit, sich weiter zu schulen. Nan-quan war einer der großen Meister jener Zeit, einer der 84 erleuchteten Schüler des Ma-zu. 40 Jahre lang hat Zhao-zhou bei ihm geübt und sich geschult, und dann hat er sich noch zu einer 20jährigen Wanderschaft aufgemacht, um bei anderen Meistern sein Verständnis weiter zu klären und ihm den letzten Schliff zu geben. Schließlich hat er sich, schon im hohen Alter von achtzig Jahren, niedergelassen und dann für weitere 40 Jahre als Meister gewirkt. Soweit ich herausfinden konnte, aber ich bin mir da nicht so sicher, hat Zhao-zhou keinen Dharma-Nachfolger gehabt. Ich kann mir allerdings gut vorstellen, daß es sehr schwierig, wenn nicht unmöglich gewesen sein muß, als Schüler einem solchen Meister ein zufriedenstellendes Dharma-Verständnis zu präsentieren. Welch außergewöhnlicher Mensch!

Im gegenwärtigen Kōan kommt ein Mönch zu Meister Zhao-zhou und fragt: *»Hat ein Hund Buddha-Natur oder nicht?«* Selbstverständlich ist sich dieser Mönch der Tatsache bewußt gewesen, daß alle Lebewesen, alle ohne Ausnahme, die Buddha-Natur besitzen. Entweder war er ein erfahrener, kampferprobter Zen-Anhänger, der mit seiner Frage eine Herausforderung beabsichtigte, an der jedermann scheitern mußte, oder es handelte sich um eine Frage, die ihn selbst zutiefst beschäftigt und beunruhigt hat. Das Kōan selbst verrät uns nichts weiter über diesen Mönch. Er stellt lediglich diese eine Frage. Und Zhao-zhou stößt, bevor der Mönch seine Frage auch nur ganz herausgebracht hat, bereits sein »WU« (MU) hervor. *WU* bedeutet, wörtlich verstanden, »Nein«, »ist nicht«, »hat nicht«. Es ist eine Verneinung, und viele klammern sich daran und versuchen, ihr eine tiefere Bedeutung abzugewinnen. Wir sollten uns jedoch daran erinnern, daß Zhao-zhou, wie im *Congrong-lu* (*Shōyō-roku*) berichtet wird, sich bei anderer Gelegenheit durchaus weiter auf diese Frage eingelassen und dabei scheinbar einander ausschließende Antworten gegeben hat. Ein Mönch fragte: »Hat ein Hund Buddha-Natur oder nicht?« Zhao-zhou antwortete: »WU« – »Nein!«. Der Mönch fuhr fort: »Alle Lebewesen Wesen besitzen die Buddha-Natur. Warum besitzt dann ein Hund sie nicht?« Zhao-zhou erwiderte: »Weil er immer noch ein Bewußtsein hat, das ihn drängt und treibt.« Ein andermal fragte ein Mönch Zhao-zhou: »Hat ein Hund Buddha-Natur oder nicht?«, und der Meister antwortete: »YOU« (jap.: »YU!«), »JA!«. Der Mönch fragte weiter: »Wenn er die Buddha-Natur besitzt, warum steckt er dann in einem solchen Hunde-Körper?« Zhao-zous Antwort lautete diesmal: »Wissentlich läßt er sich auf solch ein Wagnis ein.« So komplex diese beiden Mondos auch sein mögen, hier soll ein kurzer Hinweis genügen: Es ist von größter Wichtigkeit, sich klarzumachen, daß die bloße Suche nach einer Wortbedeutung nicht ausreicht, WU/MU auf den Grund zu gehen.

Um das Kōan MU wirklich begreifen zu können, mußt du dich in den Geisteszustand dieses besonderen Mönches versetzen. Stell dir vor, statt eines buddhistischen Mönches handele es sich um einen Katholiken, der viele Jahre in einem Kloster zugebracht und die Heilige Schrift studiert hat. Irgendwann hat er dann angefangen, sich mit einer Frage auseinanderzusetzen, die tief in ihm geschlummert hat. Der Große Zweifel ist erwacht. Er mag als die Frage nach der Existenz Gottes an die Oberfläche seines Bewußtseins aufgestiegen sein. Um seinen nagenden Zweifel zum Schweigen zu bringen, hat sich der Mönch auf eine Fußwanderung nach Rom begeben. Eine beschwerliche Reise steht ihm bevor, eine Reise zu einem weit, weit entfernten Ort, eine Reise über Berg und Tal, durch Flüsse und andere Hindernisse. Sogar sein Leben setzt der Mönch mit dieser Wanderung aufs Spiel. Als er schließlich in Rom ankommt und darauf hofft, vom Papst eine Audienz zu erhalten, wird ihm beschieden, er solle sich gedulden. Also muß er auch noch die Sperre solch geduldigen Zuwartens hinter sich bringen. Endlich, endlich sieht er sich dem Papst von Angesicht zu Angesicht gegenüber und kann seine grundlegende Frage stellen, eine Frage, die den Kern seiner Religion berührt: »Heiliger Vater, gibt es einen Gott?« Der Papst schaut ihn eindringlich an und sagt ganz einfach: »Nein!« Kannst du dir vorstellen, in was für eine Verwirrung diese Antwort den armen Mönch stürzen muß? Die gleiche Bedeutung hat Zhao-zhous Antwort für den Mönch unseres Kōan gehabt, der doch aus den heiligen Schriften wußte, daß alle Lebewesen die Buddha-Natur besitzen. Alle Dinge ohne Ausnahme besitzen die Buddha-Natur. Und doch sagt Zhao-zhou, der große Meister, so klar und deutlich ein Meister nur sein kann: »Nein, ein Hund hat sie nicht!«.

Jeder, der sich mit diesem Kōan beschäftigt, muß es angehen als eine Frage auf Leben und Tod. Das ist einer der Gründe, weshalb die Eingangssperren errichtet worden sind: sicherzustellen, daß von Anfang an eine eindeutige und antriebsstarke Motivation besteht. Solange es keine Frage auf Leben und Tod ist, bedeutet die Beschäftigung mit einem Kōan reine Zeitverschwendung. Sie entartet dann zu so etwas wie einer Geschicklichkeit im Rätsellösen. Doch ein Kōan ist nun einmal kein Rätselspiel. Dieses MU trifft vielmehr mitten ins Herz unserer eigenen Existenz. In gewisser Weise läuft es auf die Behauptung hinaus, daß die zahllosen Dinge, das ganze Universum, jeder Stern und jeder Planet, jedes Molekül und jedes Atom, jeder Klang und jede Farbe, ja jeder einzelne Gedanke sich auf dieses Eine zurückführen läßt, das wir behelfsweise MU nennen. Was aber ist dieses MU?

Die Anweisungen, die Wu-men für die Übung mit MU gibt, gelten nicht nur für dieses Kōan, sondern genauso auch für jedes andere. In seinem Kommentar heißt es: *Wenn du dich der Zen-Schulung widmest, mußt du die Sperren passieren, die die alten Meister errichtet haben. Um das unvergleichliche Satori zu erlangen, mußt du deinen unterscheidenden Geist auslöschen. Diejenigen, die die Sperre nicht passiert und ihren unterscheidenden Geist nicht ausgelöscht haben, sind nur Gespenster, die in Bäumen und Gräsern spuken.* Obgleich das Kōan MU nur eine einzige Zeile chinesischer Schriftzeichen umfaßt, erstreckt sich Wu-mens Kommentar über mehrere Abschnitte. Das ist sehr ungewöhnlich für das *Wu-men-guan* (*Mumonkan*). Wu-men selbst hat dieses Kōan als grundlegend wichtig eingeschätzt. Sechs Jahre hat er selbst damit verbracht, MU zu erforschen, bis er endlich den Durchbruch geschafft und ein großes Satori erfahren hat. So hat er der von ihm zusammengestellten Kōan-Sammlung den Namen »*Wu-men-guan*«, das heißt: »Nicht-Tor-Sperre« oder »Schranke ohne Tor«, gegeben und sogar des MU selbst als die »Nicht-Tor-Sperre des Zen« bezeichnet. MU zu erfassen, bedeutete für ihn ein Schlüsselereignis, ja die entscheidende Zen-Erfahrung überhaupt.

Diejenigen, die die Sperre nicht passiert und ihren unterscheidenden Geist nicht ausgelöscht haben, sind nur Gespenster, die in Bäumen und Gräsern spuken. Das eigene wahre Wesen nicht erkannt zu haben, bedeutet, sein Leben wie ein Gespenst zu führen, ohne jede wirkliche Substanz. Es bedeutet, sich fortwährend mit all dem abzuquälen, was wir wie hinderliches Gepäck mit uns herumschleppen. Die Illusion, unser Ich sei etwas für sich Bestehendes, getrennt und verschieden vom Rest der Welt, das ist die Grundlage des Duhkha, des Leidens, von dem die erste der Vier Edlen Wahrheiten handelt, die ihrerseits die erste und älteste Lehre des Buddha darstellen. Dōgen Zenji nennt sie die Vier Weisheiten. Die Erste Weisheit besagt, daß Leben Leiden ist. Wie außerordentlich, daß der Buddha das Drehen des Dharma-Rades gerade mit dieser Feststellung begonnen hat! Es macht mich immer wieder staunen, wie schlicht, absolut wahr und grundlegend diese Aussage ist. Die Zweite Weisheit besteht darin, daß die Ursache des Leidens in dem liegt, was wir Durst oder Verlangen nennen, und daß dieser Durst, dieses Verlangen auf der Illusion beruht, unser Ich, wir selbst seien von dem, was wir begehren, verschieden und getrennt. Wenn du dir jedoch klarmachst, daß eine solche Trennung gar nicht existiert, dann verstehst du auch, daß es grundsätzlich nichts zu begehren und zu erlangen gibt. Die Aufteilung in ein Innerhalb und Außerhalb von dir besteht in Wirklichkeit nicht.

Begehren wird so zu einer Absurdität. Und dein Verhältnis zu den Dingen verwandelt sich dahingehend, daß du im Innersten mit ihnen eins bist und alles immer schon in dir hast. Die Dritte Weisheit besagt, daß wir dem Leiden ein Ende bereiten können, und die Vierte Weisheit benennt den Weg, auf dem das geschehen kann. In der Zen-Übung besteht dieser Weg darin, die Sperren zu passieren, die die alten Meister errichtet haben. Und *Was ist denn die Sperre der alten Meister?* Eben dieses MU. Muuuuuuuuuuuuuuuu. Mit deinem ganzen Körper und deinem ganzen Geist sei MU!

Wu-men sagt weiterhin: *Diejenigen, die diese Sperre passiert ha-*

ben, *werden nicht nur Zhao-zhou ganz deutlich erblicken, sondern sie werden mit allen großen Meistern der Vergangenheit Hand in Hand gehen und sie sehen von Angesicht zu Angesicht.* MU erfassen heißt sich selbst vergessen, sich selbst vergessen heißt von den zahllosen Dingen erleuchtet werden. Diese zahllosen Dinge schließen nicht nur die Gesamtheit aller gegenwärtigen Erscheinungen ein, sondern ebenso die Erscheinungen der Vergangenheit und der Zukunft. Sobald wir uns von unserem Sack aus Haut, will sagen, von der Illusion befreit haben, in diesen endlichen Körper eingesperrt zu sein, gibt es für uns keine Grenzen mehr, in welche Richtung oder Dimension auch immer. Dann sehen wir nicht nur Zhao-zhou von Angesicht zu Angesicht, wir sehen auch den Buddha, sehen die sieben Buddhas der Vergangenheit und sehen Maitreya, den Buddha der Zukunft, von Angesicht zu Angesicht. Wir gehen dann Hand in Hand mit allen Patriarchen. Wir sind dann genauso grenzenlos wie das Universum, so grenzenlos wie Sein und Zeit. Das ist der Grund, weshalb ich dieses MU als das Herz der Großen Sache bezeichne. Das ist auch der Grund, weshalb es für Meister Wu-men von so überragender Wichtigkeit gewesen ist, dieses MU an seine Schüler weiterzugeben.

Du wirst mit denselben Augen sehen, mit denen sie sehen, und mit denselben Ohren hören wie sie. Wäre das nicht wunderbar? Möchtest du nicht die Sperre passieren? Dann sammle dich ganz auf dieses MU – mit all deinen 360 Knochen und 84000 Poren, indem du deinen ganzen Leib in ein einziges großes Suchen verwandelst. Laß dich nicht von den Aussagen dieser alten Chinesen zur Physiologie des menschlichen Körpers ablenken oder verwirren. Sie haben nun einmal nicht gewußt, wie viele Knochen und Poren ein Mensch besitzt. Das macht aber auch nichts. Denn diese Zahlen sollen ja nur die Gesamtheit deines Leibes verdeutlichen. Sie zielen darauf ab, dich aufzufordern, MU ganz in dich aufzunehmen, in jede einzelne Zelle deines Körpers, in jedes einzelne Molekül, in jedes einzelne Atom.

Tag und Nacht arbeite daran mit ganzer Kraft. Vermeide nihilistische oder dualistische Ausdeutungen. »Es« ist weder irgend etwas außerhalb von dir, noch ist es nichts. Es ist etwas, unbezweifelbar und eindeutig etwas. Etwas, das du im Innersten kennen solltest, etwas, das du mit ganzem Körper und ganzem Geist erfaßt haben solltest. *Es ist, als hättest du eine rotglühende Eisenkugel hinuntergeschlungen. Du versuchst, sie herauszuwürgen, aber es geht nicht.* Du kannst nicht vorwärts, und du kannst nicht zurück.

Lösche dein trügerisches unterscheidendes Wissen und Bewußtsein aus, das du bisher angesammelt hast, und übe noch härter weiter. Laß Körper und Geist abfallen, wie es bei Dōgen heißt. Um das tun zu können, mußt du dir allerdings zuvor einen zuverlässig festen Halt in Jōriki und Samādhi erarbeitet haben. Die so gewonnene Kraft der Sammlung wird in deiner Hand alsbald zu einem scharfen Schwert, mit dem du alles, was dich an einer unbeirrbaren Bemühung um MU hindern könnte, von dir abzutrennen vermagst.

Nach einer Weile, wenn deine Anstrengungen Früchte tragen, werden alle Gegensätze wie Innen und Außen ganz von selbst in eins zusammenfallen. Dir wird es dann ergehen wie einem Stummen, der einen wunderbaren Traum gehabt hat: Er allein kennt ihn in sich selbst. Plötzlich durchbrichst du die Sperre, und du setzt den Himmel in Erstaunen und erschütterst die Erde. Es ist, als hättest du das große Schwert des Generals Guan ergriffen. Du tötest den Buddha, wenn du ihm begegnest; du tötest die alten Meister, wenn du sie triffst. Du setzt dir keineswegs noch einen zweiten Kopf oben auf den darauf, den du schon hast. Du weißt bereits Bescheid. Du hast erkannt, daß du selbst Herr deines Lebens bist. Aber noch wichtiger als selbst das ist deine Einsicht, daß alles, was du tust und was dir widerfährt, ein und dasselbe ist. Das heißt, du hast deine Verantwortlichkeit erkannt: du bist nicht nur für dein eigenes Leben verantwortlich, sondern gleichermaßen für das Leben des ganzen Universums, für das Leben aller Buddhas und Patriarchen in Vergangenheit, Gegenwart und Zukunft.

Wenn du dir deiner uneingeschränkten Verantwortlichkeit bewußt bist, kann nichts, was dir begegnet, und nichts, was du selber tust, für dich eine Last sein. Du mußt nicht das ganze Weltall auf deinen Schultern tragen, mußt nicht versuchen, ihm eine Stütze zu sein. Denn du bist das ganze Weltall. Du erkennst deine Freiheit, weil du nicht länger imstande bist, die Schuld auf jemand anderen zu schieben. Du kannst nicht länger Opfer sein. Du kannst, beispielshalber, nicht länger sagen: »Sie hat mich wütend gemacht!«, weil du aus eigener Erfahrung weißt, daß nur du selbst dich wütend machen kannst. Das hat etwas äußerst Befreiendes an sich. Wenn jemand anderer dich wütend macht, kannst du rein gar nichts dagegen tun; aber wenn du einsiehst, daß nur du selbst dich wütend machen kannst, dann hast du ganz entschieden die Möglichkeit, etwas dagegen zu unternehmen. Diese Einsicht gibt dir Kraft. Und eben das heißt es, sich selbst zu erkennen.

Wörtlich verstanden bedeutet »Kenshō«, das Wesen des Selbst zu erfassen. Damit ist aber nicht dieser Sack aus Haut gemeint. Der ist nur der kleinste Teil von dir. Der Sack aus Haut kommt und geht. Der Sack aus Haut, der jetzt da auf dem Kissen sitzt, ist nicht derselbe Sack aus Haut, der da war, als du gerade mal drei Monate alt warst. Nichts an ihm ist noch genauso wie damals. Du siehst nicht mehr genauso aus, du verhältst dich nicht mehr genauso, du fühlst nicht mehr genauso, du denkst nicht mehr genauso. Die vermeintliche zeitliche Kontinuität des Selbst ist Teil der Illusion der Selbstheit überhaupt. Das Selbst ist nur eine Vorstellung, und wenn du die hinter dir läßt und mit deinem ganzen Körper und deinem ganzen Geist MU erfährst, dann ist das Selbst vergessen, ein für allemal, und du setzt, wie Wu-men sagt, den Himmel in Erstaunen und erschütterst die Erde!

Es ist, als hättest du das große Schwert des Generals Guan ergriffen. Du tötest den Buddha, wenn du ihm begegnest; du tötest die alten Meister, wenn du sie triffst. Da ist nichts, das außerhalb von dir wäre. Du umschließt den Buddha, die Meister der Vergangenheit, die zahllosen Dinge. Es gibt nirgendwo einen Ort, der deinen so ins Ungeheure geweiteten Leib seinerseits umschließt. Und deshalb wird alles zu einem Stück von dir selbst. Dieser ganze Planet und all seine Bewohner, die Menschen, die Pflanzen, die Tiere, all das gehört zu dir, ist Teil deiner selbst. *Am Rande von Leben und Tod bist du gänzlich frei, und in den Sechs Bereichen und den Vier Geburten führst du ein Leben in großer Freude, ein echtes Leben in völliger Freiheit.* Ein für allemal brichst du aus aus dem Kreislauf von Geburt und Tod. Was ist es denn, was da geboren wird? Und was das, was da stirbt? Wenn du das Wesen des Selbst, die wahre Natur deiner selbst erfaßt hast, dann verstehst du, was der Buddha mit seiner Belehrung tatsächlich gemeint hat, als er verkündete: »Geburt ist das Ungeborene, und Tod das Unzerstörte.«

Wie also mußt du darum kämpfen? Mit aller Macht arbeite an diesem MU und sei MU! Aber wie stellst du es an, MU zu sein? Muuuuuuuuuuuuuuu. Mit deinem ganzen Körper und deinem ganzen Geist.

Jeder Gedanke: MU. Jedes Tun: MU. MU sitzt auf dem Kissen, MU arbeitet, MU verbeugt sich, MU rezitiert. Nichts außerhalb von MU. Der letzte Gedanke, bevor du einschläfst: MU. Der erste Gedanke, wenn du morgens aufwachst: MU. Solche Anweisungen gelten natürlich nur für jemanden, der ganztägig in einem Kloster lebt und arbeitet. Wenn du dich jedoch außerhalb der Klostermauern, außerhalb des Sesshin, im gewöhnlichen Alltagsleben bewegst, dann kommt es darauf an, MU wenigstens im Blick zu behalten, den Kontakt zu ihm nicht zu verlieren. Wolltest du nämlich mit der gleichen Tiefe und Ausschließlichkeit an MU weiterarbeiten, Tag und Nacht, beim Gehen, Schlafen, Essen, Arbeiten, dann würde das sehr schnell für dich gefährlich werden. Du müßtest dich alsbald verletzen. Wenn du Auto fährst und zugleich MU übst, wirst du sehr bald in arge Schwierigkeiten geraten. Deshalb: Wenn du etwas tust, dann darfst du nur das tun, was du gerade tust. Und wenn es Zeit ist, MU zu praktizieren, dann mußt du in der Lage sein, es mit ganzem Körper und ganzem Geist zu tun. Wenn es dagegen an der Zeit ist, mit einer Kettensäge Holz zu zerschneiden, dann richte deine ganze Aufmerksamkeit auf die Säge, während du das Holz zerteilst. Andernfalls hätten wir es hier, beim nächsten Sesshin, wohl nur noch mit einzelnen Stücken von dir zu tun.

Wenn du erst einmal weißt, wie du mit MU zu arbeiten hast, weißt du grundsätzlich auch, wie du mit jedem anderen Kōan verfahren mußt. Ich meine damit nicht nur die klassischen Kōan, die in den alten Kōan-Sammlungen auf uns gekommen sind, sondern ebenso die sogenannten Genjo-Kōan, mit denen wir uns im Alltagsleben konfrontiert sehen. Jederzeit stoßen wir auf Hindernisse, und gerade die hartnäckigsten von ihnen, die unsere Alltags-Kōan ausmachen, sind Probleme, die sich einer rationalen Lösung entziehen. Sie verlangen von uns den »intuitiven Sprung«. Die meisten Schwierigkeiten, mit denen wir zu kämpfen haben, sind in unseren Emotionen begründet. In denen stecken wir ziemlich tief fest. Und gerade daheraus jenen intuitiven Sprung zu vollziehen, ist schwer, sehr schwer. Dazu bedarf es der Übung, bedarf es der praktischen Erfahrung. Wenn du weißt, wie du mit einem Kōan umgehen mußt, dann weißt du auch, daß du es kauen, es verdauen, es in deinen ganzen Körper aufnehmen mußt, bis in die letzte Zelle. Nur dann bist du imstande, den intuitiven Sprung zu vollziehen, der dich über das unterscheidende Bewußtsein hinausführt.

Der Zen-Schüler, die Zen-Schülerin muß jedes Kōan mit großem Vertrauen angehen, mit dem Vertrauen in sich selbst, dem Vertrauen in die eigene Fähigkeit, einem Kōan auf den Grund kommen, seine Wahrheit erfahren zu können. Und ebenso mit vollem Vertrauen in den Prozeß, auf den er oder sie sich da einläßt, einen Prozeß, der über 2500 Jahre hinweg von einer Generation auf die nächste übergegangen ist. Erfüllt von nie versiegender Lebendigkeit und Wirksamkeit, hat er durch die Jahrhunderte hindurch schon Tausenden von Männern und Frauen zur Großen Einsicht verholfen. Dieses Große Vertrauen muß gepaart sein mit dem Großen Zweifel. Und der muß genauso grenzenlos sein wie das Vertrauen, genauso unbedingt und unerschütterlich. Der Große Zweifel ist ein fortwährendes Fragen und Suchen: »Wer bin ich?«, »Was ist das Leben?«, »Was ist die Wahrheit?«, »Was die Wirklichkeit?«, »Was ist Gott?«.

All diese Fragen sind nichts anderes als die bekannten Fragen des Zen: »Was ist MU?«, »Was ist der Ton des Klatschens einer Hand?«, »Was ist dein urspüngliches Antlitz?« Alle diese Fragen handeln von der tiefsten Schicht der Wirklichkeit, handeln vom Grund des Seins. Und die Spannung zwischen solchem Großen Zweifel und deinem Großen Vertrauen verleiht dir eine Kraft, gibt dir ein Schwert in die Hand, das seine Schärfe einem weiteren, nämlich der Großen Entschlossenheit, verdankt. Mit den Worten des großen Meisters Bodhidharma gesagt: »Siebenmal zu Boden geschlagen, siebenmal wieder aufgestanden.« Nichts kann dir Einhalt gebieten. Es macht nichts, wie lange es dauern wird; es macht nichts, wieviel Anstrengung du aufbringen mußt: Du wirst es schaffen. Das ist gar keine Frage. In der Tat, wenn du über das Große Vertrauen, den Großen Zweifel und die Große Entschlossenheit verfügst, dann wirst du, früher oder später, zur Erkenntnis gelangen. Wenn du wirklich und wahrhaftig Großes Vertrauen, Großen Zweifel und Große Entschlossenheit besitzt, dann ist die Erleuchtung nur noch eine Frage der Zeit. Denn diese drei sind die Drei Pfeiler des Zen, auf denen all unsere Übung ruht.

Deine Entschlossenheit muß unbeirrbar sein. Aber sie kann sehr wohl ganz unterschiedliche Formen annehmen. Für die einen muß es eine grimmige Entschlossenheit sein. Es gibt Menschen, die stürzen sich voller Ingrimm in die Praxis des Zazen, und sie üben auch MU mit Ingrimm. Andere wiederum beginnen ihre Übung sanft und behutsam, und sie praktizieren auch MU voller Behutsamkeit. Es muß ja nicht immer wie ein riesiger Dampfkessel sein, kurz vor der Explosion. Genauso steht es mit der Ermutigung. Bei den einen ist es so, daß sie, je mehr du sie drängst und treibst, desto stärker vorwärtsstürmen und ihren Durchbruch erfahren. Für andere gilt: Je härter du sie anfaßt, desto eher geraten sie aus dem Tritt und ins Stolpern. Deshalb muß ein Meister die Sache mit Geschicklichkeit und Vorsicht angehen. Allgemeingültige Verfahrensregeln kann es nicht geben. Andernfalls könnten wir einfach so eine Art Rezeptbuch herausgeben: »15 Schritte zur Erleuchtung«. Weil sich derlei aber gerade verbietet, bedarf es der Meister. Jeder Schüler, jede Schülerin ist einzigartig, und alle Unterweisungen und Anweisungen müssen darauf abgestellt sein, daß sie der Eigenart des jeweiligen Schülers entsprechen.

Die Große Entschlossenheit ist wie das Dahinströmen eines Flusses. Sie ist wie das Wasser unseres Klosterberges, das sich unaufhaltsam seinen Weg in den Großen Ozean sucht: unmöglich, es daran zu hindern. Regen fällt und füllt einen kleinen Teich namens Basho. Der Teich fließt über und speist den Esopus-Bach. In dessen Bett nimmt das Wasser seinen Weg hinab zum Hudson River. Eines Tages beschließt man, einen Staudamm zu bauen. Das Ashokan Valley, das heute noch einem kleinen Dorf Platz bietet, wird geflutet. Der Wasserstand steigt immer weiter. Ein großer Stausee bildet sich. Ganz gleich, wie hoch der Damm auch sein mag, der Esopus hört nicht auf, dem Stausee Wasser zuzuführen. Irgendwann wird das Wasser aufs neue, über den Staudamm hinweg, seinen Weg zum Hudson River finden, entweder als reißender Sturzbach oder mit sanfter, gleichmäßiger Strömung. Beides ist in Ordnung. Auf jeden Fall aber läßt sich das Wasser nicht aufhalten. Und ganz genauso kann dich nichts daran hindern, zum Kern deines Kōan durchzudringen.

Wenn der Schüler, die Schülerin an seinem, an ihrem ersten Kōan arbeitet, hat die Meister-Schüler-Beziehung ein Stadium erreicht, wo sich der Meister zurückzieht und dem Schüler weitere Unterstützung versagt. Der Schüler muß seinen eigenen Weg finden, mit der Übung voranzukommen. Und jetzt erweisen sich Großes Vertrauen, Großer Zweifel und Große Entschlossenheit als unverzichtbar. Zu Beginn der Schulung, etwa während des ersten Jahres, wenn der Schüler sich mit seinem Atem beschäftigt, verhält sich der Meister voller Entgegenkommen, bietet er dem Schüler Unterstützung und Ermutigung an. Doch wenn das immer so weiterginge, käme am Ende nur Abhängigkeit dabei heraus, aber keine Freiheit. Deshalb muß, früher oder später, das schützende Gespinst aus Zuwendung und Anlehnung ein für allemal zerrissen werden. Doch das ist erst dann sinnvoll und angemessen, wenn der Schüler, die Schülerin imstande ist, auf den eigenen Füßen zu stehen.

Wenn es soweit ist, zieht der Meister dem Schüler plötzlich den Teppich weg. Der Schüler strauchelt und geht zu Boden. Falls nötig, greift der Meister noch einmal zu Unterstützung und Ermutigung. Hat sich der Schüler dann wieder gefangen und genug Standvermögen entwickelt, ruckzuck, ist der Teppich schon wieder weg. Und abermals geht der Schüler zu Boden. Dieser Vorgang kann sich solange wiederholen, bis der Schüler endlich stehen bleibt. Jedesmal, wenn der Schüler den Dokusan-Raum betritt, verlangt der Meister von ihm zu wissen: »Nun, wie steht es mit dir? Sag's mir nicht, zeig es mir!« Von da an hat der Schüler nur noch sich selbst, zu dem er sich flüchten kann. Er sieht sich nunmehr auf seine eigenen Ressourcen verwiesen. Das zwingt ihn dazu, sich selbst Vollmacht zu erteilen, und allmählich beginnt er, die Quelle seiner Kraft in sich selbst zu entdecken.

Niemand kann für dich, an deiner Stelle, fliegen. Du mußt es selbst tun. Jede Vogelmutter weiß, wann für ihre Jungen, die sie über Wochen hinweg gefüttert hat, die Zeit gekommen ist, das Nest zu verlassen. Sie sitzt auf einem Nachbarast, hält einen Wurm im Schnabel und lockt die Jungen an den Rand des Nestes. Sie sind hungrig, sie piepsen und lärmen. Aber die Mutter sitzt nur da, als hätte sie nicht einen Tropfen Liebe und Mitgefühl in ihren Adern. Ihre Kleinen flattern wild herum und geraten in helle Aufregung, ja Verzweiflung; und sie läßt ganz einfach den Wurm in ihrem Schnabel baumeln! Schließlich halten die Jungen es nicht länger aus und springen aus dem Nest. Und in dem Augenblick, da sie nur noch Luft unter ihren Flügeln spüren, können sie fliegen – da fliegen sie auch schon! Und sie haben nicht einmal gewußt, daß sie überhaupt Flügel besitzen. Sie haben auch vom Fliegen und von Aerodynamik nichts gewußt; schließlich haben sie ja niemals ein Buch gelesen. Manchmal wollen sich ein, zwei Jungvögel nicht von der Ermutigung der Mutter überzeugen lassen; dann muß die Mutter sie tatsächlich aus dem Nest werfen, um sie zum Fliegen zu bringen. Denn sie müssen ja nun einmal fliegen, um leben zu können. Die Mutter kann sie füttern, kann für sie sorgen und sie warm halten; aber irgendwann kommt der Zeitpunkt, wo sie selbst die Verantwortung übernehmen und ihre eigenen Flügel benutzen müssen. Genauso ist es mit uns Menschen. Unsere grenzenlose Freiheit ist längst in uns da. Wir werden bereits mit ihr geboren, aber wir müssen sie erst entdecken: nicht aus Büchern, auch nicht, indem wir Darlegungen wie dieser hier lauschen, sondern aus eigener Erfahrung. Niemand kann uns mit unserer Freiheit beschenken, schon deshalb nicht, weil wir sie längst besitzen.

Wenn du es mit einem Meister zu tun hast, der dir gerade seine Unterstützung entzieht, wirst du vermutlich in den Abgrund des Großen Zweifels stürzen. Genau das ist mit dem »Hinunterschlingen einer rotglühenden Eisenkugel« gemeint. Sie steckt dir in der Kehle. Große Entschlossenheit und Großes Vertrauen treiben dich wieder zurück in den Dokusan-Raum. Zurückweisung treibt dich wieder hinaus. Noch mehr Zweifel. Du gehst tiefer. Nichts und niemand kann dich aufhalten, denn du bist fest davon überzeugt, daß du zur Erkenntnis durchbrechen wirst. Du weißt es, daß du durchbrechen wirst. Schließlich bist du wie ausgebrannt; alle Gefühle sind erloschen. Und dein Verstand ist endgültig an seine Grenzen gestoßen. In deinem Bewußtsein gibt es keinen einzigen Spalt mehr, durch den noch irgendeine Unterscheidung eindringen könnte. Es ist das ein Zustand höchster spiritueller Dichte und Kraft. »Wenn es heiß ist, dann ist das ganze Universum heiß. Und wenn es kalt ist, dann ist das ganze Universum kalt.« Wenn du siehst, dann siehst du bis ganz innen, mit deinem ganzen Körper und deinem ganzen Geist. Keinerlei Unterscheidung. Da ist keiner, der sieht, und nichts, was der Sehende sehen könnte. Da ist keiner, der hört, und auch nichts, was der Hörende hören könnte. Da ist nur Hören, durch und durch; und da ist nur Sehen, durch und durch. Kein Raum für irgendeinen Gedanken.

In diesem Zustand, so fordert Wu-men dich auf, gehe geradeaus immer weiter voran. *»Dein trügerisches unterscheidendes Wissen, das du bisher angesammelt hast«*, bezieht sich auf unseren dualistisch arbeitenden Verstand. Von dem bleibt nicht die geringste Spur. Du wirst dir selbst durchsichtig, durchsichtig wie ein klarer Kristall. Subjekt und Objekt, Innen und Außen, Sein und Nichtsein fallen sämtlich in eins zusammen. Und noch dieses Eine hört auf, weiterhin zu bestehen. Denn da ist keiner, der um irgend etwas weiß, und da ist auch kein Gegenstand irgendeines Wissens. Sogar der ewige Zeuge ist verschwunden, der dich sonst allezeit begleitet, und der, wenn er neben dir auf dem Kissen hockt, dir ständig irgend etwas zuflüstert: »Heute geht das Sitzen gut. Beim letzten Mal war es nicht so gut. Beim nächsten Mal wird es sogar noch besser werden. Du machst deine Sache gar nicht so schlecht. Du machst sie überhaupt nicht gut. Was willst du bloß beim Dokusan sagen? Du solltest jetzt lieber darüber nachdenken.« Und dergleichen mehr.

Schließlich erwacht MU zu sich selbst. Wu-men beschreibt des weiteren die Erfahrung eines Menschen, der die Sperre des Zen, eben MU, endlich durchbricht: *Dir wird es dann ergehen wie einem Stummen, der einen wunderbaren Traum gehabt hat: Er allein kennt ihn, eingeschlossen in sich selbst. Plötzlich durchbrichst du die Sperre, und du setzt den Himmel in Erstaunen und erschütterst die Erde.* Genau darauf zielen auch solche Ausdrücke wie »unvergleichliches Satori erlangen« oder »den Großen Tod sterben«. Wenn du nämlich einmal gestorben bist, dann kannst du kein zweites Mal sterben. Dabei geht es um den Tod des Ich, um den Tod deiner Vorstellung von dir selbst als einem Selbst. Wenn sich so dein Zen-Auge geöffnet hat, dann haben auch, wie Wu-men in seinem Erleuchtungsgedicht formuliert, »alle Wesen auf der Erde ihre Augen geöffnet.« Oder, wie es der Buddha bei seiner Erleuchtung verkündet hat: »Alle fühlenden Wesen haben mit mir zusammen den Weg vollendet.«

Es ist, als hättest du das große Schwert des Generals Guan ergriffen. Du tötest den Buddha, wenn du ihm begegnest; du tötest die alten Meister, wenn du sie triffst. Am Rande von Leben und Tod bist du gänzlich frei, und in den Sechs Bereichen und den Vier Geburten führst du ein Leben in großer Freude, ein echtes Leben in völliger Freiheit. Der größeren Deutlichkeit halber sei hier hinzugefügt, daß es sich bei dem Schwert des Generals Guan um das Schwert des Mañjushrī handelt. Du ergreifst dieses Schwert des Mañjushrī, die Waffe der Weisheit und des Mitgefühls, und entreißt sie ihm. Weisheit besteht in der Erkenntnis der wahren Natur des Selbst. Und Mitgefühl ist diejenige Aktivität, in der sich solche Erkenntnis hier in dieser Welt manifestiert, sich zugleich zeigt und verwirklicht. Und das eine, die Weisheit, kann nicht ohne das andere, das Mitgefühl, bestehen und umgekehrt. Beide hängen wechselseitig voneinander ab, beide erzeugen sie sich gegenseitig. Dieses Schwert also findest du nunmehr in deiner eigenen Hand.

In dem Augenblick, da du die Sperre des Zen durchbrichst, verwandelt sich die Welt, du selbst und alles andere. Das ist so, als würde jemandem, der blind auf die Welt gekommen ist, plötzlich das Augenlicht geschenkt. Absolut frei, wie du von jetzt an bist, bist du zugleich imstande, alle Dinge so zu sehen und zu hören, wie sie wirklich sind. Wu-men sagt in seinem Erleuchtungsgedicht von diesem Augenblick: »Der Weltenberg springt auf und tanzt!« Erst wenn du diese Erfahrung selbst gemacht hast, kannst du wahrhaft ermessen, was Wu-men uns da mitteilt. In gewisser Weise freilich ändert sich nichts; rein gar nichts ändert sich, bis auf die Art und Weise, in der du die Dinge wahrnimmst, dich selbst und die Welt insgesamt. Deine Sicht der Dinge beruht nicht länger auf der dualistischen Trennung zwischen dir selbst und allem, allen anderen, und dieser scheinbar unscheinbare Wandel hat unvorstellbar tiefgreifende Auswirkungen. Die Veränderungen und neuartigen Verknüpfungen, die sich aus diesem Wechsel des Blicks ergeben, sind geradezu atemberaubend. Es braucht eine lebenslange Praxis, um sie vollständig zu erfassen, um wirklich abschätzen zu können, was es bedeutet, MU erkannt, erlebt zu haben. Alle weitere Arbeit mit dem Corpus der überlieferten Kōan, ob man die nun auf 700 oder 2000 beziffert, läuft lediglich auf eine Verfeinerung dessen hinaus, was du gleich zu Anfang schon durch das Kōan MU erfahren hast.

Nun zu Wu-mens Lobgesang:

Hund! Buddha-Natur!
Die Wahrheit ist ganz offenbar.
Ein Augenblick von Ja und Nein:
Schon hast du Leib und Leben verloren.

Hund! Buddha-Natur! Was brauchen wir denn sonst noch? So, wie es ist, geradeso, wie es ist, ist es MU. So, wie die Dinge sind, geradeso, wie sie sind, sind sie nichts als MU. *Die Wahrheit ist ganz offenbar.*

Wu-men fährt fort: *Ein Augenblick von Ja und Nein: Schon hast du Leib und Leben verloren.* Wenn auch nur ein einziger Gedanke auftaucht, sind Himmel und Erde schon getrennt. Viele mißverstehen diesen Satz dahin, daß das unterscheidende Denken keinerlei Wert habe. Doch das unterscheidende Denken ist eines der wichtigsten Charakteristika des menschlichen Bewußtseins, diese Fähigkeit, unseren Geist auf rationale Weise, logisch einwandfrei, zu benutzen, sowohl für Deduktionen wie zur Kommunikation. Aber das Denken ist nur *ein* Aspekt unseres Wesens. Diese Tatsache sollten wir gründlich verstehen. Es gibt da noch eine ganz andere Dimension unseres Bewußtseins.

Alles Negative entsteht aus unserem dualistischen Denken, aus den Trennungen und Kategorisierungen, die wir uns selbst geschaffen haben. Wenn wir die mit dem Auge des Mitgefühls ansehen, mit dem Auge, das nicht unterscheidet, erhalten sie ein gänzlich anderes Aussehen, erscheinen sie gleichsam in räumlichem Mit- und Ineinander. Wenn wir diese beiden Aspekte unseres Bewußtseins – das logisch-unterscheidende und das räumlich-ganzheitliche Verstehen – zugleich benutzen, wenn wir, anders gesagt, die beiden Hemisphären unseres Gehirns, die linke und die rechte, zur gleichen Zeit und gleichermaßen, in vollem Gleichgewicht, für uns arbeiten lassen, dann ist auch die Art und Weise unseres Wirkens in der Welt eine vollständig andere. Die Welt selbst verändert sich nicht. Es gibt weiterhin Unterscheidungen. Aber wir lernen, auch in ihnen frei zu sein, wir lernen, auch ohne die gewohnten Behinderungen unseres Geistes zu wirken. Keine Behinderung und daher auch keine Furcht. Und keine Angst, keine Gier, keine Wut und keine Unwissenheit.

Zu wissen, wie man unterscheidet, ist etwas sehr Wichtiges. Wenn du das nicht weißt, wirst du nicht einmal in der Lage sein, eine Straße zu überqueren, ohne von einem Auto angefahren zu werden. Ohne die Fähigkeit zu unterscheiden solltest du auch keine Kettensäge in die Hand nehmen, weil du dir alsbald ein Bein absägen dürftest, wenn du nicht zwischen ihm und einem Ast des Baumes unterscheiden kannst. Doch zugleich müssen wir auch die Grenzen unserer Unterscheidungen kennen. Wir müssen verstehen, daß sie nur eine der Weisen unseres Wirkens sind. Die Wahrheit dieses großen Universums ist, daß es Trennungen nicht gibt. Was du anderen antust, das tust du dir selbst an. Es ist nicht möglich, auf irgendeinen Teil des Universums einzuwirken, ohne zugleich auch auf die Gesamtheit der Dinge Einfluß zu nehmen, ganz gleich, wie klein oder unbedeutend dieser eine Teil auch sein mag. Bei deiner Geburt wird zu diesem großen Universum kein einziges Körnchen hinzugefügt, und bei deinem Tod geht aus ihm kein einziges Körnchen verloren.

Wie also willst du mit MU arbeiten? Sei MU. Sei das Kōan, sei dein Atem, sei dein Leben. »Den Weg des Buddha erforschen«, so hat schon Dōgen Zenji im *Shōbōgenzō* formuliert, »heißt sich selbst erforschen; sich selbst erforschen heißt sich selbst vergessen; sich selbst vergessen heißt von den zahllosen Dingen erleuchtet sein.« Und von den zahllosen Dingen erleuchtet sein – das ist MU. Wirf weg deinen Körper und deinen Geist, das Selbst und die anderen, und tritt ein in MU. Nimm deine Scheuklappen ab. Befreie dich von deinem Gepäck. Befreie dich selbst. Nein, tu das nicht. Erkenne, daß du von Anfang an, vom Anfang ohne Anfang an, immer schon frei gewesen bist. Was für ein wunderbares Geschenk ist es doch, als Mensch geboren zu sein. Siehst du? Muuuuuuuuuuuuuuuuuu. Was wäre denn sonst noch zu sagen?

6. Der gewöhnliche Geist ist der WEG*

Wu-men-guan, Kōan 19

Das Beispiel

Zhao-zhou fragte einmal Nan-quan: »Was ist der WEG?« Nan-quan antwortete: »Der gewöhnliche Geist ist der WEG.« – »Sollen wir uns dann darauf richten oder nicht?«, fragte Zhao-zhou weiter. »Wenn du versuchst, dich
ihm zuzuwenden, wirst du dich von ihm entfernen«, lautete die Antwort
Nan-quans. Zhao-zhou aber fuhr fort: »Wenn wir es nicht versuchen, wie
können wir dann wissen, daß es der WEG ist?« Nan-quan erwiderte: »Der
WEG gehört nicht in den Bereich von Wissen und Nicht-Wissen. Wissen ist
Illusion, und Nicht-Wissen ist leeres Bewußtsein. Wenn du wirklich zum unzweifelhaften WEG gelangst, dann ist es wie die Große Leere, unermeßlich
und grenzenlos. Wie kann es da im WEG noch Richtig oder Falsch geben?«
Bei diesen Worten wurde Zhao-zhou plötzlich erleuchtet.

Wu-mens Kommentar

Auf die Frage Zhao-zhous hat Nan-quan unverzüglich vorgeführt, wie der
Ziegel zerbröckelt, das Eis sich auflöst und keinerlei Austausch mehr möglich ist. Auch wenn Zhao-zhou schon erleuchtet sein mag, so kann er es erst
nach weiteren dreißig Jahren der Schulung wirklich erfassen.

Wu-mens Lobgesang

Frühling mit Hunderten von Blumen, Mondschein im Herbst,
kühler Windhauch im Sommer und winters der Schnee.
Wenn deinen Geist keine nichtigen Wolken durchziehn,
ist jeder Tag für dich ein guter Tag.**

---

* »WEG« (*Dao*) ist der zentrale Begriff in der Philosophie des Lao-zi und Zhuang-
zi und das meint nicht nur den Weg, den die Dinge nehmen, sondern zugleich ihren
letzten und tiefsten Grund. Von Seng-can, dem Dritten Patriarchen, in das chinesische Chan eingeführt, meint er dasselbe wie die Buddha-Natur aller Dinge. [A. d. R]
** Loori hat in der letzten Zeile statt des ursprünglichen Wortlauts den geradezu
sprichwörtlichen Satz des Yun-men: »Jeder Tag ist ein guter Tag« aus dem Kōan 6
des *Bi-yan-lu* verwendet. Wörtlich lautet die letzte Zeile des Gesangs: »dann ist (für
dich) mitten unter den Menschen eine gute Jahreszeit«. [A. d. R.]

Dieses Kōan spielt bei uns im Zen Mountain Monastery in Übung und Schulung eine besondere Rolle. Für mich persönlich ist es sogar das wichtigste Kōan überhaupt, mit dem wir arbeiten. Es gehört zu den Kōan unserer vierten Schulungsphase, doch wir setzen es auch gegen Ende der Schulung noch einmal ein. Gerade dieses Kōan will vom Schüler ganz und gar durchdrungen sein, in allen seinen Feinheiten.

Es sind nicht wenige Fragen, die dieses Kōan an uns stellt. Zuallererst, wie könnte es anders sein, die beiden wichtigsten: Was ist der WEG? Und: Was ist der gewöhnliche Geist? Und dann geht es weiter: Was bedeutet der Satz: »Wenn du dich ihm zuwendest, dann entfernst du dich von ihm«? Was ist das, was weder zum Wissen noch zum Nicht-Wissen gehört? Hatte Nan-quan (Nansen) ein Wissen, als er das sagte? Was ist der unzweifelhafte WEG? Ist es ein Wissen? Was ist die Große Leere? Was haben Richtig und Falsch im WEG zu suchen? Was meint Wu-men (Mumon), wenn er davon spricht, daß der Ziegel zerbröckelt? Was hat Zhao-zhou (Jōshū) gesehen, als er Erleuchtung erfuhr? Warum sagt Wu-men, daß er noch dreißig weitere Jahre brauche, um es zu erlangen? Und wenn er erleuchtet wurde, hat er es dann nicht schon erlangt? Was erlangt? Und was bedeutet die Aussage: »Jeder Tag ist ein guter Tag«? Wenn die Wahrheit Bejahung und Verneinung, Zustimmung und Ablehnung übersteigt, was ist dann ein »guter« Tag?

Einer der Gründe, die dieses Kōan so lebenswichtig und unverzichtbar erscheinen lassen, ist der, daß es überaus leicht mißverstanden werden und zum Buji-Zen, jenem selbstgestrickten Zen mit seiner leichtfertigen Geringschätzung von Übung und Disziplin, Anlaß geben kann. Wenn Nan-quan vom »gewöhnlichen Geist« spricht, was meint er dann wirklich? Ist das eben der Geist, den du immer schon hast? Wenn das so ist, warum erfuhr dann Zhao-zhou noch Erleuchtung? Hatte er denn diesen »gewöhnlichen Geist« nicht längst, als er Nan-quan seine Fragen stellte? Er wurde ganz plötzlich erleuchtet, und er besaß »gewöhnlichen Geist«. Ist das derselbe Geist, den er auch schon besaß, bevor er Erleuchtung erfuhr?

Shibayama Zenkei kommt in seinem Buch mit Teishō zum *Wu-menguan* (*Mumonkan*) (dt.: »Zu den Quellen des Zen«) bei seinen Darlegungen zum Kōan 19 direkt auf den Kern all dieser Fragen zu sprechen. Er schreibt: »Wenn der WEG buchstäblich unser alltäglicher Geist wäre, so wie er ist, dann müßten auch Bauern, Hausbesitzer,

Fischer und jedermann sonst ihn sämtlich kennen, und wir müßten nicht auf Heilige und Weise warten, ihn uns zu lehren.« Dann fährt er fort: »Das heißt, daß wir unseren gewöhnlichen Geist überschreiten müssen, um unseren wahren gewöhnlichen Geist zu erlangen; und um unseren dualistischen gewöhnlichen Geist wirklich zu übersteigen, sind ernsthaftes Suchen und harte Disziplin vonnöten. Wenn wir dann durch die Sperre durchgebrochen sind, wo unser gewöhnlicher Geist noch gar kein gewöhnlicher Geist ist, dann können wir zum ersten Mal zu unserem ursprünglichen gewöhnlichen Geist zurückkehren, dessen grundlegende Bedeutung Nan-quan bekräftigt.«

Und doch kann der gewöhnliche Geist nirgendwo sonst gefunden werden als dort, wo wir auf dem Kissen sitzen. Er ist nichts, was uns von außerhalb zuteil würde. Doch es ist eine Sache, zu wissen, zu glauben oder zu verstehen, daß er schon allezeit da ist, und eine ganz andere Sache, seine Gegenwart unmittelbar zu erfahren, den gewöhnlichen Geist mit dem ganzen Körper und dem ganzen Geist zu erfassen. Eine solche Erfahrung verändert uns von Grund auf. Sie verändert die Art und Weise, wie du sowohl die ganze Welt als auch dich selbst wahrnimmst. Vom gewöhnlichen Geist zu wissen, an ihn zu glauben oder auch ihn zu verstehen, das vergrößert zwar unseren Kenntnisstand, aber es zerschneidet nicht die Wurzeln der Verblendung. Wie schaffst du es, den gewöhnlichen Geist zu erfassen?

Wir leben in einer Zeit der Krisen und Konflikte, die von der Sphäre des einzelnen über die Völkergemeinschaft bis hin zum globalen Ganzen reichen. Da gibt es einerseits die zunehmende Bedrohung des Individuums und auf der anderen Seite die Zerstörung dieses wunderbaren Blauen Planeten insgesamt.

Und wenn wir auf unsere politischen Institutionen schauen, in der Hoffnung auf adäquate Lösungen, dann müssen wir in den allermeisten Fällen feststellen, daß sie versagt und uns im Stich gelassen haben. Irgendwie sieht es so aus, als wären sie nicht in der Lage, zufriedenstellende Antworten auf die großen Fragen der Zeit geben zu können. Irgendwie hat es den Anschein, als wären sie ebenso krisengeschüttelt und in Konflikte verstrickt wie der Rest der Welt. Eine Folge davon ist, daß viele Menschen nach alternativen Möglichkeiten gesucht haben, mit ihren Ängsten und Zweifeln fertig zu werden, wobei sie sich häufig exotischen Traditionen des Fernen Ostens zugewandt und allen möglichen Gurus und spirituellen Lehrern angeschlossen haben. Unter diesen östlichen Lehrern gibt es sowohl Scharlatane als auch echte, ernstzunehmende Meister. Doch allein von den 300 Zen-Lehrern hier in den USA besitzen wenig mehr als ein Dutzend eine Bestätigung ihres eigenen Lehrers und ihrer jeweiligen Traditionslinie. Die übrigen, so etwa 285, sind selbsternannte Lehrer und verkaufen unter dem Deckmantel der Erleuchtung nichts als Verblendung.

Spirituelle Schwindler tragen auch dazu bei, daß das Buji-Zen nicht ausstirbt. Wann immer du etwas verkaufst, was du gar nicht besitzt, beschwindelst du die Leute. Wann immer du für etwas wirbst, worüber du gar nicht verfügst, ist das Betrug. Auch wenn du etwas verkaufst, das keinerlei Wert hat, ist das ein Schwindelunternehmen. Schwindler, die mit materiellen Gütern handeln, müssen ins Gefängnis, wenn sie gefaßt werden. Denn zum Glück haben wir Gesetze, die uns vor ihren betrügerischen Machenschaften schützen. Spirituelle Schwindler hingegen kommen ungeschoren davon, weil wir keine Gesetze besitzen, mit denen wir ihnen das Handwerk legen könnten. Deshalb müssen Menschen, die sich auf die spirituelle Suche begeben, ernsthaft das, wonach sie suchen und was ihnen versprochen wird, einer gründlichen Prüfung unterziehen. Du mußt dir ein für allemal klarmachen, daß immer dann, wenn ein Lehrer oder eine Lehrerin behaupten, sie seien in der Lage, dir etwas zu geben, es höchste Zeit ist, um dein Leben zu rennen. Denn dann hast du es mit einem Scharlatan zu tun. Die Wahrheit ist, daß dir nichts fehlt. Wonach auch immer du suchst, du bist damit bereits auf die Welt gekommen. Und du wirst es bis zum Grab nicht verlieren. Unterwegs magst du dessen gewahr werden oder nicht, es bleibt eine unumstößliche Tatsache, daß du es immer bei dir hast.

Während es also allenthalben diese vielen Scharlatane gibt, kennt die Zen-Tradition ein Verfahren, das seit mehr als zweitausend Jahren angewandt wird und dir die Möglichkeit gibt herauszufinden, ob du es mit einem authentischen Meister zu tun hast oder nicht. Bei diesem Verfahren geht es um die Dharma-Bestätigung beziehungsweise Dharma-Übertragung. Darüber gibt es Dokumente, keine öffentlich-staatlichen, aber die Übertragung ist dokumentiert. Das ist zwar etwas anderes, als wenn du an einer Universität ein Abschlußexamen bestanden hast und dann sozusagen dein Diplom über der Tür aufhängst und anfängst, deinen Beruf auszuüben. Aber immerhin wird säuberlich Buch geführt, lückenlos über die Jahrhunderte hin, und die Bestätigung stammt immer nur von jemandem, der seinerseits bestätigt worden ist. Falls du also einen Meister suchst, dann ist nichts Unrechtes dabei, wenn du darum bittest, diese Dokumente sehen zu dürfen. Denk daran: Wenn du in die Praxis eines Arztes gehst, und da hängt kein entsprechendes Diplom an der Wand, dann würdest du doch auch danach fragen, besonders, wenn du dich von ihm operieren lassen willst. Du möchtest doch gern wissen, ob du es mit einem vertrauenswürdigen, gut ausgebildeten und erfahrenen Arzt zu tun hast. Genauso solltest du es mit den spirituellen Lehrern in deinem Leben halten. Es gibt durchaus die Möglichkeit, dich danach zu erkundigen, was für eine Qualifikation sie besitzen.

Die meisten unter den zweifelhaften Lehrern sind keineswegs böswillige Leute. Genaugenommen sind sie keine Scharlatane. Sie wollen ihren Schülern nicht vorsätzlich Schlechtes antun, ihnen gar Leid zufügen. Einige von ihnen haben sogar ein sehr großes Herz und sind voll der besten Absichten. Sie wollen wirklich helfen, und sie glauben auch von sich selbst, daß sie das Richtige tun. Aber sie sind oft in die Irre gegangen und haben das noch nicht gemerkt. Zu solchem Irrtum kommt es leicht, wenn jemand sagt: »Alles, was ich tue, was immer ich tue, ist Zen, ist WEG, ist für mich Übung.« Das, was solche Leute tun, das tut doch jedermann. Kinder tun es, Säuglinge tun es, alte Leute tun es. Die Vögel und die Bienen tun es. Was also macht daraus Erleuchtung? Und was ist es, was Zhao-zhou damals bei Nan-quan erfahren hat?

Wenn Shibayama Zenkei sagt: »Wenn wir durch die Sperre durchgebrochen sind, wo unser gewöhnlicher Geist noch gar kein gewöhnlicher Geist ist, dann können wir zum ersten Mal zu unserem ursprünglichen gewöhnlichen Geist zurückkehren«, dann meint er ganz wörtlich, daß der alltägliche, der gewöhnliche Geist, so wie er ist, ohne alle Dualismen und Unterscheidungen, der WEG ist. Und dieser WEG gibt sich in allem zu erkennen, was wir tun. Andererseits verfehlt jede einzelne Handlung, wenn sie einer ichbezogenen Einstellung entspringt, den Kern dieses Kōan. In gewisser Weise könnte man sagen, daß an dem, was wir tagtäglich tun, nichts Besonderes ist, weil es ja nur in der Art und Weise geschieht, wie unser Geist schon immer gearbeitet hat. Doch was wir so erlangt haben, und was wir dabei den gewöhnlichen Geist nennen, ist lediglich unser konditionierter, von unseren Prägungen bestimmter gewöhnlicher Geist. Geprägter gewöhnlicher Geist ist jedoch etwas ganz anderes als der wahre gewöhnliche Geist. Geprägter gewöhnlicher Geist ist wie ein Computer. Er hat alles, womit er arbeitet, ein für allemal in sich, alle Daten, alle Schemata, nach denen er auf die äußeren Umstände reagiert, sämtliche Verhaltens-Auslöser, die uns zu Egoismus, Wut und Angst veranlassen. Alle derartigen Verhaltensweisen sind an das Vorhandensein eines Ich gebunden. Wut, Gier und Verblendung sind nichts als konditionierter, von unseren Prägungen bestimmter gewöhnlicher Geist. Und im übrigen Heiligkeit und Ablehnung alles Weltlichen genauso.

Mag sich auch scheinbare Erleuchtung in die eindrucksvolle Maske eines Drachen kleiden, wahre Erleuchtung findet sich erst darunter. Wenn wir den wahren gewöhnlichen Geist nur vortäuschen, nur schauspielern, ist alles, was wir tun, im Grunde genommen nur ein Verdunkeln der Wahrheit, die sich unmittelbar darunter befindet. Sie ist hier, an Ort und Stelle; und doch verfehlen wir sie. Das ist genau der Punkt, der dieses Kōan zu einem so schwierigen Kōan macht. Darin liegt auch die Schlüpfrigkeit des Bodens, die Unsicherheit unseres Stands, die uns dazu treibt, bei irgendwelchen Worten Halt zu suchen und uns einzubilden: »Das ist es!« Wenn die Wahrheit etwas ist, was wir immer schon besitzen, warum müssen wir dann noch irgend etwas unternehmen? Warum müssen wir dann noch nach irgend etwas suchen? Das ist die Frage aller Fragen. Genau diese Frage hat Meister Dōgen keine Ruhe gelassen, für den größten Teil seiner spirituellen Suche. Und es hat ihn viele Jahre gekostet, bis er schließlich seinen Durchbruch erlebt hat und den unzweifelhaften WEG erfuhr.

Wie kann das sein, daß wir zwar den gewöhnlichen Geist in uns tragen, er sich dennoch nicht in uns, in unserem Leben auswirkt? Wie kann das sein, daß wir ihn zu eigen haben und doch erst seiner gewahr werden müssen? Und was soll das heißen, seiner gewahr werden? Was all diese Fragen tatsächlich bedeuten, das können wir uns an der ergreifenden Geschichte vom häßlichen Entlein klarmachen. Das häßliche Entlein war häßlich von Geburt an. Sogar das Ei, aus dem es hervorkroch, war häßlich; es sah gar nicht aus, wie sonst Enteneier aussehen. Die Entenmutter wunderte sich über dieses befremdliche Ei.

Aber weil sie nun einmal eine gute Mutter war, besann sie sich ihrer Verantwortung und erfüllte ihre Pflicht. Sie brütete sämtliche Eier aus, auch das, das so merkwürdig aussah, und aus dem kam dann das häßlichste Küken hervor, das sie je gesehen hatte. Doch es war nun einmal ihr Küken, und so zog sie es zusammen mit den anderen auf. Als die kleinen Enten allmählich größer wurden, machten sich die übrigen mit dem häßlichen Entlein tagein, tagaus ihren Spaß. Es hatte nicht die richtige Farbe, hatte einen winzigen, viel zu engen Schnabel und konnte sich nicht wie eine Ente fortbewegen – es besaß nicht die Gabe des Watschelns, auf die sich die Enten so viel einbilden. Außerdem war es sehr unförmig; es war groß und unbeholfen, viel viel größer als die anderen Enten. Und deshalb haben sie es ständig ausgelacht. Das häßliche Entlein hat sich mehr und mehr in sich zurückgezogen und war am Ende ganz niedergeschlagen. Als die Tage so dahingingen, ohne daß es von den anderen die geringste Anerkennung erfuhr, wurde das häßliche Entlein todunglücklich. Schließlich konnte selbst seine Mutter es kaum noch um sich haben.

In seiner Not versuchte das häßliche Entlein, die anderen Enten nachzuahmen. Es gab sich alle Mühe, zu schnattern und zu quaken; doch alles, was da aus seinem Schnabel kam, klang wie ein heiseres Schreien. Alle lachten nur. Das häßliche Entlein versuchte auch zu watscheln, aber es ist dabei nur über sich selbst gestolpert. Und wieder wollten sich alle vor Lachen ausschütten. Auf dem Höhepunkt seiner Selbstentfremdung und Verzweiflung hatte es nur noch einen Wunsch: zu sterben.

Eines Tages aber, als es im Teich trinken wollte, sah es sein eigenes Spiegelbild und brach vor Entsetzen in Tränen aus. Dann jedoch geriet ein anderes Spiegelbild in sein Blickfeld, das haargenau dem eigenen glich. Das häßliche Entlein blickte erstaunt auf, und siehe da, da war ein anderes häßliches Entlein, genauso häßlich wie es selbst. Und im selben Augenblick ging ihm auf, daß es überhaupt keine Ente war. Es war ein Schwan! Und mit dieser Erkenntnis war es plötzlich vollkommen und vollständig, von einem Augenblick zum anderen, und es fehlte ihm nichts.

Aber es war ja immer schon vollkommen und vollständig gewesen, ohne daß ihm irgend etwas gefehlt hätte. Es war ja so auf die Welt gekommen. Doch bis es das erkannt hatte, war es unglücklich gewesen, weil es versucht hatte, etwas anderes zu sein, als es in Wirklichkeit war. Und plötzlich, im Augenblick jener Erkenntnis, wurde ihm klar, daß alles, was es tat, Ausdruck seiner vollkommenen Schwanen-Natur, seiner Buddha-Natur, war. Es mußte nun nicht mehr darüber nachdenken, was es tat; es mußte nicht länger analysieren oder beurteilen; es mußte nicht länger irgend etwas nachahmen noch irgend etwas verstehen oder glauben. Jede seiner Gesten, jede Bewegung verriet die Vollkommenheit eines Schwans. Diese Einsicht bewirkte in dem ehemals häßlichen Entlein eine durchgreifende Veränderung, und das, obwohl doch seine wahre Natur immer schon in ihm zugegen gewesen war.

Wir können uns leicht vorstellen, wie andere Tiere in der Umgebung des häßlichen Entleins, sozusagen die Gurus unter den Tieren der Wildnis, versucht haben, dem armen häßlichen Entlein zu helfen. Die weise alte Eule könnte gesagt haben: »Sieh mal, du bist doch noch jung. Mach dir keine Sorgen deshalb. Irgend jemand wird sich schon finden, der auch dir in Liebe zugetan ist. Nimm es hin! Laß deine Seufzer und ertrage es! Es wird schon alles gut werden!« Der Wolf könnte hinzugefügt haben: »Du bist im falschen Verein! Du gehörst da überhaupt nicht hin! Überleg dir, wie du eine andere Truppe findest, der du dich anschließen kannst.« Das Kaninchen könnte ihm gesagt haben: »Es liegt an deinem Sexleben; deshalb bist du so unglücklich.« Und so weiter und so fort. Könnte das geholfen und dem häßlichen Entlein neue Kraft gegeben haben? Jeder Guru hätte eine andere, hätte alle möglichen Lösungen vorgeschlagen. Doch bis uns die Einsicht in unsere wahre Natur überkommt, kann nichts, keine Worte, kein Glauben, kein verstandesmäßiges Verstehen, uns helfen. Unter anderen Umständen freilich, ganz ohne jede Einmischung irgendeines Gurus, hat sich in diesem einen Schwan die Gesamtheit aller Generationen von Schwänen offenbart, bis hin zum allerersten, vollkommen und vollständig, ohne daß auch nur irgend etwas fehlt. Und *das* ist der gewöhnliche Geist. Das ist der Buddha-Geist, ist die Buddha-Natur, ist das wahre Wesen aller Lebewesen. Doch das wirkt sich nicht in uns aus, solange wir es nicht erkannt haben, seiner nicht gewahr sind. Und wie willst du es erkennen?

Eins ist klar: »Dies ist es!«, damit erreichst du es nicht. Auch mit Nicht-Wissen erreichst du es nicht, und mit Wissen ebensowenig.

»Alles, was ich tue«, damit erreichst du es gleichfalls nicht. Und selbst »Holz schlagen und Wasser tragen«, auch damit erreichst du es ebensowenig. Alles das sind Lösungen, mit denen du es dir zu einfach machst. Solche Lösungen helfen dir auch im Dokusan-Raum nicht weiter, und sie helfen dir im alltäglichen Leben nicht weiter. Solche Lösungen verstärken letztlich nur unsere Überheblichkeit, unsere Wut, unsere Gier und unsere Verblendung. Wir müssen anders vorgehen. Zazen ist der Zugang. Kōan sind das Werkzeug. Die Acht Tore der Übung sind sämtlich kunstreiche Mittel, uns zu helfen, Schritt für Schritt in jenes Reich der Vollkommenheit und Vollständigkeit zu gelangen, in das Reich unseres gewöhnlichen Geistes. Und dahin, dieser Vollkommenheit und Vollständigkeit, dieses wahren gewöhnlichen Geistes gewahr zu werden.

Die Suche nach unserem wahren Wesen spielt sich inmitten des *Samsāra* ab, inmitten unserer Überheblichkeit, unserer Wut und Gier, unserer Schmerzen und unserer Angst, die alle zusammen unser tägliches Leben ausmachen. Wir müssen auf den hohen Berg hinauf, der Übung heißt. Und wenn wir schließlich oben angekommen sind, dann stehen wir plötzlich an der Kante über dem Abgrund. Wir haben scheinbar die Grenze unseres Übens erreicht. Denn jetzt heißt es springen. Das ist der Augenblick, wo wir unser Ich vergessen müssen, wenigstens für eine kurze Sekunde, wo wir es loslassen müssen, wenigstens soweit, daß wir von unserem wahren Wesen immerhin einen Blick erhaschen, daß wir es tatsächlich einmal erblickt haben. Doch mit diesem einen Sprung ist es nicht getan, da wir uns sehr schnell an derselben Kante wiederfinden, uns an unser kostbares Leben klammernd und nicht bereit, es ganz und gar fahren zu lassen.

Vor vielen Jahren, als ich in der Marine meinen Wehrdienst leistete, bestand eine der Prüfungen, die wir während der Ausbildung zu absolvieren hatten, darin, auf einen 20 Meter hohen Turm zu klettern (das war zu jener Zeit die Deckshöhe der meisten Schiffe) und, mit einer Schwimmweste versehen, in ein Schwimmbecken zu springen, das sich am Fuße des Turmes befand. Damit sollte eine Schiffsräumung simuliert werden, für den Fall, daß wir bei einem Kriegseinsatz blitzschnell ein sinkendes Schiff verlassen müßten. Ganz einfach das Ganze. Du brauchtest nur zu springen. Es sah gar nicht so schlimm aus, wenn man unten stand und hinaufschaute; aber sobald du die Leiter hinaufgeklettert warst und hinunterblicktest, sah das Schwimmbecken so klein aus wie eine winzige Briefmarke. Es hatte den Anschein, als könntest du das Becken mit Leichtigkeit verfehlen. In Wirklichkeit war es von solchen Ausmaßen, wie sie für Olympische Spiele vorgeschrieben sind.

An dem Sprungbrett oben auf dem Turm wartete ein alter Bootsmaat mit einer langen Stange, die am Ende gepolstert war. Er mußte jedem einen Stoß in den Rücken geben, der zögerte oder furchtsam erstarrte. Jeder ohne Ausnahme mußte springen. Du kamst nicht durch das Marine-Infanterie-Ausbildungslager, wenn du diesen Sprung nicht absolviert hattest. Da gab es keine Diskussion, keine Wahlmöglichkeiten, keine Alternativen. Wir waren alle etwas ängstlich, aber einer von den Jungs war ein echter Angsthase. Als der ans Ende des Sprungbretts kam, fing er an zu schreien und wollte rückwärts wieder vom Turm herunter. Und da kam auch schon der Bootsmaat mit seiner Stange, um ihn vom Sprungbrett zu stoßen. Nun war die Schwimmhalle, in der das Ganze stattfand, zuvor für eine Art Party benutzt worden und aus diesem Anlaß überall mit Dekorationen geschmückt. Da hingen Wimpel und Fahnen an Drahtseilen, die kreuz und quer durch die Halle gespannt waren. Als nun der Bootsmaat diesem Burschen den unvermeidlichen Stoß gab, da verlor er das Sprungbrett unter den Füßen und griff nach dem nächstbesten Drahtseil. Und da hing er nun, hing und schrie sich seine verdammte Lunge aus dem Hals: Hilfe! Hilfe! Hilfe! Hilfe! In der leeren Schwimmhalle erzeugte sein Geschrei ein ungeheures Echo. Es wurde mucksmäuschenstill. Nur dieser eine Bursche da oben erfüllte alles mit seinem Geschrei. Und es gab nichts, was irgend jemand für ihn hätte tun können. Selbst eine Leiter anzulegen, um ihn da oben herunterzuholen, war völlig unmöglich. Er mußte ganz einfach loslassen, aber er wollte nicht. Also klammerte er sich fest. Alles wartete. Keiner sonst konnte springen. Es blieb nichts anderes übrig, als auszuharren. Also harrten wir aus. Das Weinen und Schreien und Betteln da oben wurde allmählich schwächer. Der Bursche konnte schließlich nicht für den Rest seines Lebens da oben hängen bleiben. Also ließ er irgendwann los und schrie noch während des Sturzes wie am Spieß, bis er im Wasser aufschlug.

Ganz ähnlich verhalten wir uns manchmal bei der Zen-Übung. Wir kommen an einen bestimmten Punkt, und dann halten wir uns fest und wollen nicht loslassen. Wir brauchen einen kleinen Anstoß. Das ist die Kante über dem Abgrund; da hängen wir an dem Drahtseil. Wenn du losläßt, lernst du fliegen. Du kannst nicht fliegen, solange du dich festhältst. Du kannst nicht fliegen, solange du an der Kante sitzen bleibst. Du mußt ganz einfach loslassen, um fliegen zu lernen. Fliegen lernen ist das sechste Stadium der Schulung im Zen Mountain Monastery. Das siebte besteht darin zu lernen, die Flügel rund um die Uhr, vierundzwanzig Stunden am Tag, zu benutzen, ohne darüber nachzudenken. Als der Schwan aus dem Märchen soweit war zu fliegen, da flog er, wie eben Schwäne fliegen. Wenn du je gesehen hast, wie ein Schwan in freier Wildbahn abhebt und sich von der Luft tragen läßt, dann weißt du, daß daneben der Flug einer Ente ziemlich dämlich aussieht. Enten flattern fortwährend mit ihren relativ kurzen Flügeln und sehen dabei aus, als seien sie in Panik. Schwäne verfügen über eine großartige Aerodynamik und wundervolle Anmut! Im achten Schulungsstadium mußt du dann auch noch auf die Flügel verzichten. Das neunte Stadium umfaßt das, was wir den »unzweifelhaften WEG« nennen; und im zehnten, dem »In-der-Welt-sein«, gibt es nicht nur von Flügeln, sondern auch vom Fliegen nicht mehr die geringste Spur: du bist vollkommen und ganz, nichts fehlt dir. Gewöhnlicher Geist.

Die Zen-Übung ist eine ernste Angelegenheit. Sie ist eine Angelegenheit von Leben und Tod, gehört nicht zu jenen belanglosen Unternehmungen, die man so nebenher betreiben kann. Zen ist nichts, womit man ein bißchen herumspielt, was man auf die leichte Schulter nehmen kann; es ist eine tiefgreifende Unterweisung, die dein ganzes Leben verändert, vorausgesetzt, du bist bereit, dich wirklich darauf einzulassen. Du kannst natürlich versuchen, damit durchzukommen, daß du mit Zen nur spielst. Doch das wird weder dir noch sonst irgend jemandem Kraft verleihen.

»Was ist der WEG?« – *»Der gewöhnliche Geist ist der WEG.«* – *»Sollen wir uns dann darauf richten oder nicht?«* – *»Wenn du versuchst, dich ihm zuzuwenden, wirst du dich von ihm entfernen.«* Nan-quan sagt damit lediglich, daß der gewöhnliche Geist genau da ist, wo du gerade bist. Das ist genau der Hinweis, der dem häßlichen Entlein gefehlt hat. Wonach du Ausschau hältst, das besitzt du bereits. Wenn du versuchst, etwas anderes zu sein, als du bist, wenn du versuchst,

irgend etwas zu unternehmen, um zum gewöhnlichen Geist zu gelangen, dann führt dich eben dieses Bemühen davon weg. Der bloße Versuch, der bloße Gedanke an einen solchen Versuch trennt dich bereits davon. Wenn dein Geist sich auch nur regt, bringt dich das bereits davon ab. Zhao-zhou begriff das damals noch nicht. Deshalb fuhr er fort zu fragen: *»Wenn wir es nicht versuchen, wie können wir dann wissen, daß es der WEG ist?«* Nan-quan erwiderte: *»Der WEG gehört nicht in den Bereich von Wissen und Nicht-Wissen. Wissen ist Illusion...«* Es bedeutet, in all den Worten und Begriffen gefangen zu sein, die die Wirklichkeit nur beschreiben, aber nicht die Wirklichkeit sind. *»...und Nicht-Wissen ist leeres Bewußtsein.«* Es ist wie: kein Auge, kein Ohr, keine Nase, keine Zunge, kein Körper, kein Geist. Es bewirkt nichts, es bringt nichts zustande, es heilt nicht, es gibt keine Kraft, es fühlt keine Liebe, es fühlt überhaupt nichts. *»Wenn du wirklich zum unzweifelhaften WEG gelangst, dann ist es wie die Große Leere, unermeßlich und grenzenlos.«* Wie kannst du davon noch in Begriffen wie Richtig und Falsch sprechen? Das war der Augenblick, da Zhao-zhou begriff. Der Augenblick, da er sich selbst erkannte.

In seinem Kommentar sagt Wu-men: *Auf die Frage Zhao-zhous hat Nan-quan unverzüglich vorgeführt, wie der Ziegel zerbröckelt, das Eis sich auflöst...* Die Konstrukte des Geistes fallen auseinander. Das Spiel der Erscheinungen löst sich auf. *... und keinerlei Austausch mehr möglich ist.* Wenn mit »Austausch« gemeint ist, daß etwas zwischen A und B hin und her geht, warum findet dann zwischen Zhao-zhou und seinem Meister Nan-quan kein Austausch statt? Nun, weil es da kein A und kein B mehr gibt. Es gibt nur die eine Wirklichkeit. Das ist es, was Zhao-zhou erkannte; das ist es, dessen er gewahr wurde. Er ließ damit von seinem Ich ab, das ihn bisher von seinem Lehrer und zugleich vom WEG getrennt hatte. Er starb den Großen Tod, den Tod des Ich, den Tod des Selbst.

Auch wenn Zhao-zhou schon erleuchtet sein mag, so kann er es erst nach weiteren dreißig Jahren der Schulung wirklich erfassen. »Dreißig Jahre« ist reichlich ungenau formuliert. Zhao-zhou war zum Zeitpunkt dieses Ereignisses etwa 20 Jahre alt. Er war bereits seit einigen Jahren Mönch; er kannte längst die gesamte buddhistische Lehre, fand in Nan-quan seinen Meister und kam im Alter von zwanzig Jahren zur Erleuchtung. Danach hat er, unter der Anleitung Nan-quans, seine

Übungen bis zum 60. Lebensjahr fortgesetzt, und das sind volle vierzig Jahre weiterer Schulung. Und dann, nach dem Tod seines Meisters, begab er sich für nochmal 20 Jahre auf eine Wanderschaft, um sich weiter zu schulen, und zwar, wohin es ihn auch immer verschlug. Schließlich ließ er sich, als er schon 80 Jahre alt war, nieder und fing an, als Meister tätig zu sein.

Wenn wir uns die Abfolge der Entwicklungsstadien auf dem spirituellen Weg des Zen ansehen: die »Suche«, das »Ersteigen des Berges«, die »Kante über dem Abgrund«, den »Sprung«, das »Fliegen«, das »Erlernen des Gebrauchs der Flügel«, den »Verzicht auf die Flügel«, dann sollten wir erkennen, daß wir uns mit unserer Übung in einem Kontinuum bewegen. Sie hört nicht einfach auf an einem beliebigen Punkt. Am Zen Mountain Monastery markieren wir die einzelnen Schritte auf diesem Weg ganz deutlich. Und wenn ein Schüler das erste Drittel seiner Schulung hinter sich gebracht hat, dann heben wir das durch eine Zeremonie hervor, die den Namen *Shusō hossen* trägt. Das ist eine Möglichkeit, unser jeweiliges Tun genauer zu verstehen, und zugleich ein wirksames Verfahren, um Buji-Zen zu vermeiden. Denn einer der Gründe für Buji-Zen besteht ja darin, daß die Leute nicht wissen, in welchem Stadium ihrer Übung sie sich gerade befinden. Sie machen irgendeine Erfahrung, haben vielleicht eine Halluzination und sagen sich: »Das ist es!« Und plötzlich treten sie als selbsternannte Lehrer auf. Wenn ich auf meine eigene »Dharma-Reise« zurückblicke, kann ich mich an viele Male erinnern, wo ich mir selbst zugerufen habe: »Jetzt hab ich's; das ist es!«, nur um zwei Monate später herauszufinden, daß es das doch nicht war. Und weitere zwei Monate später dasselbe noch einmal. Das muß sich hundertmal wiederholen, wenn es erst einmal passiert ist. Ohne einen Meister oder ohne eine deutliche Gliederung oder ein Raster, innerhalb dessen die Schulung abläuft, ist es sehr leicht, sich selbst zu betrügen und sich in den Glauben hineinzutäuschen, irgend etwas wirklich erkannt zu haben.

Und deshalb markieren wir die wichtigsten Etappen der spirituellen Reise. Wir zollen einem Schüler, der zwei Drittel seiner Schulung abgeschlossen hat, am Ende des sechsten Stadiums förmliche Anerkennung. Das nächste Mal sprechen wir einem Schüler, einer Schülerin vor dem Eintritt ins achte Stadium, dem »Verzicht auf die Flügel«, die

127

Anerkennung als Dharma-Halter aus. An diesem Punkt der spirituellen Reise hat sich der Schüler bereits bis zur »Absicht, vom Meister die Übertragung zu empfangen« weiterentwickelt. Wir sagen dann: »Die Botschaft ist übertragen worden, aber sie hat sich noch nicht vollständig manifestiert.« Von da an beginnt ein Schüler zu lernen, andere Menschen zu unterweisen. Das achte Stadium selbst besteht darin, »den Großen Tod zu sterben«. Das neunte ist die »Rückkehr in die Welt«. Hier fängt der gewöhnliche Geist, der wahre gewöhnliche Geist an, sich auszuwirken. Wir markieren das durch die Übertragung der Gebote; und der Schüler wird entweder, falls er den Wunsch hat, Mönch zu werden, zum Priester oder, falls er im Laienstand bleiben will, zum Dharma-Diener ernannt.

Und dann folgt die zehnte Stufe, das »In-der-Welt-Sein«, ohne daß von Flügeln, vom Fliegen noch irgendeine Spur vorhanden wäre. Der Praktizierende im Laienstand erhält die Dharma-Bestätigung und der Mönch die Dharma-Übertragung. Von jetzt an ist der Schüler selbständig, und er betreibt auch seine Lehrtätigkeit aus eigener Verantwortung. Doch seine Übung ist damit keineswegs zu Ende; sie geht immer noch weiter. Und eben darauf zielt Wu-men mit seinem Satz: *So kann er es erst nach weiteren dreißig Jahren der Schulung wirklich erfassen.* Diese »dreißig Jahre« bedeuten, daß wir ununterbrochen und entschlossen weiterüben müssen. Das Üben ist nicht auf eine bestimmte Zeitspanne begrenzt. Manche Schüler, die, nach Beendigung ihrer Schulung, durch Dharma-Bestätigung beziehungsweise Dharma-Übertragung ordnungsgemäß bestätigt worden sind, werden dann zu Vorstehern von Laien-Schulungszentren oder Klöstern. Noch weiteres Üben ist mit dem »Einnehmen des Hohen Sitzes« verbunden, wenn jemand zum spirituellen Leiter eines Zentrums aufsteigt, beziehungsweise mit dem »Besteigen des Berges«, wenn jemand Abt eines Klosters wird.

So wird auch nach der Übertragung noch eine gehörige Portion weiterer Übung abverlangt. Zumindest hier im Zen Mountain Monastery läuft alles, was wir tun, darauf hinaus, die Übung und Schulung der Schüler authentisch zu gestalten und ihnen die Echtheit des Erreichten zu bestätigen, damit wir nicht zu Handlangern des weitverbreiteten spirituellen Betruges werden. Entscheidend ist dabei, daß die Übung niemals aufhört. Sie wird fortwährend vertieft. Und Unterweisung findet überall statt. Dieses »überall« ist genau der Ort, wo die Flüsse ihre 84000 Hymnen singen und wo die Berge den Dharma verkünden – genau der Ort, wo sich die Unterweisung durch die unbeseelten Wesen abspielt.

Frühling mit Hunderten von Blumen, Mondschein im Herbst,
kühler Windhauch im Sommer und winters der Schnee.
Wenn deinen Geist keine nichtigen Wolken durchziehn,
ist jeder Tag für dich ein guter Tag.

Wir können statt dessen auch sagen: »Frühling mit Hunderten von Blumen, Mondschein im Herbst, kühler Windhauch im Sommer und winters der Schnee. Wenn da kein Ich ist, dann ist der gewöhnliche Geist der WEG.«

Das Außerordentliche an diesem Kōan besteht darin, daß ein gewöhnlicher Mensch, der ihm auf den Grund kommt, zu einem Weisen, und ein Weiser, der ihm auf den Grund geht, ein gewöhnlicher Mensch wird. Das ist die ununterbrochene Praxis der Buddhas und Patriarchen. Und eben daraus geht auch unsere eigene nie endende Praxis hervor. Wir erlangen den WEG und schenken allen fühlenden Wesen Nahrung und Gesundheit.

7. Die große Erleuchtung des Lin-ji

Congrong-lu, Kōan 86

Hinweis
Auch wenn du einen Kopf aus Bronze und eine Stirn aus Eisen besitzt, die Augen eines Gottes und die Pupillen eines Drachen, den Schnabel eines Adlers und die Kiefer eines Fisches, das Herz eines Bären und die Eingeweide eines Leoparden – das Diamantschwert läßt dir kein Planen durchgehen und macht jedes Abschätzen unmöglich. Warum nur muß das so sein?

Das Beispiel
Lin-ji fragte Huang-bo: »Was ist der essentielle Sinn der Lehre Buddhas?« Huang-bo versetzte ihm auf der Stelle einen Schlag. Das ereignete sich dreimal hintereinander. Dann verließ Lin-ji Huang-bo und suchte Da-yu auf. Der fragte ihn: »Woher bist du gekommen?« Lin-ji antwortete: »Von Huang-bo.« Da-yu fragte weiter: »Was hat Huang-bo zu Dir gesagt?« Lin-ji erwiderte: »Ich habe ihn dreimal nach dem essentiellen Sinn der Lehre Buddhas gefragt, und er hat mich dreimal mit seinem Stock geschlagen. Ich weiß nicht, ob ich einen Fehler begangen habe oder nicht!« Da-yu entgegnete ihm: »Huang-bo war überaus freundlich zu Dir. Er hat sein Bestes für Dich gegeben, und du kommst daher und fragst noch, ob du einen Fehler begangen hast!« Bei diesen Worten erfuhr Lin-ji tiefe Erleuchtung.

Lobgesang
Ein neunfarbiger Phönix, ein Tausend-Meilen-Hengst.
Der Wind der Wirklichkeit streicht über die Röhren dahin,
das Triebwerk des Spirituellen kommt in Gang.
Geradezu drauflos, wie das Zucken eines Blitzes,
wenn die Wolken der Täuschung aufbrechen, steht nur noch die
    Sonne am Himmel.
Er greift den Tiger bei den Barthaaren –
Siehst du's oder siehst du's nicht?
Ein unerschrockener, kraftvoller Mann, einer von großem Format.

In der Zen-Schulung finden wir eine gehörige Portion Humor, und der weist zwischen den beiden traditionellen Schulen, dem Rinzai- und dem Sōtō-Zen, feine Unterschiede in Eigenart und Ausdrucksformen auf. Vom Standpunkt eines Meisters und seines Wirkens her geurteilt, verfehlen und mißdeuten Schüler in der Regel den wirklichen Zen-Humor, weil sie sich gewöhnlich mit ihren Kōan nur oberflächlich beschäftigen. Wenn wir beispielshalber bei dem vorliegenden Kōan von der Erleuchtung Lin-jis nur auf die Oberfläche schauen, dann hört sich das, was wir da lesen, ein bißchen nach Klamauk an, wie eine Slapstick-Szene der Marx Brothers. Doch unter der Oberfläche des äußeren Geschehens findet eine tiefgründige Unterweisung statt, und das zu erkennen, ist der Schlüssel zum Verständnis dessen, wie dieses Kōan funktioniert und worin sein wirklicher Humor besteht. Dieser Humor steckt durchaus nicht dort, wo wir ihn normalerweise vermuten.

Im Hinweis lesen wir, *das Diamantschwert läßt dir kein Planen durchgehen und macht jedes Abschätzen unmöglich.* Das Diamantschwert ist, wie sich versteht, das Schwert des Mañjushrī, das Schwert, das sowohl tötet wie Leben schenkt.

Es tötet, indem es uns alles das wegnimmt, woran wir uns klammern, und es schenkt Leben durch seine Fähigkeit, zu unterstützen, zu stärken und zu fördern. Dieses Schwert wird mal für den einen, mal für den anderen Zweck eingesetzt. Doch warum »läßt es dir kein Planen durchgehen«? Genau das scheint für die meisten von uns eines der größten Probleme zu sein, vor die wir uns ganz unvermeidlich gestellt sehen, wenn wir im Dokusan-Raum unserem Meister gegenübersitzen. Es ist sicherlich nichts Falsches daran, sich einen Plan zu machen. Das Problem besteht vielmehr darin, daß wir, wenn wir uns erst einmal einen Plan zurechtgelegt haben, uns an ihm festklammern, und daß wir, indem wir eben das tun, alle Freiheit und Flexibilität verlieren.

Ebenso ist am Abschätzen, am Beurteilen und Bewerten grundsätzlich nichts Falsches, abgesehen davon, daß auch sie sich in etwas verwandeln, woran wir uns festzuhalten neigen. Die meisten Menschen sind ständig damit beschäftigt, sich selbst zu beurteilen und einzuschätzen. Deshalb ist es zu Beginn der Zen-Übung das Allerschwierigste, sich von dem ständigen Beobachter und Zeugen unserer selbst freizumachen, von der inneren Stimme, die fortwährend sagt: »Jetzt machst du es richtig. Jetzt machst du es falsch. Der da drüben oder die da hinten sitzt aber besser als du. Wann wirst du endlich erleuchtet sein?« Solche Beurteilungen und Bewertungen sind in Wahrheit reine Zeitverschwendung und bringen dir letztlich rein gar nichts ein; verfangen wir uns in ihnen und bleiben darin stecken, dann erschaffen wir uns selbst ein Hindernis nach dem anderen. Solange der innere Beobachter über das reflektiert, was wir beim Zazen tun, ist alles, was wir da tun, nur Beobachtung und Zeugenschaft. Es ist noch lange kein »Abfallen von Leib und Seele«. Und deshalb frage ich auch, wenn jemand – zumal ein Anfänger – zu mir zum Dokusan kommt und mir erzählt, wie ihm »Leib und Seele abgefallen« seien, ganz schlicht und einfach: »Woher weißt du das?« Denn du kannst das ja gar nicht wissen, es sei denn, da ist immer noch jener innere Zeuge, der das angebliche »Abfallen von Leib und Seele« beobachtet oder bestätigen kann.

Worum es in diesem Kōan geht – und worum es, in der Tat, in unserem ganzen Leben eigentlich geht – ist das vollständige Einssein von Körper und Geist, eins miteinander und eins mit sich selbst. Und das heißt: keine Zeugenschaft und keine Trennung mehr, kein Von-sich-selbst-getrennt-Sein, kein Sich-selbst-Gegenüberstehen: Gestaltwahrnehmung mit ganzem Körper und ganzem Geist, ebenso Lautwahrnehmung mit ganzem Körper und ganzem Geist. Ein anderes Problem mit dem Planen und Beurteilen besteht darin, daß sie stets Erwartungen einschließen, und eine ganz wichtige Eigenart von Erwartungen ist, daß die Dinge sich niemals so entwickeln, wie wir es uns erhofft haben. Deshalb hör auf, Erwartungen zu hegen. Nimm die Dinge, wie sie kommen. Erlaube ihnen, so zu sein, wie sie sind. Das bedeutet zugleich, Vertrauen zu haben. Vertraue dir selbst. Das Beste am Selbstvertrauen ist letztlich ganz einfach dies: keine Erwartungen mehr zu hegen. Dir selbst zu vertrauen heißt, dir selbst zu erlauben, so zu sein wie du bist, Erfolg zu haben oder zu versagen. Das verleiht dir in hohem Maße Kraft und bedeutet eine umfassende Befreiung. Wenn du dir selbst vertraust, bist du wirklich frei.

In diesem Kōan fragt Lin-ji (Rinzai) Huang-bo (Ōbaku): »Was ist der tiefste Sinn des Buddhismus?« Daraufhin versetzt ihm Huang-bo einen Schlag. Das passiert dreimal. Es ist wichtig, sich klarzumachen, daß das, was hier vor sich geht, als religiöse Erfahrung um nichts weniger bedeutsam ist als etwa die visionären Erweckungserlebnisse einer Theresa von Avila oder eines Johannes vom Kreuz. Es ist ebenso bedeutsam wie die Erfahrungen von Luther oder Moses. All diesen Menschen wurde eine religiöse Erfahrung zuteil, die ihr ganzes Leben durch und durch verwandelt hat, und genauso war es auch mit Lin-ji. Gewöhnlich haben solche Ereignisse es an sich, alles andere als komisch zu sein. Die Erfahrung des Lin-ji hingegen scheint einen ganz anderen Charakter zu haben, und oberflächlich betrachtet sieht es so aus, als handelte es sich um eine Humoreske. Es bedarf schon einer besonderen Geistesverfassung, um auch nur ansatzweise mitzubekommen, was da tatsächlich vor sich geht.

Um das Kōan besser und umfassender zu verstehen, ist es ratsam, sich den Kontext zu vergegenwärtigen, in dem das Berichtete sich abgespielt hat. Lin-ji war einer aus der Mönchsgemeinschaft im Kloster des großen Meisters Huang-bo. Der gehörte in die Traditionslinie, die über Bai-zhang (Hyakujō) zu Ma-zu (Baso) zurückreichte. Huang-bo war von Natur ein heftiger und wilder Mensch. Mit einer Größe von über zwei Metern stand er da wie ein Riese, und das in einem Land, in dem die Durchschnittsgröße weniger als 1,65 m betrug. Außerdem hatte er mitten auf der Stirn eine gewaltige Schwiele, die er sich vom ständigen Niederwerfen zugezogen hatte. Diese Beule ließ ihn noch furchterweckender erscheinen.

Nach seiner Ankunft im Kloster Huang-bos übte sich Lin-ji drei Jahre lang im Zazen, ohne auch nur ein einziges Mal zum Dokusan zu gehen, seinen Meister auch nur einmal zur Begegnung von Angesicht zu Angesicht aufzusuchen. Eines Tages fragte ihn der Mönchsvorsteher: »Wie lange bist du jetzt schon hier?« – »Seit drei Jahren«, antwortete Lin-ji. »Hast du jemals um Unterweisung gebeten?« Lin-jis Antwort: »Nein.« So etwas passiert auch hier bei uns im Zen Mountain Monastery. Manchmal ist das ein Versuch, der eigentlichen Sache auszuweichen, die Konfrontation mit dem Meister zu vermeiden, nur einfach dazusitzen und einen guten Eindruck zu machen. Nur keine schlafenden Hunde wecken! Manchmal steckt Furcht dahinter, manchmal auch keimendes Verständnis. Angst kann uns auf unserem Kissen kleben lassen. Sich einzubilden, wir hätten sämtliche Antworten bereits gefunden, hat dieselbe Wirkung. Der historische Bericht verrät mit keinem Wort, was in Lin-ji tatsächlich vor sich ging, während er sich drei Jahre lang in einem Kloster aufhielt, ohne seinen Meister auch nur einmal aufzusuchen. Daß sie ihm das so lange haben durchgehen lassen, ist schon erstaunlich.

Als ich selbst zum ersten Mal nach Los Angeles kam, um unter Taizan Maezumi Rōshi eine intensive Zen-Schulung zu beginnen, konnte ich all die religiösen Zeremonien nicht ertragen, die dort üblich waren. Ich hatte bisher in einem Kloster geübt, das dem traditionellen Rinzai-Stil verpflichtet war und in dem es nur ganz wenige Rituale gab, und selbst die waren zuviel für mich. Diese Widerspenstigkeit war eine Reaktion auf die katholische Erziehung meiner Kindheit und Jugend. In Los Angeles hatte ich den Eindruck, als ob kaum, daß die eine Zeremonie vorbei war, schon wieder die nächste anfing. Ich machte es mir zur Gewohnheit, aus der Hintertür davonzuschleichen, sobald das Geläut der Tempelglocke einsetzte. Ich dachte mir, solche Fahnenflucht mit anderen Dingen, die ich zustande brachte, wettmachen zu können.

Ich rechtfertigte mein Verhalten vor mir selbst, indem ich mir einredete, alles sei in Ordnung, solange ich nur »besser« säße als jeder andere sonst, und daß niemand sich daran stören würde, wenn ich mich so regelmäßig aus der Hintertür verdrückte. Außerdem dachte ich, daß meine Abwesenheit niemandem auch nur auffallen würde. Denn zu jener Zeit übten mehrere hundert Menschen im Zendō von Los-Angeles. Wer würde da schon mitbekommen, wie ich mich aus der Hintertür davonschlich? Nun, die Wahrheit war, daß jedermann es bemerkte, daß jedermann genau Bescheid wußte! Ganz offensichtlich stießen sie einander regelmäßig an und flüsterten einander zu: »Da verschwindet Daido mal wieder.« Der Mönchsvorsteher wollte mich schon zur Brust nehmen, doch der Rōshi bedeutete ihm, mich machen zu lassen. Und ich habe doch tatsächlich gedacht, ich sei für den Sangha unsichtbar!

Was das *Congrong-lu* (*Shōyō-roku*) im einzelnen zum historischen Hintergrund dieses Kōan anführt, hilft uns, überhaupt einen Blick dafür zu bekommen, was da tatsächlich abläuft. Es scheint, als wäre Lin-ji damit durchgekommen, niemals beim Meister um Unterweisung nachzusuchen. Er erkärte dem Mönchsvorsteher, er wisse einfach nicht, wonach er den Meister fragen solle. Der Mönchsvorsteher gab ihm den Rat: »Warum gehst du nicht hin und fragst den Meister, was der Kernpunkt des Buddha-Dharma ist?« Das ist doch nicht viel verlangt, nicht wahr? Und da er ein braver Mönch war, ging Lin-ji zu Huang-bo in den Dokusan-Raum. Doch noch bevor er seine Frage ganz ausgesprochen hat – Peng!, hat ihm der alte Huang-bo schon einen gewaltigen Schlag versetzt. Lin-ji steht einfach wieder auf und geht ins Zendō zurück, um weiter Zazen zu üben. Später fragt ihn der Mönchsvorsteher: »Nun, wie lief's?« »Na ja«, antwortet Lin-ji, »bevor ich auch nur ausreden konnte, hat er mich schon geschlagen. Ich versteh das nicht!« Der Mönchsvorsteher sagt: »Dann frag ihn halt noch einmal. Laß nicht locker!«

Lin-ji erhebt sich also und geht wieder hinein zum Meister und stellt dieselbe Frage noch einmal. Und wieder, bevor sie auch nur ausgesprochen ist – Peng! bekommt er von Huang-bo einen mächtigen Schlag. Lin-ji geht rückwärts wieder hinaus und setzt sich wieder hin. Und wieder fragt der Mönchsvorsteher, wie es ihm ergangen sei. Lin-ji erwidert: »Er hat mich ein zweites Mal geschlagen!« – »Laß nicht locker! Geh und frag ihn noch einmal.« Lin-ji geht ein drittes Mal zum Meister hinein – Peng! Und als er herauskommt, sagt er zum Mönchsvorsteher: »Ich verschwinde jetzt. Es war sehr freundlich von dir, mich zum Meister zu schicken. Dreimal habe ich ihn gefragt, und dreimal hat er mich geschlagen! Es tut mir leid, daß irgendein Hemmnis, das mir aus meinem früheren Handeln erwachsen ist, mich daran hindert, den tieferen Sinn seines Tuns zu erfassen; und deshalb mache ich mich für eine Weile aus dem Staub.«

Der Mönchsvorsteher, der eine wunderbare Zen-»Großmutter« war und den ernsthaften Wunsch hatte, daß Lin-ji zur Einsicht gelange, sagt zu ihm: »Meinetwegen; aber wenn du schon das Kloster verlassen willst, dann solltest du dich vorher vom Meister verabschieden; du solltest dich nicht einfach so davonstehlen. Geh nochmal zurück und sag ihm, daß du fortgehen willst.« Doch bevor noch Lin-ji den Raum des Meisters wieder aufsuchen kann, kommt der Mönchsvorsteher ihm zuvor und erklärt Huang-bo: »Da ist ein junger Mann – der, der Euch die Fragen gestellt hat. Ich glaube, es hat etwas Besonderes auf sich mit ihm. Wenn er zu Euch kommt, um sich zu verabschieden, behandelt ihn bitte dementsprechend. Er wird sich sicherlich eines Tages, wenn er eine gute Schulung durchlaufen hat, zu einem mächtigen Baum entwickeln, der allen Menschen auf der Welt kühlen Schatten spenden kann.« Als dann Lin-ji hereinkommt, um sich zu verabschieden, sagt Huang-bo zu ihm: »Du solltest nirgendwo anders hingehen als zu Da-yus Hütte am Fluß. Er wird dir sicher alles erklären.«

Wir wissen sehr wenig über Da-yu, außer daß er ein Einsiedler war, der sein ganzes Leben im Gebirge verbrachte. Er war ein Schüler von Huang-bo, wobei sich aber nicht nachprüfen läßt, ob er formell die Dharma-Übertragung von ihm erhalten hat. Er war jedoch ein Mönch mit klarem Blick und tiefer Einsicht, und – er war ein guter Meister. Lin-ji kommt also, auf Huang-bos Aufforderung hin, zu Da-yus Einsiedelei. Da-yu sagt zu ihm: *»Woher bist du gekommen?«* Lin-ji antwortet: »Ich komme aus dem Kloster Huang-bos.« – »Was hatte Huang-bo dir zu sagen?« forscht Da-yu weiter nach. *»Ich habe ihn dreimal nach dem essentiellen Sinn der Lehre Buddhas gefragt, und er hat mich dreimal mit seinem Stock geschlagen. Ich weiß nicht, ob ich einen Fehler begangen habe oder nicht.«* Da-yu sollte ihm gleichfalls einen Hieb verpassen, aber er tut es nicht. Statt dessen sagt er: »Der alte Huang-bo ist eine so gütige Großmutter, daß er sich um deinetwillen gänzlich verausgabt hat. Und da kommst du jetzt hierher und fragst, ob du einen Fehler begangen hast oder nicht!« *Bei diesen Worten erfuhr Lin-ji tiefe Erleuchtung.* Was war es, das er dabei geschaut, begriffen hat?

Daraufhin ruft Lin-ji aus: »Sieh an, es hat ja gar nicht so viel auf sich mit dem Dharma Huang-bos!« Da packt ihn Da-yu an beiden Armen und sagt: »Du kleiner bettnässender Teufel! Gerade eben noch hast du mich gefragt, ob du einen Fehler begangen hast oder nicht, und jetzt erklärst du, es sei nicht viel los mit dem Dharma Huang-bos! Was hast du begriffen? Sprich auf der Stelle! Sprich!« Ohne zu zögern stößt Lin-ji Da-yu dreimal in die Seite und schubst ihn weg. Da erklärt Da-yu: »Huang-bo ist dein Meister; ich habe mit der Sache nichts zu tun. Geh nur zu ihm zurück!« Lin-ji verläßt daraufhin Da-yu und kehrt zu Huang-bo zurück.

Als Huang-bo Lin-ji kommen sieht, sagt er: »Was für ein Bursche! Er kommt und geht, kommt und geht! Wann wird das ein Ende haben?« Lin-ji erwidert: »Das liegt alles nur an Eurer großmütterlichen Freundlichkeit!« und überreicht seinem Lehrer das übliche Geschenk. »Wo bist du gewesen?«, fragt ihn Huang-bo. »Vor kurzem habt Ihr mir den Gefallen getan, mich an Da-yu zu verweisen«, antwortet Lin-ji. »Und was hat Da-yu gesagt?«, fragt Huang-bo ihn weiter. Lin-ji erzählt ihm die ganze Geschichte, und Huang-bo sagt: »Wie gern würde ich mir diesen Burschen vorknöpfen und ihm eine Tracht Prügel verpassen!« Lin-ji entgegnet: »Warum nur davon reden, daß Ihr es gern tun würdet? Nehmt sie auf der Stelle in Empfang!« Und – Peng!, schlägt er Huang-bo. Der ruft aus: »Du verrückter Bursche, du! Kommst hierher zurück und zupfst den Tiger an den Barthaaren!« Da stößt Lin-ji einen gewaltigen, alles durchdringenden Schrei aus: »Hooo!« – »Aufwärter!«, ruft Huang-bo, »schaff diesen Verrückten hier aus meinem Zimmer und bring ihn in die Mönchshalle!« Da nahm denn Lin-ji seinen Platz in der Mönchsversammlung wieder ein und wurde schließlich zum bedeutendsten Nachfolger Huang-bos.

Daß dieses Kōan so offensichtlich ums Schlagen kreist, erweckt bei vielen Menschen Erstaunen und Befremden über die Art und Weise, wie sich im Zen die Schulung vollzieht. Es gibt ja noch viele andere Erzählungen von Meistern, die auf Mönche eingeschlagen haben – anscheinend geht da etwas vor sich, irgendeine Art von Unterweisung. Viele folgern daraus, das Schlagen sei ein Hauptmerkmal oder Hauptbestandteil der Zen-Schulung. In Wirklichkeit ist das durchaus nicht so, genausowenig wie Slapstick ein generelles Merkmal der amerikanischen Komödie ist. Sicherlich, es gab eine Zeit, da waren Charly Chaplin, die Three Stooges und Abbott und Castello die Publikumslieblinge. Schlagen und Hinfallen und groteskes Verhalten haben vor vierzig, fünfzig Jahren die amerikanische Komödie ausgemacht, doch dann geriet Slapstick aus der Mode. Heutzutage hat sich die Komödie in ganz andere Richtungen weiterentwickelt. In ähnlicher Weise hat es einmal eine Periode der Zen-Schulung gegeben, in der das Schlagen eine zentrale Rolle gespielt hat, zumal in dieser besonderen Traditionslinie von Huang-bo und Lin-ji; doch dann verschwand es aus der Welt. Man kann zum Beispiel in den Lehrmethoden Dōgens oder bei Dong-shan oder den meisten anderen großen Meistern keine Belege mehr fürs Schlagen finden.

Es ist ganz wichtig zu begreifen, was sich im Zentrum dieses Kōan abspielt. Dreimal fragt Lin-ji nach dem Sinn des Buddha-Dharma, und dreimal schlägt ihn Huang-bo. Der alte Mann begann sich zu wiederholen. Wollte er sagen, daß die »Antwort« im Schlagen bestand? Zum Vergleich ließe sich der klassische Fall des Meisters De-shan (Tokusan) anführen: Immer wenn ein Mönch ihm eine bejahende Antwort gab, pflegte er ihm 30 Stockhiebe zu verabreichen; wenn er eine verneinende Antwort gab, ebenfalls 30 Stockhiebe; und wenn die Antwort weder als Bejahung noch als Verneinung ausfiel: 30 Stockhiebe. Wenn der Mönch überhaupt nicht antwortete: 30 Stockhiebe. Seine Mönche wollten schon gar nicht mehr zu ihm in den Dokusan-Raum gehen. Du konntest rein gar nichts tun, wofür du dir nicht 30 Stockhiebe eingehandelt hättest. Was sollte das Ganze?

Wenn du solche Interaktionen zu verstehen suchst, dann mußt du dir über eines im klaren sein: Solange du den Stachel der Frage nicht selbst gefühlt hast, wirst du auch den Stachel der Antwort nicht zu schätzen wissen. Besteht darin, daß du geschlagen wirst, die Antwort? Und wenn das so ist, was bedeutet diese Antwort dann? Ich kann dir eine Menge Zeit ersparen: Da gibt es *überhaupt keine* Bedeutung. Verschwende also keine Zeit damit, nach ihr zu suchen. Genau dasselbe wird von den Schülern verlangt, die mit dem Kōan MU üben oder mit dem Kōan vom Ton des Klatschens einer Hand. MU bedeutet ganz und gar nichts! Also versuch erst gar nicht, beim Dokusan mit irgendwelchen Bedeutungen anzukommen.

Um noch ein weiteres mögliches Mißverständnis auszuräumen: Dieses Geschlagenwerden ist keine Strafe. Es geschieht nicht aus Verärgerung. Das Schlagen muß als ein Akt äußersten Mitgefühls verstanden werden. Als ich das erste Mal in ein Zen-Kloster kam, saß ich da auf meinem Kissen und wurde zusehends wütender, und zwar wegen meiner eigenen Schmerzen. Ich haßte alles, was ich da erlebte. Zu jener Zeit war mir durchaus nicht klar, worin der Grund für diesen Ärger lag. Ich dachte, meine zunehmende Verärgerung rühre von all den Dingen her, die sich dort abspielten und die ich völlig mißverstand. Als nächstes sehe ich dann, daß ein Mönch aufsteht und beginnt, den Mittelgang auf und ab zu gehen und die Leute mit einem Stock zu schlagen.

Im Zen Mountain Monastery geben wir zum Kyōsaku, dem »Erweckungsstock«, eine recht ausführliche Erläuterung ab, sowohl über den Sinn der Prozedur wie über die Art und Weise, wie man den Kyōsaku empfängt. In jenem Kloster jedoch hat niemand zu irgend etwas auch nur ein Wort der Erklärung abgegeben. Ich selbst bin auf der Straße aufgewachsen, in einem Ghetto, und daher kommt es ganz und gar nicht in Frage, daß mich irgend jemand schlägt. Und da war also dieser Bursche, der den Mittelgang auf und ab ging und mit seinem Stock immer näher kam. Ich wußte, daß es gleich zu einem Kampf kommen würde, möglicherweise zur ersten Schlägerei, die je in einem buddhistischen Kloster stattgefunden hat! Ich war wild entschlossen: Wenn er den Stock gegen mich erhebt, dann mache ich ihn platt! Und nicht nur das, ich werde mir auch den alten Mann da auf seinem erhöhten Sitz vorknöpfen und ihn gleichfalls zu Boden schlagen. Und dann werde ich die Buddha-Figur vom Altar hinunterstoßen ... Da saß ich also, kochte vor Wut und versuchte, »friedlich« zu bleiben. Ich hatte keine Ahnung, daß man um den Kyōsaku bitten mußte, bevor ihn dir jemand auf die Schultern schlug, und so ging der Mönch einfach an mir vorbei. Doch in den zwei, drei Minuten, die er brauchte, um langsam den Mittelgang heraufzukommen, hatte ich mich selbst in eine regelrechte Raserei hineingesteigert.

Das Schlagen ist in diesem Kōan auch etwas ganz anderes als die Selbstkasteiung, die einst unter katholischen Mönchen üblich war. Die haben sich selbst ausgepeitscht, um dadurch den Schmerz und das Leiden Christi nachzuempfinden und für sich selbst eine größere spirituelle Tiefe zu erlangen. Geißelung war es nicht, was Huang-bo mit Lin-ji beabsichtigt hatte. Er hat nicht versucht, Lin-ji Schmerzen zuzufügen. Er hat statt dessen versucht, ihn zu einer Einsicht zu bringen. Was war das für eine Einsicht? Was war es, was Huang-bo Lin-ji wirklich gegeben hat?

Der Kommentar des *Congrong-lu* zu diesem Kōan lautet: »Der Schatz des Auges der wahren Lehre ging mit dem blinden Esel zugrunde. Huang-bo war viel zu freundlich, und Da-yu zu geschwätzig.« Nachdem Lin-ji selbst ein Meister geworden war und viele Jahre lang Schüler geführt hatte, begann er eines Tages, sich auf seinen Tod vorzubereiten. Sterbenskrank lag er in seinem Bett und hatte alle seine Schüler um sich herum versammelt. Er hob den Blick zu seinem Hauptschüler und sagte: »Laß nicht zu, daß mein Dharma ausgelöscht wird.« Der Schüler antwortete: »Wie könnte ich zulassen, daß Euer Dharma je erlischt?« Das war eine wunderbare Antwort. In der Tat, wie könntest du das? Das ist, in gewissem Sinne, noch eine Art von Humor. Wir veranstalten jede Woche eine Zeremonie für die Bewahrung des unzerstörbaren Dharma! Er reicht überall hin. Wohin könnte er denn entschwinden? Woher ist er je gekommen? Wie könnte er denn je erlöschen? Wie das Leben selbst, ist er ungeboren und unzerstörbar. Lin-ji fuhr fort: »Wenn dich dereinst, in vielen, vielen Jahren, jemand fragt, worin denn die Lehre des Lin-ji bestehe – was wirst du dann antworten?« Der Schüler stieß einen gewaltigen Schrei aus, ganz in der Art, wie Lin-ji ihn all die Jahre zur Unterweisung verwendet hatte. Dieser Schrei war Lin-jis Antwort auf die Frage: »Was ist Buddha?« Der Schrei war seine Antwort auf die Frage: »Was ist die Wahrheit?« Der Schrei war seine Antwort auf sämtliche Fragen, die ihm gestellt wurden, genauso wie die 30 Stockhiebe De-shans Antwort waren. Lin-ji sah seinem Schüler fest in die Augen und sagte: »Wer hätte gedacht, daß mein wahrer Dharma mit diesem blinden Esel erlöschen wird!« und verschied.

Was Lin-ji da getan hat, war nichts anderes, als seinen Schüler zu bestätigen. Was hat denn der alte Einsiedler anderes getan, indem er Lin-ji einen kleinen bettnässenden Teufel nannte, als seinem Einverständnis Ausdruck zu geben. Als Lin-ji nach seinem Schlüsselerlebnis mit Da-yu zu Huang-bo zurückkam und ihm berichtete, was vorgefallen war, lautete Huang-bos Antwort: »Da-yu war viel zu redselig. Warte nur, bis ich ihn zu fassen kriege! Dann werde ich auch ihm einen Schlag versetzen!« Darauf entgegnete Lin-ji: »Warum so lange warten?« und schlug seinerseits Huang-bo. Huang-bos Antwort bestand darin, daß er lachte. Dieses Lachen war zugleich Zustimmung und Ausdruck von Freude. Mitzuerleben, wie ein Schüler zu diesem unglaublichen Dharma durchbricht, ist für einen Meister vermutlich ein größeres Ereignis als die Erfahrung der eigenen Erleuchtung. Genau das hat Huang-bo ausgedrückt. Sein Lachen war das Lachen einer Mutter, eines Vaters, die mitansehen, wie ihr Kind es schafft.

Wenn er nach seinem Lachen fortfährt: »Da kommt dieser verrückte Bursche und greift nach den Barthaaren des Tigers!«, dann ist das ebenfalls nur Zustimmung. Was ist das nur gewesen, was Lin-ji da geschaut, erfahren hat, daß es eine solche Verwandlung in ihm hat vor sich gehen lassen? Drei Jahre lang sitzt er irgendwo in einer Ecke des Zendō, hat Angst davor, zum Dokusan zu gehen, und jetzt kommt er von seiner Begegnung mit Da-yu zurück und schlägt dem alten Mann ins Gesicht! Was soll da vermittelt werden? Heißt das, wir sollten alle herumlaufen und auf die Leute eindreschen? Du solltest dir klar darüber sein, was du tust, bevor du zu mir zum Dokusan kommst und versuchst, mich zu schlagen. Ich bin immer noch ein Kind der Straße, mich schlägt keiner ungestraft!

Einst fragte Gui-shan (Isan) Meister Yang-shan (Kyōzan): »Hat Lin-ji die Kraft des Da-yu oder des Huang-bo erhalten? Wessen Nachfolger ist er tatsächlich gewesen? Wer hat ihn zur Erleuchtung gebracht?« Erinnere dich genau, was in den verschiedenen Begegnungen passiert ist. Huang-bo hat Lin-ji dreimal geschlagen. Lin-ji hat den alten Einsiedlermönch dreimal geschlagen. Huang-bo hat erklärt, er würde gern Da-yu schlagen, worauf Lin-ji antwortet, indem er seinerseits Huang-bo schlägt und dabei fragt: »Warum noch länger warten?« Was Lin-ji damit tat, war, die wechselseitige Identität aller drei Beteiligten zu enthüllen: Einssein, gänzliche Einheit in Körper und Geist.

Es gibt einen Lobgesang auf Da-yu, mit folgendem Wortlaut:

Heftig und schroff, bissig wie ein Hund.
Er hat Lin-ji aus dem Norden geöffnet und zu einem großen Baum gemacht;
er hat Yun-men vom Steilabfall der Klippe gestürzt.
Seine Worte waren wie trockenes Feuerholz;
seine Einsicht läßt sich nicht in Kategorien pressen.

Später hat Lin-ji einmal vor einer Versammlung von Mönchen gesagt: »Im Kloster meines verstorbenen Meisters fragte ich dreimal nach dem tiefsten Sinn des Buddhismus und wurde dreimal geschlagen. Es war, als hätte man mich mit einem Zweig der Wermut-Staude abgerieben.* Eben jetzt wäre mir nach noch einem weiteren Schlag. Wer kann das für mich tun?« Da trat ein Mönch vor und sagte: »Ich will es tun!« Lin-ji nahm seinen Stock auf, um ihn dem Mönch auszuhändigen, und als der danach greifen wollte, schlug Lin-ji ihn. Ein anderer Meister hat dazu gesagt: »Lin-jis Loslassen war ein bißchen gefährlich, aber er sammelt mit unbeschreiblicher Schnelligkeit wieder ein.« Dieses Lob wird auch von den Sätzen aus dem *Congrong-lu* wieder aufgenommen, die wir oben schon einmal kurz berührt haben: »Der Schatz des Auges der wahren Lehre ging mit dem blinden Esel zugrunde. Huang-bo war viel zu freundlich, und Da-yu zu geschwätzig.« Das sind Worte hohen Lobes für

---

* Das Abreiben mit Wermut-Zweigen war ein altes chinesisches Reinigungsritual. [A. d. R.]

alle drei Männer. Daß die wahre Lehre in den Händen des blinden Esels zugrunde geht, bezieht sich auf Lin-jis Bestätigung seines Nachfolgers.

Huang-bo war unglaublich freundlich. Seine Freundlichkeit war die eines Vaters, der sein Kind aus Mitgefühl züchtigt. So etwas ist Welten von den Schrecken der Kindesmißhandlung entfernt. Es gibt Augenblicke, wo eine Tracht Prügel not tut, Augenblicke, wo sie geradezu ein lebenswichtiges Geschenk darstellt. Ich glaube, ich selbst habe meine Kinder nur zweimal versohlt. Das eine Mal war, als meine beiden älteren Söhne (die jetzt in den Mitdreißigern sind) acht und zehn Jahre alt waren. Wir hatten hinter dem Haus einen Teich, und ein Herbstfrost von einigen Tagen hatte ihn zufrieren lassen. Dann schneite es ein wenig, was dem Teich eine wunderschöne Decke überzog, doch das Eis war immer noch sehr dünn. Meine Söhne wollten nach draußen, um im Schnee zu spielen, und ich sagte ihnen: »Geht nicht zum Teich! Das ist gefährlich! Bleibt weg vom Eis, bis ich Euch sage, daß ihr es betreten dürft! Es wird sicher noch einige Monate dauern.« Eine halbe Stunde später gucke ich zufällig aus dem Fenster, und da sind die beiden auf dem Teich! Glücklicherweise waren sie leicht genug, so daß das Eis sie trug. Ich rannte hinaus und gab ihnen auf der Stelle eine ordentliche Tracht auf den Hintern. Ich wollte, daß sie sich ein für allemal daran erinnerten, daß dies eine Sache auf Leben und Tod war; und wo es um Leben und Tod ging, zögerte ich nicht, ihnen den Hintern zu versohlen.

Das war zu einer Zeit, als alle Psychologen sagten, du solltest deinen Kinder auf gar keinen Fall so etwas antun! Sie hätten argumentiert, daß meine Kinder dadurch einen seelischen Knacks davontrügen! Doch diese Tracht Prügel kam aus Liebe, nicht aus Wut. Sie kam ausschließlich aus tiefster Besorgnis, nicht aus Ichbezogenheit, aus Ärger darüber, daß sie es gewagt hatten, meinen Befehl zu mißachten. Es gibt Augenblicke, wo ein strenges, aber liebevolles Verhalten unmittelbar und unverzüglich etwas mitteilt, worüber nicht gesprochen werden kann, etwas, das über Worte und Begriffe hinausgeht.

Im Lobgesang zu diesem Kōan steht der Satz: *Der Wind der Wirklichkeit streicht über die Röhren dahin.* Das ist zunächst einmal eine Anspielung auf das Musizieren auf einer Pan-Flöte aus Bambus. »Der Raum zwischen Himmel und Erde ist wie eine Bambusflöte.« Wie eine

Laute oder eine Zimbel trägt eine Bambusflöte als Möglichkeit einen wunderbaren Klang in sich; doch ohne eine hervorragende Kunstferfertigkeit kann dieser Klang nicht zum Vorschein kommen. Die Musik ist ständig im Instrument gegenwärtig, vollkommen und unausschöpflich; doch wenn du nicht weißt, wie man eine Flöte handhabt, wird sie ihren wundervollen Klang nicht hergeben. So steht es mit allen Dingen, auch mit allen von uns. Alle Lebewesen sind vollkommen und vollständig; es fehlt ihnen nichts. Doch wenn du diese Wahrheit nicht persönlich und mit deinem Innersten erfahren hast, wenn du nicht dich selbst erforscht hast und durch all die Schichten deiner Prägung hindurchgedrungen bist, die dich von deinem wahren Selbst trennen, dann gehst du deinem Tod entgegen mit dem Gefühl, daß da etwas nicht stimmt, daß du etwas Wichtiges verpaßt hast. Wir alle glauben, wir hätten in unserem Leben etwas erlangen sollen, was wir bisher nicht erlangt haben. Und doch ist alles immer schon da! Das Leben eines jeden von uns ist, gerade so, wie es ist, das Leben des Buddha. Doch wenn du das nicht realisierst, dann kannst du mit diesem Faktum auch nichts anfangen.

In gewisser Weise sind die schlagende Hand des Huang-bo und der Stock des Meisters De-shan nicht vom Anhauch des Herbstwindes verschieden, wenn du ihn wirklich fühlst. Der donnernde Schrei des Linji ist in Wahrheit nicht vom Plätschern des Baches im Talgrund verschieden, wenn du es wirklich hörst. Alle diese Dinge sind eine Form der Intimität, vollständige Einheit von Körper und Geist: Wenn du wirklich und restlos mit dir selbst eins bist, dann bist du auch mit den zahllosen Dingen eins, eins mit dem gesamten Universum der Erscheinungen. Dann gibt es keinerlei Trennung mehr.

Erfaßt du es immer noch nicht, dann sieh her –
Sieh den September, sieh den Oktober!
Hunderttausende goldgelber Blätter
bedecken den Bach, der aus den Bergen kommt.

8. Gegen den Mörser schlagen und das Sieb schütteln

Denkō-roku, Kōan 34

Hinweis

Die Schläge gegen den Mörser hallen noch immer durch das ganze Universum. Kannst du sie hören? Jeder von uns besitzt den uralten Spiegel, all die zahllosen Formen: Länge und Kürze, Kreis und Quadrat, Vergangenheit, Gegenwart und Zukunft. In diesem Spiegel erscheint ein jedes Ding, was es auch sei. Hast du ihn je gesehen? Gerade in diesem Augenblick erfüllt er den Palast des Drachen, erfüllt er die Zehn Richtungen. Kannst du den Klang des Regens hören? Kannst du die Blumen des Frühlings sehen? Dann tritt genau dort durch das Tor!

Das Beispiel

Hui-neng arbeitete unermüdlich in der Reisscheune des Ostberges. Eines Nachts betrat Hung-ren die Scheune und fragte: »Ist der Reis schon weiß?« Hui-neng antwortete: »Ja, das ist er. Aber ich habe ihn noch nicht gesiebt.« Da schlug Hung-ren mit seinem Stock dreimal an den Mörser. Hui-neng schüttelte dreimal das Reissieb und begab sich dann zum Zimmer des Patriarchen.

Lobgesang

Der Klang der Schläge, die den Mörser trafen,
schallt übers leere Blau des Firmaments hinaus.
Der Mond wird von den Wolken weißgesiebt,
der Abendhimmel wölbt sich klar und grenzenlos.

Hui-neng (Enō) ist vermutlich der bedeutendste Meister in der Geschichte des Zen-Buddhismus. Als sechster Patriarch in der Traditionslinie, die mit Bodhidharma beginnt, ist er für die Ausbreitung des Zen in ganz China sowie die Entstehung aller wichtigen Schulen des Zen verantwortlich, von denen zwei bis auf den heutigen Tag gemeinsam hier im Zen Mountain Monastery lebendig sind.

Hui-neng kam aus dem Süden Chinas, der bei den meisten Chinesen jener Zeit als die Heimat der »Barbaren« galt. Er war ein Laie, kein Mönch, und bei dem Ereignis, von dem dieses Kōan erzählt, war er noch sehr jung, wahrscheinlich 18 oder 19 Jahre alt. Er hatte keinerlei Schulbildung genossen, hatte niemals Zazen geübt, niemals irgendeine der buddhistischen Schriften studiert und sollte doch der sechste Patriarch des Zen werden.

Hui-nengs Schulung und Lehrtätigkeit fanden im siebten Jahrhundert statt, noch vor dem »Goldenen Zeitalter des Zen«. In der Tat können wir vieles von dem, was später das »Goldene Zeitalter des Zen« ausmachen sollte, den überragenden Leistungen dieses Mannes zuschreiben. Sein Vater war allem Anschein nach ein Verwaltungs-Mandarin, der in Ungnade gefallen, degradiert und in die südlichen Grenzgebiete verbannt worden war. Dort starb er wenige Jahre später und hinterließ den kleinen Jungen der Erziehung seiner Mutter. Die beiden lebten in äußerster Armut, und Hui-neng leistete seinen Beitrag zur gemeinsamen bescheidenen Lebensführung, indem er Holz sammelte, zurechtschnitt und auf dem Markt verkaufte.

Eines Tages hörte er auf dem Marktplatz einen Mönch das *Diamant-Sūtra* rezitieren. Als der Mönch zu der Zeile kam: »Laß deinen Geist frei fließen, ohne bei irgend etwas zu verweilen«, erfuhr Hui-neng tiefe Erleuchtung. Er fragte den Mönch: »Was für eine Schrift ist das? Und bei welchem Lehrer hast du sie erlernt?« Der Mönch erzählte dem Jungen, es sei das *Diamant-Sūtra*, und daß er es bei Meister Hung-ren (Gunin) im Norden Chinas erlernt habe.

Hui-neng kehrte nach Hause zurück und eröffnete seiner Mutter, er sei entschlossen, sich auf die Suche nach der Wahrheit zu machen. Dann verließ er Hütte und Heimat und wanderte zunächst in die Nachbarprovinz, wo er sich mit einem sehr gebildeten Mann anfreundete, dessen Schwiegermutter eine buddhistische Nonne war. Diese Frau pflegte jeden Tag das *Nirvāna-Sūtra* zu rezitieren. Als Hui-neng eines Tages ihrem Vortrag lauschte, begann er plötzlich, den Dharma auszulegen. Die Nonne nahm daraufhin den Sūtra-Text zur Hand und fing an, den Jungen darüber auszufragen. Sie wollte ihm schon das Buch aushändigen, da erklärte ihr Hui-neng: »Ich kann aber gar nicht lesen! Würdest du es mir vorlesen und mir dann nach deinem Gutdünken Fragen dazu stellen?« Die Nonne erwiderte: »Wenn du gar nicht lesen kannst, wieso kannst du dann den Sinn verstehen?« Hui-neng antwortete: »Der tiefste Sinn des Buddhismus ist nicht an geschriebene Worte gebunden.« Die Nonne war zutiefst erstaunt und fing an, den Leuten rings in der Stadt von der angeborenen Weisheit des jungen Mannes zu erzählen. Es dauerte nicht lange, und schon kamen die Menschen in hellen Scharen, um ihm ihre Ehrerbietung zu bezeugen. Ein alter Tempel in der Nachbarschaft, der verlassen dalag, wurde als Lehrstätte für ihn wiederhergestellt und entwickelte sich alsbald zu einem regelrechten Wallfahrtsort. Hui-neng war zu dieser Zeit noch keine zwanzig Jahre alt!

Eines Tages sagte Hui-neng: »Ich bin unterwegs auf der Suche nach der Großen Lehre. Warum sollte ich auf halbem Wege stehen bleiben?« und verließ wenig später den Tempel, um seine Suche fortzusetzen. (Angesichts solchen Verhaltens drängt sich einem doch die Frage auf, wie viele Leute wohl heutzutage, nachdem sie die tiefe Erleuchtung erfahren und Hunderte von Anhängern um sich geschart haben, die sie um ihre Unterweisung bitten, plötzlich zu der Einsicht kämen, daß sie ihre Übung noch weiter vervollständigen müßten?) Hui-neng jedenfalls machte sich auf, in den Norden Chinas zu wandern. Unterwegs traf er einen Zen-Meister, den er um Unterweisung bat. Dieser Meister erkannte aus Hui-nengs Verhalten, daß er kein gewöhnlicher Mensch war. Er erzählte ihm, daß der indische Mönch Bodhidharma das Siegel des Geistes nach China gebracht habe und daß es zuletzt auf Hung-ren übergegangen sei. Er empfahl Hui-neng, zu Hung-rens Kloster zu wandern. Nachdem er so zum zweitenmal auf Hung-ren verwiesen worden war, machte sich Hui-neng auf die Wanderschaft zu dessen Kloster weit im Norden Chinas.

Hung-ren stand bei allen Kaisern, Mandarinen und Gelehrten in jenem Teil Chinas in höchstem Ansehen. Er leitete ein Kloster von riesigen Ausmaßen. Mehr als tausend Mönche übten sich dort, als Hui-neng, dieser junge Analphabet und Holzsammler, ans Klostertor klopfte. Als ich selbst zum ersten Mal von Hui-nengs erster Begegnung mit Hung-ren las, erinnerte mich das an das erste Zusammentreffen des heiligen Franz von Assisi mit dem Papst. Um eurem Gedächtnis aufzuhelfen: Auch der heilige Franz sah bei seiner Ankunft ganz zerlumpt aus, denn schließlich hatte er eine Pilgerfahrt vom einen Ende Italiens zum anderen hinter sich – zu Fuß, wie sich versteht.

Die Kirchenbonzen wollten ihm sogar den Zutritt verweigern; doch als er zu guter Letzt doch noch eine Audienz erhielt, erkannte der Papst sofort die hohen geistigen Fähigkeiten des jungen Mannes und gestand ihm alles zu, worum er gebeten hatte. Das war der Beginn des Franziskanerordens.

Hung-ren also fragte Hui-neng: »Woher kommst du?« Hui-neng antwortete: »Aus dem Süden.« Der Patriarch fragte weiter: »Und was willst du?« Hui-neng erwiderte: »Ich will ein Buddha werden!« Der Patriarch lachte: »Ihr Barbaren aus dem Süden habt keine Buddha-Natur; wie kannst du da die Buddhaschaft erlangen wollen?« Und da erklärt doch dieser junge Analphabet: »Was die Menschen betrifft, so mag es da ja Norden und Süden geben. Aber was sollte die Buddha-Natur damit zu tun haben?« Der Fünfte Patriarch erkannte auf der Stelle, daß es mit diesem jungen Mann etwas Besonderes auf sich hatte. Er nahm ihn auf und erteilte ihm die Aufgabe, in der zur Klosterküche gehörenden Reisscheune den Reis zu stampfen. Hui-neng verneigte sich und ging an die Arbeit. (Und wieder drängt sich die Frage auf: »Kannst du dir vorstellen, daß so etwas in diesem Land in unserem 20. Jahrhundert passiert?« Hui-nengs ganze »Belohnung« dafür, daß Hung-ren in ihm soeben einen Menschen mit echter Erleuchtungserfahrung erkannt hat, ist eine der niedrigsten Tätigkeiten, die das Kloster überhaupt zu bieten hat – und er verbeugt sich wortlos und geht schnurstracks an seine Arbeit!?)

Auf diese erste Begegnung folgte eine lange Zeitspanne, während derer Hui-neng eifrig in der Reisscheune arbeitete. Keiner von den anderen Mönchen wußte, wer er war. Er sah aus wie ein völlig mittelloser Laie, dem der Meister aus Mitleid eine Arbeit gegeben hatte. Er hatte die Erlaubnis erhalten, in der Scheune zu schlafen, er verhielt sich ruhig und unauffällig und erledigte seine Arbeit. Er rannte keineswegs herum und gab Dharma-Erklärungen von sich, um jedermann vorzuführen, über welches Wissen er verfügte. Er bewies seine tiefe Einsicht vielmehr in seinem Tun und machte ganz einfach seine Arbeit.

Hung-ren erkannte eines Tages, daß für ihn die Zeit gekommen war, den Dharma auf einen seiner Schüler zu übertragen. Deshalb sagte er zur Mönchsgemeinschaft: »Die Wahrheit ist schwer zu begreifen. Lernt nicht nutzloserweise meine Worte auswendig und haltet das für eure einzige Pflicht. Jeder von euch sollte statt dessen ganz aus eigenem ein kurzes Gedicht verfassen. Wenn der Sinn dieser Worte die Wahrheit trifft, dann werde ich dem Betreffenden das Gewand des Meisters übertragen.«

Zu jener Zeit war Shen-xiu (Jinshu) der Mönchsvorsteher im Kloster Hung-rens. Er war in der Tat in spirituellen Dingen weit fortgeschritten. Wenn man diese Geschichte heute liest, dann denkt sich manch einer, Shen-xiu sei so eine Art Dummkopf gewesen. Das war er nun ganz und gar nicht. Er erhielt später gleichfalls die Dharma-Übertragung und begründete eine Traditionslinie, die sich über viele Jahre hin erhalten hat. Shen-xiu war der Älteste von über tausend Mönchen im Kloster Hung-rens und in spirituellen und mystischen Lehren sehr bewandert. Er wurde von allen Mönchen bewundert, und im Kloster galt es allgemein als sicher, daß er und kein anderer den Dharma übertragen bekommen würde. Deswegen erdreistete sich auch kein anderer Mönch, die Herausforderung Hung-rens anzunehmen.

Shen-xiu versuchte also, das geforderte Gedicht zu verfassen; doch er mußte zu seinem Befremden feststellen, daß er größte Schwierigkeiten damit hatte. Er fühlte sich auf geheimnisvolle Weise gehindert. Es wird erzählt, daß er über dieser Aufgabe wieder und wieder in Schweiß ausgebrochen sei. Nach einigen Tagen hatte er es endlich zustande gebracht und versuchte nun verschiedentlich, sein Gedicht Hung-ren zu präsentieren. Schließlich – es hat den Anschein, als ob Hung-ren ihn geflissentlich übersehen hätte – heftete er seine Zeilen an die Wand vor dem Zimmer des Meisters, ohne es mit seinem Namen zu kennzeichnen! Sie lauteten:

Der Leib, das ist der Bodhi-Baum,*
der Geist, er gleicht dem klaren Ständer-Spiegel.
Wisch ihn denn immer wieder rein,
laß keinen Staub sich darauf sammeln!

Als der Fünfte Patriarch diese Zeilen las, wußte er sofort, daß sie von Shen-xiu stammten, und lobte sie: »Wenn spätere Generationen ihre

* Der Bodhi-Baum, der Baum, unter dem der historische Buddha vollkommene Erleuchtung erlangte, ist ein Symbol der Erleuchtung. [A. d. R.]

Übung an diesen Zeilen hier ausrichten, werden auch sie ausgezeichnete Ergebnisse an sich feststellen können.« (Wenn du diese Worte aufmerksam liest, dann erkennst du, daß sie keine Bestätigung darstellen. Hung-ren sagt damit, daß das Gedicht nicht schlecht ist, doch ebensowenig den Kern der Sache trifft.)

Wir sehen hier ein großartiges Upāya – ein kunstvolles Hilfsmittel – am Werke. Hung-ren leitete eine Mönchsgemeinschaft von einem guten Tausend Mitgliedern. Im China jener Zeit mußtest du, um Mönch zu werden, eine sehr gute Ausbildung hinter dir haben und außerdem wahrscheinlich auch noch aus einer einflußreichen Familie stammen. So sammelte sich in den damaligen Klöstern die kulturelle Elite des Landes, ganz ähnlich wie in Tibet vor der rotchinesischen Okkupation. Klöster waren die Zentren der Gelehrsamkeit. Ein junger Mann hatte in jenen Tagen im wesentlichen drei Möglichkeiten, eine Karriere einzuschlagen: Er ging in ein Kloster, er arbeitete als Mandarin in der Verwaltung des Reiches, oder er verlegte sich aufs Geldverdienen durch Handelsgeschäfte. Warst du ein intellektuell veranlagter Mensch, bedeutete die Aussicht, Kaufmann zu werden, nicht gerade eine Verlockung. Deshalb blieb dir nur das Kloster oder die Verwaltung. Infolgedessen standen die Klöster in voller Blüte. Und Shen-xiu war in seiner Person sozusagen die Creme de la Creme im Kloster Hung-rens. So forderte der Fünfte Patriarch jedermann auf, sich die Zeilen Shen-xius einzuprägen.

In der Zwischenzeit hörte der Bengel aus dem Süden unten in der Scheune die Mönche über das Gedicht des Shen-xiu reden und fragte sie: »Von was für einer Schrift redet ihr da?« Einer von den Mönchen antwortete: »Weißt du nicht Bescheid? Der Patriarch sucht einen Nachfolger für die Lehrtätigkeit und hat jedermann aufgefordert, ein Gedicht zu schreiben. Dies ist das Gedicht von Shen-xiu, dem Mönchsvorsteher. Der Meister hat es hoch gelobt. Er wird ihm sicherlich den Dharma übertragen.« Hui-neng, versteht sich, konnte den Text an der Wand vor dem Zimmer des Meisters nicht lesen und mußte den Mönch daher bitten, ihm die Zeilen vorzulesen. Nachdem er das Gedicht vernommen hatte, schwieg er für einen Augenblick; dann sagte er: »Es ist ganz in Ordnung; aber irgend etwas fehlt noch daran.« Der Mönch lachte ihn aus und meinte: »Was verstehst du denn schon davon? Du bist einer, der den Reis stampft. Red bloß keinen Quatsch!« und ließ

Hui-neng grußlos stehen. In der Nacht darauf ließ Hui-neng einen der Diener-Jungen, der gleichfalls in der Reissscheune arbeitete, ihn in die Halle vor dem Zimmer Hung-rens begleiten und bat ihn, die folgenden Zeilen neben die des Shen-xiu zu schreiben:

Im Grunde gibt es keinen Bodhi-Baum,
noch gibt es Spiegel und Gestell.
Da ist ursprünglich kein einziges Ding.
Wo heftete sich Staub denn hin?

Jeder, der am nächsten Tag Hui-nengs Zeilen las, erging sich in Lobesworten. Alle waren davon überzeugt, daß irgendein lebender Bodhisattva sie verfaßt und dort angeheftet hatte. (Hui-nengs Gedicht war ebenfalls nicht signiert.) Als der Fünfte Patriarch die Zeilen las, wußte er sofort, daß sie von Hui-neng stammten; doch laut sagte er: »Wer hat das verfaßt? Das ist von jemandem, der sein wahres Wesen noch nicht erkannt hat.« Er nahm das Gedicht von der Wand, zerriß es und warf es weg. Daraufhin schenkte die gesamte Mönchsgemeinschaft Hui-nengs Gedicht weiter keine Aufmerksamkeit, wobei der einzelne sich wohl sagte: »Nun, der Meister wird schon wissen, was er tut. Es ist wohl doch nicht das Gedicht eines großen Bodhisattva. Irgend etwas muß faul daran sein.«

In der folgenden Nacht kam Hung-ren heimlich in die Reissscheune, wo Hui-neng trotz der späten Stunde immer noch arbeitete, und fragte ihn: »*Ist der Reis schon weiß?*« *Hui-neng antwortete*: »*Ja, das ist er; aber ich habe ihn noch nicht gesiebt.*« Der Fünfte Patriarch schlug mit seinem Stock dreimal an den Mörser, und Hui-neng schüttelte dreimal das Reissieb. Da sagte der Patriarch zu ihm (und diese Worte werden auch heute noch bei der Zeremonie der Dharma-Übertragung verwendet):

»Um der Großen Sache willen, auf daß das Wissen der Erleuchtung hier in dieser Welt erscheint, weisen die Buddhas den Menschen je nach ihren Fähigkeiten den WEG. So ist es schließlich zu den Lehren der Zehn Stufen, zu den drei Fahrzeugen, der plötzlichen und der allmählichen Erleuchtung und so fort gekommen. Überdies hat der Buddha den unübertroffenen, äußerst tiefsinnigen und unfaßbar wirklichen ›Schatz des Auges des Wahren Dharma‹ [das ist Dōgens »*Shōbōgenzō*«] von der Vollkommenen Erleuchtung an seinen ältesten Schüler, Māhakāshyapa, übertragen. Von dort wurde er bis zu Bodhidharma weitergegeben, dem Patriarchen der 28. Generation. Der ist nach China gekommen und hat in Hui-ke den nächsten großen Meister gefunden. In ununterbrochener Reihe ist er so weiter übertragen worden, bis er auf mich gekommen ist. Und jetzt gebe ich diesen Schatz des Dharma an Dich weiter, ebenso das Gewand, das zusammen mit der Lehre immer weitergereicht worden ist. Bewahre den Dharma gut, und laß nicht zu, daß er jemals ein Ende findet.«

Auf den Knien empfing Hui-neng das Gewand und den Dharma und sagte: »Nun habe ich den Dharma empfangen. Wem soll denn nur das Gewand übergeben werden?« Mit anderen Worten: »Ich besitze jetzt den Dharma. Wozu da noch das Gewand?« (Dabei handelt es sich, wohlgemerkt, um das Gewand des Buddha.) Der Fünfte Patriarch erwiderte: »Vor langer Zeit, als Bodhidharma nach China kam, wollten die Menschen ihm nicht glauben. Deshalb händigte er an seinen Nachfolger auch das Gewand aus als Zeichen dafür, daß er den Dharma tatsächlich besaß. Heute hat sich die Situation völlig gewandelt; jetzt hat sich Vertrauen in Dharma und Meister entwickelt, doch das Gewand ist zur Quelle von Streit geworden. Deshalb mach ein Ende mit ihm und gib es einst nicht an Deinen Nachfolger weiter. Für die Gegenwart aber solltest du weit in die Ferne ziehen und dich verstecken, bis die Zeit gekommen ist, daß du als Meister wieder hervortrittst. Man sagt, daß das Leben eines Mannes, der das Buddha-Gewand erhalten hat, gleichsam an einem seidenen Faden hängt.«

Hui-neng fragte: »Wo soll ich mich denn verborgen halten?« Der Fünfte Patriarch erwiderte: »Wenn du zum Staate Wei kommst, halte ein und versteck dich dort für eine Weile.« Er gab Hui-neng diesen Rat, weil er voraussah, daß die Mönche seines Klosters in helle Wut geraten würden, sobald sie von der vollzogenen Übertragung Wind bekämen, und daß dieser junge Holzsammler aus dem Süden Chinas letztendlich unter ihren Händen sein Leben würde lassen müssen. Hung-ren hatte nichts anderes im Sinn, als ihn zu schützen. Hier im Zen Mountain Monastery fragen mich alle möglichen Leute immer wieder: »Aber das waren doch Mönche! Warum sollten sie so etwas tun?« In der Tat, warum!?

Hui-neng verneigte sich vor Hung-ren, und gemeinsam gingen sie den Berg hinunter zum Fluß. Hui-neng sagte: »Ihr solltet jetzt lieber zurückgehen. Ich habe den WEG bereits erkannt und sollte mich nunmehr selbst über den Fluß bringen können.« Doch der Fünfte Patriarch wollte davon nichts wissen: »Auch wenn du den WEG schon erlangt hast, will ich dich doch noch übersetzen zum anderen Ufer.« Dann nahm er den Staken, setzte Hui-neng in das Boot und brachte ihn über den Fluß. Danach kehrte Hung-ren allein ins Kloster zurück.

Die Mönchsgemeinschaft ahnte von alledem nicht das geringste. Der Fünfte Patriarch hörte allerdings auf, weiterhin Sūtras vorzulesen, ging nicht mehr in den Dokusan-Raum und hörte auch auf, Dharma-Darlegungen zu halten. Als die Mönche ihn schließlich zur Rede stellten, was denn nur los sei, erklärte er ihnen: »Mein Dharma ist fortgegangen.« Irgend jemand hakte weiter nach: »Und wer hat Euren Dharma samt Gewand erhalten?« Der Fünfte Patriarch entgegnete: »Der Fähige hat sie erhalten.« Da ging der Mönchsgemeinschaft allmählich ein Licht auf. »Fähig« war nämlich die Bedeutung des Namens von Hui-neng, und der war gleichfalls verschwunden! Als ihnen klar wurde, daß er es war, der das Gewand erhalten hatte, machten sich einige Mönche auf, es zurückzuholen. Sie konnten die Vorstellung nicht ertragen, daß dieser Analphabet und Laie aus dem finsteren Süden, der obendrein fast noch ein Junge war, mit dem Gewand Bodhidharmas herumlief. Nachdem sie einige Zeit nach Hui-neng gesucht hatten, gaben die meisten von ihnen auf, weil die Verfolgung sie immer tiefer in die Berge hineinführte.

Einer der Mönche jedoch, ein ehemaliger General mit dem Namen Hui-ming, hielt durch, bis er Hui-neng schließlich eingeholt hatte. Als Hui-neng ihn kommen sah, legte er das Gewand auf einem Stein nieder. Hui-ming versuchte, es aufzunehmen, aber irgendwie schaffte er das nicht. Obwohl er sich mit aller Kraft abmühte, wollte das Gewand sich nicht vom Fleck rühren, und Hui-ming begann zu zittern und zu schwitzen. Er fiel auf die Knie und sagte zu Hui-neng: »Ich bin wegen des Dharma gekommen, nicht wegen des Gewandes. Bitte, unterweist mich, Laienbruder.« Hui-neng erwiderte: »Denk weder Gut noch Böse! In eben diesem Augenblick, was ist da dein ursprüngliches Antlitz?«

Als er diese Worte hörte, erfuhr Hui-ming eine tiefe Erleuchtung [vgl. *Wu-men-guan* (*Mumonkan*), Kōan 23]. Er brach vor Dankbarkeit in Tränen aus, verneigte sich vor diesem Jüngelchen und neuen Patriarchen und fragte ihn: »Gibt es da noch irgendeinen weiteren geheimen Sinn hinter dem, was Ihr soeben geäußert habt?« Hui-neng antwortete: »Was ich dir eben gesagt habe, ist durchaus kein Geheimnis. Wenn du in deinen eigenen Geist hineinschaust, liegt das vermeintliche Geheimnis in dir selbst offen zu Tage.« Hui-ming entgegnete: »Solange ich im Kloster des Fünften Patriarchen war, habe ich mich selbst nicht erkannt. Jetzt aber, da ich Eure Unterweisung empfangen habe, bin ich wie ein Mensch, der Wasser trinkt und nun aus eigener Erfahrung weiß, ob es kalt ist oder heiß. Ihr und kein anderer seid mein Meister!« Hui-neng antwortete: »Wenn es so ist, wie du sagst, dann ist der Fünfte Patriarch sowohl dein wie mein Meister.« Und wieder einmal kannst du Hui-nengs Bescheidenheit beobachten. Er hat ganz einfach sich selbst erkannt, bis auf die Knochen und ins Mark. Das ist alles.

Danach hielt sich Hui-neng für fast sechzehn Jahre verborgen. Dann, eines Tages, erschien er unauffällig in einem nahe gelegenen, unbedeutenden Kloster. Dort hörte er zufällig, wie sich zwei Mönche über eine Fahne stritten [vgl. *Wu-men-guan*, Kōan 29]. Sie führten einen philosophischen Disput über die Frage, ob es der Wind sei oder die Fahne, was sich da bewege. Hui-neng sagte zu ihnen: »Es ist weder der Wind noch die Fahne; es ist euer Geist, der sich bewegt!«

Der Abt des Klosters hörte später, als Hui-neng längst wieder unterwegs war, von diesem Wortwechsel und schickte einen Boten hinter ihm her. Als der Abt dann Hui-neng gegenüberstand und erkannte, daß dieser Mensch etwas Außergewöhnliches an sich hatte, fragte er ihn, woher er komme und von wem er Unterweisung erhalten habe. Und weil Hui-neng sich jetzt lange genug verborgen gehalten hatte, erzählte er dem Abt alles, was sich mit ihm ereignet hatte. Auf der Stelle legte da der Abt sein Amt und seine Würde nieder, übergab das Kloster an Hui-neng und erklärte sich zu seinem Schüler. (Und wieder gilt: Was für ein außerordentlicher Vorgang! Vermagst du dir vorzustellen, daß etwas Derartiges auch heutzutage vorfallen könnte?) Der Abt trat vor die Versammlung seiner Schüler und erklärte: »Ich bin nur ein ganz gewöhnlicher Sterblicher. Aber heute bin ich einem lebenden Bodhisattva begegnet!« Wenige Tage später schon trafen mehrere angesehene Priester ein und erteilten Hui-neng ganz formell die Mönchsweihen.

Von diesem Tage an sammelten sich immer mehr Schüler um Hui-neng. Es hieß von ihm, mit seiner Person seien verschiedene hundert-jährige Prophezeiungen in Erfüllung gegangen, die vorhersagten, daß einst ein hocherleuchteter Laie kommen und in eben diesem Kloster die Gebote empfangen würde. Doch bereits ein Jahr, nachdem er mit seiner Lehrtätigkeit begonnen hatte, teilte Hui-neng seiner Schülerge-meinde mit: »Ich möchte nicht länger hier bleiben. Ich möchte viel-mehr dorthin zurück, wo ich mich so lange versteckt gehalten habe.« Der frühere Abt des Klosters sowie mehr als tausend Mönche und Laien gaben ihm das Geleit zurück zu dem Ort, von wo er so überra-schend ins Licht der Öffentlichkeit getreten war. Jahre später wurde er für kurze Zeit an einem berühmten nationalen Heiligtum zum »Lan-desmeister«, und man sagt von ihm, er habe zahlreiche Dharma-Nach-folger gehabt. Die beiden bekanntesten sind die, deren Traditionslinien bis auf den heutigen Tag überlebt haben: Qing-yuan (Seigen) und Nan-yue (Nangaku). Im Alter von 76 Jahren schied Hui-neng dahin, mitten im Zazen.

Das Kernstück der ganzen Geschichte ist zweifellos die Übertragung der Lehre an Hui-neng. Als der Fünfte Patriarch fragte: »Ist der Reis schon weiß?«, benutzte er die Reiskörner als Metapher für die spiritu-ellen Wahrheitskeime, die Wurzeln des Lebens sowohl für den Weisen wie für den gemeinen Mann. Diese Wahrheitskeime wachsen und ge-deihen von selbst. Sie brauchen nicht gehütet und gepflegt, nicht be-wässert noch gedüngt zu werden. Wenn sie erst einmal geschält und poliert sind, dann kann sich keine Verunreinigung mehr an ihnen fest-setzen. Doch einfach so, nur von den Schalen befreit, sind sie noch nicht grob- und feingesiebt. Wenn du sie aber gründlich siebst, wirst du es durch und durch begreifen, wirst dich aufwärts und abwärts be-wegen, für immer frei – die Schalen entfernt, jeder Zusatz entfernt. Doch die groben Spelzen entfernen ist nur der eine Teil; der andere besteht darin, daß der Reis auch noch feingesiebt werden muß, damit du nur noch die weißen Körner zurückbehältst.

Der Fünfte Patriarch schlug dreimal gegen den Mörser, Hui-neng schüttelte dreimal das Sieb, und der WEG war übertragen. Seit dem Augenblick, da diese Schläge gegen den Mörser und dieses Durchsie-ben der Reiskörner sich ereigneten, hat die Übertragung niemals auf-gehört. Ohne Unterbrechung hat sie sich fortgepflanzt, und ohne Ende.

Ohne je eine Schule besucht zu haben, ohne belehrt worden zu sein und Wissen angesammelt zu haben, hat Hui-neng dennoch gehört und begriffen: Der »Geist, der nirgendwo verweilt«, erwachte in ihm, als er auch nur eine einzige Zeile aus dem *Diamant-Sūtra* gehört hatte. Er besaß keinerlei Erfahrung in formeller Zen-Schulung, und doch war sein Geist wie ein klarer Spiegel. Die Übertragung vollzog sich mitten in der Nacht. Die Lebenslinie hatte sich fortgesetzt. Es bedurfte nicht notwendigerweise ganzer Jahre mühseliger Anstrengung, wenn auch an der Sorgfalt Hui-nengs kein Zweifel besteht. Doch diese Erleuchtung läßt sich nicht in Begriffen von Dauer, Strecke, Zeit oder Niveau der Ausbildung fassen. Meister Keizan, der die Berichte über die Erleuchtungserfahrungen von Shākyamuni an bis zu seinem eigenen Lehrer Tettsu Gikai gesammelt hat, über mehr als eintausendsiebenhundert Jahre hinweg, schrieb zu diesem Kōan die folgenden abschließenden Bemerkungen:

In diesem Frühling habe ich für neunzig Tage auf diese und auf jene Weise gesprochen, habe Kommentare zur Vergangenheit und Gegenwart abgegeben, habe die Erleuchteten sowohl mit groben wie mit sanften Worten erläutert, mich dabei bis in die letzten Feinheiten verirrt und bin vom Hölzchen aufs Stöckchen gekommen. Ich habe den WEG des Zen entweiht und die Familienschande unserer Schule ans Licht gebracht. Dementsprechend, denke ich, haben alle Leute hier das Grundsätzliche verstanden und Kraft und Stärke erlangt.

Und doch habt ihr, so scheint es, nicht in eigener Person der Absicht der Gründerväter entsprochen. Die Umstände der Übung sind heutzutage nicht mehr dieselben wie für die Weisen der Vergangenheit. Wir Heutigen haben das Glück, uns so versammeln zu können, wie wir es hier getan haben. Wenn ihr euch nur mit voller Konzentration um den WEG bemüht, dann werdet ihr auch imstande sein, ihn zu meistern. Doch viele von euch haben das andere Ufer noch nicht erreicht. Ihr könnt immer noch nicht in euer inneres Heiligtum schauen. Die Zeiten des Buddha sind lange vorbei. Eure Bemühung um den WEG ist noch längst nicht abgeschlossen, und wie lange ihr noch zu leben habt, kann euch niemand vorhersagen. Wie könnt ihr da noch zaudern? Das Ende dieser Frühjahrs-Übungszeit steht kurz bevor. Wie könnt ihr da ein willkürlich herausgegriffenes Wort oder auch einen halben Satz von mir auswendig lernen und ihn dann als meine Lehre ausgeben?

Wollt ihr allen Ernstes ein kleines bißchen Wissen, ein halbes Verständnis von irgend etwas nach Hause tragen und dann behaupten, das sei es, was wir hier vermitteln? Sogar wenn ihr die Kraft, die zum Erreichen des WEGES nötig ist, vollständig erworben habt, wird die Schande dieses Hauses immer weiter ans Licht kommen. Um wieviel mehr, wenn ihr den WEG falsch auslegt? Wenn ihr wirklich und wahrhaftig dort ankommen wollt, dann solltet ihr nicht eure Zeit vergeuden und eure körperlichen und geistigen Fähigkeiten nicht so einsetzen, wie es Lust und Laune euch einflüstern.

Weißt du denn, worin die Familienschande des Zen besteht? Sie besteht darin, daß jeder von uns bereits in sich trägt, wovon Keizan da spricht. Es kann uns nicht gegeben werden. Es kann von uns nicht empfangen werden. Da ist nichts zu übertragen und nichts zu empfangen. »Nichts« meint hier keine Leere; es bedeutet vielmehr, daß kein »Ding«, kein »Etwas«, von mir zu dir übergehen kann, weil wir alle bereits vollständig davon erfüllt sind.

Dong! Dong! Dong!
Sch-sch! Sch-sch! Sch-sch!
Zahllose Generationen von Buddhas sind hervorgetreten –
Begreifst du das?

9. Die Päonien des Nan-quan

Bi-yan-lu, Kōan 40

Hinweis
Wenn alle Geistestätigkeit zu Ende ist und ausgelöscht, dann beginnt der eiserne Baum zu blühen. Kannst du mir das vorführen? Noch der Schlaueste wird dabei auf die Nase fallen! Selbst wenn er in jeder Hinsicht überragend ist, wird ihm alsbald die Nasenwand durchbohrt. Wo sind denn da die Schwierigkeiten? Hör auf das Folgende!

Das Beispiel
Während eines Gesprächs mit Nan-quan bemerkte Lu-geng: »Seng-zhao hat einmal gesagt: ›Der Himmel, die Erde und ich selbst entstammen ein und derselben Wurzel. Alle Dinge und ich selbst sind eines einzigen Wesens.‹ Ist das nicht ganz und gar phantastisch!?« Da zeigte Nan-quan mit dem Finger auf einen Päonienbusch im Garten, rief Lu-geng zu sich heran und sagte: »Heutzutage sehen die Leute diese Blüten an, als träumten sie.«

Lobgesang
Hören, Sehen, Empfindung und Wissen sind nicht eins für eins.
Berge und Flüsse solltest du nicht in einem Spiegel betrachten.
Frostiger Himmel, der Mond geht unter zur Mitternacht:
Mit wem zusammen: der klare Teich, spiegelnde Schatten in der Kälte?

Dieses Kōan ist das Musterbeipiel eines Nantō-Kōan. Was es so schwer macht, ein Nantō-Kōan vollständig zu durchschauen, ist die Tatsache, daß der Punkt, auf den es abzielt, sich unserer Wahrnehmung so leicht entzieht. Du mußt ganz tief in die verschiedenen und obendrein einander durchdringenden Schichten des Kōan eintauchen, um seine letzte Feinheit erfassen zu können. Gewöhnlich ist der winzig-feine Kernpunkt gut versteckt, und ob du ihn erfaßt oder nicht, macht einen totalen Unterschied, wenigstens was die Art und Weise betrifft, wie du dieses Kōan verstehst und im Dokusan präsentierst.

»Die Päonien des Nan-quan« finden sich sowohl im *Bi-yan-lu* (*Hekigan-roku*) als auch im *Congrong-lu* (*Shōyō-roku*), hier als das 91. und dort als das 40. Beispiel. Zen-Schüler begegnen bei uns im Zen Mountain Monastery manchen Kōan an drei oder vier verschiedenen Stellen innerhalb ihrer Schulung, während sie die unterschiedlichen Stufen der spirituellen Entwicklung nacheinander durchlaufen. Manchmal führen wir ein Kōan zum ersten Mal schon auf der dritten Stufe ein, als eines der »Vermischten Kōan«. Dann taucht es ein zweites Mal auf der fünften Stufe auf, und zwar in der Form, wie es vom *Bi-yan-lu* dargeboten wird. Dann noch einmal auf der sechsten Stufe, diesmal als Beispiel aus dem *Congrong-lu*. Dabei erwarten wir vom Schüler, daß sein Begreifen des Kōan jedesmal weiter ausgereift ist. Denn *eine* Antwort auf ein Kōan gibt es nicht. Vielmehr ist das Ergebnis der Auseinandersetzung mit einem Kōan stets ein bestimmter Bewußtseinszustand, und deshalb kann es Hunderte von unterschiedlichen Weisen geben, ein Kōan zu präsentieren. Jeder einzelne Schüler, jede einzelne Schülerin wird es auf eine besondere und einmalige Weise vorführen. Wichtig ist dabei nur, was der oder die Betreffende erkannt hat und wie tief und deutlich seine beziehungsweise ihre Einsicht ist.

Wenn man die vorliegenden Übersetzungen der einzelnen Kōan vergleicht, wie sie in den verschiedenen Kōan-Sammlungen vorkommen, dann stellen sich offenkundige Unterschiede heraus. Auch wenn das nur Unterschiede an der Oberfläche eines Kōan zu sein scheinen, können sie doch irreführend sein. Im Falle der »Päonien des Nan-quan« haben wir hier am Zen Mountain Monastery gleich fünf verschiedene Versionen. Wir haben eine hauseigene Übersetzung des *Congrong-lu* sowie diejenige, die Thomas Cleary als Buch unter dem Titel *»Book of Serenity«* veröffentlicht hat; sodann eine hauseigene Übersetzung des *Bi-yan-lu,* Thomas Clearys *»The Blue Cliff Record«* und schließlich die Übersetzung Sekida Katsukis in seinem Buch *»Two Zen Classics. Mumonkan and Hekiganroku«.* All diese Versionen stimmen in der Sache überein, gleichwohl weichen sie im Wortlaut erheblich voneinander ab. Doch ein Übender sollte im Lauf seiner Schulung imstande sein, aufgrund seines immer tiefer eindringenden Verständnisses zu entscheiden, welche Übersetzung fehlerhaft und welche genau und treffend ist.

Die beiden einleitenden Hinweise, die das *Bi-yan-lu* und das *Congrong-lu* zu diesem Kōan bieten, sagen, bei aller Unterschiedlichkeit des Stils, der Sache nach dasselbe. Der Hinweis des *Congrong-lu* stellt fest: »Yang-shan (Kyōzan) benutzt einen Traum, um die Wirklichkeit deutlich zu machen, und Nan-quan (Nansen) zeigt auf die Welt des Wachseins, um das Unwirkliche deutlich zu machen. Wenn du weißt, daß Wachsein und Träumen beide im Grunde leer sind, dann wirst du schließlich auch erkennen, daß das Wirkliche und das Unwirkliche über eben diesen Dualismus hinausgehen. Sag mir, mit was für einem Auge ist der Mensch ausgestattet, der das erkennt?«

Vergleiche damit den Hinweis aus dem *Bi-yan-lu*: *Wenn alle Geistestätigkeit zu Ende ist und ausgelöscht, dann beginnt der eiserne Baum zu blühen. Kannst du mir das vorführen? Noch der Schlaueste wird dabei auf die Nase fallen! Selbst wenn er in jeder Hinsicht überragend ist, wird ihm alsbald die Nasenwand durchbohrt. Wo sind denn da die Schwierigkeiten? Hör auf das Folgende!«

Das Beispiel selbst ist in beiden Kōan-Sammlungen so ziemlich auf dieselbe Art und Weise dargestellt; doch die beiden Lobgesänge weichen in ihrem Wortlaut ganz erheblich voneinander ab. Das Gedicht lautet im *Congrong-lu*:

Sind Subjekt und Objekt ganz durchdrungen, erhellen sie die Wurzel aller Dinge.
In ihrem unablässigen Erscheinen und Verschwinden wird das Tor sichtbar.
Doch in der Zeit jenseits des Kalpa, was für eine Frage könnt es da noch
   geben?
Wenn du die Augen vor dir auf den Boden heftest, ist die Weisheit
   geheimnisvoll gegenwärtig.
Wenn der Tiger knurrt, streicht der Wind einsam um die Felsen;
wenn der Drache seine Stimme erhebt, werden die ziehenden Wolken
   gewißlich verdunkelt.
Nan-quan zerschmettert den Traum seines Zeitgenossen,
bemüht, sie beide in den Adel und die Würde des Maitreya einzuführen.

Und im *Bi-yan-lu* heißt der Lobgesang:

Hören, Sehen, Empfindung und Wissen sind nicht eins für eins.
Berge und Flüsse solltest du nicht in einem Spiegel betrachten.
Frostiger Himmel, der Mond geht unter zur Mitternacht:
Mit wem zusammen: der klare Teich, spiegelnde Schatten in der Kälte?

Obwohl die Versionen von *Bi-yan-lu* und *Congrong-lu* reichlich verschieden klingen, zielen sowohl die beiden Hinweise als auch die beiden Gedichte auf denselben Punkt. Es gibt sicherlich ebenso viele Möglichkeiten, ein Kōan zu formulieren, wie es Menschen gibt, das zu tun – genauso wie es Tausende von Möglichkeiten gibt, einen Sonnenuntergang zu beschreiben oder einen blühenden Apfelbaum oder ein Gefühl. Doch der Schlüssel zu jedem Kōan ist die eine Wahrheit, die all den verschiedenen Formulierungen eines Kōan zugrunde liegt.

Im Hinweis des *Bi-yan-lu* sagt Yuan-wu (Engo), der die 100 Kōan dieser Sammlung, mit Zwischenbemerkungen und Erläuterungen versehen, veröffentlicht und dabei auch die einleitenden Hinweise beigesteuert hat: *Wenn alle Geistestätigkeit zu Ende ist und ausgelöscht, dann beginnt der eiserne Baum zu blühen.* Yuan-wu will uns damit etwas deutlich machen. Und zwar hat er es auf das »Abfallen von Leib und Seele« abgesehen. Er spricht damit, in gewisser Weise, vom Einssein. *Wenn alle Geistestätigkeit zu Ende ist und ausgelöscht...*, mit anderen Worten, im Zustand von Nicht-Geist, *dann beginnt der eiserne Baum zu blühen.* Das »Blühen des eisernen Baumes« ist eine Metapher für das Unvorstellbare, genauso wie »Eine Frau aus Stein bringt nächtens ein Kind zur Welt« oder »Die blauen Berge wandeln über das Wasser«. All das klingt unmöglich und absurd. Doch wird es nur dadurch zu einer Unmöglichkeit und Absurdität, daß wir uns von ihm getrennt haben, ihm gegenüberstehen. In dem Augenblick, da wir unser Auge, unsere Aufmerksamkeit darauf richten, sind Subjekt und Objekt zweierlei und getrennt. Und dann machen solche Aussagen ganz und gar keinen Sinn mehr.

Noch der Schlaueste wird dabei auf die Nase fallen. Yuan-wu will damit andeuten, daß einer zwar so tun mag, als habe er begriffen, daß jedoch jemand, dessen Verständnis ein bloß begriffliches ist und nicht auf persönlicher, leibhaftiger Erfahrung beruht, sich an genau dem Punkt verraten wird, wo er oder sie zu zeigen versucht, wovon Yuan-wu da spricht. Zugleich läßt Yuan-wu ein bißchen von dem durchblicken, worum es in diesem Kōan geht. Der Schüler in der Geschichte, Lu-geng, ist immer noch im Intellektualisieren befangen. Er hat alles da oben in seinen Kopf eingesperrt; er geht immer noch mit Logik zu Werke und hat das Einssein entweder noch nicht wirklich erfahren oder zumindest noch nicht zu Nan-quans Zufriedenheit ausgedrückt.

Im *Congrong-lu* heißt der einleitende Satz des Hinweises: »Yang-shan benutzt einen Traum, um die Wirklichkeit deutlich zu machen, und Nan-quan zeigt auf die Welt des Wachseins, um das Unwirkliche deutlich zu machen.« Der erste Teil dieses Satzes verweist auf ein anderes Kōan, in dem davon berichtet wird, Meister Yang-shan (Kyōzan) habe einmal geträumt, er sei in den Himmel des Maitreya, des Buddha der Zukunft, aufgestiegen. Dort habe man ihm in der Mönchsversammlung den dritten Sitz zugewiesen, einen Ehrenplatz. Ein ehrwürdiger Mönch sei aufgestanden, habe mit einem Hammer auf den Tisch geschlagen und gesagt: »Die Rede des heutigen Tages wird der Mönch vom dritten Sitz halten.« Yang-shan habe sich erhoben, gleichfalls mit dem Hammer auf den Tisch geschlagen und gesagt: »Der Buddha-Dharma des Mahāyāna geht hinaus über die Vier Behauptungen und Einhundert Verneinungen. Hört aufmerksam zu!« Dann habe er sich wieder hingesetzt [vgl. *Wu-men-guan*, Kōan 25]. Was Wan-song, der Herausgeber des *Congrong-lu* und Verfasser auch der einleitenden Hinweise, damit sagen will, ist, daß Yang-shan jenen Traum dazu benutzt hat, um das wahre Wesen des Mahāyāna zu enthüllen, nicht jedoch seine theoretischen Untermauerungen.

Nan-quan zeigt auf die Welt des Wachseins, um das Unwirkliche zu enthüllen. Lu-geng hatte während eines Spazierganges mit Nan-quan plötzlich ausgerufen: *«Seng-zhao hat einmal gesagt: »Der Himmel, die Erde und ich selbst entstammen ein und derselben Wurzel. Alle Dinge und ich selbst sind eines einzigen Wesens.«* Vollkommen richtig. *»Ist das nicht ganz und gar phantastisch!?«*, hatte Lu-geng noch hinzugefügt; doch Nan-quan wollte das alles nicht gelten lassen. Er muß darin einen Makel entdeckt haben und rief deshalb Lu-geng zu sich heran. Er zeigte auf einen Päonienbusch im Garten und sagte: *»Heutzutage sehen die Leute diese Blüten an, als träumten sie.«* Das ist Nan-quans Hinweis auf die Welt des Wachseins, mit dem er das Unwirkliche enthüllt.

Der beste Weg, mit einem Kōan zu arbeiten, besteht darin, es gründlich zu kauen und ganz und gar mit ihm eins zu werden. Behandle ein Kōan nicht, als wäre es so etwas wie ein Rätselspiel oder eine Art von Prüfung. Gib dich selbst vollständig hinein und sei das Kōan durch und durch. Um das tun zu können, muß man etwas über den historisch-biografischen Hintergrund der Personen wissen, die im jeweiligen Kōan erwähnt werden. Nan-quan (Nansen) zum Beispiel, die Hauptfigur des gegenwärtigen Kōan, war einer der bedeutendsten Zen-Meister zur Zeit der Tang-Dynastie. Er war ein Dharma-Nachfolger des Ma-zu (Baso), der 84 erleuchtete Schüler gehabt hat. Von diesen 84 hielt er selbst Nan-quan für einen der besten. Geboren im Jahr 748 und als Neunzehnjähriger zum Mönch ordiniert, erreichte Nan-quan das stattliche Alter von 87 Jahren. Die Geschichte, von der dieses Kōan handelt, ereignete sich in seinen letzten Lebensjahren, als er bereits weit in den Achtzigern war. Ma-zu hatte einst von ihm gesagt: »Die Sūtras befinden sich in den Händen von Xi-tang und Zen in denen von Bai-zhang (Hyakujō), doch allein Nan-quan übersteigt die Welt der Dinge.« So ist also der wundervolle alte Lehrer Nan-quan hier in diesem Kōan in den Jahren seiner höchsten Reife. Lu-geng, sein Gesprächspartner, war ein hoher Verwaltungsbeamter und zugleich ein Schüler Nan-quans. Er hatte sich eine Zeitlang unter Nan-quan geschult. Und in der Tat kam er während dieser Zeit bei Nan-quan zum Durchbruch und zu einiger Einsicht. Eines Tages nämlich sagte Lu-geng zu Nan-quan: »Ich habe in einer Flasche eine Gans aufgezogen, und die ist allmählich so groß geworden, daß ich sie nicht mehr herausbekomme, ohne entweder die Flasche zu zerstören oder die Gans zu verletzen. Wie würdet Ihr sie herausholen?« Nan-quan rief: »Lu-geng!« – »Ja, Meister!« antwortete Lu-geng. Nan-quan fuhr fort: »Schon ist sie draußen!«. Und Lu-geng kam als Ergebnis dieses Zwiegesprächs zu einem Durchbruch.

In diesem Kōan machen die beiden gerade einen kleinen Spaziergang und führen dabei ein Gespräch, das sich ganz beiläufig und zwanglos anhört. Doch genau damit ist es ein treffendes Beispiel für eine der möglichen Arten von Meister-Schüler-Interaktion. Da gibt es einmal die ganz direkte Begegnung unter vier Augen im Dokusan-Raum, die aus dem Kontext des Zazen erwächst. Dann sind da Darlegungen (Teishō) wie diese hier, bei denen der Meister von seiner eigenen Sicht eines bestimmten Kōan ausgeht und die darauf abzielen, auch beim Schüler ein angemessenes Begreifen des betreffenden Kōan zu wecken. Das Nächste, der Dharma-Wettkampf (Hossen), ist so etwas wie ein öffentliches Dokusan, und ein Mondō – vierte Möglichkeit – ist ein Zwiegespräch, das aus Fragen des Schülers und Antworten des Meisters besteht und einen deutlich intellektuellen Anstrich hat. Und schließlich sind da die vielerlei zwanglosen Begegnungen, die sich bei der gemeinsamen Arbeit und im sonstigen alltäglichen Umgang ergeben und deren besondere Atmosphäre vom gegenwärtigen Kōan gut eingefangen wird.

Lu-geng war nun nicht nur ein Zen-Schüler und Verwaltungsbeamter; er war vor allem auch ein Gelehrter, der sich leidenschaftlich für die Geschichte und philosophische Theorie des Buddhismus interessierte. Eine ganz besondere Vorliebe hegte er für die Abhandlungen des Dharma-Meisters Seng-zhao, eines bedeutenden Gelehrten aus dem frühen fünften Jahrhundert. In einem seiner Texte beschreibt er seine tiefe und innige Verbundenheit mit dem gesamten Weltall: *«Der Himmel, die Erde und ich selbst entstammen ein und derselben Wurzel. Alle Dinge und ich selbst sind eines einzigen Wesens.«* Das ist im wesentlichen der prägnante Ausdruck seines unzweifelhaften Verständnisses. Lu-geng nun, der durchaus einige Einsicht besaß und über die gelehrten Aspekte des Buddhismus bestens informiert war, benutzte dieses Zitat als einen großartigen Beleg für das Zusammenfallen von Subjekt und Objekt. Die Äußerung des Seng-zhao ist unbestreitbar eine treffende Feststellung zur Einheit aller Dinge, zum Einssein dieser unserer Realität. *»Der Himmel, die Erde und ich selbst entstammen ein und derselben Wurzel. Alle Dinge und ich selbst sind eines einzigen Wesens!«*

Ein Kōan verstehen heißt das Kōan sein. Die einzige Möglichkeit, das Kōan zu sein, besteht darin, sich selbst zu vergessen. Es ist ja eben die Vorstellung von einem Ich, die uns von allem trennt, voneinander, von unserem Leben, von den zahllosen Dingen. Es ist diese Illusion eines Ich oder Selbst, die uns sogar von unseren ganz persönlichen Hemmnissen trennt. Wenn du auf ein Hemmnis, eine Barriere triffst, ob das nun ein traditionelles Kōan ist oder eines aus unserem alltäglichen Leben, ein Kōan der Wut, der Angst, der Sorge, des Schmerzes, dann löse es, indem du es bist. Gewöhnlich allerdings reagieren wir auf Hindernisse so, daß wir uns von ihnen entfernen, ihnen den Rücken zukehren und uns in eine andere Richtung davonmachen wollen. Die Aggressiveren unter uns werden vielleicht versuchen, mit dem Kopf gegen die Wand zu rennen, mit Gewalt gegen sie anzugehen. Doch der einzig wirksame Weg, das Hindernis zu überwinden, ist eben der, das Hindernis zu sein. Wenn du nämlich das Hindernis bist, gibt es kein Hindernis mehr, und der einzige Weg, wie du das Hindernis sein kannst, besteht eben darin, dich selbst zu vergessen. Der einzige Weg, wie du dein Schmerz sein kannst, ist, dich selbst zu vergessen; und der einzige Weg, wie du deine Angst sein kannst, ist abermals, dich selbst zu vergessen.

In seinem Gedicht bekräftigt Seng-zhao die Tatsache der Nicht-Trennung. Wir selbst sind es, die die Trennung erschaffen, und zwar durch unsere Vorstellung eines Selbst. Der Buddhismus aber gründet sich auf *Anātman*, das »Nicht-Selbst«. Dieses Nicht-Selbst ist von allen grundlegenden Aspekten derjenige, der dem Buddhismus unter allen Weltreligionen den Status von etwas Einzigartigem verleiht und der zugleich auf die moralisch-ethischen Lehren des Buddhismus selbst größten und tiefgreifenden Einfluß hat. Alle Gebote der buddhistischen Ethik beruhen auf dem Nicht-Selbst. Auch das Leben des Buddha beruht auf dem Nicht-Selbst. Die meisten anderen Religionen, vergangene wie gegenwärtige, bekräftigen im Gegenteil die Vorstellung eines Selbst, und es ist eben diese Vorstellung, die uns voneinander und von den zahllosen Dingen trennt.

Lu-geng hatte also Seng-zhaos präzise Formulierung der Einheit der zahllosen Dinge gefunden und zeigte sich davon zutiefst beeindruckt: *»Ist das nicht ganz und gar phantastisch?«* Aus irgendeinem Grunde aber wollte Nan-quan das nicht durchgehen lassen. Man kann sich die Szene gut vorstellen. Nan-quan, der über Achtzigjährige, humpelt neben diesem noch ganz jungen und enthusiastischen Schüler her, der im damaligen China bereits eine sehr wichtige Persönlichkeit war, obendrein erfüllt und durchdrungen von seiner Einsicht und übersprudelnd von all seinen Kenntnissen, erworben aus zahllosen buddhistischen Abhandlungen und Gedichten, die er studiert hatte. Nan-quan aber, scheinbar unbeeindruckt, zieht ihn zu einem Päonienbusch hinüber, zeigt mit dem Finger darauf und sagt: *»Heutzutage sehen die Leute diese Blüten an, als träumten sie.«* Was will Nan-quan damit sagen? Zweifellos verweigert er Lu-geng seine Zustimmung; doch was wollte er ihm statt dessen beibringen? Lu-geng hatte sich mit fremden Federn geschmückt; er hatte ausgesprochen, was nicht seine, sondern Seng-zhaos Erfahrung gewesen war. Er hätte das, was er sagen wollte, auch auf ganz andere Weise ausdrücken können. Er hätte sein eigenes Begreifen darstellen können, doch das hat er nicht gewollt oder nicht gekonnt.

Ein alter Meister hat einmal gesagt: »Der Mensch ist im tiefsten Grunde leer, ohne Form, und doch ist keines der zahllosen Dinge nicht sein eigenes Werk.« Mit anderen Worten, wir erschaffen die zahllosen Dinge, wir sind die zahllosen Dinge. Doch wer kann das verstehen, daß all die zahllosen Dinge dein eigenes Selbst sind? Ein anderer Meister hat gesagt: »Himmel und Erde und die ganze Welt sind nur dieses eine Selbst. Wenn dem kalt ist, ist es im ganzen Himmel und auf der ganzen Erde kalt; wenn ihm heiß ist, ist es im ganzen Himmel und auf der ganzen Erde heiß. Wenn es existiert, dann existiert alles im Himmel und auf der Erde; wenn es nicht existiert, existieren auch Himmel und Erde nicht. Wenn es bestätigt wird, wird alles im Himmel und auf der Erde bestätigt; wenn es geleugnet wird, wird alles im Himmel und auf der Erde geleugnet.« *Der Himmel, die Erde und ich selbst entstammen ein und derselben Wurzel.* Ein Meister hat einmal gefragt: »Sag mir, welche Wurzel haben sie denn gemeinsam? Und welchen Körper haben sie gemeinsam?« Nan-quan hätte Lu-gengs Bemerkung einfach überhören können. Denn es ist ja durchaus nicht so, daß Lu-geng etwas Falsches gesagt hätte, im Gegenteil. Es war bloß kein lebendiges Zen. Es hatte den sprichwörtlichen Zen-Gestank an sich. Dabei handelt es sich um eine der Zen-Krankheiten, von denen es nicht wenige gibt. Darunter sogar die Krankheit, keine Krankheit zu haben. Was für ein Mensch könnte das sein? Ist das jemand, der wirklich existiert, der lebt und atmet? Als Nan-quan auf seine Weise antwortete, hat er den Schlupfwinkel zerstört, den sich zu schaffen Lu-geng gerade im Begriff war. Dieser Schlupfwinkel bestand in der Ansammlung von Begriffen und Vorstellungen, die er sich durch seine Gelehrsamkeit angeeignet hatte.

Es liegt durchaus nahe, daß jemand, der eine Einsicht gewonnen hat, sie sofort in den Griff bekommen will. Zunächst fangen wir an, sie uns selbst zu erläutern, und alsbald sind wir dabei, sie auch anderen zu erläutern, und schon hat sie all ihre Lebendigkeit verloren. Nan-quan versucht, das zu verhindern. Er zeigt auf den Päonienstrauch und sagt: *»Heutzutage sehen die Leute diese Blüten an, als träumten sie.«* Ein Kommentator dieses Kōan hat dazu gesagt: »Das heißt soviel wie Lu-geng an die Kante einer zehntausend Meter hohen Klippe zu führen, ihm dann einen Stoß zu versetzen und so den Lebensfaden abzuschneiden.« – »Den Lebensfaden abzuschneiden«, das bedeutet, sein Ich zu töten, seine Vorstellung von einem Selbst umzubringen, so daß die Bemerkung, die er da nur mit den Lippen von sich gegeben hat, lebendige Wirklichkeit werden kann.

Nan-quan sagt: *»Heutzutage sehen die Leute diese Blüten an, als träumten sie.«* Er sagt nicht: »Die Leute sehen diese Blüten nur im Traum.« Was meint er mit seiner Formulierung? Warum ist der Vergleich mit einem Traum so wichtig? Er hätte doch auch sagen können: »Die Leute sehen heutzutage diese Blüten nicht wirklich.« Nun, er wollte damit auf die Möglichkeit des Einsseins hinweisen. Aber was soll das heißen, eine Blüte im Zustand des Einsseins anzuschauen? Und was heißt es, eine Blüte im Traum zu sehen? In der Psychologie des Buddhismus gibt es sechs Sinne, nicht nur die fünf, die uns aus unserer westlichen Psychologie vertraut sind, das Sehen, Hören, Riechen Schmecken und Ertasten. Im Buddhismus wird der Geist ebenfalls als ein Organ der sinnlichen Wahrnehmung angesehen. Das Universum nehmen wir mittels des Geistes wahr. Wir erzeugen die Wirklichkeit durch das Zusammenwirken zwischen dem Objekt der Wahrnehmung, dem Organ der Wahrnehmung und dem menschlichen Bewußtsein. Das gesamte Spektrum menschlicher Erfahrung beruht genau darauf: daß das Organ der Wahrnehmung, das Objekt der Wahrnehmung und das Bewußtsein zusammenwirken. Wenn irgendeiner dieser Faktoren nicht gegeben ist, gibt es das betreffende Ding nicht.

Nehmen wir ein Beispiel: Dein Auge sieht diesen Stock; das heißt, Auge, Stock und Bewußtsein erzeugen die visuelle Realität seiner Existenz. Nimm den Stock weg, und obwohl Auge und Bewußtsein immer noch gegeben sind, existiert der Stock nicht mehr. Auch wenn der Stock gegeben ist, aber das Auge nicht funktioniert, existiert der Stock nicht. Und sogar wenn Auge und Stock gegeben sind, jedoch das Bewußtsein fehlt, existiert der Stock nicht. Der Satz aus dem *Herz-Sūtra*: »Kein Auge, kein Ohr, keine Nase, keine Zunge, kein Körper und Geist; keine Farbe, kein Klang, kein Geruch noch Geschmack, keine Berührung, keine Phänomene« zielt auf solches Verschwinden der Existenz. Für den Geist stellt der Gedanke das Objekt der Wahrnehmung dar. Geist, Gedanke und Bewußtsein erzeugen eine Wirklichkeit, die genauso real beziehungsweise genauso unwirklich ist wie die Realität, die wir durch die übrigen fünf Sinne erzeugen. Wenn wir schlafen, haben wir manchmal Träume, an die wir uns auch nach dem Aufwachen noch sehr deutlich und vielleicht sogar mit Schaudern erinnern. Solche Träume sind äußerst lebhaft und erschrecken uns gerade durch ihre Wirklichkeit. Da wirst du in deinem Traum von einem deiner Dämonen verfolgt. Du bist von Angst erfüllt, willst fliehen und rennst davon. Schweiß bricht dir aus, realer Schweiß, du keuchst, bist außer Atem, unfähig, genug Sauerstoff zu bekommen. Plötzlich wachst du auf und erkennst, daß alles nur ein Traum war. Es hat sich nicht wirklich ereignet. Alles hat sich nur in deinem Geist abgespielt. Und deshalb ist dieses ganze Erlebnis nur eine Erzeugung deines Geistes. Wir selbst erschaffen das Universum, wie wir den Traum erschaffen.

Wenn wir uns das klargemacht haben, was wollte dann Nan-quan sagen, als er auf die Päonien zeigte und bemerkte: *«Heutzutage sehen die Leute diese Blüten an, als träumten sie.«*? Dōgen spricht davon, Form mit dem ganzen Körper und dem ganzen Geist zu sehen und ebenso Klang mit dem ganzen Körper und dem ganzen Geist zu hören. Er sagt, daß wir dann, wenn wir so mit ganzem Körper und Geist wahrnehmen, im Innersten verstehen. Was er mit diesem »im Innersten verstehen« meint, ist nichts anderes als der Zustand der Erleuchtung: keine Trennung mehr von Subjekt und Objekt. Auch die Wirklichkeit, von der Seng-zhao sagt, daß die zahllosen Dinge und ich selbst derselben Wurzel entstammen, daß die zahllosen Formen und ich selbst eines einzigen Wesens sind, ist die Wirklichkeit solcher Nicht-Trennung. Und Nan-quan will Lu-geng warnen: »Was du da sagst, ist alles nur in Deinem Kopf.« Wie ist es, wenn du dich statt dessen im Zustand des Einsseins befindest?

Der Buddha fordert uns dazu auf, alle Existenz als nur vorübergehend zu betrachten. Das ganze *Diamant-Sūtra* spricht von der Existenz als einer bloßen Illusion. Doch dem Buddha-WEG geht es weder um Existenz noch um Nicht-Existenz. Der Buddha-WEG geht vielmehr über beide, Existenz wie Nicht-Existenz, gleichermaßen hinaus. Wie ein Meister einmal gesagt hat: »Wenn du weißt, daß Wachen und Träumen beide im Grunde leer sind, daß sie keine festen und dauerhaften Eigenschaften besitzen, dann wirst du schließlich auch erkennen, daß »wirklich« und »unwirklich«, »Traum« und »Nicht-Traum« die Dualität übersteigen, daß sie jenseits solcher Dualismen sind.« Die

Wahrheit ist jenseits aller Dualismen. Wenn du den Traum wirklich erkennst, dann sind du und ich, die zahllosen Dinge, das ganze Universum nur Traum. Und es gibt dann nichts, was außerhalb des Traumes wäre. Und das ist exakt dasselbe, wie wenn da überhaupt kein Traum besteht. Und doch hat Nan-quan gesagt: »Die Leute sehen dies an, als träumten sie.« Er hat nicht gesagt »im Traum«, sondern nur »wie im Traum«. Weder hat er es einen Traum noch einen Nicht-Traum genannt, noch hat er gesagt, daß es weder ein Traum noch ein Nicht-Traum sei. Aber was ist es dann?

Daß Buddha Shākyamuni auf dem Geierberg eine Blume emporgehalten hat und seither der Dharma von einer Generation an die nächste weitergegeben wird, hat Dōgen »das Erklären eines Traumes innerhalb eines Traumes« genannt. Ebenso nennt er die Tatsache, daß Hui-ke sich vor Bodhidharma niedergeworfen und von ihm »das Mark seiner Knochen« empfangen hat, die »Erklärung eines Traumes innerhalb eines Traumes«. Mit anderen Worten, der Dharma, die Lehre, die Übertragung bedeuten sämtlich nichts anderes, als einen Traum innerhalb eines Traumes zu erklären. Ist es das, worum es in diesem Kōan geht? Ist es das, was unsere Existenz ausmacht? Wenn alles nur Traum ist, was ist dann wirklich? Was ist die Realität?

Lu-geng besaß zweifellos ein großartiges Verständnis der Abhandlung des Seng-zhao; doch unglücklicherweise war dieses Verständnis nur ein Traum, war es ganz und gar auf seinen Kopf beschränkt. Es war nur eine Vorstellung, ein Konstrukt seines Geistes. Andererseits, wie ist das, wenn alle Tätigkeit des Geistes zum Stillstand gekommen ist? Und wenn so der Geist sich nicht mehr regt, wenn solchermaßen kein Geist mehr ist, was passiert dann mit dir und mir und den zahllosen Dingen? Was passiert mit der Päonie? Was mit dem Schmerz, der Barriere, dem Kōan MU? Wohin entschwinden sie? Woher sind sie gekommen? Und wie vollzieht sich ihr Wechsel von dort nach hier, von hier nach dort? Wenn da kein Geist mehr ist, dann gibt es auch keinen Anblick, keinen Klang, keinen Geruch, keinen Geschmack und keine Berührung mehr. Dann gibt es keine Farbe, keine Phänomene, gibt es weder eine Welt des Sehens noch eine des Bewußtseins. Und eben das bedeutet es, im Zustand des Einsseins mit ganzem Körper und ganzem Geist Gestalt zu sehen, mit ganzem Körper und ganzem Geist Klang zu hören.

Der Lobgesang des Xue-dou* lautet zu diesem Kōan:

Hören, Sehen, Empfindung und Wissen sind nicht eins für eins.
Berge und Flüsse solltest du nicht in einem Spiegel betrachten.
Frostiger Himmel, der Mond geht unter zur Mitternacht:
Mit wem zusammen: der klare Teich, spiegelnde Schatten in der Kälte.

Ein anderer Meister hat einmal, in seinem Kommentar zu diesen Versen, erklärt: »Berge und Flüsse solltest du nicht in einem Spiegel betrachten. Wenn du aber sagst, daß sie erst dann, wenn du sie in einem Spiegel betrachtest, in hellem Lichte daliegen, dann sind sie an genau dem Ort, wo sich auch der Spiegel befindet.« Berge, Flüsse und die ganze große Erde, die Pflanzen, Bäume und Wälder – benutze keinen Spiegel, um sie darin zu betrachten. Wenn du nämlich einen Spiegel nimmst, um sie dir darin anzusehen, dann brichst du alles in zwei Teile auseinander: dich selbst und die anderen, dies und das, mich und dich, das Selbst und sein Hindernis. Laß doch einfach die Berge Berge sein und die Flüsse Flüsse. Wenn du jedoch Berge und Flüsse nicht in einem Spiegel betrachtest, dann sage mir, wo siehst du sie dann? Und wie siehst du sie? Begreifst du?

Und was ist mit dem alten Meister Nan-quan? Wie willst du von solch einem Menschen sprechen? Wo hält er sich auf? Im Einssein gibt es keine Spiegelung, kein Verstehen, kein Wissen, keine gedankliche Zergliederung, kein Urteil, keine geistige Etikettierung. Derlei zu glauben, fällt uns nicht leicht. Eine der größten Schwierigkeiten, die wir in der Kōan-Schulung haben, resultiert aus unserem nicht zu unterdrückkenden Bedürfnis, jede neue Einsicht in Begriffen und gedanklichen Konstrukten einzufangen. Wir möchten sie so recht zu fassen bekommen und zu unserem persönlichen und festen Besitz machen. Das läuft auf dasselbe hinaus wie der Versuch, den sanften Frühlingswind zu ergreifen, in ein Gefäß einzusperren und dann ein Etikett mit der Aufschrift »sanfter Frühlingswind« daraufzukleben. Was wir so eingefangen haben, ist nicht länger sanfter Frühlingswind; es hat alles eingebüßt, was ihm Lebendigkeit und Dynamik eingehaucht hat.

* [Xue-dou hat die 100 Beispiele des Bi-yan-lu zusammengestellt und jeweils mit einem Gedicht versehen, Gedichten, die ihn als einen der großen Dichter des klassischen China ausweisen.] [A. d. R.]

So ist es auch mit einem Kōan. Du mußt es dir jenseits aller Antworten und Aufschriften aneignen. Mit deinem ganzen Körper und deinem ganzen Geist, so eins mit jeder Zelle deines Leibes, daß du nicht einmal mehr spürst, daß es überhaupt da ist. Hast du das erreicht, dann wirkt es so, wie dein Herz wirkt. Es schlägt einfach. Es wächst einfach, genauso wie dein Haar wächst. Es ist einfach in dir als ein unerschütterliches Vertrauen. Wem gilt dieses Vertrauen? Wer wäre denn da sonst noch, dem du vertrauen könntest? Was wäre da sonst noch? Da bist einzig du selbst. Du kannst also nur dir selbst vertrauen; und dir selbst vertrauen heißt, eins zu sein mit dir selbst. Eins zu sein mit dir selbst heißt wiederum, daß dein Selbst Himmel und Erde und alle die zahllosen Dinge erfüllt. Nichts bleibt außerhalb. Das ist es, was Lu-geng fehlt. Und das ist es, worauf ihn Nan-quan, aus tiefem Mitgefühl für diesen seinen Schüler, hinzuweisen versucht hat. *Mit wem zusammen* sind im klaren Teich die *spiegelnden Schatten in der Kälte?* Eben das frage ich dich.

10. Die beiden Krankheiten des Yun-men

Congrong-lu, Kōan 11

Hinweis
Ein Mensch ohne Körper leidet an einer Krankheit. Ein Mensch ohne Hände stellt eine Arznei zusammen. Ein Mensch ohne Mund nimmt Speisen zu sich. Ein Mensch, der nichts empfängt, fühlt sich rundum wohl, in vollem Behagen. Sag mir: Welche Behandlung hilft wohl gegen ein Leiden, das sich nicht heilen läßt?

Das Beispiel
Aufgepaßt! Der große Meister Yun-men hat gesagt: »Wenn das Licht nicht vollständig hindurchdringt, gibt es zwei Arten von Krankheiten. Wenn es dort, wo auch immer du bist, nicht völlig klar ist und durchsichtig, und du immer noch Dinge vor dir siehst, dann ist das die eine Krankheit. Auch wenn du gänzlich in die Leerheit aller Dinge eindringst, scheint da irgendwie immer noch etwas vorhanden zu sein. Auch wenn dem so ist, ist das Licht noch nicht vollständig durchgedrungen. Abermals zwei Arten von Krankheiten gibt es dann im Dharmakāya. Auch wenn du den Dharmakāya erreichst, stürzt du – weil du die Bindung an den Dharma noch nicht vergessen hast und immer noch eine ichhafte Sichtweise besteht – ab auf die Seite des Dharmakāya. Das ist die eine Krankheit. Aber auch wenn du das hinter dich bringst, du jedoch nachlässig bist, ist das immer noch nichts. Sogar wenn man nach einer minuziösen Prüfung meint, ›Welche Unzulänglichkeit könnte es noch geben?‹, ist auch das eine Krankheit.«

Lobgesang
Unzählig die Gestalten; sie alle dürfen so sein, wie sie sind –
Grenzenlose, tiefgreifende Befreiung verstellt dir immer noch den Blick.
Wer wohl ist stark genug, um diesen Garten auszufegen?
So tief in dir versteckt, noch tiefer, weckt es ganz von selbst Gefühle auf.

Auf blauem Wasser liegt ein Boot, in Herbstesfülle eingetaucht.
Im Glanz verschneiter Schilfrohr-Kolben ragt ein Staken auf, von Licht umflutet.

Ein alter Fischer, seinen Flußbarsch aufgespießt, erwägt den Gang zum Markt.
Unbekümmert schwimmt ein Blatt, vom Wind getrieben, über die Wellen hin.

Auf dem Wege zur Verwirklichung unseres wahren Lebens gibt es alle möglichen Krankheiten. Wir verfangen uns sehr leicht in ihnen. Viele von ihnen kommen bereits unmittelbar bei Beginn unserer Übung zum Vorschein und entpuppen sich als die Krankheiten der Verblendung, der Unzulänglichkeit und des Abgetrennt-Seins. Im Verlauf unserer Schulung scheinen wir die eine Art von Krankheit lediglich zu überwinden, um uns die nächste auf den Hals zu laden. Letztlich geht es bei allem Üben nur darum, diese verschiedenen Krankheiten zu erkennen, mit ihnen fertig zu werden und sie zu leben.

Es erheitert mich immer wieder mitzuerleben, wie wir hier im Zen Mountain Monastery unweigerlich mitten in unserem 90-Tage-Ango, einer besonders intensiven Übungsperiode zur Frühlingszeit, uns alle möglichen Krankheiten zuziehen. Seltsamerweise werden alle Teilnehmer in der Mitte des Ango, wenn es gerade ganz besonders strapaziös wird, von irgendeiner Krankheit heimgesucht. Kommt dann der Frühling und das Ango nähert sich dem Ende, kehren Wohlbefinden und Freude ebenso geheimnisvoll zurück. Ein jeder ist glücklich. Alle physischen Beschwerden sind verschwunden, das Leben innerhalb und außerhalb des Zendō strotzt vor Kraft, die Vögel bauen ihre Nester, das Gras ist wieder grün, und überall blühen die Blumen. Alle sind voller Lebensfreude; in vollen Zügen genießen wir jeden Augenblick dieser letzten Tage. Doch auch das ist Krankheit, nichts als Krankheit – weil es eine andere Art von Festhalten, von Sich-Anklammern ist. In eben dieser Bindung an die Welt, in dieser unwillkürlichen und unwiderstehlichen Neigung festzuhalten, sich anzuklammern, steckt die Krankheit. Hakuun Yasutani Rōshi pflegte zu sagen: »Wenn du in einem großen, wunderschönen und bequemen Sessel sitzt, der überall mit Leim überzogen ist, dann wird das Sitzen für dich über kurz oder lang zur Qual. Du klebst am Sessel fest, kannst nicht mehr aufstehen und herumgehen, und dein Hintern fängt an zu schmerzen.« Jeder, der schon einmal einen Zehn-Stunden-Flug durchgestanden, besser gesagt, durchgesessen hat, weiß, wie schmerzhaft es sein kann, in einem komfortablen Sessel zu sitzen.

Jeden Abend rezitieren wir: »Der Geschöpfe sind zahllose – ich gelobe, sie alle zu retten. Der Leidenschaften sind unzählige – ich gelobe, sie alle auzurotten. Der Dharma-Tore sind mannigfache – ich gelobe, durch alle zu gehen. Der Buddha-Weg ist unübertrefflich – ich gelobe, ihn zu verwirklichen.« Auch hier gilt: nichts als Krankheit. Das ist Verblendung innerhalb der Verblendung, Ausdruck eines Traumes innerhalb eines Traums. Es heißt genau zu wissen, daß es überhaupt keine Lebewesen gibt, und doch zu geloben, sie zu retten. Und genau das ist die Verblendung, genau das ist die Krankheit. Es mag eine wunderbare Krankheit sein, aber es ist trotzdem eine Krankheit.

Meister Yun-men (Ummon) ist ein außergewöhnlicher Meister und zugleich, ebenso wie der große Meister Zhao-zhou (Jōshū), für seine subtilen Worte der Unterweisung, seine »Wende-Worte«, berühmt. Solch subtile Unterweisungen haben es freilich an sich, daß sich bei ihnen, solange du dich nur an die Oberfläche hältst, rein gar nichts abzuspielen scheint. Und wenn du in die Tiefe gräbst, dann verfehlst du den entscheidenden Punkt, denn du gräbst unvermeidlich zu tief; dort kannst du das, worum es geht, nicht finden. Starrst du jedoch nur auf die Oberfläche, verfehlst du es ebenso. Einzig knapp unter der Oberfläche herumzustochern ist das richtige Verfahren, um den entscheidenden Punkt in diesem Kōan aufzufinden. Und wenn du ihn erfaßt, bedeutet das eine unglaubliche Erfüllung, ist das eine unglaublich runde Erfahrung. Eben das ist der Stil des Yun-men und zugleich der Stil, der später die gesamte Yun-men-Schule charakterisieren sollte.

Yun-men hatte seine erste Erleuchtungs-Erfahrung bei Meister Mu-zhou (Bokushū). Er kämpfte gerade mit irgendeiner Frage und wandte sich an Mu-zhou um Anleitung. Als er an dessen Tür klopfte, öffnete Mu-zhou, sah sich seinen Besucher an und schlug in genau dem Augenblick, da Yun-men zu seiner Frage ansetzen wollte, ihm die Tür vor der Nase zu. Selbstverständlich war das von Mu-zhou als Antwort auf Yun-mens Frage gedacht. Yun-men zog sich daraufhin ins Zendō zurück und übte weiter Zazen. Doch wenig später kam er zurück, um Mu-zhou noch einmal aufzusuchen. Wieder öffnete ihm Mu-zhou die Tür; doch in dem Augenblick, da Yun-men sich anschickte, seine Frage zu stellen, schlug er zum zweiten Mal die Tür vor ihm zu. Wieder ging Yun-men davon und übte weiter. Als er Mu-zhou das dritte Mal aufsuchte, war Yun-men fest entschlossen, sich Zutritt zum Zimmer des Meisters zu verschaffen, und so stellte er, als Mu-zhou die Tür öffnete, statt seine Frage vorzubringen, nur seinen Fuß in die Tür.

Wiederum schlug Mu-zhou die Tür zu, und zwar so heftig, daß er Yun-men das Bein brach. Yun-men stieß vor Schmerz einen lauten Schrei aus, und in eben diesem Augenblick, mitten im Schrei, erlebte er seinen Durchbruch. Danach setzte er seine Schulung bei Meister Xuefeng (Seppō) fort und wurde schließlich dessen Dharma-Nachfolger. Daß Yun-men von Mu-zhou so hart behandelt worden ist, mag der Grund dafür gewesen sein, weshalb Yun-men selbst später ein so sanfter Meister, ein Meister im Umgang mit Worten wurde. Er hat niemals zu solchen Mitteln wie Schreien, Schlägen oder Türeschlagen gegriffen, sondern hat ausschließlich Worte benutzt, um den WEG darzulegen.

Im Hinweis zu diesem Kōan nimmt Wan-song im Grunde vorweg, worauf Yun-mens Unterweisung in diesem Beispiel eigentlich hinauswill. Wan-song spricht von genau den Krankheiten, die dann im Beispiel näher beschrieben werden. *Ein Mensch ohne Körper leidet an einer Krankheit. Ein Mensch ohne Hände stellt eine Arznei zusammen. Ein Mensch ohne Mund nimmt Speisen zu sich. Ein Mensch, der nichts empfängt, fühlt sich rundum wohl, in vollem Behagen. Sag' mir: Welche Behandlung hilft wohl gegen ein Leiden, das sich nicht heilen läßt?*

Der Mensch ohne Körper ist jemand, dessen Leib und Seele abgefallen sind. »Kein Auge, kein Ohr, keine Nase, keine Zunge, kein Körper oder Geist« rezitieren wir mit den Worten des Herz-Sūtra. Und eben das ist, für sich genommen, eine Art Krankheit. Ein Mensch ohne Hände ist jemand, der seine Hände ganz frei benutzt, aber nichts davon weiß, daß er das tut. Das ist die »leere Hand« des Karate, und eine leere Hand bedeutet einen leeren Geist. So stellt dieser Mensch ohne Hand die Arznei her. Der Mensch ohne Mund, der Essen zu sich nimmt, hat ebenfalls eine besondere Art von Krankheit. Wie ein Meister mal erklärt hat: »Beachte, daß dieser Mensch ohne Mund Speisen zu sich nimmt, aber nicht die Arznei. Er ist so krank, daß er nicht einmal weiß, daß er einer Arznei bedarf.« Und das ist die Krankheit.

Daß ein Mensch, der nichts empfängt, sich dennoch rundum wohlfühlt, »in vollem Behagen«, das zielt auf die Tatsache, daß etwas zu empfangen in der Tat ein Leiden bedeutet. In dem Augenblick, da du dich von den Dingen abtrennst, und das mußt du, um überhaupt empfangen zu können, ist da bereits Leiden. Ebenso bedeutet zu geben ein

Leiden. Viele Schulen des Buddhismus nehmen deshalb Zuflucht zum Nicht-Empfangen. Doch das Empfangen *vermeiden* heißt, vor jedem Empfangen wegzurennen, und das wiederum bedeutet nichts anderes, als am Nicht-Empfangen festzuhalten. Das Empfangen zu vermeiden ist noch keine Erleuchtung. Wo es jedoch weder einen Gebenden noch einen Empfangenden gibt, da bedeutet das Empfangen etwas ganz und gar anderes. Fähig zu sein zu geben, und ebenso fähig zu sein zu empfangen, und zugleich zu wissen, daß es da weder einen Gebenden noch einen Empfangenden gibt, das ist ein anderer und besonderer Zustand der Einsicht. Wenn du üblicherweise von Geben oder Empfangen sprichst, dann redest du von zwei verschiedenen Dingen, und indem du diese beiden Dinge als gesonderte Entitäten identifizierst, erschaffst du damit auch schon alle Leiden des Lebens. Doch die Antwort auf diesen Sachverhalt besteht keineswegs in der bloßen Negation, darin, weder zu geben noch zu empfangen! Vielmehr können wir sowohl geben wie empfangen, ohne daß der eine tatsächlich etwas empfängt und der andere tatsächlich etwas gibt. Wenn wir uns nämlich klarmachen, daß die zahllosen Dinge tatsächlich *eine* Wirklichkeit sind, wie könnte es da einen Gebenden und einen Empfangenden geben? Wo könnten die denn stehen, damit der eine geben und der andere empfangen kann? Es gibt ja kein Außerhalb, noch gibt es ein Innerhalb. Und eben darauf zielt Wan-songs Frage: *»Welche Behandlung hilft wohl gegen ein Leiden, das sich nicht heilen läßt?«*

Und das führt uns mitten hinein in das Beispiel, das ja in Wahrheit vier Arten von Krankheit beschreibt und nicht nur zwei. Wan-song hat zu jedem Satz des Beispiels eine Zwischenbemerkung eingefügt, so wie auf der Bühne bisweilen ein Schaupieler mit gedämpfter Stimme »beiseite spricht«. Zum ersten Satz, *»Wenn das Licht nicht vollständig hindurchdringt, gibt es zwei Arten von Krankheiten«,* lautet die Zwischenbemerkung: »Fühlst du, wie dein Mund trocken wird und deine Zunge einschrumpft?« Er will damit sagen, daß Yun-men zur Strafe für sein Geschwätz die Zunge aus dem Mund fallen sollte. Zugleich aber bewundert er in gewisser Weise Yun-men für sein »Wort der Unterweisung«. Doch um überhaupt darüber sprechen zu können, muß sich Yun-men in eben der Verblendung suhlen, die er zu heilen versucht. Manchmal muß sich ein Arzt eben den Krankheiten aussetzen, die er bekämpft, um dem Patienten aus intimer Kenntnis heraus helfen zu können.

Wenn Yun-men sagt: *»Wenn das Licht nicht vollständig hindurchdringt, gibt es zwei Arten von Krankheiten«*, dann ist das Licht, von dem er da spricht, das Licht der Erleuchtung. Diese Erleuchtung ergibt sich aus deinem eigenen Licht, einem Licht, das nicht von woanders her, sondern aus dir selbst kommt und das dem Leben eines jeden von uns innewohnt. Und die Krankheiten, von denen in diesem Kōan die Rede ist, treten erst dann auf, wenn jemand in seiner Übung schon Fortschritte gemacht und sein Kenshō (Selbst-Wesensschau) bereits erfahren hat. Diese Krankheiten sind wohl die am schwersten zu heilenden. Diejenigen hingegen, die du bei Beginn deiner Übung schon mitbringst, lassen sich – zumal wenn du etwas »Anfänger-Geist« mitbringst – verhältnismäßig leicht behandeln. Die Nach-Erleuchtungs-Krankheiten jedoch sind besonders subtil; und ihnen ist nur sehr schwer beizukommen. Erleuchtung ist also durchaus schon gegeben, doch ist sie noch nicht gründlich genug ausgefallen. Ein schwacher Dunst sozusagen besteht immer noch weiter. Was im Durchbruch erfaßt, erfahren worden ist, ermangelt noch der völligen Deutlichkeit, und *»das Licht ist noch nicht vollständig hindurchgedrungen«*.

Mit dem nächsten Satz trägt Yun-men vor: *»Wenn es dort, wo auch immer du bist, nicht völlig klar ist und durchsichtig und du immer noch Dinge vor dir siehst, dann ist das die eine Krankheit.«* Darauf entgegnet Wan-song: »Wenn du am hellen Tage ein Gespenst siehst, ist das dann keine Täuschung?« In jenem »schwachen Dunst«, der von der sogenannten Erleuchtung erhellt wird, bleiben noch dunkle Flecken zurück. Das Licht hat diese Flecken noch nicht erreicht, so daß du gleichsam Schatten im Nebel siehst, und diese Schatten sehen aus wie Objekte »da draußen«. Selbstverständlich gibt es im Falle wirklicher Erleuchtung weder ein Drinnen noch ein Draußen. Genau das realisierst du bei einem Durchbruch. Doch solcher Einsicht zum Trotz bleibt zunächst immer noch das Restgefühl eines »Etwas dort draußen« zurück. Dabei macht es keinen Unterschied, ob die erste Erleuchtungserfahrung tief oder nur oberflächlich ist, die Einsicht ist stets dieselbe: »Eins-heit«, es gibt keine Dinge »da draußen«. Doch wir weisen hier im Zen Mountain Monastery immer wieder darauf hin, daß lediglich das Absolute zu erkennen noch keine Erleuchtung ist, weil wir nun einmal dazu neigen, mittels des Dharma genauso Dualismen zu erzeugen, wie wir es zuvor stets schon mit allen anderen Dingen gemacht haben. So läuft auch die Erleuchtung zunächst nur darauf hinaus, daß wir unsere weltlichen Verblendungen durch Dharma-Verblendungen ersetzen, die auf dem Fortbestehen von Abtrennung und Anhaftung beruhen.

Im nächsten Satz sagt Yun-men: »*Auch wenn du gänzlich in die Leerheit aller Dinge eindringst, scheint da irgendwie immer noch etwas vorhanden zu sein. Auch dorthin ist das Licht noch nicht vollständig durchgedrungen.*« Wan-songs Zwischenbemerkung dazu lautet: »Schon wird dir die Brust eingeschnürt. Was macht es da aus, ob deine Kehle verschlossen ist?« Wenn du nicht mehr atmen kannst, weil dein Brustkorb sich nicht weiten und deine Lunge die Luft nicht mehr in sich aufnehmen kann, dann ist es vollkommen gleichgültig, ob auch noch deine Kehle verschlossen ist. Auch wenn du gänzlich in die Leerheit aller Dinge eingedrungen bist, scheint sogar dort irgendwie immer noch irgend etwas zu bestehen. So steht es auch mit dem Satz: »Der Mensch entleert und die Dinge entleert«: Wenn sowohl der Mensch wie die Dinge beide entleert sind, dann hat es nicht länger den Anschein, als sei da überhaupt noch etwas zurückgeblieben; und doch ist irgendwie, tief drinnen, immer noch irgend etwas vorhanden. Ein einziges Haar, und schon sind Himmel und Erde wieder voneinander getrennt. Ein Haaresbreit, das allerkleinste Ding, das wir aus uns heraussetzen – schon dadurch trennen wir uns von den zahllosen Dingen ab.

Yun-men fährt fort: »*Abermals zwei Arten von Krankheiten gibt es dann im Dharmakāya.*« Der Dharmakāya ist der absolute Grund aller Dinge, der Grund aller Wirklichkeit, aus dem heraus sich die gesamte Welt der Unterscheidungen entfaltet. Wan-song bemerkt dazu: »Ein Unglück kommt selten allein!« So folgen den beiden ersten Krankheiten auf dem Fuße zwei weitere Krankheiten.

Dann sagt Yun-men: »*Obwohl du den Dharmakāya erreichst, stürzt du – weil du die Bindung an den Dharma noch nicht vergessen hast und immer noch eine ichhafte Sichtweise besteht – ab auf die Seite des Dharmakāya. Das ist die eine Krankheit.*« Wan-songs Zwischenbemerkung lautet: »Falsche Götzen gibt es nicht nur draußen, auch im Innern haust ein falscher Götze.« Das nennt man in der Leere oder Geisterhöhle festsitzen. Damit man an der Leere festhalten kann, muß noch irgendeine Empfindung von Selbstheit vorhanden sein.

Das Beispiel geht mit Yun-mens Warnung weiter: *»Aber auch wenn du das hinter dich bringst, du jedoch nächlässig bist, ist das immer noch nichts.«* Die Zwischenbemerkung: »Wenn du die Krankheit hegst und pflegst, verlierst du Leib und Leben.« Was willst du ohne Leib noch anfangen? Dann bist du mausetot. Yun-mens letzter Satz lautet: *»Sogar wenn man nach einer minuziösen Prüfung meint, ›Welche Unzulänglichkeit könnte es noch geben?‹, ist auch das eine Krankheit.«* Und Wan-song fügt hinzu: »Bevor der Arzt auch nur die Tür hinter sich geschlossen hat, erleidest du bereits den nächsten Anfall!«

Wenn Hakuun Yasutani Rōshi über dieses Kōan sprach, pflegte er zu sagen: »Fähig sein hindurchzudringen, das ist die gründliche große Erleuchtung. Es ist der Eintritt in die Welt des Dharmakāya, und auch dies wieder aufgeben heißt geheilt sein. Es kann aber auch dies passieren: Nachdem du eine gründliche große Erleuchtung erfahren hast, und nachdem du sie wieder abgetan hast und auf diese Weise geheilt bist, stürzt du bisweilen ab auf die Seite des Dharmakāya, oder aber es entsteht eine ichhafte Sichtweise und dauert für eine Weile an, ohne sogleich verworfen zu werden.« Manchmal wird dieser Vorgang als das »Entstehen eines zweiten Selbst« bezeichnet: Du vergißt dein Selbst, und die zahllosen Dinge kehren in dein Selbst zurück, und dann beginnst du über das, was du erkannt, erfahren hast, nachzudenken. In dem Augenblick aber, wo du anfängst, es zu bestimmen, einzuordnen, zu zergliedern und in den Bezugsrahmen deiner bisherigen Erfahrungen einzufügen, erzeugst du dieses »zweite Selbst«. Das alte Selbst ist vergessen, und jetzt hast du dir ein neues Selbst erschaffen, genauso verblendet wie das erste. Wie wäre das keine Krankheit? Yasutani sagte des weiteren: »Wenn du aber mit aller Kraft weitermachst und in jedem Augenblick ganz genau achtgibst, dann kannst du allerdings nicht fehlgehen.« Das heißt freilich: »Wohin auch immer du schaust, nirgends eine Unzulänglichkeit«; und das ist gleichfalls eine Krankheit. Es ist die Krankheit, keine Krankheit zu haben.

Ein Mönch kam einmal zu Zhao-zhou und fragte ihn: »Wie kann ich mit dem Leiden fertig werden?« Zhao-zhou antwortete: »Wirf es weg, mach dich selbst leer!« Der Mönch fuhr fort: »Ich habe mich leer gemacht. Was nun?« Und Zhao-zhou erwiderte: »Mach dich auch davon frei!« Wenn wir sagen: »Ich habe mich selbst leer gemacht«, dann ist das immer noch ein Gedanke. »Ich habe mich selbst erkannt«, ist gleichfalls ein Gedanke. Das ist genauso ein Gedanke wie der Gedanke: »Ich lebe in Verblendung.« Zwischen beiden besteht kein Unterschied. Hier wird es irgendwie eng und schwierig. In der Tat, je tiefer du gehst, desto enger und schwieriger wird es. Wo immer du innehältst, woran auch immer du dich festhältst, genau dort erhebt die Krankheit ihr Haupt. Wenn du nicht anhaftest, nicht aufhörst, dich nicht anklammerst, dann ist es völlig gleichgültig, ob dein Üben intensiv oder schwächlich ist, ob deine Erleuchtung vor Tiefe strahlt oder flach und oberflächlich ist. In was für einer Verfassung auch immer du dich befindest, du bist ganz von selbst in Übereinstimmung mit dem WEG. Sogar ein simpler Anfänger kann Nicht-Anhaften üben und, soweit er nicht-festhält, in Übereinstimmung mit dem WEG des Buddha sein. Das gilt nicht nur für den Buddhismus, sondern für jede Tätigkeit, für jede Übung.

All diese Krankheiten sind genau die subtilen Probleme, die du nur sehr schwer an dir selbst erkennen kannst. Wenn du es also mit einem kranken Lehrer zu tun hast, wird immer nur die Krankheit auf dich übertragen, mit der der Lehrer nicht fertig geworden ist. Oder du erzeugst deine eigenen Krankheiten, und niemand durchschaut sie; dann sind sie es, die übertragen werden. Es ist daher von äußerster Wichtigkeit, diese Krankheiten zu erkennen und zu behandeln. Yasutani nennt Yun-men den »König unter den großen Ärzten des Zen« und gibt uns den Rat: »Auch wenn Leute eine Erleuchtung in einem Stück haben und eine Einsicht nach der anderen machen – schwitzen sie nicht ausgiebig über so nüchternen und ehrlichen Kōan wie diesem hier, dann wird ihre Erleuchtung nicht echt sein.« Yasutani hat für diese heiklen Kōan, aus denen das *Congrong-lu* besteht, eine besondere Vorliebe.

In dem Lobgesang, der dieses Kōan begleitet, legt Hong-zhi treffend den Gehalt des Kōan dar:

Unzählig die Gestalten; sie alle dürfen so sein, wie sie sind –
Grenzenlose tiefgreifende Befreiung verstellt dir immer noch den Blick.
Wer wohl ist stark genug, um diesen Garten auszufegen?
So tief in dir versteckt, noch tiefer, weckt es ganz von selbst Gefühle auf.

Auf blauem Wasser liegt ein Boot, in Herbstesfülle eingetaucht.
Im Glanz verschneiter Schilfrohr-Kolben ragt ein Staken auf, von Licht umflutet.
Ein alter Fischer, seinen Flußbarsch aufgespießt, erwägt den Gang zum Markt.
Unbekümmert schwimmt ein Blatt, vom Wind getrieben, über die Wellen hin.

Unzählig die Gestalten; sie alle dürfen so sein, wie sie sind: Hast du die Natur des Dharmakāya erfaßt, so erlaubst du den Dingen, zu sein, wie sie sind. Der Berg ist hoch, das Wasser naß, ein großer Mensch ist ein großer Buddha, ein kleiner ist ein kleiner Buddha. Männlichkeit ist rundum vollständig, Weiblichkeit ist ebenso rundum vollständig. Beiden fehlt nichts. Beide brauchen nichts. Die linke Hand ist ganz, die rechte Hand ist ganz. Absolutheit ist vollständig, Unterscheidung ist vollständig. Erlaube jedem einzelnen Wesen, so zu sein, wie es ist: ein Blaureiher hat lange Beine, eine Ente kurze; darin sind beide vollkommen. Darin liegt ihr Heil. Die kurzen Beine der Ente sind das Heil der Ente, die langen Beine des Blaureihers sind das Heil des Reihers. Die Männlichkeit ist das Heil des Mannes, die Weiblichkeit ist das Heil der Frauen. Keines der Wesen entbehrt irgend etwas. Vollkommen und vollständig. Und das erkennen heißt, sein Dharma-Auge geöffnet zu haben.

Grenzenlose, tiefgreifende Befreiung verstellt dir immer noch den Blick. Diese gründliche und grenzenlose Befreiung ist das genaue Gegenteil zu den unzähligen Gestalten, von denen die erste Zeile spricht. Sie schaut zur anderen Seite hin und erkennt, daß die zahllosen Dinge eins sind. Was dir bei dieser Krankheit den Blick verstellt, ist eben die Tatsache, daß die zahllosen Dinge eins sind, daß es da keinen Unterschied, keine Trennung gibt. Wenn du in der Einheit festsitzt, wo keine Unterscheidung möglich ist, dann kannst du dies [hält seinen Stock hoch] nicht sehen und kannst dies [schlägt mit dem Stock auf sein Pult] nicht hören. Warum? Weil es das ganze Universum ausfüllt. Es bewegt jedoch nichts.

Wer wohl ist stark genug, um diesen Garten auszufegen? Den Garten ausfegen heißt all den Müll aus unserem Kopf fegen, die Krankheit der Erleuchtung wegfegen. Wan-song, der auch zu den Gedichten des Hong-zhi Zwischenbemerkungen verfaßt hat, sagt zu dieser Zeile: »Spuren wegwischen erzeugt nur neue Spuren. Jeder Versuch, etwas zu verbergen, macht es nur noch sichtbarer.« Das ist wie bei der Meeresschildkröte, die auf den Strand kriecht und ihre Eier in den warmen

Sand legt. Die Spuren, die sie dabei im Sand hinterläßt, weisen den Räubern geradezu den Weg zu den Eiern und machen sie zu einer leichten Beute; und deshalb verwischt sie die Fußpuren mit ihrem Schwanz, wenn sie ins Meer zurückkriecht. Selbstverständlich kann das gar nicht gelingen; denn sie hinterläßt ja immer noch die schwache Spur des Verwischens.

Als ich selbst einmal gerade angefangen hatte, unter einem neuen Meister zu üben, dachte ich, ich müßte, weil ich ein Senior-Schüler aus einem anderen Kloster war, ständig heiter und gelassen herumlaufen. Also praktizierte ich heitere Gelassenheit. Wann immer ich meinem Meister auf der Straße begegnete, setzte ich diesen glückseligen Gesichtsausdruck auf und sagte mit halbgeschlossenen Buddha-Augen: »Hallo, Rōshi!« Er ging dann einfach weiter, und wenn ich an ihm vorbei war, rief er plötzlich »Daido!« hinter mir her. Ich drehte mich um, er sah mich kurz an und ging dann mit einem vernehmlichen »Ufff!« weiter. So ließ er mich wissen, daß er sehr wohl die verkrampfte Anstrengung sah, die sich hinter meiner heiteren Miene verbarg. Schwer zu verbergen! Unmöglich sogar!

Genau dieser Punkt wird in der nächsten Zeile weiter ausgeführt: *So tief in dir versteckt, noch tiefer, weckt es ganz von selbst Gefühle auf.* Gerade im Verborgenen werden Gefühle wach, und das Resultat davon ist, daß in unserem Geist alle möglichen unkontrollierbaren Verwandlungen ablaufen, die in verblendeten Handlungen ihren Ausdruck finden: All das ist Teil der Dharma-Anhaftung: Dharma dies und Dharma das. Das ist wie bei Leuten, die ständig im Munde führen: »Jeder Mensch sollte Buddhist sein. Die Welt ist nur deshalb in einem so verkorksten Zustand, weil nicht alle Buddhisten sind. Wenn sich jeder zum Buddhismus bekehrte, herrschte Frieden auf Erden.« Das ist die schlimmste Art von Verblendung, die man sich denken kann.

Auf blauem Wasser liegt ein Boot, in Herbstesfülle eingetaucht. Im Glanz verschneiter Schilfrohr-Kolben ragt ein Staken auf, von Licht umflutet. Der Herbst ist eine Metapher für den absoluten Grund der Dinge. Wan-song bemerkt zu dieser Zeile: »Eingetaucht in stehendes Gewässer!« Es bewegt sich nicht, und folglich liegt auch hier Krankheit vor. Der Staken inmitten des Schilfrohrs hingegen, von dem die zweite dieser Zeilen spricht, markiert einen Zustand weitaus größerer Klarheit: den, von allem Stillstand frei zu sein.

Und jetzt meine Lieblingszeile in diesem Gedicht: *Ein alter Fischer, seinen Flußbarsch aufgespießt, erwägt den Gang zum Markt.* Wansong merkt dazu an: »Wenn er seine Ware verkauft, macht er einen guten Gewinn.« Dann die Schlußzeile: *Unbekümmert schwimmt ein Blatt, vom Wind getrieben, über die Wellen hin.* Und dazu sagt Wansong: »Die verborgene Feinheit ausfindig machen und der Strömung folgen!«

Das Blatt ist das Boot. Und das Blatt ist frei. Und geradeso, wie ein Blatt von Wind und Strömung dahingetrieben wird, knarrt und ächzt dies kleine Boot, wenn es das Gewicht des Fischers durch die Wellen tragen muß. Das Boot bringt den Fischer dahin, wo er gerade seinen Fisch verkaufen will. Manchmal treibt es auf der einen, dann wieder auf der anderen Seite des Flusses. Wo und wann auch immer Zeit, Ursachen und Umstände das Boot in seiner durch nichts behinderten Beweglichkeit anlanden lassen, eben das ist der Ort, wohin der Fischer mit seinem aufgespießten Fisch – das meint den »Inhalt« seiner Einsicht, sein Dharma – unterwegs ist, um ihn dort zum Verkauf auszulegen. Auch darin steckt eine Illusion, weil wir diesen Fisch doch immer schon besitzen und ihn daher nicht erst noch kaufen müssen. Es ist, als wollte man einen Eimer voll Wasser nehmen, es Wein nennen und direkt am Ufer eines Flusses zum Verkauf anbieten. Komischerweise, wenn es etwas kostet und der Eimer hübsch anzuschauen ist, dann kaufen die Leute dieses Wasser. Dabei brauchten sie nur ein paar Schritte zum Fluß zu gehen und ihre Hand hineinzuhalten, um genau dasselbe Wasser schöpfen und trinken zu können.

Die Stimmung, die der Lobgesang ausdrückt, klart mehr und mehr auf, je weiter er die Krankheiten unserer Spiritualität hinter sich läßt. Schließlich stoßen wir auf diesen alten Fischer, einen Mann, der keine weiteren Absichten hegt – kein Gedanke an irgendeine Lehrtätigkeit oder sonstigen Erfolg hält ihn gefangen – und der sich sogar überlegt, ob er den Fisch überhaupt zu Markte tragen soll. Der Fischer ist aber auch der alte Großvater, der seinen Fisch, den Dharma, an den Mann bringt. Er ruft ihn aus: »Leute, kommt her! Kauft diesen Fisch. Er ist ganz frisch. Wer hat hier keine Lust auf dieses köstliche Stück!?« Rabatt jedoch gibt es keinen, du zahlst den vollen Preis!

Preisnachlässe erleichtern die Sache. Zahl deine fünfunddreißig Dollar und du bist mein Schüler! Aber worin? Wenn du nur auf den

Rabatt aus bist, dann wirst du garantiert über's Ohr gehauen. Du wiegst dich in der Hoffnung, du könntest irgendwie die Sperren überspringen, kämest darum herum, die entscheidenden Fragen von Leben und Tod stellen zu müssen. »Du kannst hierher kommen für ganze fünfunddreißig Dollar. Die Frage von Leben und Tod brauchst du nicht zu stellen; das ist schon in Ordnung!« So etwas wäre Rabatt. Doch wir hier im Zen Mountain Monastery bieten keinen Rabatt an. Nur zum vollen Preis! Und laß dir gesagt sein: Du zahlst dich dumm und dämlich! Darauf nämlich laufen die fünf Sperren hinaus. Genau das ist es, was der freundliche alte Fischer zu uns sagt: »Eßt von diesem Fisch, Leute! Das wird euch guttun. Aber kein Rabatt!«

Der alte Fischer erinnert mich an eine Geschichte aus meiner Jugend. Das war in den dreißiger Jahren, als es noch so gut wie keine Autos gab. Die Müllabfuhr, die Polizei, der Milchmann, der Bäcker – sie alle kamen mit Pferdefuhrwerken. Und einer der Höhepunkte des Samstagvormittags war es, wenn diese fliegenden Händler vorbeikamen. Die Pferde der Müllabfuhr waren so abgerichtet, daß der Müllmann den Inhalt eines Abfalleimers nur auf den Wagen zu werfen brauchte; hörte das Pferd die Abfälle aufschlagen, trottete es von selbst zum nächsten Haus weiter und blieb dort vor dem nächsten Abfalleimer stehen. Einmal in der Woche kam auch ein ziemlich alter Mann vorbei und verkaufte frischen Fisch, der in Eis gelagert war. Er konnte kein Wort Englisch, und so schrie er die Sprüche, mit denen er seinen Fisch anpries, auf Italienisch zu den Häusern hinauf. Meine Großmutter pflegte dann ein Fenster zu öffnen und gleichfalls auf Italienisch hinunterzurufen: »Was taugt er denn?«, worauf der alte Mann stets antwortete: »Er ist erstklassig!« Sie rief dann jedesmal zurück: »Fünf Cents für ein Pfund ist viel zu viel. So gut kann er gar nicht sein! Außerdem liegt er in Eis, er lebt ja gar nicht mehr!« Der alte Mann gab auch darauf eine sich stets wiederholende Antwort, und so ging es hin und her. Schließlich brachte er meine Großmutter dahin, daß sie vom 1. Stock herunter auf die Straße kam. Dort ging der Streit weiter, und sie reckten sogar die Fäuste gegeneinander. Am Ende aber, wenn der Fisch wirklich gut war und seinen Preis wert, kaufte ihn meine Großmutter – ohne Rabatt!

Der alte Fischer symbolisiert das Auge der Weisheit. Das Blatt und das Boot des Fischers stehen für das Auge des Mitgefühls. Das eine ist das Auge des Mañjushrī, und das andere das des Bodhisattva Samantabhadra, der sich je nach den Umständen und Verhältnissen manifestiert. Alle Buddhas besitzen diese beiden Augen – so, wie das auch alle Lebewesen tun, wie das auch jeder von Euch tut!

Geboren in einem einzigen Augenblick – das Leben von zehntausend Buddhas.
Zeitlos und allein zwischen Himmel und Erde, der Weltverehrte.
Wie viele Jahre schon habe ich mich ergötzt an dem uralten Wein aus Kapila?

Kapila ist der altindische Staat, in dem Buddha geboren wurde. Der »Wein aus Kapila« hat uns hier in diesem Sangha auf dem Tremper Mountain bereits seit vielen Jahren genährt. Und wie viele Jahre sind es, daß ich selbst mich an diesem »alten Wein aus Kapila« erfreut habe? Vor Ehrfurcht und Dankbarkeit füllen sich meine Augen mit Tränen.

11. Yun-yan und das Große Erbarmen

Congrong-lu, Kōan 54

Hinweis
Auf allen Seiten klar wie ein Kristall, frei und ungehindert nach allen Richtungen, Licht aussenden und die Erde an allen Orten erzittern lassen, zu jeder Zeit kaum wahrnehmbar spirituelle Kraft ausüben – sag mir einmal, wie zeigst du das?

Das Beispiel
Yun-yan fragte einmal Dao-wu: »Was macht der Bodhisattva des Großen Erbarmens mit so vielen Händen und Augen?« Dao-wu antwortete: »Das ist, wie wenn einer um Mitternacht hinter sich nach seinem Kissen greift.« Yun-yan sagte: »Ich verstehe.« Dao-wu fragte ihn: »Und wie verstehst du es?« Yun-yan erwiderte: »Überall auf dem Leib sind Hände und Augen.« Dao-wu sagte: »Damit hast du eine ganze Menge gesagt; doch hast du die Sache leider nur zu achtzig Prozent erfaßt.« Yun-yan entgegnete: »Und wie steht es mit dir, älterer Bruder?« Dao-wu antwortete: »Der Leib ist durch und durch Hände und Augen.«

Lobgesang
Ein einziges Loch, und Leere dringt überall hin,
auf allen Seiten klar wie ein Kristall.
Gestaltlos, ohne Selbst, bringt Frühlingshauch die Röhren zu tönen.
Unaufhaltsam, ungehindert quert der Mond den Himmelsraum.

Augen von reinem Demant, die hilfreichen Arme der Tugenden:
»Überall auf dem Leib« – wie wäre das vergleichbar mit »der Leib ist durch und durch nur das«?
Diese Hände und Augen hier enthüllen den ganzen Wirkmechanismus:
Das Große Wirken zeigt sich in allem – was wäre da nicht erlaubt?

Wir leben in einer Epoche der Geschichte unseres Planeten, wo die zehntausend Hände und Augen des »Großen Erbarmens« nötiger sind als jemals zuvor. Überall auf der Erde gibt es einflußreiche Politiker, die bereit, ja fest entschlossen sind, Weltuntergangs-Waffen einzusetzen, »wenn es angebracht ist«! Und bei uns in den USA haben Parteiführer des Kongresses öffentlich erklärt: »Die Vereinigten Staaten von Amerika schließen den Einsatz biologischer, chemischer und atomarer Waffen als Antwort auf einen entsprechenden Angriff keineswegs aus.« Wo zwischen all diesen Drohungen, wo in all diesem Durcheinander zeigt sich der Bodhisattva des Großen Erbarmens?

Es sieht ganz so aus, als könntest du einen Bodhisattva gerade dann, wenn du ihn brauchst, am wenigsten finden. Doch Tatsache ist, daß du ihn überhaupt nicht finden kannst, zu keiner Zeit und an keinem Ort. Denn »Bodhisattva«, das ist Intimität selbst, und in dieser innersten Vertrautheit gibt es kein Getrenntsein und daher auch kein Finden. Der Bodhisattva des Erbarmens reicht überall hin, und deshalb besteht auch keine Möglichkeit, ihn zu erkennen. Andererseits kann es dort, wo es keine innerste Vertrautheit gibt, auch keinen Bodhisattva geben. Dort gibt es nur »dieses hier« und »jenes dort«, »du schlägst mich, ich schlage dich«. Biologische Waffen, chemische Waffen, atomare Waffen – wo ist da derjenige, der schlägt, und wo der, der geschlagen wird? Wer erleidet hier den Schmerz? Und worin besteht dieser Schmerz?

Hakuun Yasutani Rōshi hat sich oft der Analogie zweier Hände bedient, um seinen Zuhörern das Verständnis zu erleichtern, wie Mitgefühl arbeitet. Stell dir vor, du gäbest jeder deiner beiden Hände ein Ich, komplett mit der Vorstellung eines getrennten Selbst. Dann hättest du zwei Hände, die sich völlig verschieden voneinander empfänden, die eine als rechte und die andere als linke Hand. Sie wären nicht deckungsgleich, und die eine könnte sich bewegen, während die andere stillhält. Es bestünden zwischen ihnen nicht zu leugnende Unterschiede.

Wenn du dir nun zum Beispiel das Geld immer in die linke Hand geben ließest, könnte die rechte mißtrauisch werden: »Warum bekommt immer die linke Hand das Geld? Warum gibt mir niemand Geld?« So könnte aus der Vorstellung einer jeden Hand, sie sei gegenüber der anderen ein völlig eigenständiges und gesondertes Wesen, Eifersucht erwachsen. Oder ein anderes Beispiel: Die linke Hand wirft ein Holzscheit ins Kaminfeuer. Dabei verfängt sich der Ärmel am Kaminrost, und die linke Hand kann nicht zurück. Der Ärmel fängt Feuer, und die Hand schreit um Hilfe. Die rechte Hand möchte schon helfen, doch sie zögert, weil sie sich selbst nicht verletzen will. Wer könnte ein solches Zögern nicht verstehen!

Wenn wir aber diesen beiden Händen Erleuchtung schenken, dann erkennen sie, daß sie nur zwei Teile ein und derselben Wirklichkeit sind, und die heißt – Daidō. Die beiden Hände sind also ein und dasselbe Ding. Sie können, ohne einander im Weg zu stehen, ganz verschieden handeln; gleichwohl sind sie immer noch ein und dieselbe Wirklichkeit. Und das heißt: Wenn wir uns das Geld in die linke Hand geben lassen, macht sich die rechte nichts daraus. Wenn die linke Hand es hat, hat es die rechte auch. Eine solche Aussage macht solange keinen Sinn, wie du nicht erkennst, daß sie beide ein und dasselbe Ding sind. Wenn die linke Hand es hat, hat auch die rechte es. Wenn du es hast, dann habe auch ich es. Bist du glücklich, bin ich glücklich. Trinkst du, werde ich betrunken. Solange du dir nicht dessen bewußt bist, daß deine beiden Hände ein und dasselbe Ding sind, kann derartiges nicht passieren. Wenn die linke Hand sich über einem Feuer verfängt und Verbrennungen erleidet, reagiert die rechte Hand auf der Stelle: Da gibt es nicht das geringste Zögern. Wenn die linke Hand sich verbrennt, verbrennt sich auch die rechte. Das macht abermals keinen Sinn, solange du nicht jene Einheit, jenes Einssein des Verschiedenen begriffen hast. Eben diese Einsicht ins Einssein aller Dinge ist Weisheit. Und die Handlung, mit der die freie Hand auf den Hilferuf der anderen antwortet, die sich am Feuer verbrennt, ist Mitgefühl, ist Erbarmen.

Es gibt unendlich viele Möglichkeiten, wie Erbarmen vorgehen kann. Vor vielen Jahren, als mein erster Meister, Sōen Nakagawa, noch ein junger Mönch war, wurde er von einem Förderer des Tempels, in dem er sich übte, um Hilfe gebeten. Dieser Mann hatte eine Tochter, eine junge Frau von gerade siebzehn Jahren, die Ballett studierte und damit die Hoffnung verband, einmal eine professionelle Tänzerin zu werden. Sie machte sich sehr gut und hatte unleugbar Begabung. Eines Tages erlitt sie jedoch einen Autounfall und war fortan von der Hüfte an gelähmt. Sie mußte ihre Hoffnung auf eine Karriere als Tänzerin ein für allemal begraben. Ihre Eltern waren sehr reich und brachten sie zwar in jedes Hospital, das einen guten Ruf besaß, ob im Osten oder Westen der Vereinigten Staaten, zu jedem Neurochirurgen, der auch nur die kleinste Besserung versprach. Doch keiner konnte etwas gegen die Lähmung ausrichten. Das Mädchen verfiel immer tiefer in Mutlosigkeit und Depression. Die Familie probierte eine ganze Reihe von Psychotherapeuten aus, um ihr aus ihrer Qual und ihrer Lethargie herauszuhelfen. Doch die Lage erwies sich als absolut hoffnungslos. Im Verlauf mehrerer Jahre zog sie sich immer weiter in sich zurück. Sie stand zwar noch im Frühling ihres Lebens, war jedoch von grenzenloser Apathie erfüllt. Sie saß nur noch in ihrem Zimmer. Sie las kein Buch, sprach nicht mehr, sie tat rein gar nichts. Auch essen tat sie so gut wie nichts.

Der Vater fragte Sōen, ob er zu ihnen kommen und der Tochter irgendwie helfen könne. Sōen antwortete: »Ich bin weder ein Arzt noch ein Psychologe und verfüge nicht über deren Fertigkeiten. Trotzdem werde ich kommen und sehen, was ich tun kann.« Er ging also hin und sprach mit der jungen Frau. Nach einer Weile zog er ein kleines Stück Reispapier und einen Pinsel hervor. Er rieb und rührte sich ein bißchen Tusche an und malte für die junge Frau ein Bild des Bodhisattva Jizō (jap.; Skrt.: Kshitigarbha), des Bodhisattva der hilflosen Wesen, der Kinder, Tiere und aller sonstigen Wesen, die sich verletzt haben und selbst nicht helfen können. Jizō wird stets in Gasshō-Haltung, mit zusammengelegten Handflächen, dargestellt. Er hilft, wann immer er benötigt wird. Sōen schrieb noch ein kurzes Gedicht neben das Tuschebild und überreichte beides der jungen Frau. Sie bedankte sich, und Sōen sagte zu ihr: »Und jetzt versuchen Sie es!« Er gab ihr den Pinsel, sie malte auf ein zweites Stück Reispapier, und er zollte ihr überschwengliches Lob! Sōen war ein sehr charismatischer Mensch, der stets zu dramatischen Auftritten neigte. Und er verstand es, sich in das Herz seines Gegenübers einzuschleichen. Er bat sie, auf der Stelle noch ein weiteres Bild zu malen, und zeigte sich über das Ergebnis noch begeisterter als beim ersten Mal. Am Ende seines Besuchs ließ er ihr einen ganzen Stapel Papier da und sagte zum Abschied: »Malen Sie jeden Tag ein Bild! Ich werde in der nächsten Woche wiederkommen und nachschauen, wie es Ihnen geht. Numerieren Sie bitte die Blätter, damit sich verfolgen läßt, was Sie zustande bringen.«

Eine Woche später war er wieder da, und sie hatte sieben Bilder gemalt. »Wunderbar!« rief er aus, gab ihr einen weiteren Haufen Reispapier und sagte: »Jetzt malen Sie bitte zwei Bilder pro Tag, und ich werde in einem Monat wiederkommen.« Einen Monat später hatte sie alles erledigt, was er ihr aufgetragen hatte, und er forderte sie auf, noch mehr Bilder zu malen. Er kam immer wieder, und sie malte immer weiter. Nach ungefähr zwei Jahren war die Depression verflogen. Die junge Frau fühlte sich wieder voller Lebendigkeit. Heute gehört sie zu den bedeutendsten Sumi-e-Malern Japans (»Sumi-e« heißt »Tuschemalerei«). Vor einigen Jahren sah ich den zweimillionsten Bodhisattva Jizō, den sie gemalt hatte. Es war ein Bild von ungefähr dreimal zwei Metern Größe. Ich habe es als Illustration für ein Buch fotografiert. Die Malerin war zu der Zeit bereits über Achtzig, völlig geheilt, wohletabliert und glücklich; sie führte ein erfülltes Leben.

Sind das vielleicht die zehntausend Hände und Augen des »Großen Erbarmens«, die Manifestation des Bodhisattva Avalokiteshvara*? Was ist das, der Bodhisattva Avalokiteshvara? Was sind seine zehntausend Hände und Augen? Und was ist es, das *auf allen Seiten klar wie ein Kristall* macht, *frei und ungehindert nach allen Richtungen*, wie es im Hinweis heißt? Was ist es, das uns *Licht aussenden und die Erde an allen Orten erzittern lassen* macht?

Erbarmen nimmt Gestalt an entsprechend den Wesen, denen es helfen will; Erbarmen handelt nach Befehl, ohne Wenn und Aber, und tut, was im jeweiligen Augenblick gerade erforderlich ist. Es bedeutet keineswegs, stets »Gutes« zu tun, wie wir mit unserem unterscheidenden Bewußtsein üblicherweise annehmen. Manchmal kann es sogar so aussehen, als ob es ausgesprochen »Schlechtes« täte.

Das entscheidende Merkmal das Großen Erbarmens besteht darin, daß es eine Tätigkeit zum Wohle aller Wesen ist – ihm haftet weder ein Ich an noch Selbstbezogenheit in irgendeiner Form. Jedesmal, wenn

---

* Der Bodhisattva des Erbarmens, Avalokiteshvara, wird oft als ein Wesen mit zehntausend helfenden Händen dargestellt, wobei sich in jeder Handfläche ein Auge (der Weisheit) befindet, welches darauf hinweist, daß wahres Erbarmen immer mit Weisheit gepaart sein muß und keine blinde Wohltätigkeit sein darf. In China heißt der Bodhisattva Guan-yin, in Japan Kannon, und in beiden Ländern wird er/sie als weibliche Gestalt dargestellt. [A. d. R.]

jemand bei einem Unfall zu Hilfe eilt, jedesmal, wenn ein Feuerwehrmann eine Brandstätte betritt, jedesmal, wenn eine Mutter sich ihrem schreienden Kind zuwendet, erwacht Avalokiteshvara zum Leben. Er offenbart sich in der Gestalt des Autofahrers, der anhält, um einem anderen Autofahrer behilflich zu sein. Ein solcher Autofahrer ist nichts anderes als die Manifestation der Tugend des Erbarmens und seiner 84 000 Hände und Augen.

Was den Bodhisattva Avalokiteshvara kennzeichnet, ist, von den vielen Händen und Augen abgesehen, mit denen er den Nöten der Welt entspricht, vor allem seine Fähigkeit, sich in jeder beliebigen Gestalt zu manifestieren, wie es die jeweilige Notsituation gerade verlangt. Er zeigt sich nicht als männliche oder weibliche Gestalt mit einem Lichtschein um den Kopf und Händen und Augen überall auf seinem/ihrem Leib, sondern eher als das, was zur jeweiligen Situation gerade paßt. Manchmal ist er ein Heiliger, manchmal ein General und manchmal ein Landstreicher.

Der Hinweis zum Kōan fragt: *»Auf allen Seiten klar wie ein Kristall, frei und ungehindert nach allen Richtungen, Licht aussenden und die Erde an allen Orten erzittern lassen, zu jeder Zeit kaum wahrnehmbar spirituelle Kraft ausüben – sag mir einmal, wie zeigst du das?«* Die Antwort darauf gibt das Kōan.

Yun-yan fragte einmal Dao-wu: »Was macht der Bodhisattva des Großen Erbarmens mit so vielen Händen und Augen?« In der Tat, was meint dieses Kōan mit den zehntausend Händen und Augen des Bodhisattva Avalokiteshvara? Dieser Avalokiteshvara ist der Bodhisattva, der das Weinen der Welt hört. Es gibt viele Bodhisattvas, Wesen, die ihre eigene endgültige Verwirklichung, ihre Erleuchtung um des Wohles der anderen willen hintanstellen. Erst wenn auch noch das letzte Lebewesen auf diesem Planeten erleuchtet ist, kümmern sich die Bodhisattvas um ihre eigene Erleuchtung. Solche Bodhisattvas kommen in allen Religionen vor, und in jeder einzelnen ist dieses Große Herz des Erbarmens am Werk. Doch was ist das Große Herz des Erbarmens? Und wer sind die Bodhisattvas?

Dao-wu (Dōgo) und Yun-yan (Ungan) haben beide die Dharma-Übertragung von Yue-shan (Yakusan) erhalten. Yun-yan gab den Dharma an Dong-shan (Tōzan) weiter, und das war die Geburtsstunde der Sōtō-Schule. Das ist auch der Grund dafür, daß gerade dieses Kōan innerhalb der Sōtō-Schule eine so gewichtige Rolle bei der Schulung des Nachwuchses spielt. Der Bodhisattva wirkt in der Welt der Unterscheidung, des Durch- und Gegeneinander, und doch beginnt der Hinweis mit der eindeutigen Feststellung: *Auf allen Seiten klar wie ein Kristall, frei und ungehindert nach allen Richtungen...* Das verweist auf ein tätiges Leben ohne Behinderung durch Widerstände, auf ein Wirken, das überallhin reicht. Es verweist auf die absolute Verwirklichung des Buddha in dieser Welt, mitten unter den zahllosen Dingen.

Genau darauf zielen die buddhistischen Gebote ab. Weisheit ist die Erkenntnis der Nicht-Trennung. Erbarmen ist die Verwirklichung der Weisheit und deren Umsetzung in der Welt der Trennungen, der Unterscheidung. *»Das ist, wie wenn einer um Mitternacht hinter sich nach seinem Kissen greift.«* Da regt sich, da schleicht sich kein einziger Gedanke ein. Und im Erbarmen ist kein Bewußtsein von einem Täter, der die Handlung ausführt, noch von der Handlung, die der Täter ausführt. Die Handlung ereignet sich einfach: Irgend jemand fällt hin, und du hebst ihn auf. Da fängt es an zu brennen, und du löschst das Feuer. Da weint jemand, und du reagierst.

Yun-yan erwiderte: »Überall auf dem Leib sind Hände und Augen.« Dao-wu antwortet: *»Damit hast du eine ganze Menge gesagt; doch hast du die Sache leider nur zu achtzig Prozent erfaßt.«* Yun-yan darauf: *»Und wie steht es mit dir, älterer Bruder?«* Worauf Dao-wu erwidert: *»Der Leib ist durch und durch Hände und Augen.«* Besteht da irgendein Unterschied? Bedeutet »überall auf dem Leib« achtzig Prozent, und »der ganze Leib« hundert Prozent? Und warum gerade achtzig Prozent? Warum nicht fünfzig Prozent? Was für eine Zauberei verbirgt sich hinter diesen achtzig Prozent?

Da gab es einmal einen blinden Eremiten, der nach einem heftigen Regenschauer auf schmutziger Straße in sauberen weißen Schuhen zum Markt ging. Irgend jemand fragte ihn: »Du bist doch blind. Wieso ist dann gar kein Schmutz an deinen Schuhen?« Der Mann aus den Bergen hob seinen Stock in die Höhe und sagte: »An diesem Stock ist vorn ein Auge daran (d. h.: er weiß, wohin ich treten muß).« Wan-song bemerkt dazu: »Dieser Einsiedler ist der lebende Beweis dafür, daß auch an deiner Hand ein Auge ist, wenn du in der Nacht hinter dir nach deinem Kissen greifst. Und wenn du ißt, ist da ein Auge auf deiner Zunge.

Und wenn du Menschen an ihrer Stimme erkennst, dann ist da ein Auge in deinen Ohren.«

Ein anderer Meister unterhielt sich einmal mit einem Tauben, indem er seine Worte niederschrieb, um sich mit ihm zu verständigen. Plötzlich mußte er laut lachen: »Er und ich, was sind wir für komische Leute: Ich benutze meine Hand als Mund und er benutzt sein Auge als Ohr.« Schon Buddha selbst hat von den miteinander austauschbaren Funktionen der sechs Sinne gesprochen sowie davon, daß »der ganze Körper und Geist Hände und Augen« ist.

Im *Lotos-Sūtra* werden 32 verschiedene Handlungsweisen des Bodhisattva Avalokiteshvara erwähnt; doch in Wahrheit gibt es millionenfach verschiedene Erscheinungsformen seines Wirkens. Ein Meister hat einmal gesagt: »Die tausend Hände illustrieren die Vielseitigkeit, mit der Avalokiteshvara bei seiner Rettung aller Wesen die Verblendeten anleitet. Und die tausend Augen illustrieren die Bandbreite des Lichtes, das er ausstrahlt, um die Dunkelheit zu erhellen. Wenn es keine erlösungsbedürftigen Wesen gäbe und kein Durcheinander in der Welt, dann bliebe nicht einmal ein einziger Finger, geschweige denn Tausende oder gar Zehntausende von Händen und Armen. Nicht einmal ein einziges Augenlid wäre vorhanden, geschweige denn Tausende oder gar Zehntausende von Augen.« Nur *weil* es Verblendung gibt, gibt es Erleuchtung. Weil es Erleuchtung gibt, gibt es Verblendung.

Hatte Yun-yan etwa unrecht, als er sagte: »*Überall auf seinem Leib sind Hände und Augen*«? Und ist das der Grund, weshalb Dao-wu erwiderte: »*Damit hast du eine ganze Menge gesagt; doch hast du die Sache leider nur zu achtzig Prozent erfaßt*«? Und als Yun-yan seinerseits auf Dao-wu losging: »*Und wie steht es mit dir, älterer Bruder?*« und Dao-wu darauf antwortete: »*Der Leib ist durch und durch Hände und Augen*«, besteht da irgendein Unterschied zwischen »durch und durch« und »überall auf«? Und wenn ja, was für ein Unterschied soll das sein?

In der letzten Zeile des Lobgesangs fordert die abschließende Frage, »*Was wäre da nicht erlaubt?*«, uns auf zu überlegen, ob von diesem großen Wirken irgend etwas ausgeschlossen ist. Oder, mit Wan-songs Formulierung: »Was ist richtig, was ist falsch?« Gibt es überhaupt ein Richtig und ein Falsch? Und wenn ja, worin besteht es? *Leere dringt überall hin*, das heißt, daß es in allen Richtungen kristallklar wird. Es ist wie die Weiden auf dem Flußufer an einem warmen Tag, durch die eine sanfte Brise weht: Wo ist da der Frühling? Welche Form hat der Frühling? Das können wir wirklich nicht sagen. Und doch ist er imstande, mit den Dingen in Einklang zu stehen und zu erscheinen, wenn seine Zeit gekommen ist, unaufhaltsam, durch nichts behindert. Es gibt keine Möglichkeit, den Frühling aufzuhalten. Wenn er kommt, dann kommt er. Der Frühling ist das Große Herz des Erbarmens. Welche Gestalt hat er? Wo ist er? Wem gehört er?

Solange wir uns in diesem Sack aus Haut verstecken, besteht keine Hoffnung darauf, daß sich Mitgefühl, daß sich Erbarmen entfaltet. Alles, was wir haben auf dieser Welt, ist ein Haufen von Hautsäckchen, die einander schubsen und stoßen und dabei Karma erzeugen. Fortwährend erzeugen wir Ursache und Wirkung. Außer dem individuellen Karma gibt es auch ein Gruppen-Karma, gibt es ein Familien-Karma, ein Landes-Karma und sogar ein Erd-Karma. Dies alles ist eine einzige Wirklichkeit. Und diese eine Wirklichkeit ist jeder von uns. Es ist deine Wirklichkeit, deine Erde, dein Leben. Diese drei sind ein einziges Ding, nicht drei.

Wan-song hat zu jedem Satz des Beispiels und zu jeder Zeile des Lobgesangs Zwischenbemerkungen gemacht: *Yun-yan fragte einmal Dao-wu: »Was macht der Bodhisattva des Großen Erbarmens mit so vielen Händen und Augen?«* Die Zwischenbemerkung: »Worauf willst du mit dieser Frage hinaus?« *Dao-wu antwortete: »Das ist, wie wenn einer um Mitternacht hinter sich nach seinem Kissen greift.«* Die Zwischenbemerkung: »Eine wunderbare Kraft! Und ganz und gar nicht von der kleinen Sorte.« Da ist in der Tat etwas Wunderbares und Tiefsinniges an dieser Geste. Und auch an dieser Geste [hält seinen Stock hoch] sowie an dieser [rückt seine Brille zurecht].

Yun-yan sagte: »Ich verstehe.« Dazu der Einwurf: »Tu nicht so, als wärest du erleuchtet.« *Dao-wu fragte ihn: »Und wie verstehst du es?«* Die Zwischenbemerkung: »Immerhin, er läßt ihn nicht einfach gehen.« *Yun-yan erwiderte: »Überall auf seinem Leib sind Hände und Augen.«* Die Zwischenbemerkung: »Da gibt's keine Lücke, keinen Spalt!« *Dao-wu sagte: »Damit hast du eine ganze Menge gesagt; doch hast du die Sache leider nur zu achtzig Prozent erfaßt.«* Die Zwischenbemerkung dazu heißt: »Meine Zunge ist zu kurz!« Weil er eine zu kurze Zunge hat, kann er nur »achtzig Prozent« sagen. *Yun-yan entgegnete: »Und wie steht es mit dir, älterer Bruder?«* Die Zwischenbemerkung: »Wenn sich Vernunft als überlegen erweist, dann halte dich daran.« *Dao-wu antwortete: »Der Leib ist durch und durch Hände und Augen.«* Wansongs Einwurf: »Keinerlei Behinderung.«

Als Yun-yan sagt: »Überall auf seinem Leib sind Hände und Augen«, stellt die Zwischenbemerkung fest, daß es da keine Lücke gibt, keinen Zwischenraum. Als Dao-wu wenig später erklärt: »Der Leib ist durch und durch Hände und Augen«, deutet Wan-song mit seiner Zwischenbemerkung darauf hin, daß es keine Behinderung gibt: Nichts steht im Weg. Besteht zwischen den beiden Feststellungen: »Keine Lücke« und »Keine Behinderung« irgendein Unterschied? Und sagen die beiden alten Meister, Yun-yan und Dao-wu, dasselbe, oder sagen sie etwas Verschiedenes? Wenn sie etwas Verschiedenes sagen, wer von ihnen hat dann recht? Wenn sie aber beide dasselbe sagen, warum behauptet dann Dao-wu: »Nur achtzig Prozent«? Vielleicht jedoch, versteht sich, sagt auch Dao-wu nur achtzig Prozent?

Zur ersten Zeile des Lobgesangs: *»Ein einziges Loch, und Leere dringt überall hin, . . .«* lautet Wan-songs Zwischenbemerkung: »Senkrecht ausgedehnt durch Vergangenheit, Gegenwart und Zukunft.« Zur zweiten Zeile, *». . . auf allen Seiten klar wie ein Kristall«,* heißt die Zwischenbemerkung: »Horizontal alle zehn Richtungen überdecken.« Die gesamte Wirklichkeit ist abgedeckt, vertikal wie horizontal. Die eine Zeile spricht vom dreidimensionalen Raum: x-, y- und z-Achse; und die andere von der Zeit-Achse: Vergangenheit, Gegenwart und Zukunft. Immer gerade hier und gerade jetzt! Avalokiteshvara ist kein Wesen, das vor 2500 Jahren gelebt hat. Er ist auch kein Wesen der Zukunft oder ein Geschöpf, das dem *Lotos-Sūtra* entspringt. Er ist das Leben eines jeden von uns. Das Große Herz des Bodhisattva Avalokiteshvara schlägt in der Brust eines jeden von uns. Doch solange du es nicht entdeckst, kannst du es nicht zum Leben erwecken. Wenn wir es aber zum Leben erwecken, manifestiert es sich in der Welt; wir geben ihm die Möglichkeit, zu nähren und zu heilen, auf das Weinen der Welt zu antworten.

Gestaltlos, ohne Selbst, bringt der Frühlingshauch die Röhren zum Tönen. Wan-songs Zwischenbemerkung dazu: »Segen empfangen ganz nach der Jahreszeit.« Das ist der endlose Frühling der Erleuchtung, der endlose Frühling der Intimität mit dieser ganzen großen Erde und mit jedem einzelnen Ding, das sie umschließt. *Unaufhaltsam, ungehindert quert der Mond den Himmelsraum.* Dazu der Einwurf: »Er stürzt von selbst ins Tal da vorn.« *Augen von reinem Demant, die hilfreichen Arme der Tugenden.* Die Zwischenbemerkung lautet: »Nach vorn und nach hinten schauen, sich Osten und Westen zu eigen machen.« *»Überall auf dem Leib«* wie wäre das vergleichbar mit *»der Leib ist durch und durch nur das«?* Zwischenbemerkung: »Nun klügele das mal aus!« *Ich kann nur sagen, irgend jemand hat auch mir diese Frage einmal gestellt, schon vor vielen Jahren, und ich habe es bis heute nicht herausgekriegt.*

Diese Hände und Augen hier enthüllen den ganzen Wirkmechanismus. Dazu lautet die Zwischenbemerkung: »Die Diebesbeute liegt schon offen zutage.« *Das Große Wirken zeigt sich in allem – was wäre da nicht erlaubt?* Die Zwischenbemerkung sagt: »Weder richtig noch falsch!« Was soll das bedeuten? Soll das heißen, wenn unser Präsident auf den Roten Knopf drückt, ist das weder richtig noch falsch? Oder soll es besagen, daß Hitlers Taten weder richtig noch falsch gewesen sind? Und was haben Richtig und Falsch mit Yun-yan und Dao-wu zu tun? Hat Yun-yan unrecht und Dao-wu recht? Oder haben vielleicht beide unrecht? Vielleicht aber haben sie ja auch beide recht. Oder vielleicht haben sie weder recht noch unrecht. Und was sollen die »achtzig Prozent« bedeuten?

Den Buddha-WEG erforschen heißt sich selbst erforschen, und sich selbst erforschen heißt sich selbst vergessen. Und das Ich vergessen heißt, so erstaunlich das klingen mag, mit dem Ich ganz innigst vertraut sein. Und diese Intimität mit dem Ich, das ist die Hände und Augen des Großen Erbarmens. Das besagt, ganz du selbst zu *sein.* Denn anderswo wirst du das Große Erbarmen niemals finden können.

Die Tätigkeit des Großen Erbarmens, seiner zehntausend Hände und Augen, folgt keiner Regel. Es gibt keine Gebrauchsanweisung, keine Landkarten, keine Leitfäden. Erbarmen entsteht aus der Weisheit. Es ist die Weisheit selbst. Die wichtigste Frage ist: Wie stellst du es an mit dem Großen Erbarmen? Nun, du setzt ganz einfach den linken Fuß vor den rechten und dann den rechten Fuß vor den linken. Verstehst du? Ach ja? *Das* ist es nicht! Das ist nicht nicht Gehen, das ist Reden.

Sieh zu, was Gehen selbst ist! Und sobald du einmal klar und deutlich erkannt hast, was Gehen selbst ist, dann begreife, daß das nur achtzig Prozent sind. Du bist nicht imstande, alle Lebewesen zu retten, solange du nicht bereit bist, selbst gerettet zu werden. Und du kannst nicht selbst gerettet werden, solange du nicht dich selbst vergißt. Dich selbst vergessen, das ist deine Übung. Das ist Zazen. Und das ist immer gerade hier und gerade jetzt.

Was willst du also tun? Und wie willst du es tun? Und vor allem, was das Wichtigste ist, *wann* willst du es tun? Morgen? Bedenke, daß »morgen« niemals Wirklichkeit wird. »Morgen« ist und bleibt »morgen«. Auch »gestern« hat keine Wirklichkeit, es ist bereits vorbei. Es gibt nur jetzt. Dein Leben findet jetzt statt. Deine Übung ist genau jetzt.

12. Ratschlag einer Raupe

The Way of Reality, Kōan 52

Hinweis

Körper und Geist jedes einzelnen Wesens sind so groß und grenzenlos wie das ganze Universum. Und was ihre Kleinheit betrifft, so sind sie noch kleiner als ein einzelnes Atom. Wir sollten genau verstehen, daß Festhalten und Loslassen nicht Sache eines anderen sind. Einrollen und Ausrollen liegen beide in deiner Macht. Wenn du das, was festsitzt, freibekommen, und das, was gebunden ist, losmachen willst, dann entferne ganz einfach alle Spuren deines Denkens. In eben dem Augenblick, wo dein Sehen und Hören restlos klar sind und Farben und Klänge ganz und gar rein wahrgenommen werden – sag mir, welches ist dann die richtige Seite? »Diese Seite« erreicht es nicht, »Jene Seite« erreicht es nicht. »Weder diese noch jene« verfehlt es ebenso. »Sowohl diese wie jene« – zehntausend Meilen von der Wahrheit entfernt. Vermeide den kleinsten Hauch von Richtig und Falsch und sag mir ein Wort!

Das Beispiel

Die Raupe sagte: »Die eine Seite wird dich größer machen, und die andere Seite wird dich kleiner machen« – »Die eine Seite wovon?, die andere Seite wovon?«, dachte Alice bei sich. »Von diesem Pilz hier«, sagte die Raupe. Alice sah sich den Pilz an und versuchte herauszubekommen, welches seine beiden Seiten sein sollten; aber der Pilz war vollkommen rund.

Lobgesang

Statt deines Körpers befreie lieber deinen Geist.
Wenn der Geist befriedet ist, ist auch der Körper in Frieden.
Sind Geist und Körper beide befreit,
dann ist der WEG klar und unverhüllt.

Dies ist ein relativ modernes Kōan. Es behandelt ein Thema, das so alt ist wie der Buddhismus und die Menschheit insgesamt. Sein Thema ist das dualistische Denken und dessen fatale Neigung, unser Leben mit Hindernissen aller Art vollzustellen. Die folgende Situation ist uns allen vertraut: »Ich komme an eine Weggabelung. Welchen der beiden Wege soll ich einschlagen? Ich habe keine Ahnung, wohin der eine und wohin der andere führt. Wenn ich den falschen wähle, bin ich erledigt. Wie schaffe ich es nur, die richtige Wahl zu treffen?«

Das Interessante ist, daß viele Entscheidungen, die wir täglich treffen müssen, in Wahrheit gar keine Entscheidungen sind. Nehmen wir an, du habest zwei Möglichkeiten, A und B. Du beginnst mit A. Du nimmst an, A sei das, was du tun solltest. Du verfolgst A bis zu seinem logischen Schluß. Dann machst du dasselbe mit B. Du folgst auch diesem Weg bis zu seiner logischen Konsequenz. Wenn das Ergebnis am Ende beider Wege das gleiche ist, dann hat da am Anfang überhaupt kein Entscheidungs-Problem bestanden, auch wenn es ursprünglich so ausgesehen haben mag, als gäbe es da eins.

Aber natürlich sind nicht alle Probleme von solcher Art. Nicht alle Fragen, vor die du dich gestellt siehst, erweisen sich im nachhinein als bloße Scheinfragen. Manche erfordern in der Tat eine echte und eindeutige Entscheidung. Und doch erklärt Seng-can, der dritte Patriarch des chinesischen Chan, in seinem Lehrgedicht »Meißelschrift vom Glauben an den Geist«: »Der höchste WEG ist nicht schwierig, nur ohne Wahl. Hasse nicht, liebe nicht, dann ist es klar und eindeutig.«

Seit ich es kenne, hat mich dieses Gedicht fasziniert. Als ich mit meiner Zen-Übung begann, habe ich es wieder und wieder gelesen und studiert. Ich habe nichts davon verstanden, aber das hat mich auch gar nicht überrascht. Ich begriff damals absolut nichts von dem, was ich über Zen las oder hörte. Irgendwie fühlte ich mich von einer dunklen Ahnung angetrieben, von einem Widerhall tief in meinem Inneren. Ich wußte intuitiv, daß Zen für mich der richtige Weg war, und ich war zutiefst davon überzeugt, daß sich früher oder später ein klares Verständnis schon einstellen würde.

Besonders hart hatte ich mit dem Satz »Hasse nicht, liebe nicht!« zu kämpfen, der sich gleich zu Beginn des Gedichtes findet. Daß es keinen Haß geben sollte, konnte ich verstehen; aber was sollte die Forderung, auch das Lieben zu unterlassen? Das wollte mir nicht in den Kopf. Ich hatte damals noch keine Ahnung von der wechselseitigen Zusammengehörigkeit von Gegensätzen: einerseits Liebe und andererseits Haß; einerseits Gut und andererseits Böse; Himmel und Hölle, männlich und weiblich, heilig und profan, geistlich und weltlich. Doch ganz allmählich fing ich an zu begreifen, daß genau in diesen Gegensätzen der Ursprung von Spannungen und Konflikten zu suchen war, die nicht nur mein eigenes Leben, sondern genauso das Leben der meisten Menschen um mich herum beherrschten. Diese Gegensätze gab es (und gibt es) allüberall. Nur schien niemand zu wissen, wie man mit ihnen zurechtkommt. Und dann kommt da der Dritte Patriarch daher und erklärt kurzerhand: »Kein Abwägen und Auswählen.« Aber wir müssen uns doch nun einmal entscheiden. Wie können wir da aufs Abwägen und Auswählen verzichten?

Der große Meister Zhao-zhou hat einmal, mit eben dieser Frage konfrontiert, freiweg eine sehr treffende Antwort gegeben. Als ein Mönch ihn fragte: »Und wie vermeidet Ihr es, abzuwägen und auszuwählen?«, erwiderte Zhao-zhou: »Über dem Himmel und unter dem Himmel bin ich der allein Verehrenswürdige.« Der Mönch hielt ihm entgegen: »Aber das ist doch Abwägen und Auswählen!« Darauf Zhao-zhou: »Du Miststück, wo ist denn da ein Abwägen und Auswählen?« [vgl. *Bi-yan-lu*, Kōan 57].

Der Hinweis zu diesem Beispiel beginnt: *Körper und Geist jedes einzelnen Wesens sind so groß und grenzenlos wie das ganze Universum.* Sie reichen überallhin. Das Problem ist nur, daß wir das nicht erkennen, daß wir dessen nicht wirklich gewahr sind. Wir mögen es glauben, wir mögen es sogar vom Verstand her begreifen; wir mögen auch Trost und Beruhigung darin finden, es zu glauben oder verstandesmäßig zu begreifen; doch daß wir es nicht wirklich erkennen, nicht unmittelbar erfahren, läßt unser Selbst zusammenschrumpfen auf diesen Sack aus Haut. Unsere wahre Natur muß wirklich erkannt, muß unmittelbar erfahren werden; und dann reicht sie tatsächlich überallhin.

Und was ihre Kleinheit betrifft, so sind sie noch kleiner als ein einzelnes Atom. Unser Körper und Geist sind zugleich kleiner als ein Staubkorn. Wie kann das sein? Wenn sie so groß sind, daß sie überallhin reichen, so groß, daß es nichts gibt, was sie umschließen könnte, wie ist es dann möglich, daß sie kleiner sind als ein einzelnes Atom? »Sie reichen überallhin« bedeutet: Sie reichen *tatsächlich* überallhin! Kein Ort im ganzen Universum ist davon ausgenommen. Nicht nur

Körper und Geist überhaupt, sondern *dieser* Körper hier und *dieser* Geist. Dieser Sack aus Haut. Dieser verblendete, profane Geist und dieser erleuchtete, dieser geheiligte Geist.

Der nächste Satz heißt: *Wir sollten genau verstehen, daß Festhalten und Loslassen nicht Sache eines anderen sind.* Der Ausdruck »Festhalten« bezieht sich auf einen Kunstgriff der Unterweisung. Der Meister hält zurück, nimmt weg und macht zunichte. Indem er dir seine Unterstützung versagt, wirft er dich auf dich selbst zurück. »Loslassen« bezieht sich darauf, daß der Meister sich entgegenkommend verhält, daß er hegt und pflegt, unterstützt und ermutigt. Doch über kurz oder lang muß der Meister verschwinden. Zen-Übung hat damit zu tun, sich selbst Vollmacht zu erteilen, und das kann nicht geschehen, solange du ein Bild deines Lehrers um den Hals hängen hast. Du mußt nicht nur »den Buddha töten, wenn du ihm begegnest« [vgl. *Wu-men-guan* (Mumonkan), Kōan 1], sondern an einem bestimmten Punkt deiner Entwicklung mußt du auch deinen Meister töten. Und der Meister hilft dir dabei, indem er bald in Erscheinung tritt und bald wieder verschwindet. Manchmal erscheint er in einem Sandkorn, manchmal erscheint er als das ungeheure Weltall selbst. Und schließlich erkennen wir als Schüler, daß Erscheinen und Verschwinden nicht nur das Charakteristikum eines Meisters sind, sondern das aller Dinge überhaupt, dich selbst eingeschlossen. Es ist keineswegs Sache eines anderen. *Einrollen und Ausrollen liegen beide in deiner Macht.* Auch du hast die Freiheit, unsichtbar zu werden, keine Spur zu hinterlassen, und andererseits dich überall zu zeigen, an jedem beliebigen Ort.

Genau das habe ich selbst bei meinem eigenen Meister, Hakuyu Taizan Maezumi Rōshi, wiederholt erlebt. Es gab Zeiten, da war der Rōshi wie ein steil aufragender, 10 000 Meter hoher Berg, unnahbar und einschüchternd, grimmig, mitleidlos und durch nichts zu erschüttern. Mit meinem Kopf gegen diese Felswand anzurennen, war absolut sinnlos. Seine Gegenwart hatte etwas Überwältigendes an sich. Bei anderer Gelegenheit pflegte er förmlich zu verschwinden. Er wurde dann so unscheinbar, als wäre er ein Nichts, ein völliges Nichts. Einmal, auf einer Rundreise mit einigen japanischen Tee-Meistern, befanden wir uns in einem Teehaus, und ich hatte plötzlich ganz vergessen, daß der Rōshi auch da war. Wir alle haben ihn übersehen, wie er da abseits in einer Ecke saß, ganz für sich, wie nicht vorhanden. Das eine Mal heißt es, präsent zu sein, ein andermal, zu verschwinden. Wir alle sollten in der Lage sein, uns auf beiderlei Art zu bewegen, auf beiderlei Art zu leben. Das erst ist wahre Freiheit.

Eines Tages kam der tibetische Lehrer Chögyam Trungpa Rinpoche mit dem Gefolge seiner Leibwächter und Mitarbeiter bei Maezumi Rōshi zu Besuch. Chögyam Trungpa ging ins Wohnzimmer und setzte sich auf einen Stuhl, um sich, wie es in Japan beim Betreten einer Wohnung Sitte ist, die Schuhe auszuziehen. Nun war aber Trungpa Rinpoche halbseitig gelähmt und hatte deshalb Schwierigkeiten, sich zu bücken. Als einer seiner Mitarbeiter ihm helfen wollte, stieß der Rōshi ihn beiseite und begann, Chögyam Trungpa mit eigener Hand die Schuhe auszuziehen. Junge, war ich stocksauer! Hinterher sagte ich zu meinem Meister: »Rōshi, was haben Sie da gemacht? Sie brauchten ihm doch nicht eigenhändig die Schuhe auszuziehen! Sie sind doch ein ebenso großer Meister wie er. Ja, Sie sind sogar ein weitaus größerer Meister!« (Schüler neigen nun einmal dazu, sich mit ihrem Meister zu identifizieren und sie zu vergöttern; sie wollen unbedingt, daß ihr Meister der beste im ganzen Universum ist.) Maezumi Rōshi schüttelte nur seinen Kopf und sagte: »Seine Übung ist, König zu sein; meine Übung ist, Diener zu sein.« Da zog ich mich beschämt in mein Schneckenhaus zurück, um darüber noch ein bißchen nachzudenken. Über jede unserer Handlungen entscheiden ausschließlich wir selbst. Wenn du dich dieser Freiheit begibst, verpaßt du dir selbst einen Nasenring, der es jedermann, der nach ihm greift, gestattet, dich nach Belieben zu manipulieren.

Wenn du das, was festsitzt, freibekommen, und das, was gebunden ist, losmachen willst, dann entferne ganz einfach alle Spuren deines Denkens. Wenn der Geist leer ist, kann er nicht nach irgend etwas greifen; kann er sich nicht an irgend etwas festhalten. Das bedeutet nicht, überhaupt nicht mehr zu denken. Es bedeutet lediglich, dich nicht mehr an irgendwelche Gedanken zu klammern. Es bedeutet nicht, nicht mehr zu lieben; es bedeutet lediglich, dich nicht mehr an das, was du liebst, zu klammern. Es bedeutet nicht, sich um nichts mehr zu kümmern, sondern lediglich, sich nicht mehr anzuklammern, nicht mehr festzukleben, nicht mehr in Besitz zu nehmen, nicht mehr festhalten zu wollen. Alles befindet sich in einem Zustand fortwährenden Wandels und ständigen Werdens. In dem Augenblick, wo du etwas ergreifst und sagst: »Ich hab's!«, ist es bereits ein anderes, und hast auch du dich verändert.

In eben dem Augenblick, wo dein Sehen und Hören restlos klar sind und die Farben und Klänge ganz und gar rein wahrgenommen werden – sag mir, welches ist dann die richtige Seite? Bevor der Geist von den Dingen Besitz ergreift, bevor er beginnt, sie zu vergleichen, sie zu zerlegen, sie zu bewerten, sie einzuordnen, eine Vorliebe oder Abneigung für sie zu entwickeln, besteht da »reine Wahrnehmung«. Bevor der Geist sich zu regen beginnt, ist da nichts als Sehen, nichts als Hören, nichts als Berühren, nichts als Schmecken. Keinerlei Beurteilung, keinerlei Bewertung.

Wenn meine Hand nach unten greift und eine Teeschale berührt, dann ist da, lange bevor sie zu einer Schale wird, nur ein einfaches Berühren. Dieser Augenblick der Berührung ist »reine Wahrnehmung«. Innerhalb von Mikrosekunden beginnt mein Gehirn, die Informationen zu verarbeiten. Ich fühle dann ihre Oberflächenstruktur, ihre Temperatur, ihre Form; ich fühle, ob sie glatt oder rauh ist, warm oder kalt, kantig oder rund. Bei hinreichender Information kann ich sie identifizieren und tue das auch ganz unwillkürlich. Das Interessante und zugleich Bedauerliche an dem, was dabei herauskommt, ist, daß ich die Teeschale, wenn ich sie erst einmal identifiziert habe, nicht länger wirklich wahrnehme. Ich sage dann nur noch: »Aha, eine Teeschale«, und sie wird damit zu einer von unzähligen Teeschalen; ihre Einzigartigkeit ist dahin.

Sehen ereignet sich, bevor das Räderwerk der Informationsverarbeitung einsetzt. *In eben dem Augenblick, wo dein Sehen und Hören restlos klar sind und Farben und Klänge ganz und gar rein wahrgenommen werden – sag mir, welches ist dann die richtige Seite?* Wie willst du im Zustand »reiner Wahrnehmung« eine Entscheidung treffen? Wie willst du da wissen, ob etwas dieses oder jenes ist, gut oder schlecht? Wie willst du da einen Unterschied feststellen? Wie willst du da über die Straße kommen?

»Diese Seite« erreicht es nicht; »Jene Seite« erreicht es nicht. »Weder diese noch jene« verfehlt es ebenso. »Sowohl diese wie jene« – zehntausend Meilen von der Wahrheit entfernt. Derlei Entgegensetzungen machen die Frage: »Welches ist die richtige Seite?« nur noch komplizierter. Du könntest innerhalb solch dualistischen Denkens

auch jedes andere Paar von Gegensätzen heranziehen: Gut und Böse, Heilig und Profan, Erleuchtet und Verblendet, Mönch und Laie, Männlich und Weiblich. »ES« aber ist nicht das eine und ist auch nicht das andere. Es ist weder keins von beiden noch ist es beides. Was für eine Antwort willst du also geben?

Vermeide den kleinsten Hauch von Richtig und Falsch und sag mir ein Wort. Dieser abschließende Satz sagt uns, wie zu verfahren ist. Von genau dieser Art war auch die Aufforderung, die den Mönch Hui-ming (Myō) bei seiner Begegnung mit dem Sechsten Patriarchen zur Erleuchtung gebracht hat. Hui-ming verfolgte damals Hui-neng, den Laien-Bruder und späteren sechsten Patriarchen, fest entschlossen, die Schale und das Gewand Bodhidharmas von ihm zurückzuholen. Als er Hui-neng schließlich eingeholt hatte, legte der Schale und Gewand auf einem Stein nieder und erklärte: »Dieses Gewand ist mir auf Treu und Glauben übergeben worden. Wie könnte ich da mit Gewalt darum kämpfen? Deshalb überlasse ich es dir, daß du es wieder mitnimmst.« Hui-ming versuchte daraufhin, Gewand und Schale aufzunehmen, aber er vermochte es nicht – sie lagen da so schwer wie ein ganzer Berg.

Hui-ming stürzte auf die Knie, und ein Zittern durchlief ihn; schließlich brachte er hervor: »Ich komme, um mich unterweisen zu lassen, nicht wegen des Gewandes. Bitte unterweist mich, Laienbruder!« In diesem Augenblick war Hui-ming völlig geöffnet, durch und durch aufnahmefähig, ganz und gar bereit; war er ein Mensch, der an der Schwelle zur Erkenntnis dahintaumelte. Und der Sechste Patriarch schlug auf der Stelle zu: »Denke weder Gut noch Böse«, sagte er. »Was ist in eben diesem Augenblick das wahre Selbst des Mönches Hui-ming?« Sofort kam Hui-ming zur Einsicht [vgl. *Wu-men-guan*, Kōan 23]. *Vermeide den kleinsten Hauch von Richtig und Falsch.* Das gilt auch für dich. Und ich frage dich: »In eben diesem Augenblick, welche ist da die richtige Seite?«

Und nun das Beispiel: *Die Raupe sagte: »Die eine Seite wird dich größer machen, und die andere Seite wird dich kleiner machen.« – »Die eine Seite wovon?, die andere Seite wovon?«, dachte Alice bei sich. »Von diesem Pilz hier«, sagte die Raupe. Alice sah sich den Pilz an und versuchte herauszubekommen, welches seine beiden Seiten sein sollten; aber der Pilz war vollkommen rund.*

Dieses Kōan habe ich aus Lewis Carrolls *Alice im Wunderland* adaptiert. Auf ihrer Reise durch einen Kaninchenbau ist Alice einer weisen Raupe begegnet. Zur Zeit dieses Zusammentreffens war Alice gerade etwa acht Zentimeter groß und damit genauso groß wie die Raupe. Diese saß auf einem Pilz, rauchte eine Wasserpfeife und fragte Alice: »Wer bist du?« – »Ich weiß es nicht so genau, mein Herr«, antwortete Alice, »wenigstens im Augenblick nicht. Immerhin weiß ich, wer ich war, als ich heute morgen aufgestanden bin. Aber ich glaube, ich muß mich seitdem mehrmals verwandelt haben.« – Das tun wir doch alle. Wie viele Gesichter zeigen wir wohl im Laufe eines einzigen Tages? – »Was meinst du damit?«, fragte die Raupe streng. »Erkläre dich!« – »Ich fürchte, mein Herr, ich kann mich nicht erklären«, entgegnete Alice, »ich bin nämlich nicht ich selbst, wenn Sie verstehen.« –

Was heißt das, du selbst? Bist du der unleidliche, mürrische Mensch, der morgens aus dem Bett gestiegen ist? Oder bist du der freundliche Angestellte vom Nachmittag? Oder der gefühlvolle Liebhaber am Abend? Wer davon bist du? Wer bist du wirklich? – »Ich verstehe keineswegs«, rief die Raupe aus. »Ich fürchte, ich kann es nicht deutlicher ausdrücken«, erwiderte Alice. »Denn ich kann es, um damit zu beginnen, selbst nicht verstehen. Und an einem einzigen Tag so oft und in solchem Ausmaß seine Größe zu wechseln, das ist schon sehr verwirrend.«

An einem einzigen Tag zwischen vielen verschiedenen Zuständen hin und her zu wechseln, ist in der Tat sehr verwirrend. Und ich selbst bemühe mich bei meinen Schülern nach Kräften, den Veränderungen, die sie ohnehin bereits durchgemacht haben, noch weitere hinzuzufügen. Das entspricht dem Erbe, das mir mein Meister hinterlassen hat. Immer wenn ich mir sicher war, daß ich nicht in noch mehr Teile aufgespalten, in noch mehr Richtungen losgeschickt werden konnte, hat er mir noch zehn weitere Aufgaben oben drauf gepackt. Ich wußte nicht, ob er mich dahin zu bringen versuchte, in zehntausend Richtungen gleichzeitig loszumarschieren, oder ob er mich dahin bringen wollte einzusehen, daß alle zehntausend Richtungen in Wahrheit nur ein und dasselbe sind.

»Es ist sogar äußerst verwirrend«, fuhr Alice fort. »Nein, das ist es durchaus nicht«, hielt die Raupe dagegen. »Nun, vielleicht haben Sie das noch nicht so erlebt«, sagte Alice. »Aber wenn Sie sich verpuppen, und das müssen Sie, wie Sie wissen, eines Tages tun, und wenn Sie sich dann später in einen Schmetterling verwandeln – ich kann mir denken, daß Sie sich dann doch etwas merkwürdig vorkommen, oder nicht?« »Kein bißchen«, behauptete die Raupe. »Na gut; vielleicht fühlen Sie da anders als ich«, sagte Alice nachdenklich. »Ich weiß nur eines, nämlich daß ich selbst mir schon sehr, sehr merkwürdig vorkäme.« – »Ja, du!«, stieß die Raupe verächtlich hervor. »Wer bist du denn?«

In der Tat, das ist genau die Frage, auf die wir immer wieder zurückkommen. Wer bist du? Ganz gleich, wo du dich befindest, du mußt so frei sein, daß du sowohl in einem Staubkorn wie im weiten Weltraum erscheinen kannst; so frei, daß du dich mit den zehntausend Augen und Armen des Bodhisattva Avalokiteshvara zeigen oder ganz einfach verschwinden kannst.

Im weiteren Verlauf der Unterhaltung wurde Alice schließlich ärgerlich über die abweisende Haltung der Raupe. Zumindest war die Raupe nicht gerade höflich. Sie gab sich nicht wie ein freundlicher Aufpasser im Zendō, der immer wieder sagt: »Sitz bitte still. Wenn du nicht ruhig sitzt, dann belästigst du deinen Nachbarn. Außerdem erzeugst du jedesmal, wenn du dich bewegst, nur noch mehr Unaufmerksamkeit in dir selbst; und je mehr du dich bewegst, desto mehr Schmerzen bereitet dir das Sitzen. Und überhaupt, so ist das kein richtiges Zazen...« Die Raupe schrie vielmehr: »Rühr dich nicht vom Fleck!« Das war nun in der Tat eine klare und deutliche Aufforderung, die keinerlei Widerspruch zuließ. Alice aber, verärgert und ziemlich durcheinander, stampfte trotzig davon. »Komm zurück!«, rief die Raupe hinter ihr her, »ich habe dir noch etwas Wichtiges zu sagen!« Alice drehte sich tatsächlich um und kam zurück.

Das ist schon wieder ein Standard-Kunstgriff aus der Zen-Unterweisung. Es gibt da die Redewendung: »Was taugt denn ein Mönch, der seinen Kopf umwendet, wenn er gerufen wird?« Manchmal drehen Mönche ihrem Meister den Rücken zu, schwenken ihre Ärmel und schreiten entschlossen davon. In diesem Augenblick ruft der Meister hinter ihnen her. Wenn sie dann stehenbleiben, oder auch nur für den Bruchteil einer Sekunde zögern, steckt noch ein Zweifel in ihnen. Ein Haken sitzt in ihrem Innern fest. Der Meister hat das andere Ende der Angelschnur in der Hand und holt sie unnachgiebig ein.

Alice jedenfalls blieb stehen, drehte sich um und kam zu der Raupe zurück. Ganz offensichtlich war ihr Problem noch nicht gelöst. Wenn sie keinerlei Frage mehr gehabt hätte, wenn der Große Zweifel in ihr schon zur Ruhe gekommen wäre, dann wäre sie zweifellos einfach weitergegangen. Die Raupe hätte ihr nichts mehr sagen können. Doch Alice war noch nicht zufriedengestellt, und deshalb kehrte sie um. Die Raupe erklärte lediglich: »Beherrsch dich!« – »Ist das alles?«, fragte Alice enttäuscht und schluckte ihren Ärger, so gut sie konnte, hinunter. »Nein«, erwiderte die Raupe.

Aber da sie eine ziemlich gerissene Raupe war, rückte sie nicht gleich mit der Sprache heraus und ließ ihr Geheimnis noch für eine Weile im Dunkel. Unbekümmert paffte sie einige Minuten lang vor sich hin und sagte gar nichts. Dann nahm sie die Arme, die sie vor der Brust gekreuzt hatte, herunter, nahm das Mundstück der Wasserpfeife aus dem Mund und sagte: »Also, du glaubst, dich verwandelt zu haben, nicht wahr?« – »Ich fürchte, so ist es«, antwortete Alice. »Ich kann mich an manche Dinge nicht mehr erinnern wie früher und kann meine Größe nicht mal für zehn Minuten am Stück beibehalten.« – »An welche Dinge kannst du dich nicht mehr erinnern?«, wollte die Raupe wissen und kehrte damit zu dem schroffen Ton ihres Kreuzverhörs zurück.

Nach weiterem Wortwechsel kam Alice schließlich auf den entscheidenden Punkt zu sprechen. Sie wollte zu ihrer normalen Größe zurückkehren. Aber sie war sich gar nicht mehr sicher, welche das nun war. »Wie groß möchtest du denn sein?«, fragte die Raupe. »Ach, wissen Sie, es geht mir gar nicht so sehr um eine bestimmte Größe. Ich möchte sie nur nicht so oft wechseln, verstehen Sie?« – »Ich verstehe durchaus nicht«, schnauzte die Raupe sie an. Alice verstummte. Noch nie in ihrem Leben hatte sie soviel Widerspruch hinnehmen müssen, und sie merkte, wie sie darauf und daran war, abermals ihre Beherrschung zu verlieren. »Bist du denn mit deiner jetzigen Größe zufrieden?«, erkundigte sich die Raupe. »Nun, ein bißchen größer möchte ich schon gern sein, wenn es Ihnen nichts ausmacht, mein Herr!«, antwortete Alice. »Acht Zentimeter sind doch eine recht erbärmliche Größe!«. Die Raupe richtete sich in ihrem Stuhl voller Entrüstung zu ihren ganzen acht Zentimetern auf und erklärte mit Nachdruck: »Das ist eine ganz ausgezeichnete Größe, ganz unzweifelhaft!«

Alice wartete geduldig, bis die Raupe geruhte weiterzureden. Nach ein, zwei Minuten gähnte die Raupe, schüttelte sich, kroch von ihrem Pilz herunter und machte sich davon ins dichte Gras. Dabei ließ sie noch, wie nebenbei, die Bemerkung fallen: *»Die eine Seite wird dich größer machen, die andere Seite wird dich kleiner machen.«* – *»Die eine Seite wovon?, die andere Seite wovon?«*, dachte Alice bei sich. *»Von diesem Pilz hier«*, sagte die Raupe, so als hätte Alice ihre Frage laut ausgesprochen, und im nächsten Augenblick war sie verschwunden.

Alice im Wunderland ist ein modernes englisches Märchen. Doch hier greifen wir nicht auf das Märchenhafte daran zurück, sondern wir benutzen es als Kōan. Alles darin, alles, was ich bisher dazu gesagt habe, ist Wirklichkeit, ist ebenso wirklich wie dieser Augenblick, wie du und ich. Oder auch genauso unwirklich wie dieser Augenblick. Das Märchen *Alice im Wunderland* ist im gleichen Maße ein Traum, wie dieser Augenblick ein Traum ist.

Um die entscheidenden Punkte des Kōan hervorzuheben, habe ich die folgenden Zwischenbemerkungen eingestreut: *Die Raupe sagte ...* Dazu lautet die Zwischenbemerkung: »Was sagt sie da? Raupen können doch gar nicht sprechen. Sie müssen schon beide denselben Weg nehmen, damit es zu dieser Unterhaltung kommen kann. Komplikationen sind unvermeidlich.« Dabei bedeutet »denselben Weg nehmen«, daß sie die gleiche Sprache sprechen, daß sie demselben Ursprung entstammen und gemeinsam auf derselben Bahn unterwegs sind. Manchmal können Menschen gegenseitig ihre Fragen und Antworten gar nicht hören, weil sie einfach noch nicht bereit sind, sie zu hören. »Auf derselben Bahn unterwegs sein« hingegen besagt, daß sie sich dort befinden, wo sie einander hören, wo sie einander wahrnehmen können. Doch dahin mußt du erst einmal kommen. Und das ist auch der Grund, weshalb in der Zen-Übung Hingabe so wichtig ist und weshalb du den Eintritt in eine Schulung nicht leichtfertig vollziehen solltest. Solange du dir deiner eigenen Fragen nicht wirklich sicher bist, besitzt du auch keine Aufnahmebereitschaft.

Etwas Ähnliches spielt sich ab, wenn Schüler sich mit dem Gedanken tragen, sich zur Einhaltung der Shīla, der Gebote, zu verpflichten. Warum geben wir die Shīla nicht an jedermann? Warum empfängt man sie nicht gleich zu Beginn der Ausbildung? Weil du die Gebote bis zu einem bestimmten Punkt deiner spirituellen Entwicklung gar nicht hören, gar nicht richtig auffassen kannst. Ebenso kannst du bestimmte Kōan gar nicht hören, bevor du nicht die vorgeordneten gehört hast. Sie zu früh einzuführen, wäre wie der Versuch, einem fünfjährigen Kind Sexualerziehung erteilen zu wollen. Wenn die Kleinen fragen: »Vati, wo kommen die Babys her?«, dann fängst du nicht damit an, über die Geschlechtsorgane des Menschen und ihren Gebrauch zu reden. Das wollen die Kinder auch gar nicht wissen. Sie könnten ja nichts damit anfangen, weil sie doch über keinen Bezugsrahmen, über kein Vokabular verfügen, in den beziehungsweise in das sie deine Auskünfte einfügen könnten. Und so ist es bei jeder Frage von entscheidender Bedeutung, von wem sie kommt.

Die Raupe sagte: »Die eine Seite...« Die Zwischenbemerkung dazu: »Wenn es da eine Seite gibt, muß es auch eine andere geben.« In demselben Augenblick, wo du die Eins gesetzt hast, hast du auch schon die Zwei gesetzt, zusammen mit einer Vielzahl von drei, vier, fünf, von endlos vielen Gegensatzpaaren. *»... wird dich größer machen.«* Die Zwischenbemerkung lautet: »Ich bin so groß, daß ich jedes Vielerlei enthalte. HO! Und reiche überall hin. Wie groß bin ich also?« Mit genau dieser Frage war Alice beschäftigt: »Möglicherweise werde ich größer und größer und größer. Wie groß ist ›groß‹? Wie groß ist ›grenzenlos‹? Wie groß ist die Unendlichkeit?« Ich erinnere mich, wie ich einst, im Physikunterricht auf dem College, mit dem Problem der Unendlichkeit konfrontiert war. Ich saß da und versuchte, sie mit meinem Verstand zu erfassen: »Was ist das, Unendlichkeit? Was ist da, wo sie aufhört? Was ist jenseits von ihr?« Ich schlug mir immer wieder auf den Kopf, weil ich glaubte, ich könnte es verstehen, wenn ich mich nur oft und heftig genug schlüge. Sich in Gedanken der Unendlichkeit anzunähern, ist wie eine Division durch immer kleinere Zahlen. Wenn du schließlich durch Null teilst: Unendlichkeit. Wie groß also ist sie?

»Und die andere Seite...«, fuhr die Raupe fort. Diesmal heißt die Zwischenbemerkung: »Warum spricht sie nur in Hälften?« Warum spricht sie nicht vom Ganzen? *»... wird dich kleiner machen.«* Die Zwischenbemerkung lautet: »Zehntausend Universen in einem einzigen Staubkorn. Ist es größer oder kleiner? Gleich oder verschieden? Überallhin reichen, heißt das, beides einzuschließen?«

»Die eine Seite wovon?, die andere Seite wovon?«, dachte Alice bei sich. Die Zwischenbemerkung heißt: »Schon ist Besorgnis geboren.

Schon hat sie die Gesamtheit der Erscheinungen zur Welt gebracht.« In dem Augenblick, da der Geist sich zu regen beginnt, sind Himmel und Erde bereits getrennt. Sind »ich« und die »anderen« bereits getrennt. Sind Besorgnis, Furcht, Wut, Verblendung, Liebe und Haß, Heiliges und Profanes entstanden.

»Von diesem Pilz hier«, sagte die Raupe. Die Zwischenbemerkung lautet: »Obwohl sie gar nicht zum Haushalt dazugehört, umgibt sie eine köstlich frische Luft« und spricht damit voller Hochachtung von der Einsicht der Raupe.

Alice sah sich den Pilz an... Dazu die Zwischenbemerkung: »Sieht sie wirklich, oder guckt sie nur?« Erinnere dich an den »Hinweis« und den Begriff der »reinen Wahrnehmung«: Was ist im Falle reiner Wahrnehmung die richtige Seite? Richtig! Eine richtige und eine falsche Seite gibt es da gar nicht. Auch Seiten gibt es da nicht. Reine Wahrnehmung kennt nur eine einzige, ungeteilte Wirklichkeit.

Dann der letzte Satz: *... und versuchte herauszubekommen, welches seine beiden Seiten sein sollten; aber der Pilz war vollkommen rund.* Die Zwischenbemerkung dazu heißt: »Der Pilz ist vollkommen und vollständig. Kein Oben und Unten, kein Innen und Außen, keine zwei Seiten hier und dort. Und das vom Anfang bis zum Ende. Schwer zu verstehen!« Ich möchte sogar noch weiter gehen und sagen: Es ist in der Tat unmöglich zu verstehen. Deshalb versuch gar nicht erst, es zu verstehen. Und es zu glauben wird dir auch nicht im geringsten weiterhelfen.

Alice hatte alles Mögliche ausprobiert, sich damit aber nur immer weitere Schwierigkeiten eingehandelt. Jetzt faßte sie, so weit sie konnte, um den Pilz herum, brach sich zwei Stücke ab und biß in eines davon hinein. Plötzlich verspürte sie unter ihrem Kinn einen harten Schlag. Sie mußte feststellen, daß es ihre eigenen Füße waren, gegen die ihr Kinn gestoßen war. Sie war geschrumpft, und zwar so sehr, daß ihre Füße ihr nicht einmal mehr erlaubten, den Mund zu öffnen, um schnell einen Bissen von dem anderen Stück zu nehmen. Schließlich bekam sie doch ein winzig kleines Häppchen in den Mund, und schon begann ihr Hals zu wachsen, unaufhörlich, immer weiter in den Himmel hinein. Schon war sie nicht mehr imstande, mit ihrer Hand zum Mund hinaufzureichen, um wieder von dem ersten Stück abzubeißen. Sie blickte nach unten in die Tiefe, und alles, was sie sehen konnte, waren Baumwipfel und eine sich weithin dehnende Landschaft. Sie hatte keine Ahnung, wo sich ihr übriger Körper und mit ihm die Hand befinden mochten, die immer noch das rettende Stück Pilz festhielt. Sie war in einer äußerst verzwickten Lage. Und das nur deshalb, weil sie immer noch in der Welt von Links und Rechts, von Groß und Klein, von Nützlich und Schädlich befangen war.

Ganz gleich, wie großartig deine Entscheidungsfindung auch sein mag, wie treffsicher und wissenschaftlich exakt dein Abwägen und Auswählen – solange es weiterhin eben ein Abwägen und Aussuchen ist, wirst du endlos immer nur neue Höllenqualen erleiden müssen. Die entscheidende Frage bleibt bestehen: Wie vermeidest du es, abzuwägen und auszuwählen? – »Über dem Himmel und unter dem Himmel bin ich der allein Verehrungswürdige!« – Nun, das geht in Ordnung für Zhao-zhou, aber wie steht es mit dir?

Kommen wir zum Lobgesang:

Statt deines Körpers befreie lieber deinen Geist.
Wenn der Geist befriedet ist, ist auch der Körper in Frieden.
Sind Geist und Körper beide befreit,
dann ist die Wahrheit klar und unverhüllt.

Alice war völlig mit dem Versuch beschäftigt, ihren Körper aus dem verhexten Zustand zu befreien, in dem sie sich wiederfand: im einen Moment groß, im nächsten klein; im einen Augenblick so winzig, daß sie in Gefahr geriet, aufgefressen zu werden, und im nächsten so riesengroß, daß alles unter ihr außer Reichweite lag. Sie konnte den Mittelweg, den »Mittleren Weg«, nicht finden.

Die Raupe hat zwar versucht, Alice zu helfen; doch die hat es nicht begriffen. Zumindest nicht zu diesem Zeitpunkt. Die ganze Zeit war sie nur mit ihrem Körper beschäftigt. Doch um deinen Körper zu befreien, mußt du erst einmal deinen Geist befreien. Wie aber befreist du deinen Geist? Mach ihn einfach leer. So schenkst du ihm Frieden. *Wenn der Geist befriedet ist, ist auch der Körper in Frieden.* Das läßt sich gut an deinem Atem ablesen. Wenn dein Geist in Unruhe und Aufregung ist, dann ist auch dein Atem aufgeregt. Wenn dein Geist hingegen ruhig ist, geht dein Atem tief, leicht und ohne jede Anstrengung, kaum wahrnehmbar. Geist und Körper, Leib und Seele, sind nicht zweierlei. *Sind Geist und Körper beide befreit, dann ist der WEG klar und unverhüllt.*

Auf diese Weise lösen wir die Schuld gegenüber unseren Vorfahren ein, die diese Wahrheit von Geist zu Geist, von einer Generation zur anderen weitergegeben haben, seit 2500 Jahren. Eine andere Möglichkeit, uns dankbar zu erweisen, gibt es nicht. Jüngst kam einer meiner Schüler zu mir zum Dokusan, ganz erfüllt von Dankbarkeit. Ich selbst kenne dieses Gefühl, weil ich es Hunderte von Malen meinem eigenen Meister gegenüber empfunden habe. Ich habe mich immer wieder voller Verwunderung gefragt: »Warum macht dieser Mensch das alles für mich? Ich zähle doch gar nicht! Ich bin doch so unwichtig, und er behandelt mich, als wäre ich etwas ganz Besonderes! Warum nur? Womit habe ich bloß ein solches Glück verdient?« Und nun kam dieser Schüler und drückte mir gegenüber etwas ganz Ähnliches aus: »Ich möchte etwas *tun* für Sie! Ich möchte Ihnen etwas schenken, und es soll großartig und wundervoll sein. Ich würde gern alles, was ich Ihnen gegenüber empfinde, in Worte fassen und ausdrücken können!«

Zur Antwort erklärte ich ihm, das größte Geschenk, das ich von jemandem erhalten könnte, sei dessen Durchbruch, dessen Erleuchtung. Und das habe ich tatsächlich so gemeint. Denn ein solches Ereignis wäre der beste Beweis für mich, daß die Zen-Unterweisungen, die ich während der letzten zehn Jahre gegeben habe, nicht umsonst waren. Es ist doch ganz zweifellos so: Durch ihre eigene Erleuchtung bekräftigen und bezeugen Schüler die Erleuchtung ihrer Meister. Sie bekräftigen und bezeugen die Erleuchtung aller Buddhas. Sie bekräftigen und bezeugen die Erleuchtung des Buddha Shākyamuni in der Vergangenheit und die des Buddha Maitreya in der Zukunft. Vor allem aber bekräftigen sie ihr eigenes Leben.

So ist es durchaus keine Kleinigkeit, von der wir da reden, Alice und die Raupe einmal beiseite gelassen. Worum es da geht, hat mit der einen Großen Sache zu tun, die unser Leben für jeden einzelnen von uns darstellt, und die wir gewiß nicht leichtnehmen dürfen. Eben darum geht es in unserer Zen-Übung. Um dem gerecht zu werden, stürz dich kopfüber hinein. Fordere dich selbst heraus und nimm das Wagnis auf dich. Ergreife deine Chance. Du hast nichts zu verlieren – bis auf dein Leben. Bist du erst einmal auf dem Kissen gestorben, kannst du niemals wieder sterben.

13. Der Dharma der dreizehnten Tochter

The Way of Reality, Kōan 95

Hinweis

Hör auf! Hör auf zu reden und zu planen, und schon wird der eiserne Baum zu blühen beginnen, wird die Frau aus Stein nächtens ihr Kind zur Welt bringen. Auch ein leichtfüßiges Mädchen kann auf rutschigem Boden leicht zu Fall kommen. Wie beim Halbgott Achill, frei in jeder Hinsicht, gab es doch auch für dieses Mädchen eine Stelle, wo sie ins Stolpern geriet. Doch sag mir, worin besteht denn ihr Fehler? Wenn du sagst, da sei keiner, verfehlst du die Sache. Wenn du aber sagst, daß da einer ist, dann bist du zehntausend Meilen von der Wahrheit entfernt. Wenn du dich jedoch mit einem Weder-Noch herausreden willst, dann werde ich dich mit meinem Stock hier aus der Halle prügeln. Was wirst du also sagen? Sprich!

Das Beispiel

Als die 13. Tochter des Cheng zwölf Jahre alt war, begleitete sie eine Nonne zum Berge Da-gui. Die Nonne richtete sich gerade aus ihrer Niederwerfung vor dem Meister auf, da fragte Gui-shan: »Wo lebst du?« Die Nonne antwortete: »Ich lebe in Nan-tai am Fluß.« Gui-shan schrie sie an, sie solle sich davonmachen. Darauf fragte er noch einmal: »Wo lebt diese alte Frau da hinter dir?«. Die 13. Tochter machte ein paar Schritte auf ihn zu und stellte sich mit verschränkten Armen vor ihm auf. Gui-shan wiederholte seine Frage noch einmal. Die 13. Tochter erwiderte: »Ich habe es Euer Ehrwürden doch bereits gezeigt!« Gui-shan sagte nur: »Verschwinde!« Als sie die Dharma-Halle verließ, bemerkte die Nonne zu ihr: »Die 13. Tochter behauptet doch sonst immer, daß sie sich auskenne im Zen und ein flinkes und scharfes Mundwerk habe. Heute aber, da sie der große Meister Gui-shan befragt hat, ist ihr auch nicht die mindeste Antwort eingefallen!« Die 13. Tochter hielt ihr entgegen: »Du meine Güte! Wie kannst du nur so etwas sagen? Und dennoch gibst du vor, dich auf einer Pilgerfahrt zu befinden! Zieh lieber Deine Flickenkutte aus und gib sie mir!« Später erzählte die 13. Tochter die ganze Geschichte Lao-shan und fragte ihn: »Als wir bei Gui-shan waren, habe ich ihm diese Antwort gegeben. War sie richtig?« Lao-shan erwiderte: »Ich werde nicht sagen, daß es keinen Fehler gab«. Die 13. Tochter drang in ihn: »Und wo steckt der Fehler?« Lao-shan schimpfte sie aus. Die 13. Tochter entgegnete: »Auf Brokat noch Blumen daraufzustreuen!«

Lobgesang
Die Fänge entblößt, die Krallen gezeigt –
Furcht hat das Löwenjunge nicht gelernt.
Bei dieser Angelegenheit ist Zögern nicht erlaubt.

Kopf und Schwanz gehören zu demselben Löwen.
Sieh da, eine Katze bellt und ein Hund schnurrt.
Die Goldschatz-Ader birgt ein jeder Berg.

In den alten Kōan spielen Frauen so gut wie keine Rolle. Die einzige namentlich bekannte Frau, die in den Standard-Sammlungen vorkommt, ist Liu (Ryū Tetsuma), »der Eiserne Mühlstein«, Dharma-Nachfolgerin des Gui-shan (Isan) und eine der Hauptfiguren dieses Kōan. Alle anderen sind namenlose Nonnen, Dharma-Meisterinnen am Straßenrand, oder sie verkaufen Imbiß oder Tee; auf jeden Fall aber sind sie nur Nebenfiguren der Geschichte, die das jeweilige Kōan erzählt. Dieses Kōan hier ist Dōgen Zenjis *Shōbōgenzō Sambyakusoku* entnommen, und wie darin Frauen behandelt werden, entspricht ganz und gar den kulturellen Normen jener Zeit. Im Dharma, wie er aus China und Japan zu uns gekommen ist, spiegeln sich zwangsläufig die Eigentümlichkeiten dieser beiden Kulturen wider, all ihre tiefsitzenden Vorurteile eingeschlossen. Wenn wir jedoch hier und heute in den USA oder sonstwo in der westlichen Welt Zen üben, liegt es an uns, einen Wandel herbeizuführen und derartige Vorurteile gegenüber der Spiritualität von Frauen abzubauen. Und deshalb soll auch die Kōan-Sammlung, die wir hier am Zen Mountain Monastery unter dem Titel »Kōans of the Way of Reality« zusammenstellen, so viele Beispiele von erleuchteten Frauen einschließen, wie ich irgend finden kann. Die traditionellen Quellen geben da nicht viel her. Robert Aitken Rōshi hat eine Handvoll übersetzt. Außerdem handeln auch noch einige wenige der Kamakura-Kōan von weiblicher Spiritualität.

Genauso wie Frauen oft Schwierigkeiten haben, sich mit Kōan-Geschichten zu identifizieren, die so eindeutig und restlos auf Männer ausgerichtet sind, genauso können sich Laien bei ihrer Zen-Übung vor Probleme gestellt sehen, wenn in den Kōan immer nur Mönche auftreten. Traditionelle Kōan waren grundsätzlich an Mönche gerichtet und handelten auch ausschließlich von Mönchen. Um heutigen Zen-Schülern einen leichteren Zugang zu ermöglichen, ändere ich oftmals den Sprachgebrauch ab und bezeichne die handelnden Personen als »Meister« oder »Anhänger« oder einfach »Übende«, es sei denn, der Begriff »Mönch« ist für die Bedeutung des Kōan von entscheidender Wichtigkeit. Ebenso versuche ich, soweit wie irgend möglich, alle Formulierungen zu vermeiden, die ausschließlich auf das männliche Geschlecht abzielen, solange sich das bewerkstelligen läßt, ohne daß die Darstellung schwerfällig wird. Doch es wäre schon schön, wenn in den Kōan sowohl Laien wie Mönche aufträten; und es wäre ebenso schön, wenn in ihnen sowohl Frauen wie Männer vorkämen. Die Geschlechter auseinanderzuhalten ist völlig in Ordnung; diese Zweiteilung ist ja nun einmal ein wichtiger Bestandteil der Wirklichkeit; doch zugleich sollten wir uns der Einheit bewußt sein, die der Aufspaltung ins Weibliche und Männliche zugrunde liegt. Und eben das ist, merkwürdig genug, genau der Punkt, von dem das gegenwärtige Kōan handelt.

Der Hinweis beginnt mit den Worten: *Hör auf! Hör auf zu reden und zu planen, und schon wird der eiserne Baum zu blühen beginnen, wird die Frau aus Stein nächtens ihr Kind zur Welt bringen.* Der »blühende Eisenbaum« und die »Frau aus Stein, die nächtens ein Kind zur Welt bringt«, das sind in Zen-Texten übliche Metaphern für etwas dem Verstand gänzlich Unbegreifliches. Ein eiserner Baum hat kein Leben in sich. Er ist tot, einseitig, genau wie die Leere. Blühende Blumen hingegen verkörpern die andere Seite; sie sind Manifestationen innerhalb der Welt der Phänomene. Welche Beziehung besteht also zwischen beiden? Eine Frau aus Stein ist unfruchtbar, ohne Leben; sie vertritt das Absolute. Ein Kind gebären, das ist ein Ereignis innerhalb dieser Welt; es meint das Relative. Leere und Form – worin besteht ihre Beziehung?

Dōgen Zenji weist darauf hin, daß die Geburt hier »in tiefer Nacht« stattfindet. Die Nacht bedeutet dabei abermals das Absolute. Die Nacht ist die eine Seite, der Tag die andere. Die Nacht entspricht der Dunkelheit und der Tag dem Licht, von denen im *Sūtra der Identität des Absoluten und des Relativen* die Rede ist: »Licht und Dunkelheit bilden ein Paar; sie sind wie der vordere und der hintere Fuß beim Gehen. Mitten im Licht ist Dunkelheit, und mitten in der Dunkelheit ist Licht.« Um eben diese Nacht geht es, wenn Zhao-zhou Tou-zi fragt: »Wenn jemand, der den Großen Tod gestorben ist, wieder ins Leben zurückkehrt, wie ist das?« und Tou-zi antwortet: »Er darf nicht bei Nacht gehen, er muß auf jeden Fall bei Tageslicht gehen!« [vgl. *Bi-yan-lu* (Hekigan-roku), Kōan 41] Mit anderen Worten: So einer muß die Rückkehr ins Leben mitten in der Welt der Phänomene, im hellen Licht des Tages manifestieren. Die Nacht des Dōgen ist die Leere; aus dieser Leere geht das Leben hervor – das »Kind«, das von einer Frau aus Stein geboren wird.

Auch ein leichtfüßiges Mädchen kann auf rutschigem Boden leicht zu Fall kommen. Die zwölfjährige Tochter des Cheng war offensichtlich ein außergewöhnliches Wesen. Kannst du sie dir vorstellen? Die meisten Zwölfjährigen von heute sitzen am liebsten vor dem Fernseher oder hängen im Einkaufszentrum herum. Diese Zwölfjährige jedoch unternimmt mit einer befreundeten Nonne eine Pilgerfahrt kreuz und quer durch ganz China. Sie will Gui-shan besuchen, der irgendwo in einem gottverlassenen Teil des Landes auf seinem Berge haust. Das Gebiet, in dem sein Kloster stand, war ein ganz abgelegener Landstrich, wo die Mönche nicht einmal betteln gehen konnten und statt dessen ihre Büffel selber aufziehen und ihr Getreide und Gemüse mit eigenen Händen anbauen mußten, um überleben zu können. Die Reise dorthin muß lang und gefährlich gewesen sein, und Chengs Tochter mußte für ein solches Unterfangen eine starke und dauerhafte spirituelle Motivation besitzen. Offensichtlich hatte sie bereits Erfahrung in der Zen-Übung und verfügte auch über eine gewisse Einsicht. Sie erinnert mich an Ling-zhao, die Tochter des »Laien Pang«, der zu den bekannteren Laien in der Geschichte des Zen gehört. Ling-zhao besaß von einem sehr frühen Alter an ein erstaunlich klares Dharma-Auge: Obwohl auch ihre Mutter wie ihr Vater tief erleuchtete Menschen waren, übertraf sie beide deutlich an Klarheit der Einsicht. Die drei hielten sowohl beim Essen als auch während der Feldarbeit Dharma-Gefechte ab, und die Tochter erwies sich regelmäßig als die Überlegene. Diese 13. Tochter jedoch, so leichtfüßig, so schnell und scharfzüngig sie auch ist, verliert manchmal das Gleichgewicht, rutscht schon mal auf »schlüpfrigem Boden« aus. Versteht sich, mit dem »schlüpfrigen Boden« ist der alte Gui-shan gemeint. Gui-shan hatte drei herausragende Schüler. Der eine davon war Xiang-yan (Kyōgen), der in einem frühen Stadium seiner Übung von einem Gefühl der Aussichtslosigkeit all seiner Bemühungen überwältigt wurde und daher seine formelle Schulung bei Gui-shan abbrach. Er verließ seinen Meister und zog fort, um die Grabstätte des Nan-yang (Nan'yo Echū), des »Landesmeisters«, zu pflegen. Eines Tages, als er gerade die Wege innerhalb der Grabanlage fegte, sprang ein kleiner Kiesel von seinem Besen weg und schlug an einen Bambusstamm. Bei diesem Geräusch erlebte Xiang-yan sein Satori.

Der zweite Nachfolger des Gui-shan war Yang-shan (Kyōzan); er sollte später die Gui-yang- oder Igyō-Schule des Zen begründen, die dreihundert Jahre lebendig blieb. Er und Gui-shan sind das Musterbeispiel einer Meister-Schüler-Beziehung [vgl. 3. Kapitel].

Als dritte trat Liu, »der Eiserne Mühlstein«, das Dharma-Erbe des Gui-shan an, eine überaus berühmte, ja geradezu sprichwörtliche Nonne, die wegen ihrer Schlagfertigkeit und Treffsicherheit bei Dharma-Gefechten geachtet und gefürchtet war. Sie ließ sich irgendwo auf dem Da-gui-Berge nieder und hatte höchstwahrscheinlich auch Schüler. Die Berichte über ihre Lehrtätigkeit liegen vermutlich irgendwo in der chinesischen Zen-Literatur vergraben. Ich hoffe, daß eines Tages ein Wissenschaftler, der besonders daran interessiert ist, etwas über diese Frau herauszubekommen, diese Aufzeichnungen ausgraben und uns durch eine Übersetzung zugänglich machen wird. Ich habe einige Zuversicht, daß früher oder später, wenn ich nur immer wieder auf sie hinweise, der oder die Richtige auf »den Eisernen Mühlstein« aufmerksam wird und dann diese Aufgabe angeht.

Der Hinweis fährt fort: *Wie beim Halbgott Achill, frei in jeder Hinsicht, gab es doch für dieses Mädchen eine Stelle, wo sie ins Stolpern geriet.* Du solltest dir die Geschichte von Achill wieder ins Gedächtnis rufen. Sein wunder Punkt waren seine Fersen. Sonst war er in jeder Hinsicht vollkommen, unverwundbar bis auf diesen einen unscheinbaren Makel, der ihm auch prompt den Untergang brachte. Dem Helden eine solche Schwachstelle anzudichten, war ein allgemeiner Kunstgriff in der Griechischen Tragödie. Alle Heroen und Heroinnen, die als Halbgötter und -göttinnen die Bühne der Tragiker bevölkerten, waren in jeder Hinsicht vollkommen, bis auf den einen tödlichen Schwachpunkt. Im Falle der Heroine dieses Kōan hier, der zwölfjährigen Tochter des Cheng, sag du mir, worin denn ihr Fehler besteht. *Wenn du sagst, da sei keiner, verfehlst du die Sache.* Damit stürzt du zur einen Seite ab. *Wenn du aber sagst, daß da einer ist, dann bist du zehntausend Meilen von der Wahrheit entfernt.* Damit nämlich fällst du auf der anderen Seite ins Bodenlose. *Wenn du dich jedoch mit einem Weder-Noch herausreden willst, dann werde ich dich mit meinem Stock hier aus der Halle prügeln.* Denn damit verfehlst du es auch. *Was wirst du also sagen? Sprich!*

Ich habe den einzelnen Sätzen des Beispiels wieder einmal Zwischenbemerkungen hinzugefügt: *Als die 13. Tochter des Cheng zwölf Jahre alt war, begleitete sie eine Nonne zum Berge Da-gui.* Die Zwischenbemerkung dazu lautet: »Sie wollen sich gegen den alten Mann verbünden. Warum aber gleich einen Auflauf in Szene setzen?« *Die Nonne richtete sich gerade aus ihrer Niederwerfung vor dem Meister auf, da fragte Gui-shan: »Wo lebst du?«* Die Zwischenbemerkung heißt: »Jedermann, jedefrau in der Welt ist ein und dasselbe. Trotzdem muß er noch fragen. Er hat das Gelübde abgelegt, Schwierigkeiten zu machen. Sie aber wird es unweigerlich auf die gewöhnliche Weise verstehen.« Und schon stellt er seinen Vorsatz, Schwierigkeiten zu machen, erneut unter Beweis: Jedermann, jedefrau in der Welt ist ein und dasselbe – Buddhas erfüllen allen Raum, alle Zeit. Die Stoßkraft seiner Frage soll sie dahin bringen, ihre Einsicht zu demonstrieren.

Die Nonne antwortete: »Ich lebe in Nan-tai am Fluß.« Die Zwischenbemerkung: »Sie mag töricht sein. Aber ich möchte doch sagen, sie ist immerhin ehrlich.« Ihre Antwort könnte auf verschiedene Weise verstanden werden. Sie ist nicht notwendig falsch. *Gui-shan schrie sie an, sie solle sich davonmachen.* Der Einwurf: »Genau so soll es sein! Soll sie sich weiterhin die Sandalen ablaufen.« *Darauf fragte er noch einmal: »Wo lebt diese alte Frau da hinter dir?«* Die Zwischenbemerkung heißt: »Wir wollen mal sehen, ob sie beide auf denselben Spieß passen!« Er versucht es genauso auch bei der Zwölfjährigen. *Die 13. Tochter machte ein paar Schritte auf ihn zu und stellte sich mit verschränkten Armen vor ihm auf.* Die Zwischenbemerkung »Dieses Kind geht schnurstracks darauf zu und geradewegs hinein in das offene Maul des Tigers.« *Gui-shan wiederholte seine Frage noch einmal.* Die Zwischenbemerkung dazu besagt: »Prüf's nach, prüf's nach! Auch winzige Tümpel sind manchmal genauso tief wie der Ozean.« Er muß noch ein bißchen weitersondieren bei dieser Kleinen. Wie tief ist sie wirklich? *Die 13.Tochter erwiderte: »Ich habe es Euer Ehrwürden doch bereits gezeigt.«* Die Zwischenbemerkung lautet: »Ahhh! Zuviel, zu früh, zu schnell, zu schade! Trotzdem läuft es auf etwas Besonderes hinaus. Ich werde mein Fernglas auf den Horizont richten und Ausschau halten.« Im alten China pflegte man zu sagen: »Ich halte die Hand über meine Augen und schaue nach den fernen Gipfeln aus.« Mit anderen Worten: »Du hast das Zeug dazu, und eines Tages wirst du es schaffen! Ich werde dich zurückerwarten.«

Gui-shan sagte nur: »Verschwinde!« Die Zwischenbemerkung: »In der Tat, geradezu zwangsläufig setzt Gui-shan sein Gegenüber herab.« *Als sie die Dharma-Halle verließ, bemerkte die Nonne zu ihr: »Die 13. Tochter behauptet doch sonst immer, daß sie sich auskenne im Zen und ein flinkes und scharfes Mundwerk habe. Heute aber, da sie der große Meister Gui-shan befragt hat, ist ihr auch nicht die mindeste Antwort eingefallen!«* Die Zwischenbemerkung dazu heißt: »Plötzlich sieht die Kleine gar nicht mehr so dumm aus.« *Die 13. Tochter hielt ihr entgegen: »Du meine Güte! Wie kannst du nur so etwas sagen! Und dennoch gibst du vor, dich auf einer Pilgerfahrt zu befinden. Zieh lieber Deine Flickenkutte aus und gib sie mir!«* Die Zwischenbemerkung lautet: »Ja, greif sie dir! Nein, tu das nicht! Laß sie lieber für den Rest des Lebens weiterhin sich selbst betrügen!« Eine Pilgerfahrt war zu jener Zeit eine große Sache, eine Angelegenheit auf Leben und Tod. Man konnte sie nicht wie die spirituellen Vergnügungsreisen heutzutage bequem im Flugzeug, in der Bahn, im Auto hinter sich bringen. Pilgerfahrten zogen sich in der Vergangenheit manchmal über Jahre hin. Solche Reisen führten einen durch trügerisches Gelände und in gefährliche Landstriche. Man mußte mit Dieben, wilden Tieren und dem Mangel an Lebensmitteln zurechtkommen. Es erforderte schon eine große Entschlossenheit, derartiges überhaupt auf sich zu nehmen, und die Reise selbst war vermutlich für den Pilger, die Pilgerin ein stetiger Anlaß, sich über die eigenen Fragen klarzuwerden. Und angesichts dieser kaum zu überschätzenden Bedeutsamkeit einer Pilgerfahrt hatte die

Zwölfjährige ihre Zweifel an der Ernsthaftigkeit der Absichten ihrer Begleiterin: »Wie kannst du so stumpfsinnig sein, daß du nicht merkst, was hier vor sich geht!? Zieh Dein Gewand aus und gib es mir!« Offensichtlich war die Jüngere noch nicht ordiniert, obgleich die Berichte deutlich machen, daß sie später eine Dharma-Nachfolgerin von Gui-shan wurde.

Später erzählte die 13. Tochter die ganze Geschichte Lao-shan... Die Zwischenbemerkung dazu: »Wenn du den Weg verloren hast, dann nimm Landkarte und Kompaß zur Hand und prüf es nach.« Schon die bloße Tatsache, daß sie jemanden fragen mußte, zeigt an, daß sie sich ihrer nicht sicher war. Jemand, der weiß, wohin ihn der Weg führt, der geht einfach darauflos. Nichts läßt ihn innehalten, nichts hält ihn zurück. *... und fragte ihn: »Als wir bei Gui-shan waren, habe ich ihm diese Antwort gegeben. War sie richtig?«* Die Zwischenbemerkung stellt zunächst einmal fest: »Falsch!« Genau hier, genau an diesem Punkt verrät sie sich. Und dann geht's weiter: »Und doch überlege ich, ob diese Frage nicht vielleicht einen Haken hat.« Richtig oder nicht richtig? Kannst du die Haken erkennen, die hier überall verborgen sind?

Ihre Frage: »War meine Antwort richtig?« scheint vorauszusetzen, daß es da überhaupt eine richtige und eine falsche Antwort gibt. Wenn Lao-shan auf diesen Köder hereingefallen wäre, hätte sie ihn ohne Zweifel festgenagelt. *Lao-shan erwiderte: »Ich werde nicht sagen, daß es keinen Fehler gab.«* Die Zwischenbemerkung heißt: »Ein guter Jäger hinterläßt keine Spuren.« Wenn Raubtiere auf der Suche nach Beute sind, pflegen sie ihre Hinterpfote in den Abdruck der Vorderpfote zu setzen, um so wenig Spuren wie möglich zu hinterlassen. Manchmal decken sich die beiden Trittsiegel vollkommen. Sogar Hauskatzen machen es meistens so, und wenn sie weglaufen und lange genug in der Wildnis bleiben, werden die Abdrücke ihrer Pfoten schließlich haargenau zusammenfallen. Katzen, wilde wie zahme, nehmen es außerdem sehr genau damit, ihren Kot zu verscharren. In der Wohnung oder im Haus kann man sie leicht dazu bringen, ein Katzenklo aufzusuchen. Das entspricht ihrem Instinkt. Und wenn sich keine Stelle findet, um ein Loch zu scharren und ihren Kot hineinfallen zu lassen, werden sie ihn ins Wasser absetzen. In der Wildnis koten sie gewöhnlich, wenn sie sich in einem felsigen Gebiet aufhalten, in einen Bach. Die eingesperrten Löwen im »Catskill Tierpark« setzen ihren Kot in erhöhten Porzellan-Becken ab, weil sie verhindern wollen, daß ihre Exkremente auf dem Betonboden ihrer Käfige frei herumliegen. Ihr Instinkt gebietet ihnen, keine Spuren oder Fährten zu hinterlassen. Und genau das hat auch Lao-shan getan: durch die Art und Weise, wie er seine Antwort formuliert hat.

Die 13. Tochter drang in ihn: »Und wo steckt der Fehler?« Die Zwischenbemerkung dazu: »Wie sich herausstellt, hat sie es mißverstanden. Sie ist ja noch so jung. Eine Katzenmutter erzieht ihre Jungen, indem sie mit ihnen spielt.« *Lao-shan schimpfte sie aus.* Die Zwischenbemerkung: »Einen Kniff in den Hintern vergißt du nicht so leicht.« Eine Katzenmutter, die ihre Jungen unterweist, wird behutsam mit ihnen umgehen; doch ab und zu gibt sie ihnen auch mal einen echten, ernstgemeinten Schlag. Es ist zwar nur Spiel, aber ein Spiel, bei dem es für die Jungen darum geht zu lernen, wie sie eines Tages selbständig leben und sich verteidigen können.

Neulich auf einem Camping-Ausflug versteckte ich mich in einem Haufen aus Blättern und Gräsern dicht an einer kleinen Bucht, um Tierfotos zu schießen. Plötzlich kam eine Entenmutter aus dem Schilf hervorgeschossen, laut und aufgeregt quakend. Sie drehte ihren Kopf nach allen Seiten und zog in einer so aufdringlichen Weise die Aufmerksamkeit auf sich, wie sie für die Wildnis ziemlich ungewöhnlich ist. Als sie dieses Spektakel auch noch in der Mitte der kleinen Bucht fortsetzte, gab es plötzlich so etwas wie einen Feuerball explodierender Federn – Pauhhh! Sieben Enten, allem Anschein nach ihre Jungen, stürzten von der anderen Seite der Bucht her aus dem Himmel und landeten in perfekter Formation unmittelbar neben dem Muttertier: Plopp, plopp, plopp, plopp, plopp, plopp, plopp! Die Ente schimpfte einfach weiter und klang dabei wirklich wütend: Quak! Quak! Quak! Quak! Dann schwamm sie davon, und die Jungen schlossen sich ihr in Kiellinie an. Als die Entenmutter die nächste Bucht erreicht hatte, drehte sie sich um und faßte, immer noch quakend, ihre Jungen scharf ins Auge. Sie schimpfte noch gut eine Minute weiter auf sie ein, und dann erst hörte sie auf. Als sie schließlich vom Wasser abhob, da flogen die Jungen sämtlich mit auf, eins nach dem anderen, unmittelbar hinter ihr. Der Unterricht war vorbei, die Lektion gelernt.

Lao-shan schimpfte sie aus. Die 13. Tochter entgegnete: »Auf Bro-

kat noch Blumen daraufzustreuen!« Die Zwischenbemerkung lautet: »Sie zeigt noch immer ihre Fänge, doch der alte Dieb ist längst mit seiner Beute über alle Berge.« Auf Brokat auch noch Blumen daraufzustreuen bedeutet, etwas ganz Überflüssiges zu tun. Es läuft auf dasselbe hinaus wie: »auf Schnee noch Rauhreif daraufschichten«. Chengs Tochter, immer noch bei Kräften und zu einem neuen Kampf bereit, gibt ihm damit zu verstehen, daß er es übertreibt. Doch zu der Zeit ist der alte Mann längst auf und davon. Während sie noch ihre Fänge vorzeigt, ist der alte Dieb mit seiner Beute schon weit, weit weg. Ich muß mir immer wieder ins Gedächtnis rufen, daß diese Dharma-Kämpferin erst zwölf Jahre alt ist! So aufgeweckt sie ist, sie ist und bleibt eine Zwölfjährige, ein Kind!

Kommen wir zum Lobgesang:

Die Fänge entblößt, die Krallen gezeigt –
Furcht hat das Löwenjunge nicht gelernt.
Bei dieser Angelegenheit ist Zögern nicht erlaubt.

Kopf und Schwanz gehören zu demselben Löwen.
Sieh da, eine Katze bellt und ein Hund schnurrt.
Die Goldschatz-Ader birgt ein jeder Berg.

Das Mädchen hat den kürzeren gezogen, als sie zögerte. Dieses Zögern zeigt sich vor allem in ihrem Satz: *»Ich habe es Euer Ehrwürden doch bereits gezeigt!«* Und zweitens ist sie, nachdem sie die Nonne so von oben herab abgefertigt hatte, gleichwohl zu Lao-shan gegangen, um den Grad ihres Verständnisses von ihm prüfen zu lassen, wobei sie etwas mehr von ihrem Zweifel ans Tageslicht ließ. *Bei dieser Angelegenheit ist Zögern nicht erlaubt.* In dem Augenblick, wo du innehältst, um darüber nachzudenken, bewegt sich dein Geist bereits, hast du bereits Himmel und Hölle voneinander geschieden, ist es mithin schon zu spät. *Kopf und Schwanz gehören zu demselben Löwen.* Das sind nur zwei Seiten ein und derselben Wirklichkeit, nicht die eine hier und die andere dort. Fehler auf der einen Seite, keine Fehler auf der anderen Seite. *Sieh da, eine Katze bellt und ein Hund schnurrt. Die Goldschatz-Ader birgt ein jeder Berg.* In den Zeiten der Goldgräber, als es darum ging, die Quelle all des Goldes ausfindig zu machen, folgte man den dünnen Adern des edlen Metalls, um sich von ihnen zur Mutterader hinführen zu lassen, wo der Hauptschatz zu heben war. Diese Hauptader, die Ader, die das eigentliche Gold führt, meint das »Shōbōgenzō«, die »Schatzkammer des Auges des Wahren Dharma«. Und diese Hauptader birgt ein jeder Berg. Nicht nur dieser Berg oder jener, sondern ausnahmslos jeder Berg.

In der ersten Epoche des Zen beziehungsweise Chan in China gab es keine formalisierte und standardisierte Schulung. Es dauerte mehrere hundert Jahre, bis die Zen-Übung eine feste Form gefunden hatte. Die Chan-Anhänger jener Zeiten reisten gewöhnlich von einem Ort zum anderen und befragten bald diesen, bald jenen Meister. Wenn sie für sich entschieden hatten, daß sie genug Einsicht besaßen, fingen sie an, andere zu unterweisen, gleichgültig, ob sie nun eine formelle Anerkennung durch einen Meister besaßen oder nicht. Diejenigen, die sich bei ihnen schulten, hatten keine Vorstellung davon, welchen Grad der Einsicht ihre selbsternannten Meister tatsächlich besaßen. Überall im Land wagte sich selbstgezimmertes Zen, Buji-Zen, hervor. Traditionelle Dharma-Gefechte haben freilich den einen oder anderen solcher Hochstapler entlarvt. Viele Kōan handeln von ihrem Mangel an Kompetenz, von ihrer Bloßstellung.

Das hat sich bis heute nicht wesentlich geändert. Die Neigung, die eigene Schulung abzubrechen, bevor sie von der Sache her abgeschlossen und die eigene Einsicht von einem echten Meister bestätigt ist, besteht nach wie vor. Das ist einer der Gründe, warum wir hier am Zen Mountain Monastery mit Übungsgruppen, die unserem Kloster angeschlossen sind, geeignete Vorsichtsmaßnahmen getroffen haben. Und zwar haben wir diese Zazen-Gruppen in unser Schulungsgefüge integriert, und unser Bestreben geht dahin, den Interessenten die Gewißheit zu vermitteln, daß sie es, wenn sie sich einer dieser angegliederten Gruppen anschließen, nicht mit einem selbsternannten Guru zu tun haben, sondern mit jemandem, der es gelernt hat, sachgerechte Anweisungen und hinreichend Unterstützung zu geben. So können die Teilnehmer beruhigt sein, daß sich jemand mit der nötigen Kompetenz um die Dinge kümmert. Denn für Menschen, die gerade eben mit der Übung begonnen haben, ist es schwer, wenn nicht unmöglich, kritische Vorsicht walten zu lassen, zumal wenn sie wegen irgendeines seelischen Gebrechens Hilfe suchen. Jemand, der gerade nach einer helfenden Hand Ausschau hält, entdeckt irgendwo ein Zentrum, das etwas anbietet, was sich Zen nennt, und geht dann davon aus, daß es sich dabei um eine authentische Schulung handelt. Das erweist sich bisweilen als arger Irrtum, führt zu Enttäuschung und letzten Endes auch zu möglicherweise großem Schmerz. Wenn ein Blinder andere Blinde führt, werden sie alle irgendwann gegen eine Wand krachen.

Als man im alten China dieses Problem erkannt hatte, gab es vielerlei Ansätze, durch eine Standardisierung der Schulung den Fortbestand der genuinen Übertragung sicherzustellen. Bai-zhang (Hyakujō) zeichnet dafür verantwortlich, die erste Version der Verhaltensregeln für das klösterliche Zusammenleben formuliert zu haben. Damals fingen die Mönche an, miteinander zu leben und gemeinsam zu üben, unter der ständigen Aufsicht eines Meisters und in engem Kontakt zu ihm. Zum anderen wurden die Dharma-Gefechte zu einem regulären Bestandteil der Ausbildung. Des weiteren wurden zum ersten Mal Kōan gesammelt und von verschiedenen Meistern systematisch eingesetzt. Im Laufe der Zeit hat sich dieser Prozeß der Ausgestaltung der Zen-Praxis immer weiter fortentwickelt und ist durch die Jahrhunderte hindurch lebendig geblieben. Und doch trug schon die bloße Formalisierung der Lehre und Schulung die Tendenz in sich, den Dharma allmählich austrocknen zu lassen. Der einzige Grund, weswegen sich die Zen-Übung die ganze Zeit über ihre Lebendigkeit hat bewahren können, lag in der Klarheit der Meister. Und genau diese Klarheit ist von einer Generation zur anderen immer weitergegeben worden.

Wir im 20. Jahrhundert sind demgegenüber in einer beneidenswerten Position. Obwohl der Dharma hier in unserem Land noch so gut wie neu ist, können wir auf 2500 Jahre Zen-Geschichte zurückgreifen. Rückblickend liegt es offen zutage, wann die Entwicklung in die Irre gegangen ist. Es ist ganz klar, wo die Schwierigkeiten gelegen haben und was getan werden muß, um die Integrität der Lehre auch weiterhin aufrechtzuerhalten. Wenn die Verfahrensweisen zu streng und schwerfällig sind, erliegt die Zen-Praxis einem Erstickungstod. Wenn sie andererseits zu locker sind, driftet sie ab in den Buji-Zen. Aber irgendwo gibt es da einen Punkt, eine geheimnisvolle Mitte, wo sich diese beiden Extreme in vollkommener Harmonie vereinigen. Das ist es, was wir in dieser Generation zustande bringen können, so daß die künftigen Generationen in die Lage versetzt sein werden, sich zugleich sorgfältig und mit der nötigen Leichtigkeit zu üben – in vollem Vertrauen auf die Form, die sie für ihre Übung aus unserer Hand empfangen.

Bis dahin müssen wir allerdings auf das Heute achtgeben. Bitte, macht es richtig. Macht euch die Gegenwart zunutze. Mehr und mehr empfinde ich eine tiefe Verpflichtung denen von euch gegenüber, die an der Verwirklichung ihres wahren Lebens, an der Vollendung ihrer selbst arbeiten. Mehr und mehr empfinde ich die tiefe Verpflichtung, euch zu begleiten und darauf zu achten, daß euer Bemühen von Erfolg gekrönt ist. Das ist das eiserne Joch eines Meisters. Solange da auch nur ein einziger Schüler, eine einzige Schülerin ist, der oder die darum kämpft, sich selbst zu erkennen, steht der Meister unter der unabdingbaren Verpflichtung, ihm oder ihr auf jede Weise beizustehen, auf eine Weise, die dem Übungsstand und der Entschlossenheit des Schülers, der Schülerin entspricht. Darauf, nur darauf kommt es an.

14. Dao-wu pflegt die Kranken

Congrong-lu, Kōan 83

Hinweis

Da sein Körper nur noch Krankheit ist, kannst du Vimalakīrti kaum noch kurieren. Das Gras, das sich als Medizin verwenden läßt – Mañjushrī benutzt es gut. Wie aber ließe sich das mit der Anrufung eines transzendenten Wesens vergleichen, das dich mit Frieden und Wohlergehen beschenkt?

Das Beispiel

Gui-shan fragte einmal Dao-wu: »Woher kommt Ihr gerade?« Dao-wu antwortete: »Ich habe gerade die Kranken gepflegt.« Gui-shan fragte weiter: »Und wie viele Kranke gab es da?« Dao-wu erwiderte: »Da gab es die Kranken und die Nicht-Kranken.« Gui-shan fragte: »Der eine Nicht-Kranke, seid das nicht Ihr, der Asket Zhi?« Dao-wu sagte: »Krank-Sein und Nicht-Krank-Sein haben mit dem überhaupt nichts zu tun! Sprecht schnell, sprecht schnell!« Gui-shan entgegnete: »Selbst wenn ich irgend etwas zu sagen vermöchte, es hätte dazu keinerlei Bezug.«

Lobgesang

Wann hat die wunderbare Medizin je seinen Mund passiert?
Auch der wunderwirkende Arzt kann sein Handgelenk nicht halten.
So als existiere er, ist er im Grunde nicht nichtexistent.
Gänzlich leer, existiert er im Grunde nicht.
Er vergeht nicht und ist doch geboren;
er lebt und wird doch nicht sterben.
Alles überschreitend, ist er noch vor den Buddhas der Vorzeit;
allein geht er dahin, noch nach der Vernichtung der Welt.
Wenn er friedlich verweilt – bedeckender Himmel, tragende Erde;
wenn er weitergeht – fliegende Sonne, eilender Mond.

Es gibt einige Kōan, in denen die spirituelle Praxis in den Begriffen von Krankheit und Medizin abgehandelt wird. Krankheiten oder Leiden sind dabei im Grunde nichts anderes als die üblichen Verblendungen und Schwierigkeiten, mit denen wir Menschen zu kämpfen haben.

Eines dieser Kōan zählt vier Leiden auf, ein anderes sechs. Die vier Leiden sind: die Vorstellung von einem Ich, Selbsttäuschung, Selbsterhöhung und Selbstliebe. Die sechs Leiden sind: Gier, Wut, Unwissenheit, Stolz, Voreingenommenheit und Zweifel. Alle Leiden, die sich in den buddhistischen Lehrschriften finden, entstammen ein und derselben Wurzel, und das ist die Vorstellung von der Existenz eines Ich oder Selbst oder auch nur die Vorstellung einer Existenz als solcher. Du kannst keine Gier erfahren, keine Wut und keine Unwissenheit, es sei denn, du unterliegst der Illusion eines Ich.

Es scheint mir bedeutsam und erwähnenswert, daß die Art und Weise, wie innerhalb des Buddhismus hin und wieder von einem Ich gesprochen wird, nämlich in Formeln wie »Sei wirklich du selbst«, »Vertrau dir selbst« oder »Erkenne dich selbst«, von einigen Vertretern des New Age aufgegriffen und zugleich so verfälscht worden ist, daß dabei eine Weltanschauung der Ich- und Selbstbezogenheit herausgekommen ist. Wenn hingegen im Buddhismus von einem Ich die Rede ist, und zwar in eben den genannten Formeln, dann ist damit stets das transzendente Selbst gemeint, das kein Ego mehr kennt und auch keine Trennung mehr zwischen diesem Sack aus Haut und den zahllosen Dingen.

Wenn die spirituelle Übung so weit gediehen ist, daß schließlich die Illusion eines Ich verschwindet, dann treten Mitgefühl, Weisheit und Erleuchtung hervor, die Gegenstücke zu Gier, Wut und Unwissenheit. Die Frage ist nur: Worin besteht denn nun die Medizin, die uns von diesen Leiden befreit? Ist die Krankheit nichts als Verblendung und die Gesundheit Erleuchtung, so ergibt sich die Antwort gewissermaßen von selbst: Die Medizin ist der Dharma.

In den überlieferten Kōan-Sammlungen finden sich, wie gesagt, einige Beispiele, die das Thema »Krankheit und Medizin« abhandeln. Außer dem Kōan von der Krankheit des Vimalakīrti im *Congrong-lu* (Shōyō-roku), das in diesem Kapitel erörtert wird, wäre da das Kōan »Großmeister Ma fühlt sich nicht wohl« aus dem *Bi-yan-lu* (*Hekiganroku*) [Kōan 3] zu nennen, bei dem es um die Krankheit des Ma-zu (Baso) auf seinem Sterbelager geht. Dann ist da noch das Kōan von der

Krankheit des Dong-shan (Tōzan) [*Congrong-lu*, Kōan 94] sowie Yunmens (Ummons) »Krankheit und Medizin heilen sich gegenseitig; die ganze Welt ist die Medizin; wo bist da du?«, abermals aus dem *Bi-yan-lu* [Kōan 87].

Der Hinweis zum Kōan »Dao-wu pflegt die Kranken« beginnt mit der Feststellung: *Da sein Körper nur noch Krankheit ist, kannst du Vimalakīrti kaum noch kurieren.* Vimalakīrti, der »Asket Zhi«, war ein erleuchteter Laien-Anhänger, der gleichzeitig mit Buddha lebte und von dem viele Zeitgenossen glaubten, daß seine Einsicht der des Buddha gleichwertig sei. Eines Tages sagte Buddha zur Versammlung seiner Mönche: »Vimalakīrti ist erkrankt, geht ihn bitte besuchen!« Zuerst wollten die Mönche sich nicht darauf einlassen, weil sie ahnten, daß etwas Ungewöhnliches im Schwange war. Denn Begegnungen mit Vimalakīrti liefen stets auf heftigste Dharma-Gefechte hinaus. Von Buddha ermutigt, gingen sie aber schließlich doch hin. Nach dem *Vimalakīrtinirdesha-Sūtra*, das die Geschichte erzählt, paßten bei dieser Gelegenheit Tausende von Mönchen in das winzige Haus des Vimalakīrti. Ihr Besuch wurde Anlaß zu einer sehr tiefgründigen Unterweisung.

Vimalakīrti war krank, weil die menschlichen Wesen krank sind, weil die ganze Welt krank ist. Seine Krankheit war eine Krankheit des ganzen Körpers und des ganzen Geistes, und deshalb war sie so schwer zu kurieren. Wenn du mit dem ganzen Körper und dem ganzen Geist erkrankt bist, gibt es nichts, was außerhalb von dieser Krankheit wäre. In gewisser Weise bedeutet eine solche Feststellung dasselbe wie die Aussage, daß da Nicht-Krankheit vorliegt, also überhaupt keine Krankheit besteht. Es ist genauso wie beim Schmerz: Wenn du ganz und gar der Schmerz bist und dieser Schmerz das ganze Universum ausfüllt, dann kann man genausogut sagen, daß da überhaupt kein Schmerz vorhanden ist. Denn um von Schmerz reden zu können, brauchst du einen Bezugspunkt. Und wenn selbst dieser Bezugspunkt vom Schmerz aufgezehrt ist, dann gibt es auch keine Wahrnehmung des Schmerzes mehr.

Der Hinweis fährt fort: *Das Gras, das sich als Medizin verwenden läßt – Mañjushrī benutzt es gut.* In einem der Sūtras sagte Mañjushrī zu Sudana: »Bring mir doch bitte etwas, das keine Medizin ist!« Sudana suchte überall herum, und als er zurückkam, beteuerte er: »Ich

227

kann nichts finden, das sich nicht als Medizin gebrauchen ließe.« Darauf entgegnete Mañjushrī: »Dann such mir bitte etwas, das Medizin ist!« Sudana bückte sich, riß einen Grashalm ab und reichte ihn Mañjushrī. Der hielt ihn in die Höhe, zeigte ihn der Versammlung der Mönche und erklärte: »Diese Medizin vermag Menschen zu töten, aber ebenso vermag sie auch, Menschen das Leben zu schenken.«

Mañjushrī kann Medizin dazu benutzen, zu töten oder Leben zu schenken. Wie sich versteht, handelt es sich bei diesem Töten darum, das Ich zu töten, die Vorstellung von einem Selbst zu töten. Und Leben zu schenken verweist auf Nahrung, Mitgefühl und die Auswirkung des Großen Todes inmitten der zahllosen Dinge. Wie dem auch sei: *Wie aber ließe sich das mit der Anrufung eines transzendenten Wesens vergleichen, das dich mit Frieden und Wohlergehen beschenkt?*

Das Beispiel setzt ein mit der Frage Gui-shans (Isan) an Dao-wu (Dōgo): *»Woher kommst du gerade?«* Der Meister holt also die Sondierungsstange hervor. Wie steht es mit deinem Begreifen? Wie mit deiner Klarheit? Auf eine solche Frage ist auch eine ganz gewöhnliche Antwort möglich, wie sie Dong-shan (Tōzan) bei seiner ersten Begegnung mit Yun-men (Ummon) gegeben hat. Yun-men hatte ihm gleichfalls die Frage gestellt: »Woher kommst du gerade?«, und Dong-shan gab darauf zur Antwort: »Vom So-und-so-Kloster, Meister«. Yun-men fragte daraufhin weiter: »Und seit wann bist du unterwegs?« – »Seit ungefähr zwei Monaten«, lautete Dong-shans Antwort. Yun-men versuchte es noch einmal: »Wann bist du aufgebrochen?« – »Am So-und-So-vielten«, war die Antwort. Und plötzlich schrie Yun-men: »Du kriegst jetzt dreißig Schläge mit diesem Stock hier!« Dong-shan aber hatte keine Ahnung, was er falsch gemacht haben könnte. Er ließ durchaus Unschuld erkennen, aber Yun-men wollte ihn zur Einsicht bringen, was er mit seinem bisherigen Leben angestellt hatte.

Am nächsten Morgen ging Dong-shan, nachdem er sich die ganze Nacht auf seinem Sitzkissen die Begegnung mit Yun-men vergegenwärtigt hatte, erneut zu Yun-men und fragte ihn: »Gestern abend habt Ihr mir dreißig Schläge mit Eurem Stock verabreicht. Ich weiß aber gar nicht, worin mein Fehler besteht.« Er wollte es also wissen. Er streckte also seine Hand aus und fragte. Viele von uns aber fragen nicht. Der Grund, weshalb wir nicht fragen, ist der, daß wir wie eine volle Tasse sind. Wir bilden uns ein, wir wüßten bereits Bescheid, und sind mit unseren Vorstellungen vollauf zufrieden. Wenn aber die Tasse schon voll ist, dann läßt sich kein Tee mehr eingießen. »Worin besteht mein Fehler?«, fragte hingegen Dong-shan. Und Yun-men schlug ihn auf der Stelle abermals und schrie: »Du Reissack, da wanderst du von einem Kloster zum anderen. Wo soll da je dein Hier-und-Heute sein?« Damit wollte er Dong-shan bedeuten, daß er auf dem besten Wege war, sein Leben damit zu vergeuden, die Wahrheit außerhalb seiner selbst zu suchen. Diesmal kam Dong-shan zur Einsicht [vgl. *Wu-men-guan* (*Mumonkan*), Kōan 15]. Als nun Gui-shan die gleiche Frage an Dao-wu richtete, antwortete der auf eine gänzlich andere Weise: »*Ich habe gerade die Kranken gepflegt.*«

Dao-wu (Dōgo) war ein Nachfolger des Yue-shan (Yakusan) und zugleich Dharma-Bruder des Yun-yan (Ungan), des Meisters von Dong-shan (Tōzan), dem Begründer der Sōtō-Linie. Gui-shan (Isan) seinerseits war ein Nachfolger des Bai-zhang (Hyakujō) und der Begründer der Gui-yang- bzw. Igyō-Schule. Beide lebten sie um das Jahr 800 unserer Zeitrechnung und gehörten beide zur 4. Generation nach Huineng, dem sechsten Patriarchen. Sie waren ungefähr gleich alt und Dharma-Nachfolger in verschiedenen Linien und stammten überdies aus weit auseinanderliegenden Teilen Chinas. Wir haben hier folglich zwei Könner vor uns, die einander auf die Probe stellen und dabei ihr Begreifen weiter klären und ihm den letzten Schliff geben wollen.

In gewisser Weise gilt für sämtliche Kōan, diese kunstvollen Mittel, die wir in der Schulung anwenden, daß wir mit ihnen »die Kranken pflegen«. Die Medizin besteht in der Lehre, im Dharma. Die Kōan-Übungen werden uns auferlegt, um die Krankheit unseres Geistes zu kurieren. Die Frage dieses Kōan lautet: »*Woher kommt Ihr gerade?*«, und die Antwort, die Dao-wu darauf gibt, heißt: »*Ich habe gerade die Kranken gepflegt.*« Das ist eine gute Antwort; sie zielt auf die Tätigkeit eines Bodhisattva des Großen Erbarmens, der sein Leben durch die zehntausend Hände und Augen manifestiert, indem er Nahrung und Heilung schenkt. Doch Gui-shan läßt es damit nicht sein Bewenden haben. Er geht noch einen Schritt weiter: »*Und wie viele Kranke gab es da?*«, worauf Dao-wu erwiderte: *Da gab es die Kranken und die Nicht-Kranken.*«

Die Frage nach der Anzahl der Kranken ist eine Falle, die Gui-shan auslegt, aber Dao-wu tappt keineswegs hinein. Von »krank« und »nicht-krank« zu reden bedeutet in gewisser Hinsicht eine Aufspaltung der Wirklichkeit. Wir nennen das »die zwei Monde« oder »einen zweiten Mond erschaffen«, will sagen, eine zweite Wirklichkeit und damit eine Illusion. Wir meinen mit dem »zweiten Mond« eine zusätzliche Wirklichkeit, während in Wahrheit das Absolute und das Relative ein und dasselbe sind. Wenn wir diese Einheit des Absoluten und des Relativen aufspalten, erzeugen wir zwei Wirklichkeiten, wo es tatsächlich nur eine einzige gibt. Deshalb trifft »krank und nicht-krank« es nicht recht, und Gui-shan faßt noch einmal nach: *»Der eine Nicht-Kranke, seid das nicht Ihr, der Asket Zhi?«*

Das ist eine weitere Falle. Dao-wu kontert auf der Stelle: *»Krank-Sein und Nicht-Krank-Sein haben mit dem überhaupt nichts zu tun! Sprecht schnell, sprecht schnell!«* Was hättest du darauf zu sagen? Gui-shans Antwort lautet: *»Selbst wenn ich irgend etwas zu sagen vermöchte, es hätte dazu keinerlei Bezug.«* Und zwar keinerlei Bezug zu dem Ort, wo es weder »krank« noch »nicht-krank« gibt, weder »absolut« noch »relativ«, weder »gut« noch »schlecht«.

Wan-song, der Herausgeber des *Conrong-lu*, hat bei jedem Kōan seiner Sammlung zu den einzelnen Sätzen sowohl des Beispiels wie des Lobgesangs jeweils kurze Zwischenbemerkungen eingefügt. Zu der Frage von Gui-shan an Dao-wu, *»Woher kommt Ihr gerade?«*, lautet die Zwischenbemerkung: »Woher er kommt, das bedarf durchaus der Klärung.« Zu Dao-wus Antwort, *»Ich habe gerade die Kranken gepflegt«*, merkt Wan-song an: »An dem ersten der Segensbereiche fehlt es nicht.« Und als Dao-wu auf die weitere Frage Gui-shans nach der Anzahl der Kranken zur Antwort gibt: *»Da gab es die Kranken und die Nicht-Kranken«*, kommentiert Wan-song das mit der Bemerkung: »Es stellt sich heraus, daß du noch einen zweiten Mond in petto hast.« Gui-shans nächste Frage, *»Der eine Nicht-Kranke, seid das nicht Ihr, der Asket Zhi?«*, nennt Wan-song eine »Falle für den Tiger«. Mit einer solchen Frage gehst du nicht darauf aus, harmlose kleine Frösche zu fangen. Als Dao-wu antwortet: *»Krank-Sein und Nicht-Krank-Sein haben mit dem überhaupt nichts zu tun! Sprecht schnell, sprecht schnell!«*, merkt Wan-song an: »Er ist von Kopf bis Fuß ins Rankenblattwerk eines Flaschenkürbis eingehüllt gewesen.« Geschickt getarnt! Und zu Gui-shans Entgegnung: *»Selbst wenn ich irgend etwas zu sagen ver-*

möchte, hätte es dazu keinerlei Bezug« lautet die Zwischenbemerkung: »Bei dem, der vorsichtig ist, tritt das Unglück nicht ein.« Damit preist Wan-song die Umsicht und Sorgfalt, mit der Gui-shan die Angelegenheit zum Abschluß bringt.

Wann hat die wunderbare Medizin je seinen Mund passiert? Auch der wunderwirkende Arzt kann sein Handgelenk nicht halten. Diese beiden einleitenden Zeilen des Lobgesangs handeln vom Verschwinden sowohl der Medizin wie der Krankheit. Wenn du Medizin einnimmst, denkst du nicht mehr an deinen Mund. Wenn du den Puls fühlst, denkst du nicht mehr ans Handgelenk. Genau das nennt Wan-song ein unheilbares Leiden. Du sagst, es sei da, doch nirgends im ganzen Körper zeigt sich auch nur ein Schatten oder ein Widerschein davon. Du sagst, es sei nicht da, und doch liegt die ganze Welt stets offen zutage. Wir müssen uns klarmachen, daß Existenz und Nichtexistenz, ebenso wie alle anderen Dualismen, nicht zwei verschiedene Dinge sind. Das ist der Schlüssel zum richtigen Begreifen dieses Kōan. Auf der einen Seite steht die Krankheit, und auf der anderen Seite die Nicht-Krankheit. Auf der einen Seite befindet sich die Medizin, und auf der anderen Seite die Krankheit. Was uns unsere größten Probleme einbrockt, ist das Verhältnis solcher Gegensätze zueinander, und aus eben diesem wechselseitigen Bezug der Gegensätze gehen auch die Lösungen unserer Probleme hervor.

Wir neigen nun einmal dazu, entweder auf die eine oder die andere Seite abzustürzen und so in Extremen stecken zu bleiben. Der Mittlere Weg hingegen, die wunderbare Balance, bei der wir nicht zur einen oder zur anderen Seite hin abstürzen, scheint uns so unglaublich schwierig zu erreichen und beizubehalten. Dieser Mittlere Weg ist keine Fünfzig-zu-Fünfzig-Mischung aus dem einen und dem anderen, sondern die Wahrheit des Buddha-Weges. Der Buddha-Weg *ist* der Mittlere Weg. Manchmal weist zwar ein Kōan mehr auf die eine oder die andere Seite hin – doch lediglich um der größeren Zweckdienlichkeit willen; und der Meister geht das Risiko ein, als jemand mit »üblem Mundgeruch« zu erscheinen, stinkend vor Heiligkeit, eingehüllt in eine Wolke aus Zen-Gestank. Das geschieht freilich ausschließlich zum Wohle aller Lebewesen, und es geschieht in voller Absicht, daß der Lehrer solchermaßem Anstoß erregt. Letztlich aber führt kein Kōan jemals entweder nur zur einen oder nur zur anderen Seite hin. Vielmehr gilt, daß immer dann, wenn der Schüler in einem Kōan auf das Absolute verweist, der Meister unweigerlich auf das Relative hinweist. Weist der Schüler auf das Relative, zeigt der Meister auf das Absolute. Zeigt der Schüler aber weder auf das Absolute noch auf das Relative, dann erblüht mitten im Feuer der Lotos.

So als existierte er, ist er im Grunde nicht nichtexistent. Gänzlich leer, existiert er im Grunde nicht. Er vergeht nicht und ist doch geboren; er lebt und wird doch nicht sterben. Mir fällt eine chinesische Legende von einem alten daoistischen Priester ein, der ein zehnbändiges Schriftwerk über die Unsterblichkeit besaß. Er ging damit zu einem buddhistischen Meister und fragte ihn: »Gibt es in den Lehren des Buddhismus eine Methode, wie man, ohne das Tor des Todes zu durchschreiten, die Unsterblichkeit erringen kann, eine Methode, die denen unserer chinesischen Alchimisten überlegen ist?« Der Meister antwortete: »Pahh! Wie kann denn irgend jemand in diesem Land hier eine Methode zur Erlangung des ewigen Lebens besitzen? Auch wenn es Euch gelänge, Eure Lebenszeit auszudehnen – wenn das Verdienst, das Ihr durch Eure Anstrengungen erlangt, irgendwann aufgebraucht ist, geht Ihr doch unter.« Darauf holte der buddhistische Meister eine Abschrift der »Betrachtung über den Buddha des Unendlichen Lebens« hervor und überreichte sie dem alten Daoisten-Priester mit den Worten: »Dies ist die Methode des Großen Alchimisten, die ewige Befreiung zu verwirklichen und für immer den Kreislauf von Geburt und Tod zu verlassen!« Wie sich versteht, ist die Frage nach Geburt und Tod für unsere spirituelle Praxis von fundamentaler Bedeutung. Die Frage von Geburt und Tod, die Frage von Leben und Tod ist genau die Frage, mit der einst die spirituelle Suche des Buddha begann.

Durch die gesamte menschliche Geschichte hindurch ist die Frage von Leben und Tod nicht nur im Buddhismus, sondern ebenso auch in den anderen Religionen für alle Weisen und Meister das eine zentrale Thema gewesen, der entscheidende Punkt ihrer spirituellen Praxis. Die Frage von Leben und Tod betrifft sämtliche Dualismen: von »Gut« und »Böse«, »Himmel« und »Erde«, »ich selbst« und »die anderen«, »Erleuchtung« und »Verblendung«. Wenn du die Frage von Leben und Tod gelöst hast, dann hast du auch die Frage der Dualität überhaupt gelöst und beantwortet. Es geht nicht darum, den Tod hinauszuschieben, sondern darum, den Tod zu begreifen. Deshalb legen alle, die als Schüler in das Zen Mountain Monastery aufgenommen werden wollen, eine Erklärung vor, einen »Aufnahmeantrag«, in dem sie bestätigen, aus der Erkenntnis heraus hergekommen zu sein, daß die Frage von Leben und Tod auch für sie die Große Angelegenheit darstellt. Wenn es nämlich nicht die Frage von Leben und Tod ist, die jemanden hierhergeführt hat, dann ist seine, ist ihre Anwesenheit hier die reine Zeitverschwendung. Es sind nur sehr wenige Dinge, von denen ich sagen würde, daß sie in bezug auf spirituelle Praxis eine bloße Zeitverschwendung bedeuten; aber dies ist eines davon. Wenn du nicht von der Frage von Leben und Tod getrieben bist, dann hast du den WEG noch nicht betreten. Deine Suche hat noch gar nicht begonnen. Solange da in dir keine Frage ist, solange du noch gar nicht suchst, gibt es für dich auch keine Antwort.

Um die quälende Unrast dieser Frage zum Schweigen zu bringen, muß der Schüler, die Schülerin über das verfügen, was wir die »drei Pfeiler der Übung« nennen. Das erste ist das Große Vertrauen oder der Große Glauben. Das ist ein Vertrauen nicht nur in sich selbst, sondern zugleich auch in den Prozeß, auf den man sich einläßt. Großes Vertrauen meint dabei ein grenzenloses Vertrauen, ein Vertrauen, das im wörtlichen Sinne nirgends je an eine Grenze stößt. Der zweite Pfeiler ist der Große Zweifel, und dessen Wirken vollzieht sich in einer dynamischen, will sagen, Kraft freisetzenden Spannung zum Großen Vertrauen. Diese beiden Faktoren arbeiten gegeneinander. Und diese Spannung, dieses Gegeneinander macht das tägliche Leben des Übenden aus. Große Entschlossenheit ist als dritter Pfeiler zugleich die Speerspitze der Übung. Wenn einer der drei Pfeiler fehlt, dann steht der Dreifuß der spirituellen Praxis nicht fest, sondern wackelt hin und her. Die Übung kommt, weil sie wackelig ist, keinen Schritt voran.

Der Große Zweifel besteht darin, sich ernsthaft die Fragen zu stellen: »Wer bin ich? Was ist das Leben, was die Wahrheit, was die Wirklichkeit? Und was ist Gott?« Jede dieser Fragen zielt auf die absolute Natur der Wirklichkeit, auf den letzten Grund der Dinge. Auch wenn solches Fragen viele verschiedene Formen annehmen kann, ist es im Grunde doch immer nur ein und dieselbe Frage, die Frage von Leben und Tod. Genau diese Frage – genauer ihr Vorhandensein oder Nicht-Vorhandensein – ist es, was eine Übung, der es um den Grund der

Dinge geht, von einer Übung unterscheidet, die es nur aufs Wohlbefinden, auf die Glücksgefühle des Übenden abgesehen hat, was eine Übung wirklicher Verwandlung von einer Heft- und Trostpflaster-Übung unterscheidet. Bei deiner Übung kommt es ganz darauf an, mit welcher Einstellung du anfängst. Deine spirituelle Suche taugt so viel wie ihr Beginn.

Alles überschreitend, ist er noch vor den Buddhas der Vorzeit. Hongzhi, der Verfasser der Lobgesänge des *Congrong-lu,* sagt mit dieser Zeile: »Er ist, noch bevor die Himmel entstanden sind, bereits vollständig da!« *Allein geht er dahin, noch nach der Vernichtung der Welt.* Im Original steht »noch nach dem Äon der Leere«, das ist in der buddhistischen Kosmologie die Zeit, die auf den »Weltenbrand«, die Vernichtung des Universums folgt. Also: »Dereinst, wenn die Himmel bereits zerstört sind und das Universum verschwunden ist, besteht er, gleichwohl unzerstört, immer noch fort.« *Wenn er friedlich verweilt – bedeckender Himmel, tragende Erde; wenn er weitergeht – fliegende Sonne, eilender Mond.* Die eine Seite stellt gewissermaßen den absoluten Grund aller Dinge dar, und die andere ist der Bereich des Relativen, das Handeln in der Verkettung von Ursache und Wirkung, das aus der Stille des Absoluten hervorgeht. Und folglich wäre der Sinn dieser beiden Zeilen: »Wenn er in Stille verharrt, dann ist er die Wurzel von Himmel und Erde und allen Dingen; und wenn er sich bewegt, dann tut er das in Übereinstimmung mit dem Geist aller Weisen und Buddhas.«

Nun zu den Zwischenbemerkungen des Wan-song zum Lobgesang. *Wann hat die wunderbare Medizin je seinen Mund passiert?* Die Zwischenbemerkung dazu heißt: »Du kannst sie nicht hinunterschlucken, du kannst sie auch nicht ausspucken!« *Auch der wunderwirkende Arzt kann sein Handgelenk nicht halten.* Dazu merkt Wan-song an: »Da ist keine Stelle, wo du ihn packen könntest.« Und mit dem wunderwirkenden Arzt könnte der Buddha oder Gui-shan in unserem Beispiel gemeint sein. *So als existierte er, ist er im Grunde nicht nichtexistent.* Die Zwischenbemerkung: »Das heißt doch nur: Es gibt keinen Ort in der Welt, wo er nicht ist.« *Gänzlich leer, existiert er im Grunde nicht.* Dazu die Zwischenbemerkung: »Du siehst nicht mal ein einziges Haar.« Wenn er überall ist, wie können wir dann überhaupt von ihm sagen, daß er da sei? Wenn du das gesamte Universum in dir enthältst, wie können wir dich dann von ihm unterscheiden? Wo willst du diesen gigantischen Leib hintun? *Er vergeht nicht und ist doch geboren.* Die Zwischenbemerkung: »Leer wie der Geist des Tales, für immer ohne Tod.« *Er lebt und wird doch nicht sterben.* Zwischenbemerkung: »Der WEG erwuchs aus sich selbst, noch vor dem Herrn der Bilder«, soll heißen: vor dem Entstehen aller Form. Das ist zugleich ein Verweis auf den Satz des Buddha, daß »Geburt das Ungeborene« ist und »Tod das Unzerstörte«.

Was aber ist das, was da geboren wird? Wenn wir von Leben und Tod sprechen, dann sprechen wir von der Vorstellung von einem Ich. Und was ist nun das Ich oder Selbst? Eben diese Frage stelle ich meinen Schülern ohne Unterlaß. Entweder bekomme ich zur Antwort: »Alles«, eine Aussage, die bis zum Himmel stinkt, oder es wird mir eine Liste von Bestandteilen aufgetischt: »Mein Körper, mein Geist, meine Gedanken«, eine Aufzählung, die niemals an ein Ende kommt. Doch was bleibt jenseits aller Bestandteile? Was ist die Ich-heit selbst? Wir kommen stets mit Antworten daher, die auf eine Ansammlung von Bestandteilen hinauslaufen, die jedoch die Sache selbst verfehlen. Was ist also dieses Selbst selbst?

»Geburt ist das Ungeborene«, dieser erste Halbsatz bedeutet, daß es niemals geboren worden ist, daß es folglich gar nicht da ist in dieser Welt. »Tod ist das Unzerstörte«, dieser zweite Halbsatz besagt, daß es niemals zerstört, niemals ausgelöscht werden kann, weil es gar nicht erst dagewesen ist. Aber was ist es dann? Und was bist du? Was ist das Leben? Wo findest du dein Selbst? Wo findest du *dich* selbst? Jeder Anfänger, der mit dem Kōan MU kämpft, findet zunächst einmal sich selbst als eingesperrt in diesem »Sack aus Haut« und MU als außerhalb davon – als zwei getrennte Dinge. »Sei eins mit MU«, sagt dann der Meister. »Ich kann nicht«, lautet die Antwort des Schülers, »es ist da draußen.« Aber wer hat es dorthin versetzt? Und wer hat dich selbst in diesen Sack aus Haut hineingesteckt und eingesperrt? Geht es denn bei MU nicht ganz und gar darum, wie du deinen eigenen Geist gebrauchst? Und ist nicht die Frage, wie du deinen Geist gebrauchst, zugleich auch genau die Frage, was du aus deinem Leben machst?

Alles überschreitend, ist er noch vor den Buddhas der Vorzeit. Wansong bemerkt: »Ausgerollt, reicht es nicht bis zum Anfang.« *Allein geht er dahin, noch nach der Vernichtung der Welt.* Wan-song sagt dazu:

»Eingerollt, reicht es nicht bis zum Ende.« *Wenn er friedlich verweilt – bedeckender Himmmel, tragende Erde.* Wan-songs Zwischenbemerkung: »Er hält den Himmel und die Erde so, daß sie sich nicht mehr bewegen können.« *Wenn er weitergeht – fliegende Sonne, eilender Mond.* Die Zwischenbemerkung: »Handlung und Erschaffung.« Manchmal erweist sich eine Medizin als Gift. In der Tat, viele Arzneien, vermutlich alle, wirken von einer bestimmten Menge an als Gift. Curare, das in unseren Krankenhäusern dazu benutzt wird, Nervenleiden zu behandeln, kann dich tatsächlich umbringen. Indianer Südamerikas verwenden es, um ihre Pfeile damit zu vergiften. Es lähmt ihre Beute und kann sogar zum Herzstillstand führen. Gleichwohl setzen wir es zu Heilzwecken ein! Hiroshima und Nagasaki haben uns eindringlich vor Augen geführt, welch ein Gift die radioaktive Strahlung ist; zugleich aber besitzt sie Heilkraft. Strahlentherapie hat schon viele tausend Leben gerettet. Natriumfluorid, das wir benutzen, um unsere Zähne vor Karies zu schützen, ist zugleich ein Rattengift. Wann ein Stoff für uns gefährlich ist, wann nicht, das hängt von der Menge ab, die wir verwenden; genau die richtige Menge – darauf kommt es an, wenn es ums Heilen geht: »Gerade genug«, wie beim Ōryōki, der zeremoniellen Mahlzeit, die wir in völligem Schweigen einnehmen.

Es gibt Situationen, in denen wir Krankheiten einsetzen, um Krankheiten zu heilen. Und es gibt andere Situationen, in denen wir zum gleichen Zweck Arzneien einsetzen. Unsere Medizin ist die Lehre Buddhas, der Dharma. Ist nicht die Verabreichung von Medizin je nach der Art der Krankheit seit 2500 Jahren das Geschäft der Buddhas und Patriarchen, weitergereicht von einer Generation zur nächsten? Wir verfügen sozusagen über ein »Amtliches Arzneibuch«, das sämtliche Arten wunderbarer Medizin enthält. »Sesshin«, die Klausur zur Sammlung des Geistes, befindet sich in diesem Arzneibuch, Dharma-Gefechte (Hossen), Gespräche mit dem Meister unter vier Augen (Dokusan), gemeinsame Rezitationen, die Kōan-Schulung, Zazen, körperliche Arbeit, künstlerische Betätigung, sportliche Übungen und wissenschaftliches Studium sind sämtlich in diesem Arzneibuch enthalten. Sogar solche Kleinigkeiten wie die Ermahnungen des Aufsehers: »Schau nicht umher!«, »Hör auf zu reden!«, »Bleib wach!«, »Geh tiefer!« – all das ist Medizin, zwar eine leichtere Art von Medizin, doch genauso wichtig. Auch hier gilt, wie bei jeder anderen Medizin: Wenn du sie nicht einnimmst, kann sie deiner Krankheit auch nicht abhelfen.

Was hat es denn mit der Krankheit des Umherschauens und ihrer Medizin auf sich? Jedesmal, wenn du dich beim Sitzen im Zendō umsiehst, stopfst du neue Daten in deinen Bio-Computer, und das Räderwerk deines Geistes bleibt in Bewegung, indem es analysiert, systematisiert, urteilt, bewertet, rattatattatattatat. Der innere Dialog geht weiter und weiter, bis zum Erbrechen, und bringt dich immer mehr von deiner Übung ab. »Schau nicht umher!« ist die Medizin dafür. Wenn du nicht umherschaust, erhöhst du damit die Chancen deines Geistes, zur Ruhe zu kommen, um das Hundert-, ja um das Tausendfache.

Beim Sesshin, bei Dharma-Gefechten, Dokusan und Zazen mag es uns leichtfallen zu verstehen, wieso sie als Medizin wirken. Aber es gibt auch andere Arzneien, bei denen es uns hart ankommt, sie in der richtigen Weise einzuschätzen. Auch der Schmerz ist eine Medizin. Leiden ist eine Medizin. Angst, verblendetes Denken, Selbstbezogenheit, Gier, Wut und Unwissenheit sind sämtlich Arzneien. Sogar Samsāra ist nichts als Medizin. Ich meine den »Lotos im Feuer«. Das Feuer brennt und der Lotos blüht, und er kann nur deshalb blühen, weil das Feuer brennt. Es gäbe keinen blühenden Lotos, wenn es nicht das Feuer des Samsāra gäbe.

Doch lassen wir das; denn ich habe eine Frage an dich: Wenn die Krankheit nun darin besteht, überhaupt keine Krankheit zu haben, was ist dann die geeignete Medizin? Das ist nämlich diejenige Krankheit, die sich am schwersten heilen läßt, die Krankheit der Nicht-Krankheit. »Medizin und Krankheit heilen sich gegenseitig«, so hat Yun-men gesagt. Doch das ist am allerschwierigsten zu begreifen.

Anfang und Ende haben keinen Anfangs- und keinen Endpunkt. Auch Kommunikation, welche auch immer, ist nicht möglich. Warum? Nicht auszuschöpfende Vortrefflichkeit reicht überallhin. Begreifst du? Wenn du es nicht begreifst, dann finde es heraus! Dies hier ist genau der Ort, es herauszufinden, und dies ist auch genau der Zeitpunkt, es zu tun. Und du bist der einzige, der das zustande bringen kann. Deshalb kümmere dich bitte um diese Große Angelegenheit und bring sie zu Ende. Diese Große Angelegenheit ist nichts anderes als die Angelegenheit von Leben und Tod. Die Angelegenheit *deines* Lebens und *deines* Todes.

15. Bai-zhang und der Fuchs

Wu-men-guan, Kōan 2

Das Beispiel

Immer wenn Meister Bai-zhang sein Teishō (Zen-Darlegung) gab, saß unter den Mönchen ein alter Mann, hörte ihm zu und ging, wenn sich die Mönche zurückzogen, ebenfalls davon. Eines Tages jedoch blieb er zurück, und der Meister sprach ihn an: »Wer ist das, der hier vor mir steht?« Der alte Mann antwortete: »Ich bin kein menschliches Wesen. In der Vergangenheit, zur Zeit des Kāshyapa Buddha, war ich Abt dieses Klosters. Da fragte mich einmal ein Mönch: ›Fällt auch ein Erleuchteter unter das Gesetz von Ursache und Wirkung oder nicht?‹ Ich gab ihm zur Antwort: ›Ein Erleuchteter fällt nicht unter das Gesetz von Ursache und Wirkung‹. Deshalb mußte ich fünfhundert Leben lang das Leben eines Fuchses führen. Jetzt aber bitte ich Euch, sprecht statt meiner ein Umkehrwort und befreit mich aus dem Fuchsleib.« Dann fragte der alte Mann Bai-zhang: »Fällt auch ein Erleuchteter unter das Gesetz von Ursache und Wirkung oder nicht?« Bai-zhang erwiderte: »Ein Erleuchteter mißachtet das Gesetz von Ursache und Wirkung nicht.« Als der alte Mann das hörte, wurde er mit einem Schlage erleuchtet. Er verbeugte sich vor Bai-zhang und sagte: »Jetzt bin ich aus dem Fuchsleib befreit, den Ihr auf der anderen Seite des Berges finden werdet. Ich erlaube mir, dem Meister eine Bitte vorzutragen: Bestattet ihn bitte genauso, wie Ihr einen Mönch bestatten würdet.«

Der Meister ließ daraufhin den Ino (Mönch, dem die Verwaltung obliegt) das Holzbrett anschlagen und die Mönche davon unterrichten, daß nach der Mittagsmahlzeit für einen verstorbenen Mönch die Bestattungszeremonie stattfinden werde. Die Mönche wunderten sich und sagten: »Wir erfreuen uns doch alle bester Gesundheit, und es gibt in der Nirvāna-Halle (Krankenstation) keinen einzigen kranken Mönch! Was soll das also?« Nach dem Essen aber führte der Meister die Mönche zu einem Felsen auf der Rückseite des Berges, stocherte mit seinem Stock einen toten Fuchs hervor und ließ ihn verbrennen.

Am Abend bestieg der Meister das Rednerpult in der Halle und erzählte den Mönchen die ganze Geschichte. Da fragte ihn Huang-bo: »Der alte Mann verfehlte das Umkehrwort und mußte deshalb fünfhundert Leben lang das Leben eines Fuchses führen. Wenn jedoch die Umkehrworte nicht beidemal falsch gewesen wären, was wäre dann aus ihm geworden?« Der Meister entgegnete: »Komm näher, und ich werde es Dir sagen!« Da trat Huang-bo auf Bai-zhang zu und versetzte ihm einen Schlag. Der Meister lachte laut auf, klatschte in die Hände und rief: »Ich habe immer gedacht, der Barbar hätte einen roten Bart! Jetzt sehe ich einen rotbärtigen Barbaren!«

Wu-mens Kommentar

Wenn er nicht unter das Gesetz von Ursache und Wirkung fällt, warum wurde er dann in einen Fuchs verwandelt? Wenn er das Gesetz von Ursache und Wirkung nicht mißachtet, warum wurde er dann aus dem Fuchsleib befreit? Falls du das Auge besitzt, das zu durchschauen, dann wirst du auch verstehen, daß der frühere Abt seine fünfhundert glücklichen und gesegneten Leben in Fuchsgestalt durchaus genossen hat.

Lobgesang

Nicht fallen, nicht mißachten –
Ungerade und gerade sind auf einem Würfel.
Nicht mißachten, nicht fallen –
Hundertfaches, tausendfaches Bedauern.*

Dies ist eines der profundesten Kōan im ganzen *Wu-men-guan* (Mumonkan). Es steht gleich zu Beginn, als das zweite Beispiel. Doch wegen seiner Tragweite und Subtilität lasse ich meine Schüler es überspringen, bis sie alle anderen Kōan des *Wu-men-guan* hinter sich gebracht haben. Denn ein Schüler, eine Schülerin, die gerade erst mit der Kōan-Schulung angefangen haben, sind in ihrem Begreifen oder ihrer Klarheit noch nicht weit genug, um die Bedeutung dessen würdigen zu können, was dieses Kōan uns lehrt. Es ist das Musterbeispiel eines Nantō-Kōan, wobei »Nantō« besagt, daß es nach der Kōan-Einteilung von Meister Hakuin zu den »schwer passierbaren« Sperren gehört. Der Grund dafür, daß diese Sperre so schwer zu passieren ist,

---

* Die letzte Zeile von Wu-mens Gedicht lautet in wörtlicher Übersetzung: »Tausend Fehler, zehntausend Irrtümer.« [A. d. R.]

liegt darin, daß der springende Punkt (Watō), den es zu entdecken gilt, einer ist, der sich sehr schwer erfassen läßt, der vielmehr sehr leicht zu verfehlen oder zu mißdeuten ist.

Gleich zu Beginn wird uns die entscheidende Aussage des ganzen Kōan vorgestellt: Als der Mönch den früheren Abt des Klosters fragte: »Fällt auch ein Erleuchteter unter das Gesetz von Ursache und Wirkung oder nicht?« und der Abt antwortete: »Ein Erleuchteter fällt nicht unter das Gesetz von Ursache und Wirkung!«, wurde letzterer auf der Stelle in einen Fuchs verwandelt. Wan-song hat im *Congrong-lu (Shōyō-roku)*, der zweiten Kōan-Sammlung, die dieses Kōan enthält, zu den einleitenden Sätzen einige interessante Zwischenbemerkungen verfaßt. *»Einst fragte mich ein Mönch: ›Fällt auch ein Erleuchteter unter das Gesetz von Ursache und Wirkung oder nicht?‹ Ich gab ihm zur Antwort: ›Ein Erleuchteter fällt nicht unter das Gesetz von Ursache und Wirkung!‹«* Dazu heißt die Zwischenbemerkung: »Eine passende Feststellung ist wie ein Pflock, an den man einen Esel für zehntausend Jahre festbinden kann.« Mit anderen Worten, Wan-song weist darauf hin, daß dieser Bursche an genau diesem Punkt steckengeblieben ist. Der nächste Satz heißt: *Deshalb mußte ich fünfhundert Leben lang das Leben eines Fuchses führen.* Die Zwischenbemerkung dazu: »Du hast ja auch gerade gesagt, daß er nicht unter Ursache und Wirkung fällt!« Die Antwort des Abtes brachte augenblicklich und unvermeidlich das Gesetz von Ursache und Wirkung ins Spiel.

Zum Sangha des Zen Mountain Monastery gehören viele Mitglieder, die ihre Übung hinter Gefängnismauern absolvieren müssen. Ein Großteil davon sitzt in der Green Haven-Besserungsanstalt ein. Gerade die Frage von Ursache und Wirkung spielt bei meinen Begegnungen mit diesen Männern eine große Rolle. Denn genau das beschäftigt viele Strafgefangene in höchstem Maße. Ist es doch eben wegen der Konsequenzen ihres Handelns mit ihnen dahin gekommen, daß sie ihr Leben in einem Gefängnis verbringen müssen. Einige sitzen wegen Mordes ein und sind zu lebenslanger Freiheitsstrafe verurteilt. Viele von ihnen haben, seit sie Zen praktizieren, zum ersten Mal in ihrem Leben begonnen, sich den Auswirkungen ihres Handelns zu stellen und über sie nachzudenken. Das ergibt eine sehr heikle Situation. Wir Menschen neigen nun einmal dazu, uns selbst zu schützen. Wir verleugnen, verdrängen, verlieren uns in Ablenkungen und vermeiden es ganz generell, den Schwierigkeiten in unserem Leben ins Auge zu sehen. Wir errichten um uns herum eine Schutzschicht, die uns jedoch von unserem wirklichen Leben trennt. Wenn wir aber damit beginnen, Zen zu üben, dann sprengen wird diese Schale von uns ab.

In diesem Prozeß gibt es eine Phase, in der die Schüler besonders schutzlos und verletzlich sind. Das ist einer der Gründe, warum Zen-Meister so großes Gewicht darauf legen müssen, verantwortungsbewußt zu sein und diese Verletzlichkeit ihrer Schüler sowohl zu erkennen wie mit ihr zu arbeiten. Auf gar keinen Fall darf ein Lehrer selbstsüchtig eigenen Vorteil daraus ziehen, wie das Lehrer in der Vergangenheit durchaus getan haben, nicht nur hier in den USA, sondern genauso auch in anderen Ländern. Wenn die Offenheit des Schülers als ein Mittel genutzt wird, ihn oder sie zur Einsicht zu bringen, dann ist das völlig in Ordnung. Wird sie aber zum persönlichen Vorteil eines narzißtisch veranlagten Lehrers ausgenutzt, ist das eine grobe Verletzung der Gebote durch den Lehrer.

Einige meiner Schüler im Green-Haven-Gefängnis, die sich ganz intensiv auf die Zen-Übung eingelassen haben, sind besonders verletzlich geworden, was für sie, zumal hinter Gefängnismauern, sehr riskant und gefährlich sein kann. Ein wichtiger Teil ihrer Fähigkeit, im Gefängnis zu überleben, beruht ja auf ihrer Zurschaustellung von Unverwundbarkeit, auf ihrer dicken und harten Schale. Die Fortgeschrittensten von ihnen, die seit acht und mehr Jahren üben, sind so weit gekommen, sich mit dem Problem von Ursache und Wirkung in ihrem Leben ernsthaft zu beschäftigen; sie haben für ihr Leben die Verantwortung übernommen und sind fähig geworden, sich weiterzuentwickeln. Sie sind aus ihrem Versteck hervorgekommen und haben begonnen, diese neue Offenheit, auch sich selbst gegenüber, in ihrem Leben wirksam werden zu lassen. Die Zen-Übung hat ihr Leben regelrecht umgekrempelt, so dramatisch, daß selbst die Gefängnisleitung und die Vollzugsbeamten den Wandel erkannt haben, der sich mit diesen Gefangenen abgespielt hat. Einige meiner Schüler sind sogar mit der Aufgabe betraut worden, als Berater für andere Gefangene zu arbeiten.

Es ist eine Sache, die großartigen Grundsätze des Dharma anderen vorzutragen beziehungsweise dazusitzen und sie sich anzuhören. Eine ganz andere Sache ist es, diese erhabenen Grundsätze auf das eigene Leben zu beziehen und anzuwenden. Und genau deshalb sind die

Kōan-Schulung, das Dharma-Gefecht und das Mondō (»Frage und Antwort«) von so entscheidender Bedeutung für die Lebendigkeit und Kontinuität der Übung. Sie versetzen die Lehre von der Ebene der bloßen Theorie und Abstraktion mitten hinein in die gegenwärtige Lebenswirklichkeit und verschaffen ihr damit eine unmittelbare und nicht zu übersehende Bedeutsamkeit.

Bei einem Versuch, eben das während eines Rōhatsu-Sesshin* im Green-Haven-Gefängnis zu leisten, habe ich meinen Schülern dort eine etwas zeitgemäßere Version dieses Kōan vorgetragen: Ganz ähnlich wie dem alten Mann in grauer Vorzeit ist es erst jüngst einem Dharma-Lehrer hier in den USA ergangen, der tatsächlich behauptet hat, daß seine Einsicht, seine Erleuchtung ihn in den Stand setze, über Ursache und Wirkung hinauszugehen. Als Resultat dieses Irrglaubens lebt er gegenwärtig »fünfhundert Leben in Fuchsgestalt«. So taucht das alte Kōan im 20. Jahrhundert genau vor unserer Haustür wieder auf. Viele Menschen glauben, Kōan seien historische Dokumente aus alter Zeit. Doch wenn du auch nur ein bißchen Einsicht gewonnen hast, dann wirst du erkennen, daß sie mit dir und mir, hier und heute, zu tun haben. Sie sind das Leben selbst, der fortlaufende Prozeß unseres Lebens in dieser Welt.

Statt die Strafgefangenen zu fragen: »Was hättest du geantwortet, wenn du Bai-zhang (Hyakujō) wärest?« oder »Wie hättest du die Sache gehandhabt, wenn du Huang-bo (Ōbaku) wärest?« oder »Was würdest du zu dem alten Mann sagen, um ihn von den fünfhundert Fuchsleben zu befreien?« – allesamt Fragen, die veraltet und weitabliegend erscheinen – habe ich die Geschichte kurzerhand umformuliert. Ich habe ihnen von einer ganz handgreiflichen Begebenheit erzählt: Ein Dharma-Lehrer, der sich mit AIDS infiziert hatte, unterhielt sexuelle Beziehungen zu vielen seiner Schülerinnen und steckte sie dabei mit dem AIDS-Virus an. Er wußte, daß er HIV-positiv war; und doch ging er wissentlich immer neue sexuelle Beziehungen ein, obendrein ohne jede Vorsichtsmaßnahmen und ohne seine Partnerinnen über die Ansteckungsgefahr zu informieren. Als er schließlich gefragt wurde, warum er das getan habe, erklärte er, er sei davon überzeugt gewesen, daß er aufgrund seiner Erleuchtung imstande sei, mit seiner AIDS-Er-

* Sesshin, das Anfang Dezember zum Gedenken an Buddhas Erleuchtung am »achten Tag des 12. Mōnats« (Rohatsu) durchgeführt wird. [A. d. R.]

krankung aus der Verkettung von Ursache und Wirkung auszubrechen. Mit anderen Worten, er glaubte, seine HIV-Infektion werde keine Auswirkungen auf irgend jemand anderen haben. Die fünfhundert Fuchsleben wurden zum fast völligen Zusammenbruch der Gemeinschaft seiner Schüler, für die er verantwortlich war. In der direkt betroffenen Generation mögen fast hundert Menschen infiziert sein. Und wer weiß, wie die weiteren Auswirkungen aussehen werden, wenn die Infektion sich noch weiter ausbreitet.

Der Lehrer ist inzwischen gestorben. Einige von den Menschen, die er angesteckt hat, verfallen allmählich und werden bald sterben; dabei leiden sie an allen Symptomen, die AIDS nun einmal mit sich bringt. – Meine Frage an die Strafgefangenen lautete: »Was würdest du tun? Wie hättest du als Lehrer die Situation bewältigt? Wie würdest du versuchen, ihr eine Wendung zu geben?« Es gab ein regelrechtes Dharma-Gefecht. Die Männer im Green-Haven-Gefängnis verrieten in ihren Antworten jeweils, wo sie gerade in ihrer spirituellen Schulung standen. Einer der Burschen erklärte, er würde sich von der nächstbesten Klippe stürzen, und das ist genau die Art und Weise, wie er sein Leben handhabt. Er wird von Bedauern und Reue gequält, weil er viele unschuldige Menschen umgebracht hat, nicht nur im Zivilleben hier in den USA, sondern noch viel mehr als staatlich beauftragter Killer in Vietnam. Und an genau diesem Problem arbeite ich mit ihm. Unnötig zu erwähnen, daß ich seine Antwort nicht habe gelten lassen. Ich sagte ihm, seine Lösung sei Drückebergerei, sei lediglich ein Sich-aus-der-Verantwortung-Davonstehlen. Wie würdest statt dessen du in einer solchen Situation verfahren?

Das ist eine hervorragende Frage, die wir alle gründlich untersuchen sollten. Es ist eine Sache, rein theoretisch und ganz allgemein über Ursache und Wirkung Bescheid zu wissen, und eine ganz andere, sich bewußt zu machen, was das Prinzip der Kausalität für unser tatsächliches Leben bedeutet. Keiner von uns ist vollkommen. Wir werden immer wieder Fehler und Irrtümer begehen. Das ist gar keine Frage. Obendrein sind die Zeiten, in denen wir leben, schwierig und kompliziert. Es gibt keine einfachen Lösungen. Und wie gehen wir da mit den Problemen um, denen wir uns gegenübersehen? Was ist unser Verständnis davon, wer wir sind und was es mit der Welt insgesamt auf sich hat? Worin besteht und wie weit reicht unsere moralische Verantwortlichkeit? Wie können und sollten wir unser Leben gestalten? Was bedeutet es, erleuchtet zu sein? Und was soll es heißen, wenn Dōgen sagt, daß Übung und Erleuchtung eins sind?

Um das gegenwärtige Kōan begreifen zu können, müssen wir unsere Aufmerksamkeit zuerst einmal auf den alten Mann lenken. Er sagt von sich selbst: *»Ich bin kein menschliches Wesen. In der Vergangenheit, zur Zeit des Kāshyapa Buddha, war ich Abt dieses Klosters.«* Kāshyapa Buddha ist einer der legendären Vorläufer des Buddha Shākyamuni, und zwar der letzte in einer Reihe von sechs vorzeitlichen Buddhas. Er ist derjenige Buddha, der angeblich zehntausend Kalpas (Weltzeitalter) unter dem Bodhi-Baum Zazen geübt und dennoch niemals Erleuchtung erlangt hat. Und in dieser Weltepoche, so der alte Mann, sei er das Oberhaupt dieses Klosters gewesen. Damals habe ihn ein Mönch gefragt: *»Fällt auch ein Erleuchteter unter das Gesetz von Ursache und Wirkung oder nicht?«* Wegen seiner Antwort auf die Frage ist er in einen Fuchs verwandelt worden. Was bedeutet dieser alte Mann? Und was der Fuchs? Um dieses Kōan so richtig kauen und verdauen zu können, mußt du die Sprache verstehen, die hier gesprochen wird. Du mußt begreifen, was es in seinem tiefsten Grunde heißt, das Leben eines Fuchses zu führen. Das ist keine Kleinigkeit. Für uns hat das keine besondere Bedeutung; es mag, im Gegenteil, sogar erstrebenswert erscheinen. Denn ein Fuchs kann wunderschön aussehen, wenn er so über die Berghänge streift. Für Chinesen und Japaner jedoch war es die schlimmste vorstellbare Schmach, ein Fuchs genannt zu werden. Jemanden als »wilden Fuchsgeist« zu bezeichnen, das war zur damaligen Zeit eine abscheuliche Beschimpfung. Die positiven Assoziationen, die wir in der englischen Sprache, zumal bei uns in den USA, mit *»being foxy«* verbinden – gewitzt, gewieft und attraktiv (»ein scharfes Weib sein«) – gab es damals im chinesisch-japanischen Kulturkreis nicht. »Wilder Fuchsgeist« war eine durch und durch abwertende Bezeichnung.

Dafür, daß er erklärt hatte, ein erleuchteter Mensch falle nicht unter das Gesetz von Ursache und Wirkung, ist der alte Meister in einen Fuchs verwandelt worden. Aber warum? Behaupten doch die Sūtras wieder und wieder, daß erleuchtete Wesen nicht länger der Kausalität unterliegen. Und ein Sūtra stellt sogar fest: »Ein irrender Mönch stürzt nicht in die Hölle. Dieser Ort hier ist der absolute Ort. Es gibt keine

Hölle, in die du stürzen könntest.« Dann fährt es fort: »Ein Heiliger kommt nicht in den Himmel. Eben dieser Ort hier ist der absolute Ort. Es gibt keinen Himmel, in den du aufsteigen könntest.« Wenn das ganze Universum nichts als Kausalität ist, wie kann man da noch von »fallen« oder »nicht fallen« sprechen? Einerseits könntest du ganz richtig von »fallen« sprechen; genauso richtig wäre es, von »nicht fallen« zu sprechen. Doch wenn du auch nur einen einzigen Gedanken mit einer dieser beiden Aussagen verbindest, sind Himmel und Erde schon getrennt, und du verwandelst dich in einen Fuchs und fährst zur Hölle.

Als der alte Mann Bai-zhang fragte, wie er denn antworten würde, erwiderte der: *Ein Erleuchteter mißachtet das Gesetz von Ursache und Wirkung nicht.*« Bei diesen beiden Behauptungen, ». . . fällt nicht unter die Kausalität« und ». . . mißachtet die Kausalität nicht«, wo liegt da eigentlich der Unterschied? Ursache und Wirkung sind eine eindeutige Sache; an ihnen gibt es nichts zu rütteln. Nichts in der Welt steht außerhalb des Zusammenhangs von Ursache und Wirkung. Jeder Augenblick, jedes Vorkommnis, jedes Ding ist nichts als Kausalität. Außerhalb von ihr gibt es weder ein Selbst noch die anderen, weder ein Ich noch die Welt. Das läßt sich nicht abstreiten. Meister Dōgen kommt in seinem *Shōbōgenzō* wiederholt auf diesen Punkt zu sprechen. Für ihn bedeutet die Leugnung von Ursache und Wirkung, zugleich auch den Buddha-Dharma zu leugnen. »Übung ist Erleuchtung.« In diesem Satz spiegelt sich dasselbe Verhältnis wider: einerseits die Anerkennung von Ursache und Wirkung und andererseits ihre wechselseitige Identifikation. Übung ist die Ursache und Erleuchtung die Wirkung; doch beide fallen zusammen. Übung und Erleuchtung sind eins; Ursache und Wirkung sind eins. Das ist ein ganz und gar fundamentaler Lehrsatz. Und wenn du wirklich verstehst, daß »Ursache und Wirkung eins sind«, dann verstehst du auch, daß die Ursache der Wirkung nicht vorausgeht, noch die Wirkung der Ursache folgt.

Im weiteren Verlauf des Kōan fordert Huang-bo seinen Meister Bai-zhang mit der Frage heraus: »Wenn der alte Mann nun die richtige Antwort gegeben hätte, worin wäre er denn dann verwandelt worden?« Da frage ich dich: »Was wäre denn die richtige Antwort?« Wie hätte der alte Mann denn sonst auf die ursprüngliche Frage antworten können? Und wie hätte unser zeitgenössischer Dharma-Lehrer sein Leben so führen können, daß er es vermieden hätte, sowohl den anderen wie auch sich selbst so viel Schmerz, ein so ungeheures Leid zu bereiten? Wenn der alte Mann richtig geantwortet hätte, was wäre dann aus ihm geworden? In eben diesem Zu-etwas-Werden – ein alter Mann wird zu einem Fuchs, ein Fuchs verwandelt sich zurück in einen alten Mann – liegt der Schlüssel zu dem Problem, an dem der Alte zu kauen und an dem wir alle gleichermaßen zu kauen haben. Als Huang-bo Bai-zhang mit der Frage herausfordert: »Worin wäre er verwandelt worden, wenn er die richtige Antwort gegeben hätte?«, entgegnete ihm Bai-zhang: *»Komm näher, und ich werde es Dir sagen!«* Genau das ist es! Komm ein bißchen näher! *Da trat Huang-bo auf Bai-zhang zu und versetzte ihm einen Schlag.* Was hat Huang-bo mitgeteilt, indem er seinen alten Meister schlug? Und was hat Bai-zhangs Antwort zu bedeuten, sein Händeklatschen und Lachen? Hat er damit den Schlag gutgeheißen oder hat er damit eine Antwort auf den Schlag gegeben? Und als Huang-bo zuschlug, war das seine eigene Antwort auf seine eigene Frage, worin der alte Mann bei einer richtigen Antwort verwandelt worden wäre? Bai-zhang jedenfalls beschließt den Wortwechsel mit der Feststellung: *»Ich habe immer gedacht, der Barbar hätte einen roten Bart! Jetzt sehe ich einen rotbärtigen Barbaren!«* Wo steckt da die Logik? Was wird da mitgeteilt? Was ist der alte Mann? Was Bai-zhang? Und was der Fuchs? Keiner von ihnen ist tatsächlich ein Mann oder ein Fuchs.

Der Ausdruck »ein Erleuchteter« soll einen Menschen bezeichnen, der seine spirituelle Schulung abgeschlossen hat, einen Menschen des Satori, der die Befreiung erreicht und endlich den Frieden des Geistes verwirklicht hat. Ein solcher Mensch ist weder der Vergeltung für sein irdisches Tun noch der Wiedergeburt irgend länger unterworfen. Alle spirituelle Praxis will ja nur auf diesen einen Punkt hinaus, sich selbst aus der Verkettung von Ursache und Wirkung, aus der Verkettung in die Kausalität, zu befreien. Das ist das einzige Ziel aller Lehren des Mahāyāna-Buddhismus. Zugleich ist es geradezu die Definition der Erleuchtung und der Freiheit. Und es ist unter Buddhisten eine solche Selbstverständlichkeit, daß darüber gar nicht weiter diskutiert wird. Es ist ganz einfach eine Gegebenheit. Und genau das ist auch die Position, die der alte Mann, der frühere Abt des Klosters, in seiner Antwort auf die Frage des Mönchs vertreten hat, ob auch ein Erleuchteter unter das Gesetz von Ursache und Wirkung falle oder nicht. Damit aber haben wir auf die Frage, warum der alte Mann dann als Folge seiner Antwort fünfhundert Leben in Fuchsgestalt führen mußte, noch keine Antwort gefunden. Das ist aber ein ganz zentraler Punkt in diesem Kōan. Was bedeutet es also wirklich, von Ursache und Wirkung, von der Vergeltung karmischer Taten befreit zu sein? Hier und nur hier läßt sich die Wahrheit auffinden, die dieses Kōan enthält, zugleich die Wahrheit des Zen überhaupt. »Ein Erleuchteter fällt nicht unter die Kausalität«, dieser Satz, dieses Bekenntnis wird dich unweigerlich in einen Fuchs verwandeln, solange du nicht klar erkennst, worin diese Wahrheit tatsächlich besteht.

Offensichtlich besaß der alte Mann, als er dem Mönch seine Antwort erteilte, noch keine sichere Einsicht. Erleuchtung erfuhr er erst bei den Worten Bai-zhangs. Als er sich an Bai-zhang wandte: *»Jetzt aber bitte ich Euch, sprecht statt meiner ein Umkehrwort und befreit mich aus dem Fuchsleib!«*, antwortete Bai-zhang, ohne zu zögern: *»Ein Erleuchteter mißachtet die Kausalität nicht!«* Ein »Umkehrwort« ist eine Aussage, die genau den Bewußtseinszustand eines Menschen trifft, der nur noch eines kleinen Anstoßes bedarf. Es ist eine Aussage, die zu einem Durchbruch führt. Als Umkehrwort kann aber auch jedes andere Ereignis dienen. Manchmal wirkt ein plötzlicher Schrei als Umkehrwort, manchmal ein Schlag. Manchmal wird schon die bloße Wiederholung der Frage zum Umkehrwort. Umkehrworte sind Worte oder Ereignisse, die deinen Geist zur Wahrheit umkehren lassen. Im Bewußtsein dessen, dem sie zum Durchbruch verhelfen, sind sie unmittelbarer Ausdruck der letzten Wahrheit.

Wörtlich genommen, so können wir sagen, läuft Bai-zhangs Antwort darauf hinaus, daß ein Erleuchteter die Tatsache von Ursache und Wirkung keineswegs außer acht läßt, ihr vielmehr in seiner Lebensführung Rechnung trägt. Das ist gewissermaßen das genaue Gegenteil von »der Erleuchtete fällt ganz unzweideutig nicht unter die Kausalität«. Wir könnten ebensogut sagen, es sei haargenau das Gegenteil zu dem, was die Mahāyāna-Sūtras behaupten. Es hört sich nämlich fast so an, als solle damit gesagt sein, daß du, ganz gleich wie erleuchtet du auch bist, trotzdem weiterhin der endlosen Wiedergeburt oder Reinkarnation unterworfen bist. Das wäre ein eklatanter Widerspruch zu der Mahāyāna-Definition der Erleuchtung. Ist es das, worauf Bai-zhang hinauswill?

Als er Bai-zhangs Worte hörte, wurde der alte Mann mit einem Schlage erleuchtet. Genau das erzählt uns das Kōan: Der alte Mann wurde erleuchtet, als er Bai-zhang sagen hörte: »*Ein Erleuchteter mißachtet das Gesetz von Ursache und Wirkung nicht!*«. Wenn du indes auch nur eine Sekunde lang glaubst, die Antwort des alten Mannes, daß der Erleuchtete nicht unter die Kausalität falle, sei eine falsche Antwort, und demgegenüber sei Bai-zhangs Antwort, daß er die Kausalität nicht mißachte, die richtige Antwort, dann bist du zehntausend Meilen von der Wahrheit entfernt. Das ist eine Falle, in die du nicht hineintappen solltest. Zugleich ist es auch das, was dieses Kōan zu einem Nantō-Kōan macht. Denn unwillkürlich möchten wir die Sache mit Hilfe der Logik angehen: Der alte Mann hat gesagt: »... fällt nicht unter die Kausalität« und wurde dafür in einen Fuchs verwandelt. Bai-zhang hingegen hat gesagt: »... mißachtet die Kausalität nicht«, und der alte Mann wird auf der Stelle wieder ein Mensch. Deshalb muß ganz einfach Bai-zhang recht haben und der alte Mann unrecht. Falsch, ganz und gar falsch! Das geht an der Sache völlig vorbei. In der Tat hat ein anderer alter Meister erklärt: »›Nicht unter das Gesetz von Ursache und Wirkung fallen‹, und er wurde in einen Fuchs verwandelt – der erste Fehler! ›Das Gesetz von Ursache und Wirkung nicht mißachten‹, und er wurde aus dem Fuchsleib befreit – der zweite Fehler!«. Warum nennt dieser alte Meister beide Antworten falsch? Wenn aber keine richtig ist, was ist denn dann richtig?

Ebensowenig solltest du dich von dem Handlungsablauf in der Geschichte hinters Licht führen lassen. Bai-zhang war ein sehr gewitzter Meister, und gute Meister finden immer einen Weg, Dinge auszuhecken, an denen ihre Schüler hart zu kauen haben. Ich stelle mir die Sache so vor: Bai-zhang hat an jenem Tag einen Spaziergang gemacht, dabei einen toten Fuchs gefunden und sich gesagt: »Aha!« Dann hat er den Fuchs genommen, hat ihn hinter dem Felsen versteckt und ist zurückgegangen, um seinen Mönchen die Geschichte von dem alten Mann aufzutischen: »Habt ihr den alten Mann gesehen, der sonst immer hierher gekommen ist?« Wenn du ein Kloster hast mit tausend Mönchen, da achtet niemand darauf, ob sich hinten in der Versammlungshalle noch ein Fremder dazugesellt. »Jedesmal, wenn hier in der Halle ein Teishō stattgefunden hat, ist er dabeigewesen. Und nach dem letzten Teishō hat er mir erzählt, daß er einst der Abt dieses Klosters gewesen sei, vor Tausenden von Jahren, und daß er fünfhundert Leben lang als Fuchs leben mußte, weil ein Mönch ihn einst gefragt habe: ›Fällt auch ein Erleuchteter unter die Kausalität oder nicht?‹ und er mit einem Sūtra-Zitat zur Antwort gegeben habe: ›Ein Erleuchteter fällt nicht unter die Kausalität.‹ Und dann hat er auch mir die Frage gestellt: ›Fällt ein Erleuchteter unter die Kausalität oder nicht?‹, und ich habe ihm darauf geantwortet: ›Ein Erleuchteter mißachtet die Kausalität nicht.‹ Da ist er auf der Stelle von seinem Fuchsleib befreit worden! Und deshalb kommt bitte alle mit mir mit und laßt uns den toten Fuchs bestatten!« Die Mönche folgten ihm ohne Ausnahme. Auf der Rückseite des Berges stocherte Bai-zhang dann den toten Fuchs hervor, verbrannte ihn und veranstaltete für ihn eine Begräbniszeremonie wie für einen toten Mönch. Huang-bo aber, Bai-zhangs bester Schüler, trat vor, eröffnete ein Dharma-Gefecht mit dem alten Mann und ließ dadurch die Wahrheit nur noch deutlicher hervortreten. Er war der einzige unter all den tausend Mönchen in der Versammlung, der die Unterweisung verstanden hatte, mit der die Bai-zhang seine Mönche aufwecken wollte.

Wenn wir das Kōan auf einer anderen Ebene begreifen wollen, müssen wir uns klarmachen, daß der Fuchsleib ein Leib der Verblendung ist. Es ist eben dieser Fuchsleib, dieses Leben im Reich der Verblendung, das uns überhaupt erst dazu bringt, uns der Übung zuzuwenden. Dabei sind es ganz unterschiedliche Gründe, die uns jeweils zur Zazen-Übung motivieren. Einigen geht es nur darum, Antworten auf Fragen zu finden. Auch wenn uns diese Fragen schließlich zur Erleuchtung führen mögen, so entstammen sie doch gewöhnlich einer völlig verblendeten Sichtweise. Sie sind im Grunde genommen Kōan unseres täglichen Lebens. Kōan bringen uns dahin, mit der Übung zu beginnen, und Kōan begleiten uns auf unserem Schulungsweg bis zum Ende. Es macht dabei keinen Unterschied, ob wir ausdrücklich Kōan-Schulung betreiben oder einfach nur sitzen in Shikantaza (»Nur treffend sitzen«). Unsere Fragen haben die Eigenart von Kōan. Jedesmal, wenn wir mit einer Frage zu Rande kommen, tauchen an ihrer Stelle zwei, drei andere auf. Doch dadurch, daß wir den Kampf mit ihnen aufnehmen, geben wir unserem Leben ganz langsam, ganz bedächtig den Schliff der Vollkommenheit.

Der Fuchs, in den der alte Mann verwandelt wurde (und nicht anders der moderne Dharma-Lehrer, von dem ich sprach), verkörpert den Standpunkt der Verblendung. Der alte Mann war bereits ein Fuchs, noch bevor er die Frage jenes Mönches beantwortete, er wußte es nur nicht. Als er später Bai-zhangs Worte hörte, wurde er aus seinem Fuchsleib befreit. Und doch war er schon immer frei von dem Fuchsleib: ganz von Anfang an; bevor er zum Fuchs wurde; nachdem er ein Fuchs geworden war; und auch nachdem er zurückverwandelt war aus seiner Fuchsgestalt. Er war immer schon von seinem Fuchsleib befreit, nur wußte er auch das nicht. Diese Einsicht ist der Schlüssel. Diese Einsicht macht den grundlegenden Unterschied zwischen Bai-zhangs Aussage und derjenigen des alten Mannes. Wenn du jedoch glaubst, daß der alte Mann mit seiner Äußerung: »Ein Erleuchteter fällt nicht unter die Kausalität« im Irrtum und Bai-zhang mit seiner Feststellung: »Ein Erleuchteter mißachtet die Kausalität nicht« im Recht war, dann sprichst auch du aus dem Fuchsleib. »Unter die Kausalität fallen« und »nicht unter die Kausalität fallen«, »ein Fuchs sein« und »kein Fuchs sein«, »ein Mensch sein« und »kein Mensch sein«, »richtig« und »nicht richtig«: all das ist Teil ein und derselben Dualität, die diesen Mann erst in solche Schwierigkeiten gebracht hat.

Unter die Kausalität »fallen und nicht fallen« ist eine Falle. Und eben deshalb lehrt Dōgen, daß Ursache und Wirkung eins sind, nicht das eine vorher und das andere hinterher. Wirkung folgt nicht auf die Ursache, und Ursache geht nicht der Wirkung voraus. Sie sind eins, ereignen sich in einem einzigen Augenblick. Ja, sie sind ein einziger Augenblick, der das ganze Weltall vollständig und ohne Rest aufzehrt, vernichtet. Daß er die Worte Bai-zhangs begriff, das war die Buße (engl.: *atonement*), die der alte Mann für seine Verblendung zu leisten hatte. Seine Buße bestand in seiner Einsicht, seiner Erleuchtung, seinem »In-eins-Sein« (engl.: *at-one-ment*). Eins womit? Eins mit dem Fuchsleib? Eins mit Ursache und Wirkung? Dasselbe könnte man bezüglich des zeitgenössischen Lehrers fragen: Worin besteht seine Buße? Genau das war die Frage, die ich den Strafgefangenen im Green-Haven-Gefängnis gestellt habe: »Was würdest du zur Sühne tun? Wie würdest du in jener Situation die Verantwortung für dein Leben übernehmen? Wie würdest du deine Anerkennung der Tatsache zeigen, daß das, was du tust, und das, was Dir passiert, ein und dasselbe ist?«

Das ist Ursache und Wirkung. Was also ist die Buße dieses Lehrers von heute? Und wie läßt sie sich verwirklichen und in die Tat umsetzen? Das ist der einzige Weg, dich selbst zu befreien!

Die Übung der Buße ist die Übung der Gebote. Wenn wir die Gebote nehmen, dann verpflichten wir uns, unser Leben zu dem eines Buddhas zu machen. Die Übung der Gebote ist der Prozeß, den ein Buddha nutzt, um innerhalb der Welt der Phänomene sein Buddha-Leben zu verwirklichen. Wenn wir die Gebote üben, üben wir Buße. Die Verwirklichung der Buße oder die Verwirklichung der Gebote ist Erleuchtung. Diese wird dann durch das Üben der Gebote zur Manifestation unseres eigenen eigentlichen Lebens.

Wir neigen stets dazu, uns entweder an die eine Seite zu halten oder an die andere. Wenn wir solchermaßen an etwas festhalten und erklären: »Dies ist es!«, beginnen wir damit bereits, das Leben eines Fuchses zu manifestieren. Im Zusammenhang unseres Kōan ergeben sich daher die folgenden Fragen: Was war der alte Mann, wenn er kein Fuchs war? Wenn er kein alter Mann war, was war er dann? Was ist der Fuchs? Warum wurde er aufgrund seines Satzes: »Ein Erleuchteter fällt nicht unter die Kausalität« in das Leben eines Fuchses verbannt, wenn dieser Satz doch einer der Grundsätze, der grundlegenden Lehrsätze des Buddhismus ist? Dieser Satz steht in völliger Übereinstimmung mit den Sūtras, den Lehrreden, die Buddha selbst gehalten hat. Warum andererseits erfuhr der alte Mann Erleuchtung, als er Bai-zhang sagen hörte: »Ein Erleuchteter mißachtet die Kausalität nicht!«? Was hat er da begriffen? Und warum wurde Bai-zhang nicht auch in einen Fuchs verwandelt, da doch seine Aussage eindeutig im Widerspruch zu dem steht, was die Sūtras behaupten?

An diesen Fragen kannst du erkennen, daß du in einer Sackgasse endest, wenn du dich lediglich an das hältst, was – von einem akademischen Standpunkt aus betrachtet – die Sūtras beinhalten. Das ist die geradezu zwangsläufige Folge, wenn du den Inhalt der Sūtras nicht zu einem entscheidenden Bestandteil deines tagtäglichen Lebens machst. Und genau das leisten die Kōan. Wenn ich über Kōan rede, dann spreche ich von der konkreten Übung jedermanns und jederfrau. Hier im Zen Mountain Monastery betreiben auch diejenigen, die Shikantaza üben, theoretische Studien und körperliche Arbeit, künstlerische Betätigung, Leibesübungen und Sūtra-Rezitation. Keinesfalls sitzen sie nur. Erst in all diesen anderen Arten der Übung beginnt Shikantaza seine Möglichkeiten zu entfalten, sein verborgenes Potential zum Vorschein zu bringen. Erst an den Genjō-Kōan, den Kōan des alltäglichen Lebens, erweist sich die Kraft des Shikantaza. Wenn du nur sitzt und sonst gar nichts, kann es leicht passieren, daß du in Passivität verfällst, dich ruhiger Beschaulichkeit ergibst und auf alles Handeln, Dich-Bewähren, verzichtest. Das ist, als wärest du schon tot, nur noch nicht begraben. Mit Zazen allein ist es so, als besäßest du zwar Dünger, aber keine Samen. Bei manchen Leuten sind nur Samen vorhanden, aber es fehlt an Dünger. Das ist dann der Fall, wenn jemand jede Menge an Lektüre und theoretischem Studium hinter sich gebracht und dabei ein intellektuelles Verständnis erworben hat, aber kein Zazen betreibt, um solchem Samen den nötigen Nährstoff zu bieten, ihn keimen, wachsen und erblühen zu lassen. Und was bedeutet dieses Blühen? Es bedeutet die Umsetzung des Zazen, die Verwirklichung der Lehre. Die Sūtras sind ohne Zazen eben nur Sūtras. Sie sind noch lange nicht die Erleuchtung eines Buddha. Und Sūtra-Rezitation ohne Zazen ist eben bloß Rezitation, aber noch längst keine Verwirklichung der Lehren aller Buddhas, aus Vergangenheit, Gegenwart und Zukunft.

Und wo tritt diese praktische Umsetzung zutage? Sie tritt in jeder unserer Tätigkeiten zutage, Tag für Tag. Du kannst diejenigen, die ihr Zazen mit ganzem Körper und ganzem Geist betreiben, jederzeit erkennen. Ich rede nicht von Leuten, die sich im Schneidersitz niederlassen und damit die äußere Form des Zazen annehmen. Das ist noch kein Zazen. Laß zusammen mit deinem Körper auch deinen Geist sitzen. Solange das nicht geschieht, geht alles weiter wie gehabt. Das Ganze wird dann leicht zu einem Spiel mit dem Dharma. Ich habe letztens in einem chinesischen Restaurant unserer Stadt einiges von den Unterhaltungen ringsum aufgeschnappt. An einem der Tische saßen sechs Leute, bei denen es sich offensichtlich um praktizierende Buddhisten handelte. Sie waren in unterhaltsamen buddhistischen Klatsch und Tratsch vertieft. An einem anderen Tisch, ganz in meiner Nähe, saßen drei Burschen, die sich über den Börsenmarkt unterhielten. Und hier und da im Raum saßen Leute, die von der Jagd sprachen. Sämtliche Unterhaltungen glichen sich aufs I-Tüpfelchen. Reine Zeitverschwendung. Die praktizierenden Buddhisten hörte ich darüber reden, was ihre Lehrer machen, wenn sie sich unbeobachtet fühlen, und was sie selbst an Geheimnissen kannten, in die der Rest des Sangha nicht eingeweiht war. Worte, nichts als Worte.

Das mag ja alles ganz nett sein. Das ist Zen für die Cocktail-Party. Das ist Buji-Zen. Das ist der Buddhismus der fünfziger Jahre, als die Leute herumsaßen und über die Praxis bloß redeten. Das ist keineswegs die Blume, die aus Zazen erblüht. Das ist vielmehr nur Gerede über die Blume. Und genau das hat auch der alte Mann getan, als er sich zu Ursache und Wirkung äußerte und die Sūtras zitierte, ohne das, was er da nachplapperte, selbst bereits begriffen zu haben. Genau das hat aber auch unseren zeitgenössischen »Meister« in seine Schwierigkeiten gebracht: daß er sich zwar intellekuell mit der Erleuchtung beschäftigt, sie aber nicht verwirklicht hatte. Diese Verwirklichung ist es jedoch, die allen Unterschied der Welt ausmacht. Sie hat unmittelbare Auswirkungen auf die Art und Weise, wie du dich in den verschiedenen Bereichen deines Lebens entfaltest und dich anderen gegenüber verhältst. Der vietnamesische Meister Thich Nhat Hanh hat einmal bei einer Ansprache in San Francisco eine Gruppe von Leuten ermutigt, eine buddhistische Gemeinschaft zu gründen – kein buddhistisches Kloster, kein Zentrum, sondern einfach eine buddhistische Gemeinschaft. So etwas ist in Asien weit verbreitet. Thich Nhat Hanh hat diesen Leuten vorgeschlagen, daß sie alle üben und auch ihre Kinder zur Übung anhalten. Er sagte damals: »Wir brauchen Menschen, die an diesem Ort leben und arbeiten. Wir brauchen keine Mönche. Wir brauchen auch keine Erleuchteten. Wir brauchen glückliche Menschen, weil enttäuschte und verärgerte Menschen es nicht schaffen. Ein Mensch voller Ärger und Wut kann einer Gemeinschaft nichts bieten, die gerade in Gang zu kommen versucht. Ein glücklicher Mensch hingegen, er mag dumm sein, er mag sogar verblendet sein – ein glücklicher Mensch nährt und heilt all die, mit denen er oder sie in Berührung kommt, tut ihnen Gutes. Ein ärgerlicher, wütender Mensch jedoch vergiftet und behindert die anderen, sät in allen, die ihm nahekommen, gleichfalls nur Wut und Ärger aus. Darum brauchen wir glückliche Menschen!«

Ich kann Thich Nhat Hanh nur zustimmen. Das Problem ist nur, daß die meisten Menschen unglücklich sind und daß das, was wir gewöhnlich als Glück zu sehen bekommen, nur Fassade ist, ein falscher

Schein von Glück. Es ist bloße Imitation. Imitation kann für eine Weile durchaus funktionieren, doch auf die Dauer bricht sie in sich zusammen. Wir laufen mit einem strahlenden Lächeln herum, und wenn wir dann allein sind, bricht all unsere innere Qual hervor. Doch in Wahrheit haben wir es gar nicht nötig, uns dieses falsche Lächeln aufzuerlegen. Dieses Leben ist ein wunderbares Geschenk. Wir können es ohne jede Schwierigkeit auf eine Art und Weise leben, die in Frieden und Einklang mit allem um uns herum ist. Und das auch dann, wenn wir dazu verdammt sind, das Leben eines Fuchses zu führen. Wenn du dein Fuchsleben so führst, daß du durch und durch Fuchs bist, mit ganzem Körper und ganzem Geist, dann ist dein Leben ein wunderbares, ein glückliches und gesegnetes Leben. Nur wenn wir uns verweigern, uns selbst abtrennen, uns von der Wirklichkeit entfernen, erschaffen wir uns selbst den Schmerz.

In seinem Kommentar zum Kōan sagt Wu-men: *Wenn er nicht unter das Gesetz von Ursache und Wirkung fällt, warum wurde er dann in einen Fuchs verwandelt? Wenn er das Gesetz von Ursache und Wirkung nicht mißachtet, warum wurde er dann aus dem Fuchsleib befreit? Falls du das Auge besitzt, das zu durchschauen, dann wirst du auch verstehen, daß der frühere Abt seine fünfhundert glücklichen und gesegneten Leben in Fuchsgestalt durchaus genossen hat.* Das ist eine wundervolle Zusammenfassung beider Teile dieses Kōan. Zuerst weist Wu-men darauf hin, daß der Abt als Folge seiner Antwort in einen Fuchs verwandelt worden ist. Dann fragt er, warum er als Folge der Antwort Bai-zhangs befreit worden ist. Diese Frage wird dir von dem Augenblick an regelrecht auf den Nägeln brennen, da du dir klarmachst, daß die Antwort des alten Abtes ebensowenig falsch war wie die Antwort Bai-zhangs richtig. Was also geht hier vor? Der Schlüssel zu diesem Geheimnis liegt in Wu-mens Satz: *Falls du das Auge besitzt, das zu durchschauen, dann wirst du auch verstehen, daß der frühere Abt seine fünfhundert glücklichen und gesegneten Leben in Fuchsgestalt durchaus genossen hat.*

In Wahrheit gibt es weder ein »Unter-die-Kausalität-Fallen« noch eine »Befreiung aus der Fuchsgestalt«. Wenn du das von einem absoluten Standpunkt aus erfassen kannst, was bedeutet es dann tatsächlich, aus dem Fuchsleib befreit zu werden? Und was bedeutet es tatsächlich, das Leben eines Fuchses zu führen? Wu-men fordert uns auf, all die Komplikationen abzutun – das »Sich-in-einen-Fuchs-Verwandeln« und das »Aus-dem-Fuchsleib-befreit-Werden«. Dann ist der Weg frei.

Warum aber ist es so bedeutsam und sogar lebenswichtig zu wissen, wie es sich bewerkstelligen läßt, fünfhundert glückliche und gesegnete Leben in Fuchsgestalt zu führen? Brennt uns diese Frage nicht auf den Nägeln, dann entgeht uns das Entscheidende daran, wie Kōan überhaupt in unserem Leben wirken. Fähig zu sein, ein glückliches und gesegnetes Fuchsleben zu führen, bedeutet, imstande zu sein, unter welchen Umständen auch immer mit ganzem Körper und ganzem Geist im Hier und Jetzt anwesend zu sein, durch und durch. Wenn du ein Fuchs bist, dann sei mit ganzem Körper und ganzem Geist ein Fuchs. Dann ist da nichts als Fuchs, dann gibt es keinen Bezugsrahmen mehr. Wenn du weinst, dann weine mit ganzem Körper und ganzem Geist. Sei das Weinen; dann gibt es kein Weinen mehr. Wenn du glücklich bist, sei es mit ganzem Körper und ganzem Geist; und schon ist da kein Glück mehr. Was aber bedeutet es, solchermaßen mit ganzem Körper und ganzem Geist »Es« zu sein? Mit ganzem Körper und ganzem Geist MU zu sein? Mit ganzem Körper und ganzem Geist du selbst zu sein? Es bedeutet, daß da kein Riß, kein Spalt im Dharma-Auge ist. Es ist ganz, zusammenhängend, von der Vergangenheit bis in die Zukunft hinein ohne Sprung. Es ist nahtlos.

Wu-men sagt uns: »Wenn du das Auge hast…« – das heißt, das geistige Auge – »… zu sehen, daß im Grunde die Buddhas und die unwissenden Wesen eins sind; wenn du das Auge hast, zu sehen, daß Reinheit und Befleckung eins sind, dann kannst du dich selbst befreien.« Das Auge, von dem Wu-men da spricht, ist das Dritte Auge. Hast du dieses Auge, das Zen-Auge des Satori, dann weißt du, daß die fünfhundert Fuchsleben glücklich und gesegnet gewesen sind. Wenn der alte Mann wirklich durch und durch ein alter Mann ist, dann ist dieses Leben ein glückliches und gesegnetes Leben. Ist der Fuchs über »fallen« und »befreit sein« hinausgegangen und wirklich ganz und gar Fuchs, dann ist das ein glückliches und gesegnetes Leben. Dieses Glück ist nicht begrenzt auf nur fünfhundert Leben. Es ist ein ewiges Glück, das alle Orte und alle Zeiten durchdringt.

Wie lebt man fünfhundert gesegnete Leben als Strafgefangener? Und wie lebt man fünfhundert gesegnete Leben als führender Staatsmann der Welt? Ich habe glückliche Strafgefangene erlebt, mit einem klaren Verständnis, und traurige, verwirrte und aggressive Staatsmänner. Frieden des Geistes und Freude hängen also offensichtlich von mehr und von anderen Dingen ab als davon, wieviel Geld du hast oder auch nicht hast, welche Stellung, welches Ansehen und wieviel Macht über andere du besitzt. Das soll keineswegs heißen, daß lammfromm oder gar duckmäuserisch zu sein dich glücklich macht, oder daß andersherum stark und durchsetzungsfähig zu sein dich glücklich macht. Glück ist nicht an Bedingungen geknüpft. Es hat vielmehr nur damit zu tun, daß du dich selbst erkennst, wirklich erkennst: Wer du bist und was dein Leben ausmacht. Es hat nur damit zu tun, das zu erkennen und dein Leben aus dieser Erkenntnis heraus zu leben.

In seinem Gedicht formuliert Wu-men:

Nicht fallen, nicht mißachten –
Ungerade und Gerade sind auf einem Würfel. ·
Nicht mißachten, nicht fallen –
Hundertfaches, tausendfaches Bedauern.

Ob wir nun sagen »nicht fallen« oder »nicht mißachten«, beides trifft, für sich und in sich selbst, den Kern der Wahrheit. Mit ganzem Körper und ganzem Geist nicht unter die Kausalität fallen und mit ganzem Körper und ganzem Geist die Kausalität nicht mißachten! Und doch gibt es nichts, das je außerhalb der Kausalität stünde. Alle diese Verknüpfungen – Ursache und Wirkung, Gut und Böse, Erleuchtung und Verblendung – bestehen tatsächlich und allezeit. Doch ihre Bestandteile sind nicht voneinander verschieden. Form ist nichts anderes als Leere, und Leere ist nichts anderes als Form. Ursache ist identisch mit Wirkung, und Wirkung ist identisch mit Ursache. Das macht natürlich logisch gesehen keinen Sinn. »Kopf« ist identisch mit »Zahl«, »Zahl« ist identisch mit »Kopf«. »Männlich« ist ganz und gar »weiblich«, und »weiblich« ist ganz und gar »männlich«. Buddha ist identisch mit den Geschöpfen, und die Geschöpfe sind identisch mit Buddha. Erleuchtung ist identisch mit Verblendung, und Verblendung ist identisch mit Erleuchtung. Das heißt nicht, daß wir bei alledem eine Mischung vor uns haben; es meint auch kein Entweder-Oder. Du kannst auch nicht sagen: »Na prima, wenn Verblendung Erleuchtung ist, dann kann ich ja tun, was immer mir gefällt. Es macht ja nicht den geringsten Unterschied.« So etwas wäre Buji-Zen. So etwas kommt dabei heraus, wenn man Zen nur auf der Ebene intellektuellen Verständnisses betreibt. »Es« ist nicht Form, und »Es« ist nicht Leere. Und doch ist Form ganz und gar Leere und Leere ganz und gar Form. Wo also ließe sich solche Wahrheit dingfest machen? »Es« ist nicht Kopf und nicht Zahl. »Es« ist nicht eins und nicht zwei. »Es« ist weder eins noch zwei.

Das ganze Problem des alten Mannes, das ganze Problem von Ärger und Wut, das ganze Problem des Sich-Abtrennens entstammt der Vorstellung von einem Ich. An etwas festzuhalten ist ein Akt der Verblendung, der auf dem Sich-Abtrennen beruht. »Fallen« und »nicht fallen«, Form und Leere – wie alle anderen Gegensätze beruhen sie auf der Illusion von der Existenz eines Ich. An diesem illusionären Ich festzuhalten, trennt Körper und Geist voneinander, erschafft Furcht und Angst, Ärger und Wut. Ebenso erzeugt es alle Bindung an Ideen, an Worte, Phrasen und Parolen, an hierarchische Positionen mit ihrer Macht, ihrem Ansehen und der Möglichkeit, andere zu kontrollieren. Dabei macht es keinen Unterschied, ob du ein großes, aufgeblähtes Ego besitzt oder ein verschüchtertes kleines. Ein Ego-Trip ist nun mal ein Ego-Trip. Das »großartige Ich« ist ein Ego-Trip, und das »unbedeutende Ich« nicht minder. Das »Ich-schaffe-es-nicht« ist ein noch größerer Ego-Trip. Und das »Ich-tauge-nichts-und-jeder-andere-ist-besser-als-ich« ist sogar der allergrößte Ego-Trip. Das alles hat nämlich mit der Aufrechterhaltung des Ich zu tun. Aber es gibt gar kein Ich, das aufrechtzuerhalten wäre. Woran also hältst du da fest? Was ist es, das du beschützt?

Was ist das Ich? Was ist das, was geboren wird? Was ist das, was sterben wird? Das alles hat mit dem Hier und Jetzt zu tun. Die Vergangenheit ist hier und jetzt. Die Zukunft ist hier und jetzt. Sieh dir an, was dieses Hier und Jetzt bedeutet. Es ist genau der Ort, wo sich dein Leben abspielt. Der Ort, wo sich deine Übung abspielt. Buddha ist hier und jetzt. Bai-zhang ist hier und jetzt. Der alte Mann und der Fuchs sind hier und jetzt. Auch Huang-bo ist eben hier und eben jetzt.

Wu-men sagt mit seinem Lobgesang »Was es auch sein mag, wann es auch es sein mag, es ist stets die Kausalität selbst. Nichts kann je außerhalb der Kausalität sein. Ungerade und Gerade sind auf ein und demselben Würfel. Sie sind schließlich nur die zwei Seiten derselben Münze. Doch wenn ich sage, daß sie eins sind, könnten sich die Leute an dieses Einssein hängen und in die Falle der ›falschen Einheit‹ laufen. ›Nicht mißachten und nicht fallen‹ – was auch immer man sagen mag, es gibt ›hundertfaches, tausendfaches Bedauern.‹« Er hat uns in seinem Kommentar die Frage gestellt: »Was für eine Art von Leben ist dieses Leben des hundert- und tausendfachen Bedauerns?« Mit der letzten Zeile des Lobgesangs weist er darauf hin, »daß der Kern des ganzen Kōan in eben dieser letzten Zeile liegt: *Hundertfaches, tausendfaches Bedauern.* Der Schlüssel zu den fünfhundert glücklichen und gesegneten Leben liegt genau hier verborgen.«

Wovon auch immer du denkst, daß es MU ausmacht, vergiß es. Es hat nicht die geringste Bedeutung. Solange du nach einer Bedeutung Ausschau hältst, verschwendest du nur deine Zeit. Unsere Übung hat nichts mit Bedeutungen zu tun. Bedeutungen, das sind die Worte und Begriffe, die die Wirklichkeit nur beschreiben. Davon reden wir hier nicht. Unsere Übung ist, die Wirklichkeit unmittelbar zu erfahren. Deshalb betreiben wir Zazen. Wären wir auf Bedeutungen aus, dann würden wir Bücher darüber lesen, aber nicht sitzen und uns selbst leer machen. Mach dich selbst leer. Der einzige Weg, MU zu erfassen, ist der, MU zu *sein.* Und der einzige Weg, das zu tun, besteht darin, das Ich aufzugeben, das dich von MU trennt. Der einzige Weg durch die Sperre ist der, selbst die Sperre zu sein. Und der einzige Weg, wie du das erreichen kannst, besteht eben darin, das Ich zu vergessen, das uns von der Sperre trennt.

Genau das ist es, was der alte Mann anfangs nicht verstanden hatte und was er später dann begriff. Bai-zhang hätte genausogut antworten können: »Ein Erleuchteter fällt nicht unter das Gesetz von Ursache und Wirkung.« Aber das ist ja eben das, was auch der alte Mann schon geäußert hatte, und er wurde zum Fuchs. Wäre Bai-zhang nicht zu einem Fuchs geworden? »Richtig oder falsch«, das erzeugt Füchse. »Gut und schlecht«, das schafft Füchse. »Ursache und Wirkung«, das macht Füchse. Wie aber ist es, wenn es da weder ein Absolutes noch ein Relatives gibt, weder Ursache noch Wirkung, weder »Gut« noch »Böse«, weder »Oben« noch »Unten«, weder Fuchs noch Mensch, weder Meister noch Schüler, weder Himmel noch Hölle?

Die allergrößte Barriere, der sich die meisten Menschen gegenübersehen, ist die eindeutige und unumstößliche Überzeugung, daß sie es nicht schaffen können, daß sie es niemals werden schaffen können. Und sie haben damit durchaus recht. Sie können es tatsächlich nicht schaffen und sie werden es niemals schaffen – solange nicht, bis sie davon überzeugt sind, daß sie es schaffen werden. Und dann haben sie auch wieder recht. Du kannst nur so weit kommen, wie du dir selbst zu gehen erlaubst. Behindere dich nicht selbst. Dieses Leben ist viel zu kostbar, um es sinnlos zu vertun. Es ist ein Leben ohne Grenzen. Ob wir das nun realisieren oder nicht, es *ist* grenzenlos. Doch wenn wir das realisieren, dann befreien wir damit, ausnahmslos jeder von uns, uns selbst aus dem Fuchsleib. Und du befreist damit nicht nur dich selbst aus dem Fuchsleib – du befreist zugleich alle Lebewesen.

16. Die Lehrrede der Unbeseelten

Denkō-roku, Kōan 39

Hinweis

Anhänger des WEGES, wir sollten uns ein klares Verständnis davon verschaffen, daß es weder gegeben noch empfangen werden kann. Und doch begegnen wir ihm, wohin wir auch gehen, wie es ohne Ende zu uns spricht und uns unterweist. Es ist ich und zugleich bin ich nicht es. Es auf diese Weise zu sehen bedeutet, das, was ist, zu erfassen, so wie es ist.

Das Beispiel

Dong-shan besuchte einmal Meister Yun-yan und fragte: »Wer vermag die Lehrrede der Unbeseelten [Dinge] zu hören?« Yun-yan antwortete: »Die Unbeseelten [Dinge] können sie hören.« Dong-shan fragte: »Könnt Ihr sie hören?«, worauf Yun-yan erwiderte: »Wenn ich sie hörte, würdest du meine Unterweisung nicht hören.« Da sagte Dong-shan: »Wenn dem so ist, dann höre ich Eure Unterweisung nicht.« Doch Yun-yan gab ihm zur Antwort: »Du hörst nicht einmal meine Unterweisung, wie könntest du da die Lehrrede der Unbeseelten [Dinge] hören?« Bei diesen Worten erfuhr Dong-shan tiefe Erleuchtung. Er dankte Yun-yan mit einem Gedicht:

Wunderbar, wie wunderbar!
Die Lehrrede der Unbeseelten ist unausdenklich!
Willst du sie mit den Ohren hören, wirst du sie nicht verstehen.
Wenn du die Stimme mit den Augen hörst, dann weißt du Bescheid.

Lobgesang

Überaus subtil ist es, das innerste Gewahrsein,
verblendetes Fühlen und Denken faßt es nicht.
Allezeit macht es DAS Unterweisung geben im Überfluß.

Wir leben in einer einzigartigen Epoche der Menschheitsgeschichte. Zum ersten Mal sind die großen Bedrohungen unserer Existenz nicht mehr Naturkatastrophen, wie sie unseren Vorfahren Jahrtausende lang

Angst und Schrecken bereitet haben, sondern Gefahren, die die Menschheit selbst heraufbeschworen hat. Damit sehen wir uns in eine kritische Phase der erdgeschichtlichen Evolution versetzt, in eine Zeit, die sowohl über das Schicksal der Gattung Mensch wie über das des Planeten insgesamt entscheiden kann. Die größte Herausforderung liegt in dem Paradox, daß wir auf der einen Seite einen Stand des Wissens und der technologischen Kompetenz erreicht haben, von dem noch wenige Jahrzehnte zuvor niemand auch nur zu träumen gewagt hätte; so erschließen wir uns die komplexesten Daten über Vorgänge in den entferntesten Bereichen von Raum und Zeit und verstehen zugleich die subtilsten Zusammenhänge unter den kleinsten Bausteinen des Atoms. Auf der anderen Seite müssen Millionen von uns Hunger leiden. Unsere Umwelt ist verseucht. Die natürlichen Ressourcen der Erde werden mit alarmierender Geschwindigkeit geplündert, und das Gespenst eines Atomkriegs stellt uns vor die Möglichkeit einer Auslöschung der menschlichen Spezies sowie des Lebens überhaupt. Und obwohl wir so viel über das Universum und seine inneren Abläufe wissen, haben wir noch kaum begonnen, in unserem Wissen von uns selbst auch nur die Oberfläche des Geheimnisses anzukratzen, wer wir denn wirklich sind, was unser Leben ausmacht und in was für einer Beziehung wir zu den zahllosen Dingen stehen, die insgesamt die Welt der Phänomene bilden.

Unser Selbst- und Weltverständnis ist die ganze Menschheitsgeschichte hindurch, allen sonstigen Entwicklungen zum Trotz, dualistisch und nahezu unverändert geblieben. Es ist eine Sichtweise, die von der Trennung zwischen dem jeweiligen Ich des einzelnen und allen und allem anderen ausgeht. Aufgrund dieses dualistischen Axioms haben wir Formen der Philosophie, der Kunst, der Naturwissenschaft, der Medizin, Ökologie, Theologie, Psychologie, der Politologie, Soziologie und Ethik geschaffen, die im Grunde nichts anderes sind als Abwandlungen jener anfänglichen Zweiteilung sowie Kombinationen von Elementen, die sich sämtlich aus der Prämisse jener grundlegenden Dualität ableiten. Die Konsequenzen, die sich daraus ergeben, haben zu genau der Welt geführt, in der wir heute leben. Das Problem eines Atomkrieges, die Verschmutzung der natürlichen Grundlagen unseres Lebens, die AIDS-Epidemie, das Drogen-Problem in den USA wie in anderen Staaten, Hunger und Armut, die immer weiter um sich greifende Korruption im religiösen Bereich, in Politik und Wirtschaft – all das hat einen gemeinsamen Ursprung: die Art und Weise, wie wir unser Selbst definieren. Dieses Selbst-Verständnis bestimmt zugleich unser Verständnis der Welt. Und die Art unseres Welt-Verständnisses bestimmt wiederum, wie wir uns ihr gegenüber verhalten, was wir mit ihr anstellen und wie wir unsere Lebenskraft in ihr verbrauchen.

Erst jüngst sind wir hier im Westen uns dessen so recht bewußt geworden, daß es noch eine ganz andere Weise gibt, die Wirklichkeit zu verstehen. Deren Ursprünge gehen auf eine Text-Sammlung zurück, die in früheren Zeiten nur Buddhisten bekannt war. Im *Avatamsaka*-(»Blumenschmuck-)Sūtra*, entstanden vermutlich in den ersten Jahrhunderten unserer Zeitrechnung, wird ein Universum beschrieben, in dem sich alles gegenseitig durchdringt; in dem jedes einzelne Ding mit allen übrigen Dingen in wechselseitiger Abhängigkeit und Identität verwoben ist; in dem jedes einzelne Ding alle anderen braucht und wo es kein einziges Staubkorn gibt, das nicht auf das Ganze ausstrahlt. Mit der großartigsten und wirkungsvollsten Metapher dieser Sūtra-Sammlung, dem »Diamantnetz des Indra«, wird die gesamte Wirklichkeit als ein riesiges Netz aus Diamanten beschrieben, das sich durch das ganze Universum erstreckt, nicht nur in den drei Dimensionen des Raumes, sondern genauso auch in der vierten Dimension der Zeit. Jeder Knoten dieses unermeßlichen Netzes besteht aus einem vielfach geschliffenen Diamanten, der jeden anderen Diamanten widerspiegelt und insofern alle übrigen Diamanten des gesamten Netzes in sich »enthält«. Diese Diamanten stehen für alles, was das Universum je enthält, sowohl in Vergangenheit wie in Gegenwart und Zukunft. Die Metapher vom Diamantnetz des Indra macht sinnfällig, wie jedes einzelne Ding im Universum alle übrigen Dinge, bis an die fernsten Grenzen der Zeit, in sich schließt.

---

* Das Avatamsaka-Sūtra ist, wie andere der großen Mahāyāna-Sūtras, eigentlich eine Sammlung von einzelnen Sūtras, die inhaltlich korrespondieren. Es ist nur noch in chinesischer und tibetischer Übersetzung erhalten, was zu Vermutungen Anlaß gab, es könne in China entstanden sein. Traditionell werden die Lehren aller Sūtras dem Buddha zugeschrieben, auch wenn die Texte Jahrhunderte nach den Lebzeiten von Shākyamuni Buddha entstanden, wobei mit »Buddha« nicht nur die historische Gestalt des »Weisen aus dem Haus der Shākyas« gemeint ist. [A. d. R.]

Das Diamantnetz des Indra ist nicht etwa ein philosophisches Postulat; es ist vielmehr die Wiedergabe einer tatsächlichen Erfahrung der Wirklichkeit. Es ist die unmittelbare Erfahrung von Tausenden von buddhistischen Männern und Frauen in mehr als zweitausend Jahren. Wie vorauszusehen war, hat bei uns im Westen niemand diese Lehre sonderlich ernst genommen – bis zur Mitte des 20. Jahrhunderts, als die Entdeckung einer der einzigartigen Anwendungsmöglichkeiten von Laserlicht uns die Tauglichkeit dieser altehrwürdigen Metapher vor Augen geführt hat: Wenn man auf einer fotografischen Platte mit Hilfe von Laserlicht und einer bestimmten Technik ein Bild erzeugt und dann wiederum Laserlicht durch die entwickelte Platte hindurchschickt, erscheint im Raum ein dreidimensionales Abbild des fotografierten Gegenstandes. Das ist schon für sich höchst bemerkenswert, eine holographische Abbildung, um die man herumgehen und die man aus den verschiedensten Winkeln betrachten kann. Doch noch viel bemerkenswerter ist die Tatsache (und genau das läuft auf eine radikale Änderung unserer bisherigen Sichtweise der Dinge hinaus), daß du die fotografische Platte halbieren kannst und doch, wenn du dann eine Hälfte mit Laserlicht bestrahlst, abermals eine vollständige Abbildung erhältst. Du kannst diesen Vorgang beliebig oft wiederholen: Ob du ein Achtel oder ein Sechzehntel der ursprünglichen Platte nimmst, jedesmal, bis hinab zu kleinsten Bruchteilen des Ausgangsformats, erzeugt das Laserlicht eine vollständige Abbildung. Nichts fehlt, wenn auch die Auflösung, das heißt die »Schärfe« des Bildes abnimmt. Und das kann doch nur eines bedeuten: Jeder einzelne Teil der Platte enthält, anders als bei einem normalen Film, Informationen über den *ganzen* abgebildeten Gegenstand, ähnlich wie die einzelnen Diamanten in Indras Netz das Ganze in sich enthalten.

Ein Ergebnis dieser Entdeckung ist, daß die Biologen bereits angefangen haben, ihre Wissenschaft daraufhin zu überprüfen, wieweit sie von dem holographischen Modell Gebrauch machen kann (so enthält zum Beispiel die DNS jeder einzelnen Zelle des menschlichen Körpers sämtliche Informationen, die für Entstehung und Erhaltung des gesamten Organismus erforderlich sind). Ebenso bedienen sich neuere Theorien über das menschliche Gehirn und seine Funktionsweisen des holographischen Modells, und schließlich haben inzwischen auch die Physiker begonnen, das Universum mit den »Augen« des holographischen Paradigmas zu betrachten. Ich persönlich glaube, daß wir spätestens mit dem Eintritt ins 21. Jahrhundert zuverlässig über eine durch Experimente abgesicherte Bestätigung jener Erfahrung verfügen, über die die Tradition des Buddhismus seit fast zweitausend Jahren mit der Metapher vom Diamantnetz des Indra spricht.

Sich dessen bewußt zu werden, daß das Universum holographischen Charakter hat, nenne ich gern den »Geist des 21. Jahrhunderts«. Denn allein dadurch, daß wir das Universum als ein Ganzes begreifen, haben wir überhaupt die Möglichkeit, etwas gegen die Probleme zu unternehmen, denen wir uns gegenübersehen. Dieser »Geist des 21. Jahrhunderts« ist kein anderer als der Geist der Buddhas der Vergangenheit; kein anderer als der Buddha-Geist selbst, der Geist aller Lebewesen. Wir besitzen ihn längst, diesen Buddha-Geist, aber wir haben ihn unter der lebenslangen Prägung durch unsere Eltern und Lehrer, durch unsere Erziehung, Nationalität und Kultur gründlichst begraben. Wenn wir jedoch das Universum als holographisches Universum begreifen, dann können wir auf keine Weise weiterhin der Verantwortung für dieses Universum ausweichen, weil mit dieser neuen Sicht unabweisbar deutlich wird, daß das, was wir tun, und das, was uns widerfährt, ein und dasselbe ist.

Wenn du diesen Sachverhalt in seiner ganzen Tiefe und Tragweite erfaßt hast, kannst du nicht länger Entscheidungen und Taten hinausschieben, die Schuld an der gegenwärtigen Misere anderen zuweisen und dich selbst als Opfer darstellen. Wir erschaffen uns unser Universum selbst. Das ist der Inhalt unserer Einsicht. Und es ist zugleich die Ermächtigung, die aus solcher Einsicht folgt. Es ist leicht, sich von einem Gefühl der Verzweiflung überwältigen zu lassen, wenn man erst einmal den Problemen der Welt Aufmerksamkeit schenkt. Was können wir denn schon tun? Die Lage erscheint hoffnungslos. Doch aus solcher Hoffnungslosigkeit und Verzweiflung kann eine echte Ermächtigung erwachsen, freilich nur, wenn wir begreifen, wer wir wirklich sind, über diesen Sack aus Haut hinaus, jenseits all der Worte und Begriffe, mit denen wir gewöhnlicherweise uns selbst beschreiben. Was ist die wahre Beschaffenheit, sozusagen die wirkliche Wirklichkeit unserer Existenz? Was ist die »Seiendheit« selbst?

Genau solche tiefbohrenden Fragen hatte sich der spätere Meister Dong-shan (Tōzan) bereits in sehr frühem Alter gestellt. Als er den Satz des *Herz-Sūtra* rezitieren hörte: »Kein Auge, kein Ohr, keine Nase, keine Zunge, kein Körper und kein Geist!«, da faßte er sich mit den Händen ins Gesicht und fragte: »Aber ich habe doch Augen und Ohren und eine Nase. Warum sagt dann das Sūtra, daß es das alles nicht gibt?« Wir rezitieren das *Herz-Sūtra* hier im Zen Mountain Monastery schon seit vielen, vielen Jahren, und Tausende ganz unterschiedlicher Menschen haben bereits in unserem Zendō gestanden und dabei auch die Sätze intoniert: »Kein Auge, kein Ohr, keine Nase, keine Zunge, kein Körper und kein Geist. Keine Farbe, kein Klang, kein Geruch, kein Geschmack, keine Berührung und keine Phänomene. Kein Bereich des Sehens, kein Bereich des Bewußtseins.« Und doch kann ich diejenigen an einer Hand aufzählen, die je gefragt haben, was dieses zehnjährige Kind, aus dem später Dong-shan wurde, seinen Lehrer gefragt hat: »Warum behauptet das Sūtra das? Ich habe sie doch!« Dong-shans Lehrer konnte ihm keine Antwort geben und verwies ihn an einen Zen-Meister, von dem Dong-shan sich, als er 21 Jahre alt geworden war, zum Mönch ordinieren ließ.

Einmal, kurz nach Beginn seiner eigentlichen Zen-Schulung, nahm Dong-shan im Kloster des großen Meisters Nan-quan (Nansen) an einer Feier teil, die zu Ehren des Ma-zu (Baso), des Meisters von Nan-quan, anläßlich der Wiederkehr seines Todestages abgehalten wurde. Während der Vorbereitungen für die Gedenkfeier fragte Nan-quan eine Gruppe von Schülern: »Morgen veranstalten wir also die Gedenkfeier für Ma-zu. Was glaubt Ihr, wird er kommen?« Zuerst fand keiner eine Antwort. Da trat der junge Mönch Dong-shan vor und sagte: »Ja, er wird kommen, wenn er einen Gefährten findet.« Daraufhin erklärte Nan-quan: »Auch wenn dieser hier noch ein junger Mann ist, so taugt er doch zum Schneiden und Polieren.« Dong-shan erwiderte: »Wertet doch nicht die Tüchtigen ab!«, und ging davon.

Als nächstes besuchte er Meister Gui-shan (Isan) und fragte ihn: »Jüngst habe ich gehört, der Landesmeister Hui-zhong (Echū) habe von einer Lehrrede der unbeseelten Dinge gesprochen. Ich weiß nicht, auf was für eine Tiefsinnigkeit er damit hinweisen will.« Gui-shan antwortete: »Hast du die Geschichte noch im Kopf?« – »Ja«, erwiderte Dong-shan. Da forderte Gui-shan ihn auf: »Dann erzähl sie!«, und

Dong-shan begann: »Ein Mönch fragte einmal: ›Was ist der Geist der Buddhas der Vorzeit?‹ Der Landesmeister sagte: ›Zäune, Mauern, Dachziegel, Kieselsteine.‹ Der Mönch fragte weiter: ›Sind das nicht unbeseelte Dinge?‹ Der Landesmeister bemerkte: ›Sind sie.‹ Der Mönch fassungslos: ›Können die denn Unterweisung erteilen?‹ Der Landesmeister erwiderte: ›Sie unterweisen uns ohne Unterlaß, klar und deutlich.‹ Der Mönch fragte: ›Warum kann ich sie dann nicht hören?‹ Der Landesmeister entgegnete: ›Du selbst magst nicht imstande sein, zu hören; doch du solltest das nicht behindern, was zu hören vermag!‹ Der Mönch fragte: ›Wer vermag denn ihre Unterweisung zu hören?‹ Der Landesmeister: ›Die Weisen können es.‹ Der Mönch fragte: ›Könnt Ihr es?‹ Der Landesmeister: ›Nein.‹ Der Mönch: ›Wenn Ihr sie nicht hören könnt, woher wollt Ihr dann wissen, daß die unbeseelten Dinge Unterweisung erteilen?‹ Der Landesmeister erwiderte: ›Es ist ein Glück für dich, daß ich sie nicht hören kann; denn könnte ich das, dann wäre ich wie die Weisen, und du könntest meine Unterweisung nicht hören!‹ Der Mönch fragte weiter: ›Dann haben also die Lebewesen keinen Teil daran?‹ Der Landesmeister gab ihm zur Antwort: ›Ich lehre um der Lebewesen willen, nicht für die Heiligen und Weisen.‹ Der Mönch: ›Wenn die Lebewesen es hören, was dann?‹ Der Landesmeister: ›Dann sind sie keine Lebewesen mehr.‹ Der Mönch fragte: ›Auf welche Schrift beruft sich denn die Lehrrede der Unbeseelten?‹ Der Landesmeister erwiderte: ›Offenbar gehören Worte, die nicht den Klassikern entsprechen, nicht zum Repertoire eines Schriftgelehrten! Hast du denn nicht das *Avatamsaka-Sūtra* gelesen? Dort steht, daß die Länder lehren, daß die Wesen lehren, daß alle Dinge und alle Zeiten lehren.‹«

Nachdem Dong-shan diese Geschichte vorgetragen hatte, erklärte Gui-shan: »Auch ich habe sie hier [die Lehrrede der Unbeseelten]; aber ich bin bisher noch kaum jemandem begegnet, der dafür geeignet gewesen wäre.« Dong-shan erwiderte: »Ich habe es noch nicht erfaßt. Bitte unterweist mich!« Gui-shan hielt daraufhin seinen Fliegenwedel hoch und fragte: »Begreifst du?« Dong-shan antwortete: »Nein.« Gui-shan daraufhin: »Worte werden es dir niemals erklären können!« Dong-shan fragte: »Gibt es irgend jemanden, der mir hierin weiterhelfen könnte?« Da verwies Gui-shan ihn an den Meister Yun-yan.

Dong-shan verließ also Gui-shan und begab sich zu Meister Yun-yan (Ungan).* An ihn richtete er die gleiche Frage: »Wer vermag die Lehrrede der Unbeseelten zu hören?« Yun-yan antwortete: »Die Unbeseelten können sie hören.« Dong-shan fragte: »Und warum kann ich sie nicht hören?« Da hielt Yun-yan seinen Fliegenwedel empor und fragte: »Hörst du sie?« Dong-shan: »Nein.« Yun-yan fuhr fort: »Wenn du nicht einmal meine Unterweisung hörst, wie könntest du da die Lehrrede der Unbeseelten hören?« Dong-shan fragte: »In welcher Schrift kann ich die Lehrrede der Unbeseelten nachlesen?« Yun-yan erwiderte: »Hast du etwa nicht die Stelle im *Amitābha-Sūtra* gelesen, wo steht, daß Flüsse, Vögel, Bäume und Wälder sämtlich den Buddha und seinen Dharma anrufen?« Als Dong-shan das hörte, erfuhr er Erleuchtung.

Was hat Dong-shan im Augenblick des Erwachens begriffen? Man beachte: Zwei verschiedene Meister, zwei verschiedene Übertragungslinien; und doch treffen sie denselben Punkt, geben sie dieselbe Unterweisung! Was ist das Hochheben des Fliegenwedels? Der Fliegenwedel ist ein dünner Stock mit Pferdehaaren an einem Ende, ein Gebilde, das dazu benutzt wird, Fliegen zu verscheuchen, ohne sie zu töten. Dieser Fliegenwedel wurde geradezu zu einem Symbol der Lehre, und so wurde er schließlich bei der Dharma-Übertragung von einer Generation zur nächsten weitergegeben. Doch darauf, daß der Wedel bei der zeremoniellen Dharma-Übertragung eine Rolle spielt, kommt es in diesem Kōan nicht an. Das Hochheben selbst offenbart die Lehrrede der Unbeseelten. Einen Fliegenwedel in die Höhe heben, mit den Augen zwinkern, eine Blume emporhalten, Anruf und Antwort: alles das hat mit inniger Vertrautheit zu tun. Intimität heißt »Form mit ganzem Körper und ganzem Geist sehen, Klang mit ganzem Körper und ganzem Geist hören«. Wenn du das nämlich tust, sind dir die Dinge inniglich vertraut. Und genau das ist es, was Dong-shan im Augenblick des Erwachens erfahren hat, die Unterweisung, die man von den zahllosen Dingen selbst erhalten kann. Eben die Schwie-

---

* Die folgende, im Kommentar zum 39. Beispiel des *Denkō-roku* berichtete Begebenheit entspricht im Wortlaut nicht dem Beispiel selbst. Das Kōan faßt offenbar die wichtigsten Punkte der Antworten des Landesmeisters, Gui-shans, und Yun-yans zusammen. Hier (wie in vielen anderen Fällen) zeigt sich, daß es in Kōan um eine andere, essentiellere Ebene der Wahrheit geht als um historische »Richtigkeit«. [A. d. R.]

rigkeiten und Hindernisse, denen wir uns gegenübersehen, sind zugleich das Tor zur Einsicht in die Natur des Universums sowie des eigenen Selbst.

Diese Vertrautheit verbirgt sich unter einer ganzen Vielzahl unterschiedlichster Formulierungen: »Keine Trennung und kein Anhaften« ist Intimität. »Kein Gewinn und kein Verlust« ist Intimität. »Ursache und Wirkung sind eins« ist Intimität. »Verantwortlichkeit« ist Intimität. »Vergiß dich selbst!« ist Intimität. »Sei wirklich du selbst« ist Intimität. All das sind lediglich verschiedene Weisen, dasselbe zu sagen: Komme zu dieser innersten Vertrautheit mit allen Dingen. Doch solange wir uns selbst in diesen Sack aus Haut einsperren, schließen wir den Rest des Universums aus und es gibt keine Intimität.

Nachdem Dong-shan seinem Begreifen Ausdruck gegeben hatte, sagte er zu Yun-yan: »Ich habe noch Rückstände alter Gewohnheiten, die sich noch nicht erschöpft haben.« Yun-yan fragte: »Was hast du denn getan?« Dong-shan gab ihm zur Antwort: »Ich übe nicht einmal die Heiligen Wahrheiten.« Mit anderen Worten: Keine Bemühung, kein Handeln, das Handeln des Nicht-Handelns. Yun-yan fragte weiter: »Bist du glücklich?« Dong-shan erwiderte: »Ja. Es ist, als hätte ich in einem Abfallhaufen einen Edelstein gefunden!« Und dann stellte Dong-shan die Frage: »Was soll ich tun, wenn ich meine wahre Natur schauen möchte?« Yun-yan entgegnete: »Frag den Boten in deinem Innern!« Dong-shan antwortete: »Gerade jetzt frage ich ihn.« Darauf Yun-yan: »Und was sagt er dir?« Der alte Mann versucht Dong-shan damit beizubringen, daß er sich selbst vertrauen, an sich selbst glauben solle. Die zahllosen Dinge lassen sich sämtlich auf das Selbst zurückführen. Alles geschieht hier an diesem Ort, in eben diesem Augenblick. Als Dong-shan dann von Yun-yan Abschied nahm, fragte er ihn: »Wenn mich nach Eurem Tode jemand nach Eurem Bild fragt, was soll ich da antworten?« – »Euer Bild« heißt »Euer Dharma«. In jenen Tagen mußtest du zum Beweis dafür, daß du die Dharma-Übertragung erhalten hattest, ein Bild deines Meisters vorweisen können. Das Bild hatte dabei eine doppelte Bedeutung; es besagte auch das Eigentliche eines Meisters, sein Dharma. Auf Dong-shans Frage hin schwieg Yun-yan für eine Weile und sagte dann: »Es ist nur dies.« Dong-shan versank in Nachdenken. Yun-yan fügte hinzu: »Was das Begreifen dieser Angelegenheit angeht, solltest du äußerst gründlich vorgehen.«

Dong-shan hatte noch Zweifel; doch als er wenig später beim Durchqueren eines Flusses im Wasser sein Spiegelbild sah, erfuhr er bezüglich dessen, was kurz zuvor bei Yun-yan passiert war, eine große Erleuchtung. Er verfaßte ein Gedicht:

Suche es nicht bei anderen,
auf daß du dich nicht von dir selbst entfernst.
Einsam und unabhängig bin ich nun,
und begegne Ihm doch überall.
Es ist jetzt ich,
und doch bin ich nicht es:
Auf diese Weise mußt du es begreifen,
um in das So-Sein einzugehen.

Dong-shans Formulierung: »Es ist jetzt ich, und doch bin ich nicht es« zielt auf denselben Punkt wie der vielleicht leichter eingängige Satz: »Du und ich, wir sind ein und dasselbe, und doch bin ich nicht du und bist du nicht ich.« Beide Seiten dieser Feststellung, sowohl die Identität wie die Verschiedenheit, gelten gleichzeitig; es ist nicht zur Hälfte dies und zur Hälfte das, sozusagen fünfzig zu fünfzig. Es ist kein Gemisch. Es gibt eine Einheit von Identität und Verschiedenheit jenseits von beidem, eine Einheit, die weder absolut noch relativ ist, weder oben noch unten, und die weder existiert noch nicht existiert. Es gibt eine Wirklichkeit, die alle Dualismen übersteigt; und die Wahrheit unserer Zen-Übung ist die Verwirklichung von eben dem. Eine der Fallgruben der Zen-Schulung ist, daß viele Übende ganz auf die Erkenntnis des absoluten Grundes der Wirklichkeit ausgerichtet sind und den Prozeß ihrer spirituellen Entwicklung nicht zu Ende bringen. Einerseits haben wir den absoluten Grund der Dinge, wo es »kein Auge, kein Ohr, keine Nase, keine Zunge, keinen Körper und keinen Geist« gibt. Den müssen wir irgendwann einmal erfahren. Andererseits haben wir dieses ganze Universum der Phänomene. Die Wahrheit allerdings steckt in keinem dieser beiden Extreme. Hier die Beseelten, dort die Unbeseelten. Hier das Weltliche, dort das Geistliche, hier das Heilige, dort das Profane; Gut und Böse, Männlich und Weiblich, Himmel und Erde, Oben und Unten, all diese Dualismen verfehlen es. Was aber ist diese Wahrheit, die alle Gegensätze übersteigt?

Der größte Beitrag vielleicht, den Dong-shan zur Entwicklung der Lehre des Zen geleistet hat, ist seine Formulierung der »Fünf Grade« (der Erleuchtung), die den Prozeß der Harmonisierung der Gegensätze beschreiben. Der erste Grad ist »Das Relative im Absoluten«. Das meint die Leere, wo es »kein Auge, kein Ohr, keine Nase, keine Zunge, keinen Körper und keinen Geist« gibt. Doch darum wissen wir nicht, solange wir nicht den zweiten Grad erreicht haben. Das ist die Erkenntnis dieser Leere und wird als »Das Absolute im Relativen« bezeichnet. Dies ist der Bereich, in dem sich Erleuchtungserfahrung, das Kenshō (Selbstwesens-Schau), ereignet. Doch immer noch herrschen Trennung und Dualität vor; immer noch gibt es das Absolute und das Relative, werden sie dualistisch erfahren. Der dritte Grad heißt »Aus dem Absoluten hervortreten«. Wenn du erkennst, daß die ganze Welt nichts anderes ist als du selbst, dann mußt du dich ganz einfach um sie kümmern. Du mußt dann ganz einfach selbstsüchtig, ja sogar in höchstem Maße selbstsüchtig sein, denn dieses Selbst ist nichts anderes als die zahllosen Dinge in Vergangenheit, Gegenwart und Zukunft. Jede Handlung, die du ausführst, hat Auswirkungen auf die Gesamtheit des Universums. Doch bloßes Verstehen verleiht dir nicht viel Kraft, weil in der Erkenntnis Trennung und Dualität immer noch weiterbestehen, und zwar als die Trennung zwischen dem Erkennenden und dem Gegenstand seiner Erkenntnis. Ebenso verleiht auch der Glaube keine besondere Kraft; denn auch Glaubensvorstellungen sind von etwas »anderem« abhängig, und das macht sie verletzlich. Doch wenn du deine Einsicht in die Identität von Welt und Selbst in die Tat umsetzt, dann transformierst du damit dein Leben, und solche Wandlung gibt dir Kraft. Indem du nicht länger in bloßer Abstraktion verharrst, wird das Ganze zur Angelegenheit deines eigenen Lebens, und schon stellt sich, wie zwangsläufig, Mitgefühl ein. Du setzt dein Leben aufs Spiel. Du kannst dich dem nicht mehr entziehen, zumal du erkennst, daß dein Leben schon längst auf dem Spiel steht.

Dong-shans vierter Grad heißt: »Die wechselseitige Harmonisierung erreichen«. Das besagt soviel wie: vom Absoluten und vom Relativen zugleich auszugehen. Auch auf dieser Stufe sind die beiden, das Absolute und das Relative, immer noch zweierlei, nur vermischt, wie bei einer Mischung aus Pfeffer und Salz. Vereinigung findet zwar statt, doch es ist immer noch die Vereinigung zweier unterschiedlicher

Dinge. Das findet seinen treffenden Ausdruck in dem Bild vom Bodhisattva, der mit schmutzverkrustetem Gesicht aus dem Gebirge herabkommt und auf den Marktplatz zurückkehrt. Erst im fünften Grad, »Einheit erreicht«, gibt es keine Mischung mehr. Dann sind beide ein einziges Ding, und das ist weder absolut noch relativ, kennt weder Oben noch Unten, weder Profan noch Heilig, weder Gut noch Böse, weder Männlich noch Weiblich. Doch was für ein Ding ist das?

Es ist das, was Dōgen Zenji als Lehrrede der Berge und Flüsse im »Berg-und-Fluß-Sūtra« bezeichnet: »Wer bezweifelt, daß Berge gehen können, begreift nicht einmal sein eigenes Gehen. Das soll nicht heißen, daß er selbst nicht geht, sondern daß er sein eigenes Gehen noch nicht begriffen, noch nicht geklärt hat. Diejenigen, die ihr eigenes Gehen wirklich begreifen wollen, müssen ebenso das Gehen der blauen Berge begreifen. Die blauen Berge sind weder beseelt noch unbeseelt. Das Selbst ist weder beseelt noch unbeseelt.«

Meister Keizan sagt in seinem Kommentar zu diesem Kōan: »Also, ihr guten Leute, indem ihr euch in die rechte Betrachtung versenkt habt, seid ihr euch über dieses innerste Gewahrsein völlig im klaren. Es wird ›unbeseelt‹ oder ›unbelebt‹ genannt. Es heißt ›unbelebt‹, weil es nicht hinter Formen und Klängen herrennt und keine Versklavung durch Gefühle und Unterscheidungen kennt. Der Landesmeister hat dieses Prinzip bis ins Detail geklärt, so daß ihr, wenn ihr von den Unbeseelten reden hört, nicht in den Fehler verfallen dürft zu glauben, es handele sich dabei um Zäune und Mauern! Solange eure Gefühle und Gedanken nicht verblendet sind und sich nicht an eure Wahrnehmung anheften und solange eure Wahrnehmung nicht wahllos hierhin und dorthin zerstreut ist, ist dieses innerste Gewahrsein klar wie ein strahlend-wolkenloser Himmel, ein klares und deutliches Innesein. Wenn ihr aber versucht, es festzuhalten, dann werdet ihr es niemals in den Griff bekommen. Denn es hat keine Form und ist daher auch nicht existent. Wenn ihr es loswerden wollt, könnt ihr euch nicht davon abtrennen, weil es für immer mit euch ist; es ist nicht nichtexistent. Es ist keine Wahrnehmumg, kein Denken, es ist an keinen Bestandteil unserer leib-seelischen Beschaffenheit (Skandha) geknüpft. Aber was ist es dann?«

Wenn Keizan hier davon spricht, daß »keine Versklavung durch Gefühle und Unterscheidungen« vorliegt, soll das nicht heißen, daß es da überhaupt keine Gefühle oder keinerlei Anteilnahme und Fürsorge gibt. Es besagt lediglich: keine Versklavung, keine Anhaftung. Doch was ist damit gemeint, daß keine Versklavung durch Gefühle stattfindet? Wenn du weinst, dann weine. Wenn du irgendein Gefühl erlebst, dann tu es mit ganzem Körper und ganzem Geist. Trenne nicht dich davon ab; denn Trennung verursacht Anhaftung und damit Versklavung; Trennung behindert uns und schränkt unsere Freiheit ein.

Die subtile Unterweisung durch die Unbeseelten ist jederzeit mit aller wünschenswerten Deutlichkeit manifest. Sie ist es, die uns die Augenbrauen hochziehen und mit den Augen zwinkern läßt. Sie ist in unserem Gehen, Stehen, Sitzen und Ruhen, in unserer Körperpflege, unserer Eile, unserem Sterben und Geborenwerden, in unserem Essen, wenn wir hungrig sind, und Schlafen, wenn wir müde sind. All das ist Unterweisung. All das gehört zur Lehrrede der Unbeseelten, alles bis zum Zirpen der Insekten. Nichts ist verborgen. Und deshalb gilt: Alles ohne Ausnahme unterweist uns, jederzeit, klar und deutlich, ohne Unterlaß.

Wir sollten die Lehren der unbeseelten Dinge auch wirklich sehen und hören. Wir sollten die Stimme der Berge und Flüsse ringsum tatsächlich sehen und hören, ebenso die Stimme der gefährdeten und auch der bereits ausgelöschten Tier- und Pflanzenarten. Wir sollten die Stimme der Atome, der Obdachlosen, der Kinder sehen und hören. Ebenso die Stimme, mit der uns die zahllosen Geschlechter der Vergangenheit, der Gegenwart und der Zukunft unterweisen. Solange du versuchst, mit den Augen zu sehen und mit den Ohren zu hören, wirst du es niemals erfassen. Erst wenn du mit den Ohren siehst und mit den Augen hörst, wirst du imstande sein, »Es« klar zu begreifen. Doch wie stellst du es an, mit den Ohren zu sehen und mit den Augen zu hören? Da gibt es nur eine Antwort: Zazen. Übe Zazen. Zazen ist der Drache, der ins Wasser gleitet, ist der Tiger, der mit dem Berghang verschmilzt. Zazen ist der Sitz des Buddha unterm Bodhi-Baum, ist die wahre Dharma-Übertragung, in der uns der »Geist des 21. Jahrhunderts« übermittelt wird, ist die Stimme der zahllosen Dinge.

Anhang

Fragen und Antworten

Könnten Sie bitte das Verhältnis zwischen der klaren Einsicht in ein Kōan und einer Erleuchtungserfahrung erläutern?

Kōan können oft eine Kenshō-Erfahrung auslösen, und die meisten Einsichtserfahrungen werden derart ausgelöst, entweder durch ein traditionelles Kōan oder durch ein Kōan aus dem eigenen Leben. Wenn du an einem Kōan arbeitest, dann baut sich in dir eine große Menge Energie und Spannung auf, die auf die Lösung des Kōan zielen. Wenn sich dann das Kōan plötzlich klärt und öffnet, oder anders gesagt, wenn dann das eintritt, was Maslow ein Gipfelerlebnis nennt, dann wird die aufgestaute Energie freigesetzt. Wenn sich dieser Quantensprung ereignet, dann siehst du die Dinge plötzlich auf eine ganz, ganz andere Weise als zuvor. In gewisser Weise ist alles gleich geblieben; nichts hat sich geändert. Alle Tatsachen bleiben weiterhin bestehen, doch deine Sichtweise hat sich vollständig gewandelt, die Art, wie du die Dinge wahrnimmst. Das geschieht in der Regel ganz plötzlich. Und das ist eine Einsicht. Erleuchtung ist demgegenüber ein sehr weitgefaßter, allgemeiner Begriff. Wir hier benutzen den Ausdruck Kenshō im allgemeinen für diesen ersten Durchbruch. Kenshō bedeutet wörtlich: »das Wesen des eigenen Selbst schauen«. Ein Kenshō ist noch keine Erleuchtung, anders gesagt, noch keine vollständige Erleuchtung. Die psychische Lösung, die nach einer langen Zeit höchster Anspannung eintritt, ist schon für sich genommen etwas Beschwingendes, ja sogar Euphorisches; und diese Euphorie mißverstehen die Leute als Erleuchtung. Es gibt Bücher, die voll von Berichten über solche Erlebnisse sind. Philip Kapleaus *Die drei Pfeiler des Zen* zum Beispiel enthält viele solcher Geschichten. Was die beschreiben, ist Euphorie. Doch Euphorie hat nichts mit der Einsicht selbst zu tun.

Die Leute neigen dazu zu glauben, daß dann, wenn man jene euphorische Erfahrung nicht gemacht hat, auch keine Einsicht, kein Kenshō vorliegt. Das stimmt aber nicht. Die beiden sind nicht notwendig miteinander verknüpft. Euphorie hat vielerlei Ursachen. Ich habe solche Euphorie auch auf den Gesichtern der Geiseln gesehen, die aus einer TWA-Maschine befreit wurden, in der sie mehrere Tage lang gefangengehalten und in der auch einige von ihnen ermordet worden waren. Alle diese Geiseln hatten geglaubt, sterben zu müssen. Und plötzlich war alles vorüber. Sie waren befreit, und als sie auf die Gangway traten, da erklärten sie, sie fühlten sich, als wären sie neu geboren, voller Liebe für die ganze Welt und so weiter und so fort. Man könnte ihre Aussagen nehmen und direkt in *Die drei Pfeiler des Zen* einfügen, weil sie den dort beschriebenen Erfahrungen gleichen. Doch das bedeutet nicht, daß diese Menschen, die da aus dem Flugzeug kamen, erleuchtet waren. Noch bedeutet es, daß die Beschreibungen von Euphorie in den *Drei Pfeilern des Zen* die Beschreibung von Erleuchtungserfahrungen sind. Doch es gibt bei der Erleuchtungserfahrung immerhin Zusammenhänge mit Euphorie, eben wegen der Lösung großer Anspannung.

Bei der Geschichte von den Geiseln, da höre ich heraus, daß man, um irgend etwas bearbeiten zu können, mit seinem Leiden oder seinem Schmerz in Kontakt sein muß, wie die Leute in dem Flugzeug da.

Nein, das ist etwas anderes. Du mußt die meisten deiner Probleme, die mit Leiden und Schmerz verbunden sind, bereits ausgeräumt haben, weil sie dich, wenn sie während deiner Kōan-Übung immer wieder hochkommen, fortwährend von deinem Kōan wieder abbringen. Um das Kōan zu durchschauen, mußt du das Kōan sein. Um das Kōan zu sein, mußt du dich selbst vergessen. Du kannst aber dein Selbst nicht vergessen, wenn es dir fortwährend wehtut, wenn du ständig Qualen erleidest.

Wenn man ein Kōan bewältigt hat, hat man dann alle Kōan bewältigt?

Das hängt ganz davon ab, was man unter »ein Kōan bewältigen« versteht. Es ist durchaus möglich, dadurch, daß man ein einziges Kōan vollständig ausschöpft, sich über sämtliche anderen Kōan im klaren zu sein. Doch meistens bedeutet die Bewältigung eines einzelnen Kōan das nicht. Ein Kōan bewältigen heißt, den besonderen Ansprüchen des betreffenden Meisters in jenem besonderen Augenblick zu genügen. Dasselbe Kōan wird fünf Jahre später einen ganz anderen Geschmack haben und eine ganz andere Antwort erfordern.

Wenn man Shikantaza übt, »Nur Sitzen«, glauben Sie, daß die Ergebnisse dann die gleichen sind, nur längere Übung erfordern?

Shikantaza wird gewöhnlich als das »allmähliche Verfahren« bezeichnet. Ich selbst übe heutzutage Shikantaza, aber erst, seitdem ich die Kōan-Schulung hinter mir habe. Ich kenne indessen eine ganze Reihe von Sōtō-Mönchen, die jahrelang gesessen haben, und die Auswirkung, die ihr Zazen auf ihr Leben gehabt ist, ist ganz offensichtlich. Dieselben Merkmale treten zutage, die sonst üblicherweise durch den Prozeß der Kōan-Schulung zustande kommen. Diese Merkmale sind grundsätzlich Weisheit und Mitgefühl. Bei Shikantaza-Übenden liegt der Akzent mehr auf dem Mitgefühl und nicht so sehr auf der Äußerung von Weisheit. Ihre Einsicht ist mehr ein »Be-Greifen« als ein intellektuelles Verstehen.

Kann man ein Kōan mit einem anderen Kōan beantworten?

Nein. Aber ein Kōan kann weitere Fragen aufwerfen. Ein gutes Kōan, das mit einer einzigen Frage beginnt, wird schließlich Hunderte von Fragen aufgeworfen haben, bevor es endgültig gelöst ist. Und jede dieser Hunderte von Fragen muß im Laufe dieses Prozesses mit gelöst werden.

Ich lese gerade D. T. Suzuki und bin ganz irritiert, weil das Wort Zazen nicht einmal im Index seiner Bücher vorkommt.

Das war das große Problem damals in den 60er Jahren, als wir anfingen, uns für Zen zu interessieren. Es gab zwar Bücher über Zen, aber kein einziges Buch, das uns verraten hätte, wie man sitzen muß. Ich hatte keine Ahnung, wie man das macht. Manche Autoren wiesen zwar darauf hin, daß es wichtig sei zu sitzen, aber sie haben uns niemals gesagt, wie wir das machen sollten. Alan Watts zum Beispiel hat ständig davon geredet. Erst Jahre später sind die ersten Meister hier in den USA erschienen und wurden ein oder zwei Bücher veröffentlicht, die uns ins Zazen eingeführt haben. D. T. Suzuki war in erster Linie ein Gelehrter. Er hat in einem Kloster studiert, wie eben ein Gelehrter in einem Kloster studiert. Er war kein Mönch. Zazen war für ihn nicht der zentrale Punkt. Ich weiß nicht, wie er Kōan-Praxis betrieben hat. Die meisten Bücher, die im Laufe eines langen Zeitraumes erschienen sind, ja sogar die meisten, die überhaupt her-

ausgekommen sind, stammen von Gelehrten und enthalten Übersetzungen klassischer Werke der Zen-Literatur. Nur ganz selten be-
kommst du ein Buch direkt von einem Meister in die Hände, so wie
Dōgen einer war. Das meiste von dem, was du von ihm im *Shōbōgenzō*
lesen kannst, hat er selbst geschrieben. Aber das ist ein seltener
Glücksfall. Der größte Teil dessen, was wir über Meister lesen, sind
Nachschriften dessen, was sie mündlich vorgetragen haben. Nur sehr
wenige Lehrer schreiben auch. Die Literatur ist also nicht besonders zuverlässig. Hinzu kommt, daß sie, *per definitionem*, nicht »Es«
ist.

*Auf der einen Seite geht es bei der Übung mit einem Kōan grundsätz-
lich um eine nicht-ichhafte Erfahrung. Auf der anderen Seite werden
Wörter wie »arbeiten,« »Ausdauer« und »Vertrauen« benutzt, die einen
starken dualistischen Beigeschmack besitzen. Benutzen Sie diese Wörter in einem anderen Sinn, oder wirkt sich hier lediglich die Beschränktheit der Sprache aus?*

Da zeigt sich die Beschränktheit der Sprache. Doch erinnern Sie sich
bitte daran, daß die Antwort auf ein Kōan nicht in den Worten liegt.
Es geht dabei vielmehr um eine Erfahrung.

Man kann eine Erfahrung machen und dann die Erfahrung beschreiben. Diese Beschreibung ist nur eine Beschreibung der Wirklichkeit. Nur die Wirklichkeit ist die Sache selbst. Die meisten Menschen haben große Schwierigkeiten, den Unterschied zwischen den
Worten und der Wirklichkeit zu begreifen. Wenn wir in unserer frühen
Kindheit zum ersten Mal mit der Wirklichkeit in Berührung kommen,
dann geschieht das auf eine unmittelbare Weise. Unser erster Kontakt
ist gewöhnlich der mit unserer Mutter, und ein Kind erkennt seine
Mutter am Geruch, am Geschmack, an der Art, wie sie sich anfühlt, am
Klang ihrer Stimme und schließlich an dem visuellen Bild. Alles das
sind unmittelbare Erfahrungen. Doch früher oder später erlernen wir
das Sprechen, und die Mutter wird zur »M-u-t-t-e-r«, einer bloßen Abstraktion jener Wirklichkeit. Diese beiden sind durchaus nicht dasselbe. Wenn ich das Wort »Schrei« ausspreche, erzeugt es in jedermanns Bewußtsein eine Vorstellung. Jede Person hat dabei ihre eigene
Vorstellung, eine ähnliche oder eine andersartige. Doch wenn ich
»Hoooooh!« mache, dann vermittele ich eine Erfahrung, und zwar un-

mittelbar. Du fühlst es, du hört es. Das ist etwas ganz anderes als das Wort »Schrei«, das nur eine Abstraktion davon ist. Und das bringen wir ständig durcheinander, auf allen möglichen Ebenen. Nach einer Weile glauben wir sogar, wir verstünden eine Sache, nur weil wir sie benennen können. Das hat uns unsere Erziehung eingebrockt. Wenn du etwas definieren oder kategorisieren kannst, dann glaubt man von dir, daß du es verstehst. Nun, ein solches Verstehen reicht für ein Kōan nicht aus. Solches Verstehen verleiht keine Kraft. Etwas zu glauben verleiht keine Kraft. Etwas zu wissen verleiht keine Kraft. Es verleiht Informationen, aber es verleiht keine Kraft. Es verwandelt dich auch nicht. Einsicht hingegen verwandelt dich, und das ist es, worum es bei der Erleuchtung geht. Es geht um Einsicht, es geht um deine eigene unmittelbare und innerliche Erfahrung des Kōan. Um Einsicht, nicht um Beschreibung.

Ist die Antwort auf ein Kōan spezifisch für dieses eine Kōan, oder könnte man dieselbe Veränderung in Einsicht und Verständnis irgendeiner Sache auch von einem anderen Kōan erwarten?

Jedes Kōan verkörpert gewöhnlich eine ganz spezifische Frage. Es gibt Schichten der Einsicht, die erst im Verlaufe der Kōan-Schulung zum Vorschein kommen und für sich genommen wichtig sind, doch nicht notwendig bereits dem Kōan Genüge tun. Wenn Schüler anfangen, mit einem Kōan zu üben, hängt das, was sie dabei aus ihm herausholen, ganz davon ab, wie groß die Wirkung ist, die dieses Kōan auf ihr Leben hat. Kōan-Schulung ist nicht einfach eine Reihe von Fragen und Antworten, wie beim Ablegen eines Examens. Das ist einer der Gründe, warum die Meister-Schüler-Beziehung von solch zentraler Bedeutung ist. Sie ereignet sich von Mensch zu Mensch. Institutionen können den Buddha-Dharma nicht vermitteln. Menschen können das, von Buddha zu Buddha. Es geschieht in jener Verschmelzung der Geister, wie sie sich im Verlauf der Kōan-Schulung vollzieht. Die gesamte Bandbreite menschlicher Erfahrung kommt ins Spiel, Lachen und Weinen, Wut, Gier, Haß. All diese Emotionen kommen hoch, und sie alle müssen bearbeitet werden, als ein Teil des Prozesses, der zur Bewältigung des Kōan führt.

Ist Kenshō ein ganz allgemeines Phänomen? Kann es sich auch schon ereignen, bevor man mit einem Kōan arbeitet, sagen wir, während der Übung des Zählens der Atemzüge?

Das ist durchaus schon passiert. Die Geschichte des Zen-Buddhismus zeigt, daß so etwas passiert ist. Der Sechste Patriarch ist ein gutes Beispiel dafür. Hui-neng (Enō) war kein Buddhist. Er hatte niemals die buddhistischen Schriften studiert. Er war ein analphabetischer Bauer, der im Süden Chinas lebte. Ein Mönch kam in die Stadt und rezitierte das *Diamant-Sūtra*, und als er einen bestimmten Satz aussprach, hatte Hui-neng eine Daikenshō-Erfahrung, die Erfahrung eines großen Kenshō. Er wurde vom Fünften Patriarchen als im hohem Maße erleuchtet anerkannt und empfing beinahe auf der Stelle die Dharma-Übertragung. Das ist also durchaus möglich. Doch die Wahrscheinlichkeit, daß es tatsächlich passiert, ist äußerst gering. Wenn du dich hingegen des Schulungsprozesses bedienst, der sich seit über 2500 Jahren herausgebildet hat, sind die Chancen, daß es eintritt, wesentlich größer.

Sie haben gesagt, daß der Meister dem Schüler empfehlen kann, zum nächsten Kōan überzugehen, obwohl diese Empfehlung nicht immer bedeuten muß, daß der Schüler das Kōan wirklich erfaßt hat.

Richtig. Das ist dann der Fall, wenn der Schüler das Kōan perfekt demonstriert und doch keine Ahnung davon hat, was er da demonstriert hat. Und der Meister weiß genau, daß der Schüler oder die Schülerin keine Ahnung davon hat. Manchmal platzt irgend etwas aus dem Schüler heraus. Da kommt ein Schüler herein, stellt seine Antwort vor, und der Meister sagt: »Nein! Mach es deutlicher!« Der Schüler demonstriert es wieder, und der Meister sagt abermals: »Das reicht nicht! Zeig es klarer!« und bedrängt den Schüler weiterhin. Und plötzlich sagt der Schüler irgend etwas, vielleicht sogar aus Wut oder aus Verzweiflung. Und der Meister sagt dann plötzlich: »Geh weiter zum nächsten Kōan!« und läutet die Glocke. Der Schüler hat vermutlich keine Ahnung, was passiert ist. Das wird dann für sich allein zu einem neuen Kōan. Der Schüler geht zurück zu seinem oder ihrem Platz und möchte gern wissen, warum der Meister diese Antwort hat durchgehen lassen, denn er oder sie wünscht sich mehr als nur ein einfaches »Okay«. Manchmal kommt er oder sie sogar mit eben dieser Frage wieder zum Meister zurück. Und indem er weiter auf eine Klärung drängt, begreift er schließlich.

Es gibt ein wunderschönes Beispiel für solch eine Zeitzünder-Reaktion. Der Vorsitzer Ding kam zu Meister Lin-ji (Rinzai) und fragte ihn: »Was ist der große Sinn des Buddha-Dharma?« Lin-ji schlug ihm direkt ins Gesicht. Als Ding im Schock dastand, sagte der Aufwärter neben ihm: »Warum verbeugst du dich nicht?« Ding, fassungslos wie er war, folgte dieser Aufforderung und verbeugte sich. Und während er sich so verbeugte, begriff er es. Das menschliche Bewußtsein ist eine seltsame Sache. Es ist schon erstaunlich, was alles einen solchen Durchbruch auslösen kann. Ein Kiesel, der an einen Bambusstamm schlägt. Eine fallende Pfirsichblüte. Wenn du daraus logische Schlußfolgerungen ableiten wolltest, dann könntest du die ganze Sache mit Vorsatz arrangieren: Nimm hundert Mönche, setz sie hierher und laß Pfirsichblüten regnen, bis sie zur Einsicht kommen. Oder wirf solange mit Steinchen, bis einer von ihnen einen Bambus trifft. Oder brich dir dein Bein zwischen Tür und Rahmen. Oder fordere deinen Meister auf, dir einen auf die Nase zu hauen. Und doch hat die Erleuchtung mit alledem nichts zu tun. Es ist sehr leicht, sich ablenken zu lassen und anzunehmen, daß das, was die Erleuchtung auslöst, dasjenige sei, worauf es dabei ankommt. Das meiste davon macht für jeden anderen Menschen nicht den geringsten Sinn. Bücher über Kōan beschreiben, was dem einen oder anderen Mönch widerfahren ist, als er plötzlich erleuchtet wurde. Nun, warum wurde ich dann nicht erleuchtet, als ich dasaß und es las? Jener andere war reif; er oder sie war soweit. Jener andere befand sich unmittelbar auf dem Höhepunkt seines Kampfes.

Was Sie da sagen, heißt doch, daß dieser Prozeß etwas auslöst, worüber alle Menschen verfügen, auch wenn sie keine Buddhisten sind. Es könnte sich auch völlig außerhalb dieses Kontextes ereignen. Was ist diese universale Einsicht?

Ja, sie ist zweifellos universal. Bevor ich Buddhist geworden bin, war ich Wissenschaftler. 17 Jahre lang habe ich meinen Lebensunterhalt damit verdient, daß ich wissenschaftliche Forschung betrieben habe. Ich saß monatelang ununterbrochen da mit den Modellen komplizierter Moleküle und drehte sie in der Hand. Dann ließ ich jedesmal das Problem fallen und wandte mich einfach ab. Zwei Wochen lang dachte ich überhaupt nicht mehr daran, und dann plötzlich:

Rummmms! hat sich alles ganz von selbst zusammengefügt. Ein englischer Autor hat sich in einem Buch mit dem Titel »Die Kunst der wissenschaftlichen Forschung« dazu geäußert, wie das vor sich geht. Er behauptet, daß Naturwissenschaftler, wenn sie sich mit mathematischen Gleichungen beschäftigen, die sie nicht lösen können, sich bis zur Erschöpfung daran abarbeiten und schließlich das Problem sich selbst überlassen. Das bedeutet, daß das Problem den Bereich ihres Wachbewußtseins verläßt, daß gleichwohl die Suche nach einer Lösung auf einer anderen, einer viel tieferen Ebene ihres Bewußtseins weitergeht. Und wenn sich dann auf jener anderen Ebene die Lösung ganz von selbst einstellt, dann bringt ihre bloße ästhetische Schönheit sie an die Oberfläche des Bewußtseins, und du kannst sie wahrnehmen. Möglicherweise spielt sich ja so etwas Ähnliches bei der Kōan-Übung ab.

Wiederholt sich die verwandelnde Erfahrung des ersten Kōan, wenn man zu den anderen Kōan weitergeht?

Das erste Kōan ist in der Regel sehr wirkungsvoll. Die späteren Kōan bringen nur kleine Mengen an zusätzlicher Einsicht in das erste Kōan.

Wir hier lassen keine Apfelblüten regnen und brechen keine Beine; aber wir betreiben Zazen in einer ganz spezifischen Form. Warum?

Das hängt damit zusammen, worin diese Form besteht und was sie bewirkt. Warum haben 2500 Jahre lang Menschen auf diese Weise gesessen? Warum hat der Buddha auf diese Weise gesessen? Warum sitzt Euer Meister auf diese Weise? Diese Haltung hat mit Stabilität zu tun, mit der Stabilität des Körpers und des Geistes. Wenn du imstande sein möchtest, vollkommen still zu sitzen, ohne deinen Körper zu bewegen, und in tiefen Samādhi einzutreten, ohne dabei steif und verkrampft zu werden, dann ist der Lotossitz die beste Möglichkeit, das zu erreichen. Aber warum solltest du denn völlig unbeweglich sitzen wollen? Nun, deshalb, weil du jedesmal, wenn du dich bewegst, Informationen an dein Gehirn sendest. Damit verstärkst du die Illusion: »Ich existiere. Ich bin hier.« Genau diese Vorstellung ist es, die wir von einem Augenblick zum nächsten und übernächsten immer wieder neu erzeugen.

Ich habe mich gefragt, ob ein Schüler buchstäblich ein Kōan nach dem anderen durchmacht oder ob der Meister sie für ihn aus den Kōan-Sammlungen auswählt.

Wir gehen sämtliche Kōan-Sammlungen Kōan für Kōan durch. Ich kann mir nicht den Luxus leisten, es auf die andere Art und Weise zu betreiben. Wenn ich nur fünf Schüler hätte, könnte ich es so machen. Doch wenn du mit mehreren hundert Schülern arbeitest, dann ist es schwierig, ständig im Auge zu behalten, wer wo ist und warum.

Was passiert, wenn Schüler weit weg vom Kloster üben und ihr Kōan durchschauen, aber nicht zum Kloster hinfahren können? Was machen die Schüler dann? Sitzen sie dann immer weiter mit diesem Kōan?

Mit ihm weiter zu sitzen und es sich weiter klären zu lassen, ist ein gutes Verfahren, mit seinem Kōan zu arbeiten. Gewöhnlich ist die erste Einsicht nicht die allerklarste. Sie enthüllt sich dem Schüler immer weiter, wenn er oder sie einfach bei demselben Kōan bleibt. Auch wenn ein solcher Schüler zu anderen Kōan übergeht, läuft alles, was dann erreicht werden kann, darauf hinaus, jenes erste Kōan weiter zu klären. Wenn du es einmal erfaßt hast, verlierst du es nicht wieder; also sitze einfach weiter damit.

Wenn Schüler zum Dokusan kommen, müssen sie dann das ganze Kōan aufsagen?

Diejenigen, die ein gutes Gedächtnis haben, können das tun. Das Übliche ist eher, daß sie zunächst das eigentliche Beispiel vortragen; und wenn sie das Beispiel dann erfaßt haben, gehen wir zum Lobgesang über. So lernen sie das Kōan Stück für Stück auswendig. Für mich selbst war das seinerzeit der schwierigste Teil meiner Kōan-Schulung, die Kōan auswendig zu lernen. Ich bat meinen Meister, sie mich vorlesen zu lassen, aber er ließ sich nicht darauf ein. Er erklärte mir, ich käme nicht darum herum, sie auswendig zu lernen, und so führe ich heutzutage diese Grausamkeit fort. Denn ich weiß mittlerweile, welchen Vorteil dies Verfahren hat. Wenn ein Schüler das Kōan aufsagt und einen hübschen saftigen Brocken ausläßt, dann hake ich an der Stelle sofort nach. Ein Kōan auswendig zu lernen, hilft dir außerdem, es dir anzueignen. Wenn du bei deiner Kōan-Übung wirklich in dem Kōan drin bist, dann kannst du das China der Tang-Zeit förmlich riechen. Du fühlst den Körper Zhao-zhous. Die ganze Sache wird unglaublich real für dich. Du begibst dich buchstäbilch in das Kōan hinein. Wenn du das erst einmal getan hast, ist es deine persönliche Geschichte. Es ist wie ein Bericht aus deinem eigenen Leben.

Können Sie etwas über die Alltags-Kōan sagen, über die Probleme, die im eigenen Leben auftauchen, und wie man mit ihnen in der Praxis erfolgreich arbeitet?

Alltags-Kōan, die Genjō-Kōan, tauchen gewöhnlich erstmals während der Phase auf, da du damit beschäftigt bist, deinen Geist zur Ruhe zu bringen, noch bevor du die eigentliche Kōan-Übung aufnimmst. Sie drängen sich ganz von selbst immer wieder in die Stille deines Zazen ein. Sie sind ein Juckreiz, den du nicht durch Kratzen beseitigen kannst. Früher oder später wirst du dem Meister von ihnen erzählen. Wenn du je einen Freund beraten hast, der in Schwierigkeiten steckte, dann weißt du auch, daß das, was dir selbst als Problemlösung geradezu in die Augen springt, für den anderen oft überhaupt nicht wahrzunehmen ist. Wenn du wirklich tief in etwas drin steckst, ist es schwierig zu erkennen, wo du festsitzt. Ein Außenstehender kann da sehr hilfreich sein.

Und doch mischt sich der Meister niemals ein, nimmt er dem Schüler niemals die Gelegenheit, selbst die Lösung seines Problems zu entdecken. Was der Meister statt dessen tut, ist, daß er den Druck verstärkt oder Hinweise gibt oder Anregungen; aber niemals wird er versuchen, das Problem für den Schüler zu lösen. Der einzige Weg durch ein Kōan, gleichgültig, was für eines das ist, besteht darin, das Kōan zu *sein*. Der einzige Weg durch eine Schranke hindurch besteht darin, die Schranke zu sein. Wenn die Schranke Furcht heißt, besteht der einzige Weg, der dich auf die andere Seite der Furcht führt, darin, diese Furcht zu sein. Wenn die Schranke Schmerz heißt, ist der einzige Weg, der Schmerz zu sein. Wenn du der Schmerz bist, wenn du die Schranke bist, dann füllt die Schranke das ganze Universum aus. Das gesamte System der relativen Existenz verschwindet. Wenn die Schranke das ganze Universum ausfüllt, dann gibt es nichts, was dann noch außerhalb von ihr wäre, dann schließt sie alles in sich ein. Die Welt der Unterscheidungen verschwindet. Manchmal wird der Schmerz für einen Schüler das Mittel zum ersten Durchbruch. Während du nur Schmerz bist, fallen plötzlich Leib und Seele ab. Du hast dich selbst vergessen. Der Weg, mit irgendeinem Kōan fertig zu werden, um auf Ihre Frage zurückzukommen, ist der, das Kōan zu sein, die Schranke zu sein. Trenne dich nicht von ihr ab. Wir neigen dazu, uns zurückziehen zu wollen. Wir neigen dazu, verleugnen, uns abgrenzen, uns von der Schranke oder dem Schmerz entfernen zu wollen. Aber das ist genau das Gegenteil von dem, was zu geschehen hat. Du mußt vielmehr eine Kehrtwendung um 180 Grad vollziehen, der Schranke entgegengehen und mit ihr eins werden. Gib dem Schmerz die Erlaubnis, deinen ganzen Körper und Geist zu durchdringen und zu umfassen.

Wie entscheiden Sie, ob ein Schüler die Schranke seines Kōan durchbrochen hat?

Wie erkennt ein Zimmermann einen anderen Zimmermann? Oder ein Taucher einen anderen Tiefsee-Taucher? Ein Meister-Taucher sagt zu einem Neuling: »Okay, geh da 70 Meter runter und guck dich mal auf dem Meeresboden um!« Der Neuling kommt zurück, und der Meister-Taucher stellt ihn auf die Probe: »Wie hat es sich da unten angefühlt? Was hat dein Druckmesser gesagt? Wie war der Boden beschaffen? War er sandig? War er felsig? Gab es da irgendwelche Algen?« Jeder, der einmal da unten gewesen ist und es gesehen hat, weiß, mit welchen Fragen man jemanden prüfen kann. Jeder Experte, auf welchem Gebiet auch immer, wird einen anderen erkennen, der auf demselben Gebiet erfahren ist. Ein hervorragender Geiger wird einen anderen Geiger sofort erkennen. Zwei Striche mit dem Bogen, oder auch nur, wie er oder sie die Geige in die Hand nimmt und anlegt, das zeigt bereits alles. Wirf einem Zimmermann einen Hammer zu: Schon die Art, wie er danach greift und ihn hält, sagt eine Menge über ihn oder sie aus. Wir verraten uns ständig. Wir verraten unser Zögern, wir verraten die Stellen, wo wir blockiert sind, und ebenso die Stellen, wo wir uns frei und locker fühlen. Und so auch hier: Wenn du »Es« gesehen hast, gibt es keine Möglichkeit, das zu verbergen.

Etwa ein gutes Drittel aller Kōan befaßt sich damit, die Tiefe und Klarheit der Erleuchtung eines Schülers auszuloten. Meistens hat dieser Test den Anschein des Zufälligen und Beiläufigen: Dong-shan (Tōzan) kommt zu Meister Yun-men (Ummon), und Yun-men fragt ihn: »Woher kommst du?« Dong-shan antwortet: »Vom Kloster So-

und-So.« – »Wann bist du von dort weggegangen?« – »Am So-und-Sovielten.« – »Wo hast du die letzte Übungs-Periode verbracht?« – »Im Kloster So-und-So.« – »Und wann bist du dort aufgebrochen?« – »Am So-und-Sovielten.« – »Dreißig Schläge mit meinem Stock!« Mit anderen Worten, Yun-men mißbilligt die Antworten Dong-shans. Mit seinen Fragen hat Yun-men Dong-shan auf die Probe gestellt. Jede dieser Fragen hätte auf eine Weise beantwortet werden können, die den Dharma enthüllt. Nur Dong-shan hat das nicht gemerkt, ja er wußte nicht einmal, daß er überhaupt im Unrecht war. Er hatte keine Ahnung, warum er 30 Stockhiebe einstecken mußte. Er quälte sich die ganze Nacht damit ab, und am nächsten Morgen ging er zum Meister zurück und fragte: »Warum habt Ihr mich gestern abend mißbilligt?« Yun-men antwortete: »Du Reissack! Ist das alles, was du gemacht hast, von einem Kloster zum anderen zu laufen? Wo wirst du je dein Heute haben?« Bei diesen Worten wurde Dong-shan erleuchtet. Das Begreifen eines Schülers wird nicht nur durch ausdrückliche Fragen nach dem Dharma getestet, sondern auch durch zufällige Unterhaltungen, die in Wirklichkeit ein Dharma-Gefecht einläuten.

Sie haben gesagt: »Die Kōan-Praxis führt zu einer spurenlosen und nie-endenden Erleuchtung.« Könnten Sie bitte erläutern, was Sie unter einer »nie-endenden Erleuchtung« verstehen? Ist ein erleuchteter Mensch, der an Alzheimer erkrankt, immer noch erleuchtet?

Selbstverständlich. Warum sollte er nicht? Wenn jemand mit grauen Haaren an Alzheimer erkrankt, was kommt dabei heraus? Ein Grauhaariger mit Alzheimer. Genauso bei der Erleuchtung: Was kommt dabei heraus? Ein Erleuchteter mit Alzheimer. Was bedeutet denn Erleuchtung? Erleuchtung bedeutet, daß jemand die wahre Natur des Universums geschaut hat. Ein Mensch, der an Alzheimer erkrankt ist, mag nicht in der Lage sein, diese Erfahrung auszusprechen. Doch Tatsache ist, daß er die wahre Natur des Universums geschaut hat, wenn er sie denn geschaut hat.

Sind erleuchtete Menschen wesentlich von dem verschieden, was sie waren, als sie noch Kinder waren, die noch keine Erleuchtung erfahren haben? Kinder sind doch gleichfalls erleuchtet. Ich meine, jeder hat doch die Buddha-Natur.

Sogar die Allerverblendetsten unter uns besitzen die Buddha-Natur und haben insofern Erleuchtung. Manche erkennen sie, andere nicht. Das ist die Feststellung, die der Buddha damals getroffen hat: Alle Lebewesen sind erleuchtet. Alle Lebewesen sind vollkommen und vollständig. In der Erleuchtung wird nichts hinzugefügt; es wird nur etwas weggenommen. Mit anderen Worten: Was mit dir passiert, ist, daß du die Hinzufügungen loswirst, daß du die Prägungen loswirst, und daß du die dir innewohnende Vollkommenheit entdeckst, die darunterliegt. Diese dir innewohnende Vollkommenheit kommt nicht irgendwoher, noch verschwindet sie irgendwohin. Ob du nun die Alzheimer-Krankheit oder ein anderes Leiden hast, sie bleibt dort. Du magst ihrer nicht länger gewahr sein, du magst nicht länger imstande sein, sie auszudrücken, nichtsdestotrotz ist sie vorhanden.

Woher wollen Sie wissen, daß dieser ganze Prozeß nicht zu einer weiteren Schicht von Prägungen wird?

Das habe ich auch immer gedacht. Ich erinnere mich, so ungefähr in der Mitte meiner Schulung, da habe ich zu einem der leitenden Mönche des Klosters, in dem ich damals geübt habe, gesagt: »Oh, ich verstehe. Was wir hier machen, ist, daß wir uns »dekonditionieren« und uns dann als Erleuchtete neu konditionieren!« Der Mönch hat mich beinahe aufgefressen. Nein, gerade das passiert nicht. Was statt dessen passiert, ist, daß sämtliche Prägungen entfernt werden; und deine ganze Übung läuft eben darauf hinaus, keine weiteren Prägungen anzuhäufen noch die alten durch neue zu ersetzen. Gleichwohl kommt so etwas schon mal vor. Es gibt in der Zen-Literatur Hinweise auf ein zweites Ich, das nach dem anfänglichen Durchbruch neu geschaffen worden ist. Gewöhnlich kommt dabei ein besonders heiliges Ich heraus, eines, das den sprichwörtlichen Zen-Gestank ausströmt, eines, das »vollkommen und vollständig« ist. Es gibt viele Kōan, die sich mit diesem zweiten Ich, dieser Fehlentwicklung, beschäftigen.

Wenn ein Schüler, der Kōan-Übung betreibt, auf ein Kōan keine Antwort weiß, die er vortragen könnte, ist das Dokusan dann noch sinnvoll?

Du kannst nicht Tennis spielen, wenn du den Ball nicht hin und herschlägst. Wenn ich also zu dir sage: »Laß uns Tennis spielen!« und du sagst: »Einverstanden!«, und wir gehen auf den Platz, und du stehst da, hältst Ball und Schläger in der Hand und willst den Ball weder mir zuwerfen noch selbst schlagen, dann gibt es kein Tennisspiel. Genau das passiert sehr oft beim Dokusan. Ich sage zu meinen Schülern: »Laß uns Zen spielen!«, und die Leute kommen zum Dokusan, setzen sich hin und sagen kein Wort. Dann frage ich: »Wie geht's?« – »Gut« – »Alles in Ordnung?« – »Ja!« – »Wie geht's beim Sitzen«?« – »Gut.« Aus und vorbei. Das Dokusan bietet keinen Raum, sonst noch etwas zu tun. Also läute ich bloß die Glocke, und dieser Schüler geht zurück ins Zendō, und ich warte. Aitken Rōshi hat in einem seiner Bücher davon gesprochen. Er erzählt, daß er als Lehrer in der Schule immer das Gefühl gehabt habe, eine ganze Menge mehr mit einem Schüler anfangen zu können, der mit einem Schwamm nach ihm geworfen hat, wenn er sich gerade zur Tafel gedreht hatte, als mit einem Schüler, der niemals eine Frage gestellt und niemals irgend etwas gesagt hat. Ein solcher Schüler gibt dir keine Gelegenheit, ihn zu unterweisen. Denn nur, wenn einer Fehler macht, kann er auch unterwiesen werden.

Sie sprechen davon, daß wir das Ich aufgeben sollen. Was ist das, was dieses Aufgeben des Ich ins Werk setzt und zu Ende führt?

Genau das ist der Punkt! Dort ist nichts. Dort ist nie etwas gewesen. Wir selbst erschaffen das Ich von Augenblick zu Augenblick. In gewisser Weise geht es gar nicht darum, das Ich aufzugeben. Es geht vielmehr nur darum, es nicht immer wieder neu zu erschaffen. Wir erschaffen das Universum durch die Art und Weise, wie wir unseren Geist gebrauchen, durch die Art und Weise, wie wir mit den Dingen umgehen. Das Organ der Wahrnehmung, das Objekt der Wahrnehmung und das Bewußtsein erzeugen in wechselseitiger Abhängigkeit die Illusion dessen, was wir Existenz nennen. Doch Tatsache ist, daß es da gar keine Existenz gibt – außer der, die wir selbst erzeugen. Das ist es, wovon das *Diamant-Sūtra* im Grunde redet, wieder und wieder und wieder, auf hundert verschiedene Weisen. Jeder Abschnitt sagt dasselbe, nämlich daß nichts existiert. Doch die Wahrheit ist, daß die Wirklichkeit weder existiert noch nicht existiert. Die Lebewesen existieren weder, noch existieren sie nicht. Die Wahrheit liegt in keinem der beiden Extreme. Die Wahrheit ist weder absolut noch relativ. Das ist der Punkt, wo sich zwei fliegende Pfeile mitten in der Luft treffen, der Ort, der weder das eine noch das andere ist.

Würden Sie dem zustimmen, daß der Teilnehmer, der Beobachter der-
jenige ist, der die Realität erschafft? Wenn das der Fall ist, sind sämt-
liche Kōan Verblendung, reine Illusion, weil sie, wenn ich mich nicht
entschließe, ihnen meine Aufmerksamkeit zu schenken, in einem phy-
sikalischen Sinne überhaupt nicht wirklich existieren.

Ja, natürlich. Die ganze Katastrophe dieser Welt ist leer, wie Sie wissen. Der ganze Buddhismus ist leer. Sie sind leer. Ich bin leer. Erleuchtung ist leer. Nichts davon existiert, es sei denn kraft dessen, daß
und wie wir selbst es erschaffen. Das ist es, was wir erkennen.

Ist es also der Traum eines Traums in einem Traum?

Nun, es ist, als sprächen wir in einem Traum von einem Traum. Du
selbst bist der Herr und Meister. Du kannst schöne Träume haben, aber
du kannst auch schlimme Träume haben.

Ich bin von der Feststellung da eben ganz betroffen, daß es das Aner-
kennen eines Kōan ist, was ihm seine Wirklichkeit verleiht, sowie von
der Implikation, daß man dann einfach einen angenehmeren Traum
träumen sollte. Eines der Probleme, die ich mit der Welt habe, ist das,
daß wir uns ganz einfach dafür entschieden haben, nicht anzuerken-
nen, daß es da ein Ozonloch gibt und daß in den letzten fünf Minuten
schon wieder eine Frau infolge Mißhandlung gestorben ist!

Ich verstehe, was Sie sagen wollen. Aber, wie Gary Snyder gesagt
hat, man kann seinen Garten auch einzäunen, ohne die Kaninchen
und andere Schädlinge zu hassen. Man kann das Ozonloch anerkennen und etwas dagegen unternehmen, doch ohne die Menschen zu
hassen, die die Fluorchlorkohlenwasserstoffe erfunden haben. Mit anderen Worten: Was ich da eben gesagt habe, bedeutet nicht, den Kopf
in den Sand zu stecken und dann die unangenehmen Dinge einfach
aus der Welt zu träumen. Es meint vielmehr, Verantwortung zu übernehmen, zu handeln, das aber ohne Wut, ohne Haß. Denn Wut ist genau das Ding, das alles nur verschlimmert und nur noch mehr von dem
Problem erzeugt, das sie bekämpft. Das ist Karma.

In der Anerkennung, im Wahrnehmen eines Problems steckt auch eine
Menge Arbeit, die sehr unangenehm sein kann. Wir haben uns in un-
serer Kultur die Fähigkeit zugelegt, uns abzukapseln in einem Gespinst

aus Sicherheit und Bequemlichkeit. In der formellen Situation hier auf einem Sesshin bekommen wir die Kōan wie Geschenke dargeboten. Und im normalen Leben, da mußt du meistens selber tätig werden und sie zu dir einladen und sagen: »Ich will's wissen!«

Du mußt hier sogar bei der formellen Kōan-Schulung selber tätig werden und die Kōan zu dir einladen. Denn die Tatsache, daß dein nächstes Kōan im Buch zufällig »Qian und ihre Seele« ist, bedeutet ja nicht, daß gerade dieses Kōan für dich irgendeine Bedeutung hat. Du mußt dafür sorgen, daß es für dich bedeutsam wird, damit es überhaupt wirken kann. Ebenso gilt, daß der Prozeß der Arbeit an einem klassischen Kōan dich darauf vorbereitet, deinen Geist in der gleichen Weise auch für die paradoxen Probleme zu benutzen, die dir in deinem täglichen Leben begegnen, und mit ihnen entsprechend umzugehen. Das ist ein Prozeß, der sich für dich entfaltet, und es ist ein Prozeß, der nicht mit dem Abschluß der formellen Kōan-Schulung zu Ende ist. Es ist vielmehr ein Prozeß, der sich ständig fortsetzt. Die Kōan der Gebote zum Beispiel ereignen sich zu jeder Zeit. In jedem Augenblick, da wir eine moralisch-ethische Entscheidung treffen, sind die Kōan der Gebote da. Es ist eine Sache, dazusitzen und die Gelübde zur Einhaltung der Gebote abzulegen. Doch eine ganz andere Sache ist es, wenn du im praktischen Leben mit einem Dilemma konfrontiert bist. Da kann es dir gehen wie einem Arzt, der mein Schüler ist und die Gebote genommen hat, und der eines Tages bei einem hirntoten Kleinkind den Stecker herausziehen sollte. Diese Situation hat ihn regelrecht traumatisiert. Er hatte die Gebote erst kürzlich empfangen, und jetzt war er drauf und dran, jemanden zu töten! Das wurde für ihn auf der Stelle zu einem Kōan. Er rief mich an, damit ich ihm die Antwort auf dieses Kōan verriete, und ich sagte: »Tut mir leid, das ist nicht meine Aufgabe. Ich gebe keine Antworten auf Kōan. Sie müssen das jetzt ganz allein durchstehen. Sie haben die Gebote genommen. Sie verstehen die Gebote. Sie haben alle einschlägigen Informationen bekommen. Treffen Sie jetzt ihre moralisch-ethische Entscheidung und leben Sie mit den karmischen Konsequenzen, die das hat.« Als Arzt und Angestellter in einem staatlichen Krankenhaus war er verpflichtet, den Stecker herauszuziehen, weil die Eltern darum gebeten hatten. Als Buddhist jedoch sah er die Sache ganz anders. So war er hin- und hergerissen. Genauso geht es zu bei den Dingen, mit denen wir in unserem Leben fertig werden müssen. Wir lernen einzusehen, daß wir den Weg, die Probleme unseres Lebens zu lösen, nicht dadurch finden, daß wir Bücher lesen oder einem Experten folgen oder einem Guru oder Zen-Meister, oder auch einem Priester oder Rabbi, sondern nur dadurch, daß wir ganz tief nach innen gehen, ganz tief in uns selbst hinein. Denn nur dort steckt die Wahrheit, nur dort sitzt die uns innewohnende Vollkommenheit. Nur von dorther geht die Wahrheit auf und zeigt sich in ihren Wirkungen.

Sie haben davon gesprochen, wie die einzelnen Menschen ganz unterschiedlich an ihre Kōan herangehen, beispielshalber mit dem sanften Ansatz oder mit dem Ansatz der Heftigkeit und des Zorns. Können Sie mehr darüber sagen?

Die dramatischen Geschichten sind es, die in die Zeitungen kommen, weil sie die große Story versprechen. Das sanfte Menschenwesen, das bloß Monat für Monat dasitzt und »Muuuuuuuuuu« macht und »Es« dann eines Tages ohne großes Tamtam erschaut, das eignet sich nicht für eine große Story; und doch ereignet sich genau das. Man muß an solche Kōan nicht mit großem Zähneknirschen herangehen. Man kann mit einem Kōan auch ganz sanft umgehen, leicht und locker. Die Leute neigen nun einmal dazu, die Kōan-Übung je nach ihrer Persönlichkeit zu betreiben, ganz gleich, was du ihnen sagst. Besonders aggresssive Menschen neigen dazu, ihr Kōan wie einen Feind anzugreifen, und andere Menschen, die gewöhnlich ängstlich sind, neigen dazu, sehr vorsichtig mit ihm umzugehen. Doch auf längere Sicht kommen die Arrogant-Aggressiven und die Sanften am gleichen Orte an. Und dieser Ort ist der Ort des Vertrauens in sich selbst, des Wissens um die tatsächliche Kraft, die in jedem von uns steckt, ein Ort, wo sowohl die Arroganz wie die Schüchternheit durch gefestigtes Selbstvertrauen ersetzt sind. Der Grund dafür, daß arrogante Menschen so großkotzig daherkommen, wie sie es tun, ist der, daß sie in Wahrheit kein Vertrauen in sich selbst besitzen; und diesen Mangel verstecken sie unter ihrer Angeberei. Das wurde mir klar, als wir damit anfingen, in einem Gefängnis Zen-Unterweisung zu geben. Dort mußt du, um zu überleben, als starker Mann auftreten, über und über mit Tätowierungen bedeckt sein und herumstolzieren wie ein Gockel. Wenn du das nicht machst, werden die andern dich unterbuttern und ausnutzen. Du wirst über kurz oder lang irgend jemandes Sklave sein. Als ich dort damit begann, über die Praxis der Sanftheit zu sprechen, da machten sich all diese Brüder die größten Sorgen, sie könnten ihren Schutzwall verlieren und schließlich von den anderen hemmungslos schikaniert werden. Ich habe lange gebraucht, sie von dem Unterschied zwischen Arroganz und Selbstvertrauen zu überzeugen. Unter der Arroganz verbirgt sich die Angst. Du kannst es an den Augen erkennen. Es hat Jahre gedauert, doch endlich beginnt Selbstvertrauen an die Stelle der Arroganz zu treten. Und mit diesem Selbstvertrauen kommt die Sanftheit. Menschen, die sich selbst vertrauen, müssen nicht irgend jemandem irgend etwas beweisen. Sie vertrauen einfach sich selbst. Nur darum geht es, wenn du mittels Introspektion und Kōan-Übung an dir selbst arbeitest.

Wie arbeitet man außerhalb des Zendō an einem Kōan?

Außerhalb des Zendō solltest du das, was du gerade tust, während du es tust, mit voller Aufmerksamkeit tun. Wenn du Möhren schneidest, dann schneide Möhren, und nichts sonst. Wenn du eine Kettensäge handhabst und dich dabei mit MU beschäftigst, kannst du dich leicht selbst zerlegen. Du mußt wirklich ganz bei dem sein, was du gerade tust. Wenn du im Zendō sitzt, dann übst du mit deinem Kōan. Doch in Wahrheit ist dein Kōan immer gegenwärtig.

Für einen Neuling klingt es unglaublich einschüchternd, von Hunderten von Kōan zu hören. Als ein Schüler, der nicht hier im Kloster lebt – was für eine Hoffnung kann ich mir machen, je die Bestätigung zu erhalten?

Es ist so, als müßtest du den großen Eisenberg besteigen. Ich erinnere mich daran, wie ich mich bei meinem eigenen Meister geschult und mir genau darüber Sorgen gemacht habe. Ich saß da und malte mir aus: Ich habe jetzt sieben Jahre geübt, und wenn ich in sieben Jahren 200 Kōan bewältigt habe, werde ich in so-und-sovielen Jahren so-und-soviele Kōan hinter mich gebracht haben. Ich bin dann zu meinem Meister hineingegangen und habe ihm gesagt: »Ich werde 87 Jahre alt sein, bis ich fertig bin. Ich werde also niemals eine Chance haben, das Ganze richtig auszukosten.« Mein Lehrer hat lediglich geantwortet: »Hör auf, herumzurechnen und dir Gedanken zu machen.

Tu es einfach!« Die Kōan-Schulung läuft nicht so ab, wie du es dir vorstellst. Fürs erste Kōan magst du eine lange Zeitspanne brauchen, die nächsten gehen dann vermutlich sehr schnell. Plötzlich bleibst du bei irgendeinem Kōan wieder für eine ganze Weile stecken. Du glaubst, das sei das Ende und daß du über diese Blockade niemals hinauskommst. Dann passierst du das Kōan, und von da an geht es abermals wieder schneller. Die Durchschnittszeit, die ein Schüler benötigt, um seine Kōan-Schulung abzuschließen, beträgt etwa 15 Jahre.

Einige Schüler üben Shikantaza, und andere üben mit einem Kōan. Was ist der Unterschied zwischen beiden?

Shikantaza ist »Nur-Sitzen«. Doch obgleich einige Leute hier mit Kōan üben und *Dokusan* erhalten und andere nicht, sind in gewisser Weise alle in die Kōan-Praxis einbezogen. Du kannst dich nicht hier im Kloster aufhalten, ohne einmal in der Woche eine Darlegung über irgendein Kōan zu hören. Ich bringe ständig Kōan aufs Tapet. Jedermann hört sie, und das hat Auswirkungen auf ihr Sitzen. Der Unterschied zwischen den beiden Gruppen ist in Wahrheit viel eher ein theoretischer als ein tatsächlicher.

Wie entscheiden Sie, wer welche Art der Übung betreiben soll?

Gewöhnlich hat das mehr mit dem Schüler als mit mir zu tun. Manche Schüler mögen keine Konfrontation. Sie erstarren förmlich, wenn sie sich Fragen gegenübersehen. Sie können es nicht ertragen, in eine Situation zu geraten, wo sie mich als ihren Gegner erleben müssen. Oder sie haben solche Fragen überhaupt nicht. Fragen wie die nach dem wahren Wesen des Universums bereiten ihnen keine schlaflosen Nächte. Sie vertrauen einfach dem Prozeß. Sie erfreuen sich einfach daran zu sitzen. Shikantaza entspricht ihrer Persönlichkeit. Andere wollen es wissen. Das sind diejenigen, bei denen ich Kōan als »kunstvolle Mittel« einsetze. Die sind speziell für intellektuell veranlagte Menschen entwickelt. Sie zerstören nämlich das ganze Bemühen um ein verstandesmäßiges Verstehen. Dem zuzuschauen ist eine wunderbare Sache.

Da Sie gerade vom intellektuellen Ansatz reden: Ich weiß wirklich nicht, wie ich mich zu all den Büchern stellen soll, die heutzutage auf dem Markt sind. Wieviel davon sollte man lesen?

Wir befinden uns ganz entschieden mitten in einer Informationsschwemme. Menschen kommen hierher zur Schulung und haben bereits fünfzig Bücher gelesen. Sie wissen mehr über Zen als ich. Und es ist ganz schön schwer, ihnen klarzumachen, keine Bücher mehr zu lesen. Sie wollen Bescheid wissen, und so lesen sie halt. Ich lasse sie sich vollstopfen, bis sie in all den Informationen ertrinken, und wenn sie dann ihren letzten Atemzug tun, dann sage ich ihnen: »Das ist es nicht!«

Ich möchte gern etwas mehr hören über die Natur des Großen Vertrauens und des Großen Zweifels und wie man dieses Vertrauen in Einklang bringt mit dem Aufgeben des Selbst.

Großes Vertrauen, Großer Zweifel und Große Entschlossenheit entfalten sich so recht erst während der Kōan-Schulung. Davor beschäftigst du dich damit, dich selbst zu vergessen. Dich selbst vergessen ist nichts, was du durch Entschlossenheit zustande bringst. Du setzt dich nicht hin und sagst dir: »Jetzt will ich mich selbst vergessen!« Denn jedesmal, wenn du diesem Gedanken Raum gibst, erreichst du nur eins, nämlich daß du dein Ich neu erschaffst. Du kannst Inaktivität nicht durch Aktivität erreichen. Nur durch den Prozeß der Sammlung auf den Atem kommt es dahin, daß du dich irgendwann selbst vergißt. Jedesmal, wenn ein Gedanke in dir auftaucht, nimmst du ihn zur Kenntnis und läßt ihn wieder gehen. So kehrst du wieder zu deinem Atem zurück und bleibst beharrlich bei ihm. Auch die Reflexion auf diesen Zustand, daß du dir sagst: »Oh, jetzt bleibe ich ja ganz bei meinem Atem!«, ist ein Gedanke. Und deshalb mußt du sie ebenfalls wie einen Gedanken behandeln. Der Zeuge in dir muß verschwinden, so daß schließlich nur noch der Atem da ist, der sich selbst atmet. Kein Beobachter existiert mehr, nur noch der Atem, der atmet. Der Geist bewegt sich nicht mehr. Und wenn sich der Geist nicht mehr bewegt, dann gibt es, weil Geist und Ich wechselseitig voneinander abhängen, auch kein Ich mehr.

Als ein Laien-Schüler, der nur selten Gelegenheit hat, hierher zu kommen, wollte ich Sie zur Sprache der Kōan befragen. Wenn ich Ihren Darlegungen zuhöre oder die Nachschrift eines Teishō lese, dann kann ich bis zu einem gewissen Grade intuitiv erfassen, was Sie sagen, aber ich kann es nicht artikulieren.

Das mit der Sprache ist eine schwierige Sache. Ich selbst habe auf die Weise Zugang zu ihr gefunden, daß ich Kōan gelesen habe, wie andere Leute Romane lesen. Ich habe sie wirklich genossen. Ich fand es aufregend, sie zu lesen. Es war dasselbe Gefühl, das mich zur wissenschaftlichen Forschung hingezogen hat: der Reiz des Unbekannten, des Geheimnisvollen. Ich wollte es wissen. Wenn du dich den Kōan aussetzt, fängst du ganz allmählich an, ein Verständnis für diese Sprache zu entwickeln. Es ist wie bei jeder anderen Sprache: Nur dadurch, daß du sie sprichst, fängst du an, ihre Eigenart zu erlernen.

Wie sollte jemand, der noch mit dem Zählen der Atemzüge übt, mit Kōan umgehen? Ich finde sie so unergründlich, daß ich sie beinahe ignoriere.

Ignorieren Sie sie!

Ich soll sie ignorieren?

Wenn Sie noch mit dem Zählen der Atemzüge üben, dann lassen Sie sich nicht ablenken! Während eines Teishō sollten Sie dem Kōan mit ganzem Körper und ganzem Geist zuhören, und danach lassen Sie es einfach gehen. Ich erinnere mich, daß ich, bevor ich mit der Kōan-Schulung begonnen hatte, oder auch noch während ich mit dem Kōan MU beschäftigt war, Jahre damit zugebracht habe, den Darlegungen zu lauschen, und dabei völlig durcheinander war. Ich habe dann im Zendō gesessen und gedacht: »Wovon zum Teufel redet dieser Bursche da? Ich bin doch ein gebildeter Mensch! Ich hab die Schule besucht; ich verstehe die englische Sprache. Und der da vorn spricht auch nur Englisch. Warum verstehe ich ihn nicht? Und warum sitzen da um mich herum lauter Typen mit einem verständnisvollen Grinsen auf dem Gesicht? Verstehen die das wirklich?« Ich wurde dann immer ganz wütend auf sie. Das ging so für einige Jahre; aber ich habe einfach immer weiter zugehört. Ich erinnere mich, wie ich eine Kassette von einem dieser Vorträge mit nach Hause genommen habe; und ich muß dieses Band wohl hundert Mal abgehört haben. Ich habe nichts anderes getan, als das Beispiel durchzugehen. Ich habe noch heute den Tonfall des Sprechers im Ohr. Ich lauschte und lauschte und lauschte. Erst acht Jahre später fing das Ganze an, Sinn zu machen. Alles, was ich mir angehört hatte, fügte sich plötzlich zu einem Bild zusammen.

All diese unzähligen Unterweisungen und *Teishō*, die ich in Schmerz und Halbschlaf durchgesessen, und die ich nur ganz vage wahrgenommen hatte, waren in die ältesten Schichten meines Gehirns abgesunken. Und plötzlich fingen sie an, Früchte zu tragen. Machen Sie sich also deshalb keine Sorgen! Hören Sie einfach zu, werfen sie alles wieder weg und kehren Sie zu Ihrem Atem zurück. Wenn die Zeit gekommen ist, wird Ihre Geduld Früchte tragen. Was Sie damit nämlich tun, ist, daß Sie den Boden, auf dem diese Früchte wachsen sollen, schon jetzt mit Dünger anreichern.

Sie haben eingangs davon gesprochen, daß einige Menschen eine Kenshō-Erfahrung hatten, als eine Pfirsichblüte niederfiel oder ein Kiesel gegen einen Bambusstamm schlug. Ihre Sinne haben irgendetwas ausgelöst, oder etwas, das mit ihren Sinnen zusammenwirkte, hat das getan. Ich frage mich, ob sie sich in einem Zustand größerer geistiger Offenheit befanden, ob ihre Sinne auf irgendeine Weise kräftiger oder lebendiger waren?

Die Frage ist, wenn es nicht die Sinne sind, was sonst könnte dann das *Kenshō* auslösen? Was gibt es denn da sonst noch?

Ich vermute, ich habe mehr auf die Geschichten geachtet, wo es die Sinne sind und nicht sprachliche Äußerungen, die den Anstoß gegeben haben, weil ich zu denen eine bessere Beziehung finden kann.

Erinnern Sie sich bitte daran, daß Worte und Gedanken mit dem Geist zu tun haben, der nach buddhistischem Verständnis eines unserer Sinnesorgane ist, eines der sechs Organe unserer Wahrnehmung. Wir nennen diese sechs Sinne »Tore« zum Dharma, ebenso aber auch »Sperren« vor dem Dharma. Sie können dir nämlich den Weg versperren, wenn du dich an sie bindest. Doch genauso sind sie auch der Zugang zum Dharma.

Wenn wir mehr Zazen säßen, würde das die Zeit verkürzen, die wir für die Kōan-Schulung brauchen?

Zazen macht einen großen Unterschied. Das Herzstück unserer Schulung ist das Zazen, und wenn Sie nichts anderes übten als Zazen, so würden Sie ganz bestimmt Ihrem Leben zu größerer Klarheit verhelfen. Sie würden sich selbst ganz bestimmt besser verstehen. Zazen ist entscheidend. Es ist ebenso wichtig wie der Herzschlag fürs Leben. Gleichwohl gibt es da einen Punkt der Sättigung. Wenn Sie zuviel sitzen, geht das in Lethargie über. Ich denke, wir haben hier in diesem Kloster ein gutes Gleichgewicht gefunden. Die Art und Weise, wie wir das Sitzen sich abwechseln lassen mit anderen Aspekten der Schulung, verleiht dem Zazen neue Lebendigkeit. Es sorgt für den nötigen Kontrast.

Wie wirkt sich die Ausbildung in bestimmten Tätigkeiten auf das Zazen aus, und wie das Zazen auf die Ausbildung in den praktischen Fertigkeiten? Gibt es da einen Zusammenhang?

Du sitzt hier im Zendō und übst mit dem Atem. Und jedesmal, wenn ein Gedanke aufsteigt, nimmst du ihn zur Kenntnis, läßt ihn wieder gehen und kehrst zum Atem zurück. Wenn du so verfährst, dann verstärkst du in dir selbst die Fähigkeit, deinen Geist dorthin zu lenken, wo du ihn haben willst, und wann ihn dort haben willst. Jetzt ist Zazen vorüber, und gleich beginnt die Sūtra-Rezitation. Du rezitierst und machst deine Verbeugungen, und ein Gedanke drängt sich ein: »Ein wunderschöner Tag heute!« Du merkst, was du da gerade machst, läßt den Gedanken wieder entschwinden und kehrst zum Gesang zurück. Dann gehst du zum *Ōryōki*, zum Essen. Dort sitzt du und ißt, schweigend und in voller Sammlung, und ertappst dich plötzlich dabei, wie du zu dir selbst sagst: »Was zum Teufel hat der Koch heute ins Essen getan?« Du merkst, was du tust, und kehrst dazu zurück, dich aufs Essen zu sammeln. Dasselbe gilt für die Arbeit. Du schaufelst gerade Schnee, dein Geist schweift ab, und du nimmst das zur Kentnnis. Du schneidest gerade Möhren, läßt deine Gedanken wieder wandern und kehrst zum Möhrenschneiden zurück. Nur bei deiner Tätigkeit sein. Nur mit dem Kōan üben. Wie Du beim Zazen verfährst, so verfährst du von jetzt an in jedem Bereich deines Lebens. Grundsätzlich bedeutet das, daß du einfach ganz anwesend bist. Du tust, was du gerade tust, während du es tust, und nur das.

Warum hat denn dann das Kōan eine größere Kraft, die Prägungen zu durchschneiden?

Weil die Kōan-Praxis mehr beinhaltet als bloße im Moment gegenwärtige Aufmerksamkeit. Vielmehr gilt, daß du beim Durchbruch durch dein Kōan Einsicht in einen ganz anderen Bereich deines Lebens gewinnst. Wer bist du wirklich? (Hält seine Brille in die Höhe) Wenn du dies eine Brille nennst, dann bist du in den Worten und Begriffen gefangen, die die Sache nur beschreiben; und das ist es nicht; damit verfehlst du es. Wenn du aber sagst, daß dies keine Brille sei, dann verfehlst du es ebenso, weil du damit die Existenz der Brille leugnest. Was ist es also? Sie fällt unter keins von beidem. Es ist nicht »Brille«, noch ist es »Nicht-Brille«. Noch ist es sowohl »Brille« wie »Nicht-Brille«. Wie gelangst du über all das hinaus? Das Kōan bringt dir Einsicht in etwas anderes als bloße gegenwärtige Aufmerksamkeit. Jedes Kōan schneidet ein bißchen tiefer und ein bißchen weiter. Alle Hinzufügungen werden weggeschnitten, bis nur noch die Knochen übrig sind. Und auch die werden noch weggeschnitten, bis nur noch das Mark übrig ist. Der große Meister Bodhidharma hat einmal gesagt: »Mein Nachfolger Hui-ke (Eka) besitzt das Mark meiner Lehre.« So ist es seither immer gewesen, Generation für Generation, bis auf den heutigen Tag und bis hierher an diesen Ort. Dieser unglaubliche Dharma befindet sich heute in unseren Händen. Was werden wir mit ihm anfangen? Das ist wahrlich keine Kleinigkeit.

Danksagung

Dieses Buch über die Kōan-Praxis wäre ohne die ausgezeichneten Übersetzungen der großen chinesischen und japanischen Kōan-Sammlungen ins Englische nicht möglich gewesen. Bei der Vorbereitung der Dharma-Darlegungen, die diesem Buch zugrunde liegen, habe ich mich immer wieder auf Shibayama Zenkeis *Zen Comments on the Mumonkan,* Thomas Clearys *The Blue Cliff Record* (chin.: *Bi-yan-lu,* jap.: *Hekigan-roku*) sowie sein *Book of Serenity* (chin.: *Cong-rong-lu,* jap.: Shōyō-roku) sowie auf zwei Übersetzungen des »Berichtes über die Weitergabe der Leuchte« (chin.: *Chuan-deng-lu,* jap.: *Dentō-roku)* gestützt, die Francis Dōjun Cook und abermals Thomas Cleary vorgelegt haben. Und schließlich habe ich wiederholt auf das erst jüngst in englischer Sprache zugänglich gewordene »300-Kōan-Shōbōgenzō« (*Shōbōgenzō Sambyakusoku*) des großen Dōgen Zenji zurückgegriffen. In vielen Fällen habe ich außerdem, wann immer es mir hilfreich erschien, Anleihen bei den »hauseigenen« Übersetzungen der klassischen Kōan-Sammlungen gemacht, die am Zen Center of Los Angeles entstanden sind. Die Tatsache, daß all diese Übersetzungen heutzutage verfügbar sind, beweist das wachsende Interesse, das der Buddha-Dharma heute auch im Westen findet, und bekräftigt den Wert der Kōan-Schulung für die spirituelle Praxis der Anhänger des Dharma.

Die Transkription meiner frei vorgetragenen Darlegungen haben Pat Jikyō George, Janice Senju Baker und Ann Hōshin Ritter mit großer Sorgfalt besorgt. Die editorische Arbeit haben Bonnie Myōtai Treace und Konrad Ryūshin Marchaj geleistet. Ich bin ihnen für ihre Ausdauer bei Zusammenstellung und Gestaltung der einzelnen Kapitel dieses Buches zu großem Dank verpflichtet. Mein ganz besonderer Dank gilt ebenso auch Francis Dōjun Cook, der das Manuskript gegengelesen und auf historische und sprachliche Richtigkeit überprüft hat.

Dieses Buch ist aus meiner Lehrtätigkeit im Rahmen der Zen-Schulung hervorgegangen, der sich Schüler und Schülerinnen des Zen

Mountain Monastery unterzogen haben. Ohne deren Bereitschaft zu engagierter Kōan-Praxis – ohne ihre Offenheit, ihre Wißbegierde und ihren entschiedenen Einsatz – hätte ich das Buch niemals verfassen können. Ich bin mir sehr wohl dessen bewußt, was für eine beglückende Erfahrung es ist, mit Menschen arbeiten zu können, die sich auf eine wahrhafte und persönliche spirituelle Suche eingelassen haben, und sie auf dem Weg dieser spirituellen Suche begleiten zu dürfen.

Und schließlich möchte ich mich in tiefer Dankbarkeit vor meinem eigenen Meister, vor Hakuyū Taizan Maezumi Rōshi, verbeugen, sowie vor allen anderen, die vor ihm meine Meister gewesen sind, und die ihr ganzes Leben unermüdlich der Weitergabe des unverfälschten Dharma gewidmet haben.

John Daidō Loori

Bodhi-Baum, der Baum, unter dem Siddhārtha Gautama, der historische Buddha, vollkommene Erleuchtung (wörtl.: *bodhi* = Erwachen) erfuhr.

Bodhisattva, wörtl.: »Erleuchtungswesen«; das Ideal des → *Mahāyāna*, ein tieferleuchtetes Wesen, das zum Wohle aller Lebewesen auf das endgültige Verlöschen (→ *Nirvāna*) verzichtet, um im Kreislauf der Existenzen zu verbleiben und hier darauf hinzuwirken, daß alle Lebewesen Erleuchtung erlangen.

Buddha-Dharma, die auf seiner Erfahrung vollkommener Erleuchtung basierende Lehre des Buddha; im buddhistischen Sprachgebrauch die korrekte Benennung des im Westen sogenannten »Buddhismus«.

Buddha-Natur, das »wahre Wesen« aller Dinge und Lebewesen, ja des gesamten Universums, die allem und jedem innewohnende zeitlose Vollkommenheit, die der Buddha in seiner Erleuchtungserfahrung als seine eigene Natur und die aller Lebewesen erkannte. Die Schau dieses wahren Wesens (→ *Kenshō*) ist ein wichtiger und unabdingbarer, aber durchaus nicht der letzte Schritt auf dem Weg der Zen-Schulung.

Buji-Zen, ein Zen »ohne Substanz« (*buji*), ein »Möchtegern-Zen«, das auf einem intellektuellen Mißverständnis von Aussagen über das Wesen der Erleuchtung und der Zen-Praxis beruht – von Aussagen, die von einem nichtintellektuellen, nichtdualistischen Standpunkt aus gemacht wurden.

Dharma, ein Sanskrit-Begriff, der viele Bedeutungen hat: im Singular (der Dharma) im allgemeinen die Lehre des Buddha (→ *Buddha-Dharma*), auch die universale Wahrheit, die »Große Ordnung« des Kosmos, die sich dem Buddha in seiner Erleuchtungserfahrung enthüllt hat; im Plural (die Dharmas) im allgemeinen die einzelnen Phänomene, aus denen sich die Welt der Erscheinungen (→ *Zahllose Dinge*) zusammensetzt.

Dharmakāya, einer der »Drei Körper« (trikāya) des Buddha (welcher hier nicht als historische Person, sondern als kosmisches Prinzip verstanden wird), als da sind: *Dharmakāya,* der »Körper der Wahrheit«, der für den absoluten Aspekt der Wirklichkeit steht, die Leere (→ *Shūnyatā*) und das Einssein, welche jenseits aller Begriffe und Vorstellungen sind; *Sambhogakāya,* der »Körper des Entzückens«, der für den nichtmateriellen energetischen Aspekt der Wirklichkeit steht und für die Ekstase der Erleuchtung; *Nirmānakāya,* der »Körper der Verwandlung«, der für den phänomenalen Aspekt der Wirklichkeit steht, und die Manifestation des Buddha-Prinzips in dieser Wirklichkeit, also z.B. den historischen Buddha Gautana.

Dokusan, förmliche Begegnung des Zen-Schülers mit dem Zen-Meister in dessen Raum, bei der der Schüler dem Meister den Stand seiner Übung (vor allem mit einem → *Kōan*) präsentiert und von diesem geprüft und inspiriert wird.

Gasshō, wörtl.: »zusammengelegte Handflächen«, traditionelle Geste des Grußes, der Bitte, Dankbarkeit, Verehrung und Anbetung.

Jōriki, wörtl.: »Geisteskraft«, die besondere Kraft, die aus der Sammlung des Geistes in der Übung des → *Zazen* erwächst. Jōriki befähigt zu durchgehender Geistesgegenwart sowie dazu, unter unvorhergesehenen und schwierigen Umständen spontan das Richtige zu tun.

Kalpa, ein »Weltzeitalter«, ein unendlich großer Zeitraum, der die Entstehung, die Fortdauer und die letztliche Zerstörung eines Universums im »Weltenbrand« umfaßt sowie die auf den Weltuntergang folgende Zeit der Fortdauer des Chaos. Es heißt, daß ein Wesen, das vollkommene Erleuchtung erlangt (wie der historische Buddha), sich zuvor für unzählige Kalpas auf dem Weg der Selbstvervollkommnung geschult hat.

Karma, wörtl.: »Tat«, das universale Gesetz von Ursache und Wirkung, nach dem jede Tat (in Körper, Rede und Geist) eine ihr entsprechende Wirkung nach sich zieht. Vom Standpunkt der nichtdualistischen Zen-Erfahrung gesehen, heißt es: »Ursache und Wirkung sind eins.«

Kenshō, wörtl.: »Wesensschau«, die Schau des eigenen wahren Wesens (deshalb auch »Selbstwesens-Schau«). Das Kenshō ist eine erste »Erleuchtungserfahrung« (auch »Durchbruch« genannt) auf dem Weg des Zen, die der Klärung, Vertiefung und Konsolidierung durch weitere solche Erfahrungen im Verlauf der Zen-Schulung bedarf.

Kinhin, Übung des Zen im Gehen, wie sie in Zen-Klöstern und -Zentren zwischen den einzelnen Perioden des »Sitzens in Versunkenheit« (→ *Zazen*) praktiziert wird.

Kōan, Zen-Herausforderung in der Form einer Formulierung aus den buddh. Sūtras, einer Episode aus dem Leben der alten Meister, des Berichts über eine Geste oder Handlung eines Zen-Meisters usw. Die Herausforderung besteht darin, den mit den Mitteln des Verstandes nicht faßbaren essentiellen Gehalt des Kōan zu begreifen und im → *Dokusan* unmittelbar aus dieser Erfahrung heraus zu demonstrieren. Dazu bedarf es eines intuitiven Sprungs von der Ebene des normalen diskursiven Denkens und dualistischen Empfindens auf die Ebene der nichtdualistischen Zen-Erfahrung.

Kyōsaku (auch **Keisaku**), wörtl.: »Erweckungs-Stock«, abgeflachter Stock, mit dem die »Sitzenden« in einem Zen-Kloster während des → *Zazen* zur Ermunterung und zum Ansporn auf Schultern und Rücken geschlagen werden. Der Schlag mit dem Kyōsaku hilft Müdigkeit überwinden, löst Verspannungen, steigert die Intensität, weckt latente Kräfte und kann (daher der Name), im rechten Moment angewendet, sogar zu einer Erfahrung des »Erwachens« (→ *Kenshō*) führen.

Mahāyāna, wörtl.: das »Große Fahrzeug«, die nördliche Schule des Buddhismus (vor allem in China, Tibet, Korea und Japan beheimatet), die den wesensmäßigen Zusammenhang der individuellen Erlösung (Erleuchtung) mit der gleichzeitigen Erlösung aller Lebewesen betont.

Mondō, wörtl.: »Frage-Antwort«, Zen-Dialog zwischen Meister und Schüler, in dem es um wesentliche Punkte der Zen-Erfahrung geht.

Nirmānakāya, siehe → *Dharmakāya*.

Nirvāna, wörtl.: »Verlöschen«; das Ziel spiritueller Praxis in allen Schulen des Buddhismus. Im frühen Buddhismus wird Nirvāna verstanden als das Ausscheiden aus dem Kreislauf der Wiedergeburten (→ *Samsāra*) und das Freisein von Determiniertheit durch das → Karma. Das Zen betont (wie andere Schulen des → Mahāyāna) die Einheit von Samsāra und Nirvāna, von Form und Leere, die wesenhafte Vollkommenheit von allem und jedem in jedem Augenblick der samsarischen Existenz.

Rōshi, wörtl.: »alter Meister«, Ehrentitel, mit dem erfahrene Zen-Meister von ihren Schülern belegt werden.

Samādhi, meditativer Zustand vollkommener Versunkenheit, in dem Erfahrender, Erfahrung und Objekt der Erfahrung einsgeworden sind.

Sambhogakāya, siehe → *Dharmakāya*.

Samsāra, wörtl.: »Wanderung (durch den Kreislauf der Existenzen)«, der von den »Drei Giften« Ärger, Gier und Torheit bestimmte Zustand, in dem sich die Wesen befinden, bevor sie ihre wesenhafte Vollkommenheit geschaut haben oder dazu »erwacht« sind (→ *Satori*) und den essentiellen Gehalt dieser Einsicht in jedem Augenblick ihres Daseins verwirklichen können, und in dem sie eine endlose Kette von Wiedergeburten durchlaufen müssen. Siehe auch → *Nirvāna*.

Satori, von jap.: *satoru* = erkennen; Zen-Terminus für die Erfahrung des »Erwachens« (*bodhi*) und in diesem Sinne ein Synonym für → *Kenshō*. Während Kenshō jedoch eine erste »Durchbruchs«-Erfahrung bezeichnet, wird Satori eher für eine tiefe Erleuchtungserfahrung (auch: *daigo tettei*) verwendet.

Sesshin, wörtl.: »Sammeln des Herz-Geistes«, eine Periode besonders strenger, intensiver Übung von → *Zazen*.

Shikantaza, wörtl.: »nichts als treffend sitzen«, auch »Nur-Sitzen« genannt; eine Form der Übung von → *Zazen*, bei der es keine stützenden Hilfsmittel wie z.B. das Zählen der Atemzüge oder ein → *Kōan* mehr gibt; »objektlose Meditation«, die nach Dōgen Zenji die höchste und reinste Form des Zazen darstellt, wie es alle Buddhas geübt haben.

Shūnyatā, wörtl.: »Leere« oder »Leerheit«; zentrales Prinzip des Buddhismus, das die Leerheit aller zusammengesetzten Dinge (Phänomene) von einer eigenständigen, unabhängigen Existenz bezeichnet, die wesenhafte Eigenschaftslosigkeit aller mit Eigenschaften versehenen Dinge, die Auflösung jeglicher Dualität. Shūnyatā ist kein »Nichts« im nihilistischen Sinn, sondern die »trächtige Leere«, aus der jegliche Existenz in jedem Moment entsteht, ja die das wahre Wesen alles Existierenden *ist* (»Form und Leere sind eins«). Shūnyatā ist auch kein philosophisches Konzept, das sich mit dem Verstand ergründen ließe; was Shūnyatā bedeutet, erschließt sich nur in der Erfahrung tiefer Erleuchtung.

Teishō, eine »Darlegung der Zen-Erfahrung« durch den Zen-Meister während eines → *Sesshin*, bei der der Meister dem Buddha vor den versammelten Schülern sein Begreifen eines Kōan oder wichtiger Passagen aus der Zen-Literatur »darbringt«. Es ist keine Erläuterung, kein Kommentar, keine Erklärung im üblichen Sinn und auch kein »Vortrag« im akademischen Sinn, sondern eine unmittelbare Demonstration der Essenz des → *Dharma* aus der Tiefe der Zen-Erfahrung des Meisters.

Upāya, wörtl.: »geschickte« oder »kunstvolle Mittel«; aus der Erleuchtungserfahrung der Buddhas und Bodhisattvas entspringende Hilfsmittel (wie Lehren und Übungen), mit denen die im → Samsāra gefangenen Wesen »kunstvoll« (d.h. den jeweiligen Umständen entsprechend) auf den Weg der Erleuchtung geführt werden.

Zahllose Dinge, wörtl.: »zehntausend Dinge«; »zehntausend« meint hier keine bestimmte Zahl, sondern einfach »unzählig viele«. Die »zahllosen Dinge« stehen für die Welt der Phänomene, die »unerleuchtete« Erfahrung, die von der Getrenntheit der einzelnen Erscheinungen im Universum ausgeht.

Zazen, wörtl.: »Sitzen in Versunkenheit«, die dem Zen eigentümliche Form der meditativen Übung im Sitzen. Hilfsmittel der Zazen-Übung sind (für Anfänger) das Zählen der Atemzüge, später die Übung mit einem → *Kōan*; in seiner reinsten Form geht Zazen in → *Shikantaza* über.

Zendō, wörtl.: »Zen-Halle«, ein Raum oder eine Halle, in Klöstern ein besonderes Bauwerk, zum Üben von → *Zazen*.

Zen-Schriften

Kōan-Sammlungen

Wu-men-guan (*Mumonkan*):
Dumoulin, Heinrich, *Mumonkan. Die Schranke ohne Tor.* Mainz 1975 (Matthias Grünewald).
Shibayama, Zenkei, *Zu den Quellen des Zen.* Bern u.a. 1976 (O.W. Barth).
Yamada, Koun, *Die torlose Schranke. Mumonkan.* München 1989 (Kösel).

Bi-yan-lu (*Hekigan-roku*):
Cleary, Thomas & J.C., *The Blue Cliff Record.* Boulder, Colorado 1978 (Prajna Press).
Gundert, Wilhelm, *BI-YAN-LU. Meister Yüan-wu's Niederschrift von der Smaragdenen Felswand*, Bd. I. München 1960 (Hanser); Bd. II. München 1967 (Hanser); Bd. III. München 1973 (Hanser).

Congrong-lu (*Shōyō-roku*):
Cleary, Thomas, *Book of Serenity.* Hudson, N.Y. 1990 (Lindisfarne Press)

Denkō-roku:
Cleary, Thomas, *Transmission of Light.* San Fancisco 1990 (North Point Press).
Cook, Francis H; *The Record of Transmitting the Light.* San Francisco 1991 (Center Publications)

Tetteki Tosui:
Genro, *Die Hundert Zen-Koans der »Eisernen Flöte«.* Zürich 1973 (Origo)

Bankei, Meister, *Die Zen-Lehre vom Ungeborenen*. Leben und Lehre des Zen-Meisters Bankei Eitaku (1622–1693). Bern u.a. 1988 (O.W. Barth).

Chang, Chung-yuan (Hg.), *Original Teachings of Ch'an Buddhism* selected form *The Transmission of the Lamp*. New York 1971 (Vintage/Random House).

Cleary, Thomas (Hg.), *Sayings and Doings of Pai-chang*. Los Angeles 1978 (Center Publications)

Dōgen, Eihei, *Shōbōgenzō Zuimonki*. Unterweisungen zum wahren Buddha-Weg. Zürich 1992 (Theseus).

Dōgen Zen. Kleine Schriften der Sōtō-Schule, Übers. und hg. von Heinrich Dumoulin. Zürich 1990 (Theseus).

Hoffmann, Yoel (Hg.), *Radical Zen. The Sayings of Jōshū*. Brookline, MA 1978 (Autumn Press)

Huang-po, *Der Geist des Zen*. Die Zen-Lehre des chinesischen Meisters Huang-po. Hg. von John Blofeld. Bern u.a. Neuausgabe 1983 (O.W. Barth).

Hui-neng, *Das Sutra des Sechsten Patriarchen*. Das Leben und die Zen-Lehre des chinesischen Meisters Hui-neng (638–713). Ursula Jarand. Bern u.a. 1989 (O.W. Barth).

Jarand, Ursula (Hg.), *Dialog über das Auslöschen der Anschauung*. Ein früher chinesischer Text aus Tun-huang. Frankfurt 1987 (R.G. Fischer).

Leighton, Taigen Daniel (Hg.), *Cultivating the Empty Field*. The Silent Illumination of Zen Master Hongzi. San Francisco 1991 (North Point Press)

Powell, William F., *The Record of Tung-shan*. Honolulu 1986 (Hg.), (University of Hawaii Press).

Red Pine (Hg.), *Bodhidharmas Lehre des Zen*. Frühe chinesische Zen Texte. Zürich 1990 (Theseus).

Sasaki, Ruth F. (Hg.), *The Record of Lin-chi*. Kyoto 1975 (Institute for Zen Studies).

Schloegl, Irmgard (Hg.), *The Record of Rinzai*. London 1975 (The Buddhist Society).

Seng-ts'an, *Die Meißelschrift vom Glauben an den Geist*. Das geistige

Vermächtnis des dritten Patriarchen des Zen in China. Hg. von Ursula Jarand. Bern u.a. 1991 (O.W. Barth)

Yunmen, Meister, *Zen-Worte vom Wolkentor-Berg.* Darlegungen und Gespräche des Zen-Meisters Yunmen Wenyan (864-949). Hg. von Urs App. Bern u.a. 1994 (O.W. Barth)

Thomas E. Mails

Ich singe mein Lied
für Donner, Wind und Wolken

Das Leben von Fools Crow

Aus dem Amerikanischen von
Gisela Merz-Busch

Band 13032

Frank Fools Crow (ca. 1890-1989) war einer der letzten großen Häuptlinge und Medizinmänner der Teton-Sioux. Der
Neffe und Schützling des berühmten Häuptlings Black Elk
(Schwarzer Hirsch), dessen Erinnerungen *Ich rufe mein Volk*
und *Die heilige Pfeife* zu den Klassikern der Indianerlitera-
tur gehören, wurde kurze Zeit nach dem Massaker am Woun-
ded Knee im Jahre 1890, einem historischen Wendepunkt im
Leben der nordamerikanischen Indianer, geboren. Sein we-
chselvolles Leben umfaßt ein Jahrhundert, in dem sein Volk
durch dramatische Veränderungen und Krisen ging. In einer
Vision erhielt der alte Häuptling den Auftrag, sein Wissen
um die heiligen Überlieferungen seines Stammes in schrift-
licher Form zu bewahren, und ließ es deshalb von Thomas
Mails aufzeichnen. Das geistige Vermächtnis dieses großen
Häuptlings ist ein außerordentliches historisches Dokument
und zugleich eine Quelle der Weisheit für alle Indianer und
Nicht-Indianer, die von der »ökologischen Spiritualität« der
alten indianischen Überlieferungen lernen wollen.

Fischer Taschenbuch Verlag

fi 5100 / 2

Perle Epstein
Der versteckte Garten
Die Kabbala als Quelle spiritueller Unterweisung
Aus dem Amerikanischen von
Angelika Schweikart
Band 13013

Der versteckte Garten ist eine kenntnisreiche Einführung in
die Welt der Kabbala. Anhand eines historischen Abrisses
gibt die Autorin die Entwicklung der einzelnen Lehren der
jüdischen Mystik wieder. Sie stellt Schulen, Lehrmeister und
Methoden vor und untermauert ihre Ausführungen mit Zi-
taten aus historischen Texten, so daß wichtige Vertreter der
unterschiedlichen Richtungen wie Joseph Caro, Simeon bar
Jochai, Isaac Luria, Abraham Abulafia und Baal-schem Tov
zu Wort kommen. Nach Baal-schem Tov erreicht der Mensch
seine Vervollkommnung in Gott nicht allein durch Fasten
und Selbstkasteiung, sondern auch durch die Wertschätzung
des Göttlichen im Alltag. Epstein weist auf extreme Entwicklungen und ihre Folgen hin, und sie zeigt Parallelen zu
anderen esoterischen Traditionen auf. Doch vor allem macht
sie deutlich, daß die Kabbala ein Weg spiritueller Schulung
ist, der den Übenden zu eigener, unmittelbarer religiöser
Erfahrung führt.

Fischer Taschenbuch Verlag

William Hart

Die Kunst des Lebens

Vipassana-Meditation nach S. N. Goenka

Aus dem Amerikanischen von
Heinz Bartsch

Band 12991

Vipassana, ein Wort aus dem altindischen Pali, bedeutet »die Dinge zu sehen, wie sie sind«. Es ist die Essenz der Lehre des Buddha. Vipassana ist die Wissenschaft vom Geist und der Materie und der Art, wie beide miteinander verknüpft sind. Als Vipassana-Schüler lernt man, die eigene Natur zu beobachten. Dazu muß man sich selbst erforschen und die eigenen geistigen und körperlichen Prozesse erkennen und verstehen lernen. Diese direkte Erfahrung der eigenen Realität, diese Technik der Selbstbeobachtung ist die Vipassana-Meditation. Im Laufe dieser tiefgreifenden Schulung des Geistes lernt der Meditierende, sich nach und nach von seinen geistigen Verspannungen, Konditionierungen und Illusionen zu befreien. Man lernt eine »Kunst zu leben«, mit der man beginnt, die natürlichen Qualitäten des Geistes zu entwickeln: Liebe, Mitgefühl, Freude, Gleichmut. Konkrete Fragen von Schülern und Antworten von S. N. Goenka am Ende der Kapitel zeigen die praktische, einfache und hilfreiche Natur der Vipassana-Meditation.

Fischer Taschenbuch Verlag

fi 5102 / 2

Ravi Ravindra
Mystisches Christentum
Das Johannesevangelium im Licht
fernöstlicher Weisheit

Aus dem Amerikanischen von
Hans-Georg Türstig

Band 13029

Von einer in äußeren Formen und dogmatischen Glaubenssätzen erstarrten Amtskirche enttäuscht, haben sich viele
Westler, die eine spirituelle Orientierung suchen, östlichen
Meditationswegen zugewendet. In diesem Buch zeigt ein indischer Kenner östlicher Religionen, daß das Licht mystischer
Erfahrung, das viele im Orient suchen, auch im Herzen der
christlichen Tradition zu finden ist – wenn man ihre Quellen vom Standpunkt innerer religiöser Erfahrung und nicht
nur vom oberflächlichen Wortlaut zu interpretieren versteht.
Ohne die Enge theologischer Schriftgelehrtheit und kirchlicher Dogmatik interpretiert der Autor das Johannesevangelium vor dem Hintergrund der uralten Weisheitslehren des
Ostens. So gewinnt das Johannesevangelium – jenseits von
christlichen »*Allein*gültigkeitsansprüchen« – eine *allgemein*
gültige, universale Dimension, deren Verständnis uns die meisten christlichen Sonntagspredigten und theologischen Abhandlungen eher verbaut als erleichtert haben. Und so ist es
gerade der Blick aus der kulturellen Distanz, der uns die mystische Tiefe und die kulturübergreifende Relevanz dieser heiligen Schrift auf eine für Christen wie für Freunde östlicher
Weisheit inspirierende Weise vor Augen führt.

Fischer Taschenbuch Verlag

fi 5103 / 2

Thomas Cleary
Die Drei Schätze des Dao
Basistexte der inneren Alchemie
Aus dem Englischen
von Ingrid Fischer-Schreiber
Band 12899

Vitalität, Energie und Belebender Geist sind die zentralen
Konzepte der uralten chinesischen Kunst der Harmonisierung von Körper, Geist und Seele. Von den Daoisten, die
diese Kunst über Jahrtausende entwickelt und verfeinert
haben, werden sie die »Drei Schätze« genannt, denn auf ihnen basiert unser Leben, unsere Gesundheit und unsere
körperliche und geistige Entwicklung. Diese Drei Schätze
sind auch die Grundpfeiler jener von daoistischen Weisen
entwickelten Disziplinen, die heute im Abendland so großes
Interesse finden. Der vorliegende Band versammelt Auszüge
aus chinesischen Quellentexten, die die Theorie der Drei
Schätze und die Möglichkeiten ihrer praktischen Umsetzung darlegen. Der Bogen spannt sich dabei über zweiein-
halb Jahrtausende von den berühmten Klassikern der Väter
des Daoismus (Laotse, Chuang-tzu u. a.) über Parabeln und
satirische Lehrgeschichten von geheimnisvollen daoistischen
Magiern, die Unterweisungen der chinesischen Alchemisten
des Altertums sowie Anleitungen zur Komtemplation und
Meditation bis hin zu den Lehren zeitgenössischer daoisti-
scher Adepten. Für jeden, der sich für die philosphischen
und spirituellen Lehren Chinas und ihre praktische Anwendung in Medizin, Energiearbeit und meditativer Schulung
interessiert, ist dieser Band eine Fundgrube von zum größten
Teil erstmals ins Deutsche übersetzten Basistexten.

Fischer Taschenbuch Verlag

Die Weisheit der Upanischaden
Klassiker indischer Spiritualität

Herausgegeben und
ins Deutsche übersetzt von
Hans-Georg Türstig

Band 12896

Die Upanischaden haben seit über zweitausend Jahren das Leben, das Denken und den Glauben von Millionen von Menschen entscheidend geprägt. Als Abschluß und Krönung der großen vedischen Literatur Indiens enthalten sie Lehren, die in einer ungebrochenen mündlichen Tradition von Generation zu Generation überliefert und weiterentwickelt wurden, ehe sie in der uns heute bekannten Form schriftlich niedergelegt wurden. Der ganze Reichtum der indischen Weisheitstradition hat in diesen Schriften Niederschlag gefunden. Sie geben Auskunft über das Wesen des Göttlichen und der Welt; über den Atman, die unsterbliche individuelle Seele, und ihre Identität mit Brahman, der Weltseele; über die verschiedenen Wege und Methoden des Yoga, die zur Erlösung und Verwirklichung von Sat-Chit-Andanda, von »Sein-Bewußtsein-Glückseligkeit« führen. »Die Upanischaden sind die belohnendste und erhebendste Lektüre, die auf der Welt möglich ist«, sagte Arthur Schopenhauer, dem diese Texte selbst nur in einer unzulänglichen Drittübersetzung zugänglich waren. Die hier vorgelegte zeitgemäße Neuübertragung der wichtigsten Upanischaden aus dem Sanskrit-Original macht deutlich, daß diese Klassiker der östlichen Weisheit bis heute nichts von ihrer Relevanz für jeden Wahrheitssuchenden eingebüßt haben.

Fischer Taschenbuch Verlag

fi 5105 / 2

In Vorbereitung:

Ken Wilber
Halbzeit der Evolution
Der Mensch auf dem Weg vom
animalischen zum kosmischen Bewußtsein
Aus dem Amerikanischen von Erwin Schumacher
Band 13210
(erscheint im Juli 1996)

Meher Baba
*Darlegungen über
das Leben in Liebe und Wahrheit*
Aus dem Englischen von
Avatar Meher Baba Perpetual Public Charitable Trust
Band 13209
(erscheint im August 1996)

Arbeit als Weg
Buddhistische Reflexionen von Robert Aitken,
Thich Nhat Hanh, Shunryu Suzuki, Thartang Tulku u. a.
Herausgegeben von Claude Whitmeyer
Aus dem Amerikanischen von Hans-Georg Türstig
Band 13022
(erscheint im September 1996)

David Fontana
Kursbuch Meditation
Die verschiedenen Meditationstechniken
und ihre Anwendung
Aus dem Englischen von Ursula Richard
Band 13098
(erscheint im Oktober 1996)

Fischer Taschenbuch Verlag

fi 5111 / 1

Neuerscheinungen im

Wolfgang Krüger Verlag

Mark Epstein
Gedanken ohne den Denker
Das Wechselspiel von Buddhismus und Psychotherapie
Aus dem Amerikanischen von Barbara Brumm
264 Seiten. Geb.

Georg Feuerstein
Heilige Narren
Über die Weisheit ungewöhnlicher Lehrer
Aus dem Amerikanischen von
Theo Kierdorf und Hildegard Höhr
464 Seiten. Geb.

Das Tibetische Totenbuch
Neu übersetzt und kommentiert von
Robert F. Thurman
Aus dem Amerikanischen von Thomas Geist
480 Seiten. Geb.

Rudolph Wurlitzer
Nirvana Motel
Eine spirituelle Odyssee durch Südostasien
Aus dem Amerikanischen von Michael Wallossek
200 Seiten. Geb.

fi 5110 / 1